Gesa Lehmann

Homileïscher Diskurs – empirische Untersuchungen von Kneipengesprächen

iudicium

**Bibliografische Information
der Deutschen Nationalbibliothek**

Die Deutsche Nationalbibliothek verzeichnet diese Publikation in der Deutschen Nationalbibliografie; detaillierte bibliografische Daten sind im Internet über http://dnb.d-nb.de abrufbar.

Dissertation
an der Universität Hamburg

ISBN 978-3-86205-241-7

© IUDICIUM Verlag GmbH München 2022
Alle Rechte vorbehalten
Druck: Elbe Druckerei Wittenberg GmbH
Gedruckt auf alterungsbeständigem Papier
Printed in Germany

Dank

Mein Dank gilt als erstes und vor allem meiner Doktormutter, Prof. Dr. Angelika Redder, die die vorliegenden Analysen durch stetige, intensive Betreuung und fruchtbare inhaltliche Diskussion vorangebracht hat. Auch meiner Zweitgutachterin, Prof. Dr. Kristin Bührig, bin ich zu großem Dank verpflichtet: Ohne ihren bestimmten und doch herzlichen Druck wäre diese Arbeit kaum abgeschlossen worden. Beide sind mir darüber hinaus Vorbild in ihrer immer spürbaren Leidenschaft für die Linguistik.

Ganz besonderer Dank gebührt aber auch meinen Freundinnen und Freunden (und denjenigen, die ich nicht kenne) für die Kneipengespräche, die ich aufzeichnen konnte bzw. die für mich aufgezeichnet wurden. Ohne sie – ob sie nun in dieser Arbeit erwähnt und analysiert wurden oder mir ‚nur' als weitere Fundgrube dienten – wäre meine Dissertation gewissermaßen fleischlos geblieben. Ich möchte dabei betonen, dass ich nicht nur dankbar für das wissenschaftlich zu verwertende Material bin, sondern vor allem auch für all das, was ich aus den Gesprächen darüber hinaus mitgenommen habe. Wie wertvoll ein geselliges Beisammensein ist, ist mir im Corona-bedingten Lockdown, in dem solche Kneipenabende nicht möglich waren, retrospektiv umso deutlicher (und ein wenig schmerzhaft) bewusst geworden.

Ich danke Steffi Bentsch, Anne Holzweißig, Anna Gerloff und Christoph Breitsprecher für das (zum Teil sehr kurzfristige) Korrekturlesen. Letzterem bin ich zudem für die klugen inhaltlichen Hinweise sehr dankbar. Arne Krause bin ich zu Dank verpflichtet für die Re-Lektüre und wertvolle Hinweise vor der Disputation. Jonas Wagner danke ich sehr für weitere Anmerkungen, Denkanstöße und Korrekturen im Zuge der Erstellung der Druckfassung. Nicht zu vergessen sind all diejenigen, die in Diskussionszusammenhängen, wie bspw. dem Kolloquium von Angelika Redder, aber auch in informelleren Diskussionen dabei waren und in der Anfangsphase wichtige Dankanstöße gegeben haben. Hierzu zählt auch der anregende Austausch mit Prof. Dr. Jochen Rehbein in seinen Sprechstunden. Ich danke Matthias Anton für die Schnäpse, um nach den Spätschichten an der Dissertationsschrift wieder runterzukommen, und die Unterstützung in Phasen des (Ver-)Zweifelns. Und natürlich danke ich meinen Eltern, ohne deren Unterstützung im Studium und danach ich nie an diesen Punkt gekommen wäre.

Hamburg, Juli 2022
Gesa Lehmann

Inhaltsverzeichnis

1	Gegenstand und Methode	11
1.1	Gegenstand und Forschungsinteresse	11
1.2	Herangehensweise und Aufbau der Arbeit	15
1.3	Theoretischer und methodischer Hintergrund: Funktionale Pragmatik	17
2	Theoretische Annäherung	22
2.1	*Homileïscher Diskurs* – Terminologie	22
2.1.1	Begriffsbestimmung durch Ehlich und Rehbein (1980)	22
2.1.2	*Homileïscher Diskurs* – *phatic communion* – *Small Talk* – *Konversation*	28
2.1.3	*Phatic Communion*	30
2.1.3.1	Hintergrund: Sprache als *mode of action*	31
2.1.3.2	Genauer: *phatic communion*	34
2.1.4	*Small Talk*	39
2.1.4.3	Common Sense Bestimmung	43
2.1.4.3.1	Umfang	43
2.1.4.3.2	Konstellationen	45
2.1.4.3.3	Themen	49
2.1.4.3.4	Funktion	51
2.1.5	*Small Talk* im Verhältnis zur *phatic communion*	54
2.1.6	*phatic communion* im Verhältnis zum *homileïschen Diskurs*	55
2.1.7	*Konversation*	57
2.1.7.1	Die *Konversation* im Frankreich des 17. Jahrhunderts	58
2.1.7.2	Bürgerliche *Konversation* im 19. Jahrhundert	60
2.2	Begriffliche Ausdifferenzierung und funktional-pragmatischer Analysestand zum *homileïschen Diskurs*	62
2.3	Realisierungsformen des *homileïschen Diskurses* – ein knapper Forschungsüberblick	68
3	Korpus	71
3.1	Handlungsraum Kneipe	71
3.1.1	Die Institution Kneipe	71
3.2	Datenerhebung und Korpus	75
3.2.1	Herausforderungen der Datenerhebung	76
3.2.2	Zum Korpus	78

Empirischer Teil/Analyse

4	**Transkript „Ukraine-Story/Kommissar Fischer"**	80
4.1	Konstellation	80
4.2	Paraphrasierende Ablaufbeschreibung	83
4.3	Sektionierung	86
4.4	Analyse	87
4.4.1	Einstieg in den Diskurs/Herstellung des Diskursraums	87
4.4.1.1	Themensuche: Thematisierung der Aufnahmesituation	88
4.4.1.2	Realisierung von nicht-homileïschen Diskursformen	92
4.4.1.3	Witze, Sprachspiele	96
4.4.1.4	Entwicklung von Sprachwitzen	99
4.4.1.5	Ergebnisse zum Diskurseinstieg	105
4.4.2	Gestaltung der Aktant:innenrolle/Maximenkonflikte	106
4.4.3	Weiterspinnen	112
4.4.3.1	„Ich war‿s nicht."	112
4.4.3.2	„Moment mal!"	117
4.4.3.3	„Ich hätte, glaub ich, ewig mit dem mich unterhalten"	123
4.4.3.4	Zwischenfazit: Weiterspinnen	129
4.4.4	Herausarbeiten des Witzigen	132
4.4.4.1	„Unterdruck"	133
4.4.4.2	„Die sind markiert"	138
4.4.4.3	Hysterische Polizisten	143
4.4.4.4	Zwischenfazit: Witzähnliche Strukturen	151
5	**Stars und Edeka**	154
5.1	Konstellation	154
5.2	Tinder und Stars	157
5.2.1	Ablaufbeschreibung	157
5.2.2	Grundlagen schaffen: Beziehungsarbeit	159
5.2.3	Schwärmerisches Erzählen	173
5.3	Dirty Dancing und Edeka	184
5.3.1	Ablaufbeschreibung	184
5.3.2	Persiflage (Trost spenden) und Beraten/Ironie	186
5.3.3	*Diskursives Raufen* – homileïsche Entschärfung eristischer Muster	194
6	**Ergebnisse und Schlussbetrachtungen**	205
6.1	Rekapitulation der Analyse	205
6.1.1	Herstellen einer homileïschen Atmosphäre	206
6.1.2	Kollaboratives verbales Entwerfen von Vorstellungen	207

6.1.3	Homileïsche Färbung	212
6.1.3.1	Erzählen	212
6.1.3.2	*Diskursives Raufen*	212
6.2	Fazit	213
6.3	Desiderate	214

Literatur 218

Anhang I

1 Gegenstand und Methode

1.1 Gegenstand und Forschungsinteresse

Der Untersuchungsgegenstand der vorliegenden Arbeit sind *homileïsche Diskurse*, die exemplarisch an Kneipengesprächen untersucht werden. Dies geschieht mit einem handlungstheoretischen Sprachverständnis, genauer gesagt: mit den Kategorien und Methoden der Funktionalen Pragmatik. Wenn besonders Kneipengespräche oder allgemeiner *homileïsche Diskurse* zum Gegenstand linguistischer Analysen gemacht werden, stellt sich die Frage, inwieweit derartige Gespräche überhaupt gesellschaftlich relevant sind. Diese Frage stellt sich insbesondere angesichts der Tatsache, dass unsere Gesellschaft und damit unser Alltag von institutionellen Strukturen durchdrungen, insofern institutionell geprägt sind. Ob als Klientin oder Klient oder als Agentin oder Agent: Wir bewegen uns und handeln alltäglich in Institutionen[1]. Ob wir in ihnen unserer Erwerbstätigkeit nachgehen – als Kellner:innen, Lehrer:innen, Verkäufer:innen, Pfleger:innen und Ärzt:innen, Vollzugsbeamt:innen oder Polizist:innen, Sekretär:innen, Schauspieler:innen usw. – oder als Klient:innen – beim Einkauf im Supermarkt, beim Arztbesuch, als Schüler:innen und Student:innen, beim Restaurant- oder Kinobesuch – mit ihnen in Berührung kommen: Die diversen Institutionen unserer Gesellschaft, die Institutionen der Produktion und Zirkulation sowie Reproduktion, im einzelnen etwa Erziehungs- und Bildungsinstitutionen wie Schulen und Hochschulen sowie die Familie, Institutionen des Gesundheitswesens, juristische und politische Institutionen, Verwaltung und Militär, kulturelle Institutionen und religiöse Institutionen sind allgegenwärtig und prägen – sicher in unterschiedlichem Ausmaß – unser alltägliches Leben. Und damit ist auch ein Großteil unseres alltäglichen Handelns durch die jeweiligen institutionellen Zwecke determiniert und insofern zielgerichtet. Das betrifft insbesondere auch das sprachliche Handeln. Doch daneben findet auch im nicht-institutionellen Rahmen Kommunikation statt. Kommunikation also, die eben nicht – oder zumindest nicht in direkter Weise – institutionellen Zwecken dient: Pausengespräche (ob am Arbeitsplatz oder in der Schule), der kleine Schwatz mit der Kassierer:in an der Supermarktkasse, ein Plausch mit Nachbar:innen, gesellige Runden mit Freund:innen usw. – oder eben Kneipengespräche. Genau für diese Art der Kommunikation haben Ehlich und Rehbein (1980) den zusammenfassenden

---

[1] Institutionen werden hier im Anschluss an Ehlich/Rehbein (1994) als „gesellschaftliche Apparate, mit denen komplexe Gruppen von Handlungen in einer zweckhaften Weise für die Reproduktion einer Gesellschaft prozessiert werden" und die „spezifische Ensembles von Formen [bilden]" (a. a. O.: 318), verstanden.

Terminus *homileïscher Diskurs* eingeführt. Und damit, mit dem *homileïschen Diskurs*, setze ich mich in der vorliegenden Arbeit analytisch genauer auseinander. Wieso und wozu führen wir diese – scheinbar – zweckfreien Diskurse überhaupt? Wenn wir beispielsweise in der Kneipe mit Freund:innen zusammensitzen und quatschen, stellt sich in der Situation diese Frage natürlich nicht. Haben solche nicht-institutionellen Diskurse, so könnte man sich im eher utilitaristischen Alltagsverständnis und jenseits einer sprachlichen Handlungstheorie fragen, dennoch einen bestimmten gesellschaftlichen Zweck? Oder stellen sie nur eine Unterbrechung eines anderen, des womöglich „erkennbar wichtigen", Handelns dar, so wie der kurze Schnack mit der Bürokollegin die eigentliche Arbeit unterbricht? Wenn aber, wie in der Funktionalen Pragmatik, eine Handlung systematisch und also allgemein durch einen Zweck bestimmt ist, so ist präziser nach dem besonderen Zweck zu fragen. Die Frage nach dem <u>besonderen</u> gesellschaftlichen Zweck solcher *homileïscher Diskurse* wurde in der linguistischen Forschung noch nicht befriedigend beantwortet. Sofern sprachtheoretisch überhaupt die Frage nach dem Zweck des sprachlichen Handelns und nicht allein nach den lokalen und individuellen Zielen gestellt wird, so steht bislang überwiegend institutionelles sprachliches Handeln im Fokus des Forschungsinteresses. Durch zahlreiche funktional-pragmatische Analysen – beispielsweise von Unterrichtskommunikation, Arzt-Patienten-Kommunikation oder Kommunikation vor Gericht – konnte dadurch herausgearbeitet werden, wie die institutionellen Zwecke das sprachliche Handeln prägen. Vor dem Hintergrund des gesellschaftsanalytischen und zugleich kritischen Anspruches der Funktionalen Pragmatik und ihrer Einsicht in die institutionelle Geprägtheit unserer Gesellschaft ist dieser Fokus nur folgerichtig. *Homileïsche Kommunikation* ist selbstverständlich ebenfalls Teil der gesellschaftlichen Wirklichkeit, sie findet tagtäglich statt und es gibt ganz offenbar ein Bedürfnis danach, derartige Kommunikationsformen zu realisieren – denn schließlich realisieren wir *homileïsche Diskurse*, ohne dass ein (institutionell gesetztes) Handlungserfordernis dazu bestünde. Innerinstitutionell wird diesem Bedürfnis durch die Einräumung entsprechender Handlungsräume – Pausenräume und -höfe, Teeküchen und ähnliche Einrichtungen sind die materialisierten Formen – in den Institutionen entgegengekommen.[2]

Verschaffen wir uns durch *homileïsche Diskurse* einfach nur Pausen vom permanent durch Institutionen geforderten zweckgerichteten Handeln? Hat der *homileïsche Diskurs* somit vorwiegend eine Entlastungsfunktion und wäre somit

---

[2] Das Zugeständnis dieser Handlungsräume ist dabei natürlich nicht allein der Einsicht in die Notwendigkeit bzw. der Kenntnisnahme des Bedürfnisses nach *homileïscher Kommunikation* geschuldet, sondern das Ergebnis von Arbeitskämpfen, in denen die Eindämmung der Fremdbestimmtheit des Handelns etappenweise mühsam erkämpft wurde. Außerdem wurden solche Räume natürlich nicht allein eingerichtet, um *homileïsche Diskurse* zu ermöglichen, sondern dienen allgemeiner der Reproduktion.

der Zweck – wie es auch die negative Bestimmung im Sinne des Nicht-Arbeitens nahelegt – in der Sphäre der Reproduktion anzusiedeln (vgl. Rehbein 2012: 88)? Erholen wir uns also einfach beim Gespräch mit Freund:innen in der Kneipe vom institutionell durchdrungenen Alltag? Oder gibt es einen darüber hinausgehend genauer zu bestimmenden gesellschaftlichen Zweck?

Die Bezugnahme auf die *phatic communion* Malinowskis bei der Begriffseinführung (vgl. Ehlich/Rehbein 1980) lässt die Vermutung zu, dass im *homileïschen Diskurs* durch das kommunikative Handeln Gemeinschaft hergestellt wird, dass, mit Ehlich ([1998] 2007m) gesprochen, Sprache in ihrer *kommunitären Funktion* zur Geltung gebracht wird. Entsprechend ordnet Rehbein (2012) den *homileïschen Diskurs* dem Funktionsbereich der Geselligkeit zu. Im Rahmen von Überlegungen, wie sich die Gesellschaft hin zu einer mehrsprachigen Gesellschaft entwickelt, sieht Rehbein (2013) im *homileïsche Diskurs* das Potenzial, bei dieser Entwicklung eine hervorgehobene Rolle innezuhaben:

> A further support comes from everyday multilingual communication which produces a patchwork of growing ‚multilingual spaces' scattered throughout urban settings and which expands multiliguality by way of homileïc discourse. (a. a. O.: 45)

Diese Überlegungen lassen vermuten, dass der gesellschaftliche Zweck des *homileïschen Diskurses* sich nicht in einer Entlastungsfunktion erschöpft. Auch Redder (2013) vermutet, dass Mehrsprachigkeit vor allem in homileïscher Kommunikation regelrecht ausprobiert wird:

> Homileic communication is, most probably, an area in which people try out multilingual communication. In public space, it can be found in inter-places, such as bus stops, waiting shelters, in restaurants or in public squares, i. e. everywhere people's paths cross on the way to doing something and, at the same time, have some time and space to stay for a while. (a. a. O.: 281)

Die Frage nach dem gesellschaftlichen Stellenwert des *homileïschen Diskurses* hat in den letzten zwei Jahren (genauer seit März 2020) unter den Bedingungen der Corona-Pandemie an Brisanz gewonnen. Aus Infektionsschutzgründen wurden als Erstes die Bereiche gesellschaftlichen Lebens ‚heruntergefahren', die als nicht ‚systemrelevant' gelten. Dazu gehörten in erster Linie Bars, Kneipen, Clubs und Restaurants, also diejenigen Institutionen, die gesellschaftliche Orte für *homileïsche Diskurse* sind (vgl. Kap. 3.1), auch andere Freizeiteinrichtungen und Kulturinstitutionen wie Kinos, Theater, Sportvereine oder Fitnessstudios, wurden für den Publikumsverkehr geschlossen.[3] Die Warenproduktion und Zirkulation

---

[3] Damit wurden nicht nur die öffentlichen Orte, die neben den privaten Räumen und neben Pausenräumen u. Ä. im Arbeitsumfeld (Kantinen usw.) die Orte des *homileïschen Diskurses* sind, geschlossen, sondern auch der Fundus an potentiellen Gesprächsthemen für den *homileïschen Diskurs* stark eingeschränkt. In vielen Treffen mit Freund:innen wurde immer wieder angesprochen, dass man gar nicht wisse, worüber man reden solle, keine Themen mehr habe, weil man eben während des Lockdowns (bzw. nach Aufheben des Lockdowns aufgrund weiter geltender Beschränkungen) nichts mehr erlebe.

wurde dagegen so weit wie möglich und mit möglichst wenig Einschränkungen aufrechterhalten. Die Kontaktbeschränkungen haben die Möglichkeiten für *homileïsche Diskurse* auch im privaten Bereich zusätzlich eingeschränkt. Ich will die Notwendigkeit von Infektionsschutzmaßnahmen in Pandemie-Situationen keineswegs infrage stellen. Mit scheint aber, dass eine gesellschaftliche Debatte, eine Auseinandersetzung darüber, was wirklich systemrelevant ist bzw. welchen gesellschaftlichen Bereichen wir welchen Stellenwert für eine Gesellschaft als Gesellschaft, d. h. als komplexem sozialen Gebilde, zumessen, in diesem Zusammenhang nicht ausreichend geführt wurde, denn die Bewertung, auf welche Bereiche gesellschaftlichen Lebens verzichtet werden kann (welche Geschäfte, Betriebe und Institutionen aus Infektionsschutzgründen geschlossen werden können), schien vornehmlich auf ökonomischen Abwägungen zu basieren. Daneben gibt es aber auch weitere gesamtgesellschaftliche Bedürfnisse. Mit der Frage des gesellschaftlichen Zwecks des *homileïschen Diskurses* kann diese Arbeit möglicherweise einen kleinen Beitrag zu einer solchen Debatte leisten.

Angesichts der institutionellen Durchdringung aller gesellschaftlichen Bereiche des Lebens ist auch zu fragen, ob wir überhaupt zu einem ‚echten' homileïschen Handeln in der Lage sind oder ob die institutionell zielgerichtete Ausrichtung unseres alltäglichen Handelns homileïsches Handeln verunmöglicht. Für die Diskursart des *Erzählens* beispielsweise gibt es durch die reiche linguistische Erforschung ja bereits Erkenntnisse darüber, wie die Institution Schule diese Diskursart bis zur Ermüdung traktiert und die Erzählfähigkeit der Schüler:innen nachhaltig beeinflusst, wenn nicht gar erstickt (z. B. Flader/Hurrelmann 1984 oder Fiennemann/von Kügelgen 2003).

Diese übergeordneten Fragen nach dem gesellschaftlichen Stellenwert des *homileïschen Diskurses* sind aber nur im Wechselverhältnis einer Form-Funktions-Bestimmung des Diskurses selbst zu beantworten. Mithin bedarf es einer empirischen Analyse authentischer homileïscher Kommunikation. Durch die Analyse sollen spezifische Formen, in denen der *homileïsche Diskurs* realisiert wird, identifiziert werden und nach der spezifischen Leistung dieser konkreten Realisierungsformen gefragt werden. Gibt es Formen sprachlichen Handelns, die sich in besonderer Weise für die Realisierung des Homileïschen eignen? Oder werden bereits linguistisch bekannte und gut untersuchte Diskursarten und Handlungsmuster für die Realisierung *homileïscher Diskurse* funktionalisiert und möglicherweise durch den *homileïschen Diskurs* modifiziert? Bislang liegen in der funktional-pragmatischen Forschung vorwiegend Erkenntnisse darüber vor, wie Institutionen das sprachliche Handeln prägen, gegebenenfalls modifizieren oder gar zerbrechen. Die Funktionalisierung historisch-gesellschaftlich entwickelter sprachlicher ‚Handlungsmuster' (Ehlich/Rehbein 1979b) für spezifische institutionelle Zwecke wurde beispielsweise anhand der sogenannten Lehrerfrage gezeigt: Die spezifische Leistung des FRAGE-ANTWORT-Musters wird für die Zwecke der Institution Schule genutzt (Ehlich [1981] 2007d). Auf der Ebene der Großformen sprachlichen Handels liegen Untersuchungen vor, wie Diskursarten für institutionelle Zwecke funktional eingesetzt werden, beispielsweise beim Erzählen in Beratungseinrichtungen (Rehbein 1980) oder vor Gericht (Hoffmann 1983). Abgesehen von den Erkenntnissen aus den zahlreichen Analysen zum *Erzählen* hat bislang lediglich Rehbein (2012) durch die Analyse eines einzelnen *homileïschen Diskurses*, den er als *Schwärmen* charakterisiert, spezifische Formmerkmale homileïscher Kommunikation herausgearbeitet. Diese Lücke bei der einzelnen Formanalyse und entsprechender Form-Funktions-Diskussion zur Bestimmung des je besonderen Zweckes soll mit der vorliegenden Arbeit ein Stück weit gefüllt werden.

1.2 Herangehensweise und Aufbau der Arbeit

Die Analyse von Kneipengesprächen geschieht, um anhand von empirischen Fallanalysen in einem dafür exemplarischen Handlungsraum Erkenntnisse über den *homileïschen Diskurs* als Komplex nicht-institutionellen Handelns zu erhalten. Daher ist es vor der Hinwendung zum empirischen Material sinnvoll, näher zu bestimmen, was mit dem summarischen Terminus kategorial gefasst wird. Da die dezidert dem *homileïschen Diskurs* gewidmete, besonders also die funktional-pragmatische Forschung bisher auf schmaler empirischer Basis steht, werde ich mich dem Gegenstand in Kap. 2 zunächst über eine theoretische, hauptsächlich terminologische Auseinandersetzung im weiten Spektrum der pragmatischen Forschung dem summarisch erfassten diskursiven Phänomen nähern. Dies Verfahren einer terminologischen Vorklärung ist als theoretische, genauer: als begriffliche Annäherung zu charakterisieren. Ich hoffe, über eine derartige begriffliche Schärfung klären zu können, was den *homileïschen Diskurs* im Detail ausmacht, so dass die angerissenen Fragen bereits ein Stück weiter beantwort werden können. Diese theoretische Annäherung setzt zunächst bei der Einführung des Terminus durch Ehlich/Rehbein (1980) an; ich werde in Kap. 2.1.1 die dort erfolgten ersten Bestimmungen rekonstruieren. Mit einer derart gewonnen Annäherung daran, welches sprachliche Handeln mit dem Terminus *homileïscher Diskurs* gefasst wird, vergleiche ich den Begriff mit dem von Malinowski ethnographisch geprägten Konzept der *phatic communion* (Kap. 2.1.3), das bei Ehlich und Rehbein als Bezugspunkt diente, und konfrontiere ihn sodann ausführlich mit dem als *Small Talk* bezeichneten Gesprächstyp (Kap. 2.1.4) – wobei zunächst geklärt werden muss, was *Small Talk* über ein Alltagsverständnis hinaus eigentlich ist. Ergänzt wird diese Konfrontation durch eine Abgrenzung zur Kategorie ‚*Konversation*' (2.1.7).

Das Ergebnis der Begriffskritik wird dann mit einem Überblick über vorliegende konkrete Untersuchungen *homileïscher Diskurse* und über eine damit einhergehende funktional-pragmatische Gegenstandsbestimmung in Kap. 2.2. zusammengefügt. Ergänzend gebe ich in Kap. 2.3 einen knappen Überblick über den Stand der Forschung in anderen sprachtheoretischen Ansätzen, auch wenn diese Untersuchungen selbstredend nicht dezidiert unter dem Terminus *homileïscher Diskurs* firmieren. Auf den dort gewonnen Erkenntnissen bezüglich der Realisierungsformen des Homileïschen und seiner besonderen Zweckstruktur werde ich in meiner empirischen Analyse aufbauen können.

Es folgt mit Kap. 3 eine eingehende Darlegung des Korpus meiner qualitativen linguistischen Empirie. Die Vorklärungen werden daher erweitert um Überlegungen zum gesellschaftlichen Zweck der Institution Kneipe, die den Handlungsraum für die aufgenommenen Gespräche darstellt (Kap. 3.1). Somit wird die Korpuswahl handlungstheoretisch begründet. Zugleich wird deutlich, inwieweit mit einer Kreuzung von nicht-institutionellem und institutionellem sprachlichen Handeln in Kneipen, das ich als solches (beispielsweise den Bestellvorgang) nicht untersuche, zu rechnen ist. In Kap. 3.2 diskutiere ich die Voraussetzungen für meine Audiographien und die besonderen Bedingungen der konkreten Datenerhebung. Kap. 3.3 profiliert schließlich mein umfangreiches Korpus im weiteren und im engeren Sinne. Das engere Korpus beruht auf Tonaufnahmen von Kneipendiskursen unter Freund:innen, die von mir nach der Transkriptionskonvention HIAT (halbinterpretative Arbeitstranskription) transkribiert und so der linguistischen Analyse zugänglich gemacht werden. Im Einzelnen wird – aus Gründen der Rezeptionsbeförderung – den konkreten empirischen Analysen eine jeweils genauere Charakterisierung der Aufnahme vorangestellt.

Das Kernstück der Arbeit stellen die qualitativen empirischen Analysen von zwei authentischen, über einen längeren Zeitraum hinweg zusammenhängenden Kneipengesprächen dar, die in Kap. 4 und Kap. 5 vorgenommen werden. In Kap. 4 geht es um eine durchgehende, erlebnismäßig zweifach verschlungene, Thematik innerhalb eines Diskurses, in Kap. 5 werden zwei thematisch verschiedene Diskursausschnitte aus einem anderen Diskurs untersucht. Die beiden Kneipenkonstellationen sowie die Struktur der Handlungssysteme der jeweiligen Akteure differieren deutlich, so dass sich eine Vielfalt von Realisierungsformen *homileïscher Diskurse* bestimmen lässt.

Die durchgeführten detaillierten, funktional-pragmatischen Diskursanalysen erlauben in der Tat eine Differenzierung verschiedener Realisierungsformen und Arten *homileïscher Diskurse* sowie eine Bestimmung des besonderen Zwecks der Gattung *homileïscher Diskurs*. Diese Analyseergebnisse werden in einem abschließenden Fazit (Kap. 6) übersichtlich formuliert und in einen breiteren linguistischen Kontext gestellt.

1.3 Theoretischer und methodischer Hintergrund: Funktionale Pragmatik

Mein Forschungsinteresse bei der Untersuchung *homileïscher Diskurse* am Beispiel von Kneipengesprächen liegt – wie ausgeführt – in der Herausarbeitung des gesellschaftlichen Zwecks dieser Diskurse und der Identifizierung von Realisierungsformen. Diese Zielsetzung bedarf eines Verständnisses von Sprache, nach dem Sprache ein Bestandteil der gesellschaftlichen Wirklichkeit ist – ein Sprachverständnis, das Sprache als Mittel zur Veränderung der Wirklichkeit sieht und ihren Stellenwert für das gesellschaftliche Handeln der Aktanten erkennt, mithin einer Handlungstheorie von Sprache. Ein solches konsequent handlungstheoretisches Sprachverständnis bietet die Funktionale Pragmatik, kurz: FP, die in den 1970er-Jahren von Konrad Ehlich und Jochen Rehbein entwickelt und seitdem durch die Arbeiten von Angelika Redder, Kristin Bührig und vielen weiteren fortgeführt wurde (im Überblick siehe Rehbein/Kameyama 2004; Ehlich 2007a; Redder 2008, Redder 2010). Nach dem Sprachbegriff der Funktionalen Pragmatik ist Sprache „eine Form des Handelns; *Sprache* ist *sprachliches Handeln*" (Redder 2010: 10, Hervorhebung im Original). Nach diesem Verständnis hat Sprache historisch-gesellschaftliche Qualität, d. h., Sprache wurde historisch von Menschen aus praktischen Bedürfnissen heraus entwickelt, sie ist eingebettet in gesellschaftliches Handeln. Die herausgebildeten „Formen sprachlichen Handelns dienen also dazu, verallgemeinerte, repetitive Bedürfnisse in wiederkehrenden Situationen der Wirklichkeit zu befriedigen" (ebd.). Sprache ist also ein Mittel zur Realisierung gesellschaftlicher Zwecke, und insofern Medium (Ehlich [1998] 2007m). „Auf höchster Abstraktionsstufe besteht dieser Zweck in der sprachlichen Kommunikation. Sie erfolgt grundlegend kooperativ zwischen einem Sprecher S und Hörer H" (Redder 2010: 11). Die Grundkonstellation dieses Handelns haben Ehlich und Rehbein (1986) grafisch dargestellt:

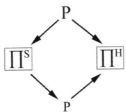

Abb. 1: Sprachtheoretisches Grundmodell, aus: Ehlich/Rehbein (1986: 96)

Systematisch erfasst als kooperativ durch Kommunikation Handelnde sind in diesem Grundmodell Sprecher (S) und Hörer (H)[4] mit ihren jeweiligen mentalen

---

[4] Sprecher (S) und Hörer (H) stehen für die systematischen Interaktant:innen, nicht für die einzelnen Sprecher:innen und Hörer:innen. Daher wird hier von der in der vorliegenden Arbeit ansonsten verwendeten gegenderten Schreibweise abgewichen und die generischen Sprachform des Deutschen verwendet.

Bereichen (die Π-Bereiche, die Bereiche psychischer Prozesse). Der Π-Bereich „ist vielfältig und repräsentiert die komplexe Menge psychischer Strukturen" (Ehlich/Rehbein 1986: 97).[5] Die Wirklichkeit (P) spiegelt sich in den mentalen Bereichen von S und H wider. Vermittelt über die Sprache (p)[6] wirkt S handelnd auf den mentalen Bereich von H ein.

Mit diesem handlungstheoretischen Verständnis kann die Funktionale Pragmatik gesellschaftliche Verhältnisse durchschaubar machen. Wie bereits erwähnt, geschah dies bislang hauptsächlich durch die Analyse institutioneller Kommunikation, die unsere gegenwärtige Gesellschaft wesentlich prägt. Diese Perspektive soll mit der vorliegenden Arbeit durch die Betrachtung einer anderen, nicht-institutionellen Form der Kommunikation, der homileïschen Kommunikation, ergänzt werden.

Mit Kneipengesprächen untersuche ich Diskurse und somit höchst komplexe Einheiten sprachlichen Handelns. Diskurse als spezifische Ensembles von Sprechhandlungen zu einem übergeordneten Zweck[7] sind an Mündlichkeit und die Kopräsenz von S und H in einer gemeinsamen Sprechsituation gebunden. Diese Charakteristik der Sprechsituation stellt gemäß Ehlich das systematische Unterscheidungsmerkmal zu Texten dar. Texte sind nämlich durch eine „zerdehnte Sprechsituation" charakterisiert (Ehlich [1984] 2007f), d. h. die Produktion und die Rezeption sind zeitlich und/oder räumlich getrennt, S und H sind nicht kopräsent.[8] Das Zusammengehen von Produktion und Rezeption im Diskurs, die Kopräsenz von S und H wirkt sich auch auf die sprachlichen Handlungsmöglichkeiten[9] der Aktant:innen aus. So kann beispielsweise der Wahrnehmungsraum problemlos als Verweisraum für das sprachliche Zeigen benutzt werden, während für textuelle, insbesondere dann für schriftliche Kommunikation andere prozedurale Strukturen möglich und erforderlich sind (Ehlich [1994] 2007k).[10]

Diskurse bestehen, gemäß der hier und im Folgenden weiter referierten Funktionalen Pragmatik, aus Kombinationen von Äußerungen, sie sind also durch ein spezifisches Ensemble von Sprechhandlungen konstituiert. Diskurse unterscheiden sich u. a. dadurch, ob die Sprechhandlungen verkettet, also nur von einem

---

[5] Damit umfasst der Π-Bereich nicht nur die mentale Widerspiegelung der Wirklichkeit (P), sondern auch generell kognitive und emotionale Prozesse.
[6] Die Minuskel p für die Proposition wählten Ehlich/Rehbein (1986) in Anlehnung an Searle, in dessen Arbeiten diese Benennung in Übereinstimmung mit vielen logisch-linguistischen Untersuchungen Verwendung findet, vgl. a. a. O.: 95.
[7] *Zwecke* sind im Rahmen der Funktionalen Pragmatik als gesellschaftliche Kategorie – im Unterschied zu individuellen *Zielen* – gefasst.
[8] Schriftlichkeit ist damit nicht das entscheidende Kriterium für Texte. Schrift ist lediglich *ein* historisch-gesellschaftlich entwickeltes Mittel zur Überwindung der zerdehnten Sprechsituation zwecks Überlieferung, Texte können durchaus auch mündlich sein. (siehe Ehlich a. a. O.)
[9] Genereller zu den die Handlungsmöglichkeiten determinierenden Faktoren (Kategorien des Handlungsraums, Konstellation) s. u.
[10] Zur strukturellen Differenz zwischen diskursivem und textuellem Handeln s., empirisch basiert, Redder (2019).

Sprecher oder einer Sprecherin realisiert werden, wie beispielsweise in einem Vortrag, oder ob es sich um Sprechhandlungssequenzen handelt, d. h. ein systematischer Sprecherwechsel vorliegt. Es stellt sich die Frage, ob für die Realisierung des *homileïschen Diskurses* eine Form geeigneter ist. Für das Erzählen beispielsweise ist eher eine Sprechhandlungsverkettung typisch. Rehbein (2012) hat jedoch die Frage aufgeworfen, ob derartige monologische Diskursformen nicht dem Homileïschen entgegenstehen. Und Redder (1994b) hat bei der Untersuchung der authentischen homileïschen Erzählung „Anruf in der Uni" festgestellt, dass dort das Erzählen komplementär realisiert wird, also eben nicht – wie vielleicht diskursarttypisch zu erwarten wäre – nur von einem Sprecher oder einer Sprecherin. Ob ein derartiges Aufbrechen von Sprechhandlungsverkettungen bei Erzählungen in homileïschen Konstellation typisch ist,[11] muss in der Analyse überprüft werden.

Bei der Analyse der Kneipendiskurse werden aber auch kleinere Handlungseinheiten, die diese konstituieren, eine Rolle spielen. Sprechhandlungen als Einheit sprachlichen Handelns mittlerer Komplexität bestehen – eine Erkenntnis, die auf die Arbeiten Austins zurückgeht – analytisch aus dem gleichzeitigen Vollzug dreier Akte: dem Äußerungsakt, dem propositionalen Akt und dem illokutiven Akt. Zur Bewältigung repetitiver gesellschaftlicher Bedürfnisse haben sich historisch spezifische Handlungsmuster herausgebildet. Sprechhandlungen werden daher vor allem in zweckmäßiger Kombination in Form von Handlungsmustern realisiert. Aktant:innen haben ein Wissen über diese Muster und können dieses zur Anwendung bringen.

Die Äußerungen, mit denen Sprechhandlungen realisiert werden, konstituieren sich durch spezifische Kombinationen von ‚Prozeduren' (Ehlich 1979), den kleinsten Einheiten sprachlichen Handelns. Prozeduren können ganz unterschiedliche Formen haben: Es können wortförmige Ausdrücke oder Morpheme sein, sie können aber auch beispielsweise durch die Satzstellung (Topologie) oder die Intonation und Modulation von Äußerungen realisiert werden (s. dazu v. a. Hoffmann 2003, Redder 2003). Systematisch, d. h. nach der jeweiligen Funktionalität für das sprachliche Handeln, werden die Prozeduren in der Funktionalen Pragmatik klassifiziert und entsprechend in „sprachliche Felder" differenziert (systematisch und namentlich: Ehlich [1999] 2007o). Die Bestimmung dieser sprachlichen Felder baut auf Bühlers Unterscheidung von Zeig- und Symbolfeld auf und wurde in der Funktionalen Pragmatik (besonders durch Ehlich 1979 und 1986 sowie Redder

---

[11] Dass Erzählen „im Alltag" keine rein monologische Angelegenheit ist, ist in der linguistischen Forschung weitgehend erkannt. So konstatiert Kotthoff (2017), dass in der Konversationsanalyse „Geschichten als das gemeinsame Produkt von Erzähler/in und Hörer/in" gesehen werden, „wenngleich die Verantwortung primär dem Erzähler zugeordnet wird" (a. a. O.: 22). Hörerseitige Steuerung der Erzählung und der Gestaltung derselben durch Kommentare und Bewertungen seien für „Alltagserzählungen" – mit „Alltagserzählungen" werden in diesem Zusammenhang v. a. nicht-literarische Erzählungen gefasst – typisch. Ein komplementäres Erzählen geht freilich über eine solche, wenn auch starke Hörersteuerung hinaus.

1990) weiterentwickelt. Heute sind fünf sprachliche Felder nach ihren jeweiligen Funktionen bestimmt: das Zeigfeld oder deiktische Feld, das Nenn- oder Symbolfeld, das Arbeitsfeld oder operative Feld, das Lenkfeld oder expeditive Feld und das Malfeld. Diese fünf Funktionsbereiche scheinen universell zu sein, wenn auch die jeweiligen Funktionen in den Einzelsprachen unterschiedlich realisiert werden und die Felder in unterschiedlicher Weise ausgebaut sind. Die Spezifik der sprachlichen Felder und ihr Ausbau im Deutschen ist beispielsweise von Redder (2005, 2007b, 2010, 2012) in kritischer Auseinandersetzung mit der traditionellen Klassifizierung des Ausdrucksbestandes nach Wortarten gut dargestellt und soll an dieser Stelle nicht wiederholt werden. Es ist aufgrund von Rehbeins (2012) Analyse zu vermuten, dass die Prozeduren des Malfelds für die Realisierung des *homileïschen Diskurses* eine prominente Rolle spielen. Dass die wenigen empirisch-basierten Analysen des Malfeldes gerade anhand von *homileïschen Diskursen* vorgenommen wurden (so erstmals in Redder 1994a), stützt diese Vermutung. Die Bedeutung des Malfeldes für den *homileïschen Diskurs* erklärt sich aus der Funktion malender Prozeduren, Stimmung und Atmosphäre zu vermitteln und so eine Gleichgestimmtheit von S und H zu erzeugen (vgl. Ehlich [1999] 2007m), dazu mehr in der Analyse (siehe Kapitel 4 und 5). Da im Deutschen dies aber – soweit man weiß – vor allem über Modulation realisiert wird (und nur wenige lexikalische Mittel ausgebaut sind), ist das Malfeld methodisch schwierig zu fassen, entsprechend ist es bislang auch noch wenig untersucht.

Bei den Analysen *homileïscher Diskurse* ist – wie generell bei der Untersuchung sprachlichen Handelns – die Interaktionssituation zu berücksichtigen. D. h. die komplexen Bedingungen für das (sprachliche) Handeln müssen erfasst und berücksichtigt werden. Um diese komplexen Bedingungen zu fassen, hat Rehbein (1977) die Kategorien ‚Handlungsraum' und ‚Konstellation' genauer ausgeführt. Bezüglich der Kategorie des Handlungsraums ist zu betonen, dass

> [e]in Handlungsraum nicht allein ein sichtbarer Platz [ist], sondern ein spezifisches ausgrenzbares Ensemble von voraussetzenden Bestimmungen [umfasst], die durch die gesellschaftliche Gesamtstruktur und deren Reproduktion auskristallisiert sind und die spezifisch in die Handlungen, die in dem betreffenden Handlungsraum stattfinden, eingehen. (a. a. O.: 12)

Zu diesen Kategorien des Handlungsraums gehören solche objektiver und subjektive Art. Zu der objektiven Seite des Handlungsraumes zählt Rehbein das Handlungsfeld, den Interaktionsraum, das Kontrollfeld[12] und das System der

---

[12] Bei der Diskussion des Kontrollfeldes führt Rehbein (1977) die Regelung des Turnapparates in der Schule an: In dieser Institution liegt es in der Hand der Lehrer:innen, ob ein:e Schüler:in das Rederecht erhält oder nicht. Das schränkt die Handlungsmöglichkeiten der Schüler:innen erheblich ein, was sich bis in die modalen Äußerungsformen umzusetzen vermag (s. Redder 1984, Kap. 3). Im *homileïschen Diskurs* gibt es derartige institutionsbedingte Einschränkungen der Handlungsmöglichkeiten in Bezug auf den Turnapparat nicht. Die Modifikation des Kontrollfeldes im *homileïschen Diskurs* scheint also ein kritischer Punkt zu sein: dem wird weiter nachzugehen sein.

Bedürfnisse[13]. Zu den subjektiven Dimensionen des Handlungsraums, also der mentalen Dimension der Aktant:innen gehören das Wissen, der Wahrnehmungsmechanismus, der Bewertungsmechanismus, der Mechanismus des Glaubens, die Fähigkeiten und der Motivationsmechanismus (vgl. a. a. O.: Kap. 1). Zu bedenken ist dabei, dass „die Kategorien nicht allein in einer einzelnen Handlung wirksam [sind], sondern gerade für die Gesamtheit der Handlungen relevant [werden], die in einem Handlungsraum stattfinden" (a. a. O.: 12). Gegenüber dieser abstrakten Kategorie des Handlungsraums ist die Kategorie der Konstellation spezifischer gefasst. In der Kategorie der Konstellation[14] sind diejenigen Elemente einer Situation enthalten, die die Ausgangslage für sprachliches und nicht-sprachliches Handeln bilden. Konstellationen sind ein „spezifisches Ensemble von Alternativen subjektiver und objektiver Art" (Rehbein 1977: 265). Da die Bedingungen des Handlungsraums in die Konstellation eingehen, beinhaltet die Konstellation ein bestimmtes Handlungspotential und determiniert so die Handlungsalternativen. Durch das sprachliche Handeln kann eine Konstellation in eine andere Konstellation überführt werden und so, als Ausgangspunkt für das sprachliche Handeln, ein neues Ensemble von Handlungsalternativen darstellen. Bei der Analyse kann die Frage, wie und ob der *homileïsche Diskurs* die Konstellation verändert, in Bezug auf die Bestimmung des Homileïschen weiterführend sein. Hierbei ist vor allem interessant, wie der *homileïsche Diskurs* die Konstellation verändert – vor allem in Differenz zu institutionellen Diskursen. Denn im *homileïschen Diskurs* fällt ja die institutionelle Prägung der Konstellation weg, v. a. was die Entscheidungs-, Wahrnehmungs- und Bewertungsmechanismen betrifft. Dies betrifft auch die objektiven Dimensionen, und zwar, wie erwähnt, insbesondere die Kontrollfelder der Interaktant:innen. Damit stellt sich dann aber auch die Frage: Wie sind die Konstellation und der Handlungsraum ohne institutionelle Prägung strukturiert und auf welche Präsuppositionen oder welches gemeinsame Wissen wird beim sprachlichen Handeln eigentlich abgestellt?

---

[13] ‚Bedürfnisse' versteht Rehbein als System, da sie untereinander zusammenhängen und durch die Produktionsweise bedingt sind, insofern sind die Bedürfnisse bei ihm gesellschaftlich gefasst und werden zu den objektiven Bedingungen des Handlungsraums gerechnet, „sie finden ihre Entsprechung in der jeweiligen Motivation des Handelnden, die zur subjektiven Seite gezählt wird" (a. a. O.: 13).

[14] Die Kategorie der Konstellation haben Ehlich und Rehbein in Abgrenzung zum Situationsbegriff in anderen linguistischen Ansätzen spezifiziert, da dort die Situation zur Bestimmung menschlicher Interaktion zwar zentral gesetzt wurde, aber unter dem Terminus meist eine offene Liste von Faktoren verstanden wird. Im der FP wird wiederum die Situation als „komplexes Gebilde, in dem die verschiedenen Bereiche des Handlungsraums [...] in dem Handlungsprozess konkret zusammenwirken" (Rehbein 1977: 16) gefasst. Die Situation ist insofern eine umfassendere Kategorie als der Handlungsraum: Die handlungsdeterminierenden Dimensionen des Handlungsraums erfahren in der Situation ihre Aktualisierung. „Die Situation ist jedoch transitorisch und sachlich auch unabhängig davon vorhanden, ob und wie gehandelt wird. Allerdings kann sie durch das Handeln beeinflusst werden." (a. a. O.: 17)

2 Theoretische Annäherung

Gegenstand der vorliegenden Arbeit sind, so wurde gesagt, *homileïsche Diskurse* am Beispiel von Kneipengesprächen. Doch was sind eigentlich *homileïsche Diskurse*, was wird mit diesem Terminus benannt und von Kategorien wie *Small Talk* oder (alltäglichem) *Gespräch* begründet unterschieden, wie ist sein kategorialer Status? Der Terminus selbst ist in der Linguistischen Pragmatik weniger verbreitet als beispielsweise der englische Terminus *Small Talk* (vgl. unten, Kap. 2.2), was auch damit zusammenhängen mag, dass bisher im Wesentlichen eine negative Begriffsbestimmung auf vergleichsweise hoher Abstraktionsstufe geboten wird und nur vereinzelt empirisch basierte Detailuntersuchungen dazu vorliegen (s. u. Kap. 2.2). Neben dem oben dargelegten theoriegeschichtlichen Erfordernis einer eingehenderen terminologischen Vorklärung kann man sich daraus bereits eine bessere Annäherung an die Frage des gesellschaftlichen Zweckes dieser Diskurse erhoffen.

2.1 Homileïscher Diskurs – Terminologie

2.1.1 Begriffsbestimmung durch Ehlich und Rehbein (1980)

Zunächst soll also der Versuch einer wissenschaftsgeschichtlichen Kategorienbestimmung vorgenommen werden: Der Terminus *homileïscher Diskurs* wurde von Ehlich und Rehbein (1980) im Rahmen eines Überblicksartikels zu institutioneller Kommunikation eingeführt, um dem Eindruck entgegenzuwirken, dass jedwede sprachlichen Handlungen, die systematisch in Institutionen stattfinden und insofern grundsätzlich institutionellen Handlungsbedingungen unterliegen, auch institutionsspezifischen Zwecken dienen. Komplementär dazu wiesen sie damit darauf hin, dass sich in der *Kommunikation in Institutionen* neben dem unmittelbar institutionsspezifischen sprachlichen Handeln konkret empirisch und insofern konstellativ auch Formen sprachlichen Handelns finden, die scheinbar oder aber bloß anscheinend keine institutionsspezifischen Zwecke verfolgen. Da gemäß ihrem Befund eine *zusammenfassende* Bezeichnung für die diversen Formen eben dieses nicht systematisch institutionell bedingten sprachlichen Handelns fehlte – insbesondere für eine Unterhaltung allein um des Sich-Unterhaltens oder ein Reden um des Redens willen – griffen sie auf das griechische ομιλεο (homileo) zurück. Ομιλεο bedeutet so viel wie „zusammen sein, Gemeinschaft, Umgang haben oder pflegen, sich abgeben, umgehen, verkehren mit Jmdm" (Benseler 1875).[15] Ehlich/Rehbein formulieren im Einzelnen:

---

[15] Der griechische Ausdruck bezeichnet also recht allgemein alle Formen menschlichen Umgangs oder Verkehrs und ist nicht auf die verbale Ebene des Miteinander-Umgang-Habens

> Es gibt einen Bereich sprachlichen Handelns, der einerseits aufgrund seiner festen Organisation gewisse Gemeinsamkeiten mit dem Sprechen in Institutionen aufweist, andererseits dem institutionsspezifischen Handeln entgegengesetzt zu sein scheint. Dazu gehören z. B. das Pausengespräch in Schulen, Produktionsstätten, Wartezimmern, der Schwatz beim Einkauf, am Brunnen, an der Pforte, bei der Arbeit usw., Unterhaltungen, Konversationen. Untersucht man Sprache in Institutionen empirisch, so wird man immer wieder neben den auf die institutionsspezifischen Zwecke bezogenen Handlungen auf solche scheinbar für die Institution dysfunktionale Kommunikation stoßen, so daß sie in der Analyse einen systematischen Platz erfordert. Solche Formen des sprachlichen Handelns sind Teil eines größeren Komplexes, zu dem auch Party-Gespräche, small-talk, street-corner-Kommunikation, Salons, Palaver, der althebräische Sod (Männerrunde), Kaffeekränzchen usw. gehören. Unseres Wissens fehlt ein zusammenfassender Terminus für diese sprachlichen Erscheinungen. Wir verwenden dafür den Ausdruck „homileïscher Diskurs" (im Rückgriff auf das griechische homileo, sich unterredend versammeln). (Ehlich/Rehbein, 1980: 343)

Die Bestimmung des Terminus *homileïscher Diskurs* erfolgt also zunächst abstrakt ex-negativo als sprachliches Handeln, dessen <u>Zwecke nicht zentral</u>[16] institutionsspezifisch sind. Die Autoren verstehen dabei Institutionen im Anschluss an Gramsci, Althusser und Poulantzas als „Formen gesellschaftlicher Vermittlung" (Ehlich/Rehbein 1980): „Institutionen sind gesellschaftliche Apparate, mit denen komplexe Gruppen von Handlungen in einer zweckhaften Weise für die

---

beschränkt (so wird mit ‚homileo' auch „fleischlichen Umgang pflegen" (Benseler 1875), also sexueller Verkehr bezeichnet; in bestimmten Kontexten kann der Ausdruck *homileo* sogar den Sinn eines feindlichen Umgangs bekommen und die Bedeutung „an einander geraten, zusammentreffen, handgemein werden, kämpfen und zwar in Schlachtordnung" (vgl. ebd.) haben). Die Bedeutungskomponente ‚Umgang/Verkehr mittels Sprache' schlägt sich in den verwandten Termini *Homillie* (= Predigt) und *Homiletik* (= Lehre von der Gestaltung der Predigt) (vgl. Wolff/Wittstock 2001) nieder.

[16] Ehlich/Rehbein (a. a. O.) betonen, dass diese Formen sprachlichen Handelns den institutionsspezifischen Zwecken entgegengesetzt zu sein <u>scheinen</u> bzw. reden von „<u>scheinbar</u> für die Institution dysfunktionaler Kommunikation". Man könnte daher vermuten, dass die Autoren diese Art der Kommunikation (Pausengespräche, Schwatz während der Arbeit) in der Sphäre der Reproduktion ansiedeln. Die Erkenntnis, dass auch die Reproduktion der Arbeiter:innen bzw. Angestellten eigentlich durchaus im Interesse der Institutionen liegt (weil zufriedene und erholte Arbeiter:innen mehr leisten, sich besser in das Unternehmen einbringen), setzt sich in unserer Gesellschaft erst langsam durch (und schlägt sich bspw. in der Einrichtung von Ruheräumen oder auch durch die Bereitstellung von Freizeitaktivitäten in den Geschäftsräumen nieder; Ikea bspw. hat durch die Einführung gesundheitsfördernder Maßnahmen für seine Mitarbeitenden, zu denen auch Ruheräume gehören, den Krankheitsstand reduziert und mehr als 65.000 EUR pro Haus eingespart). In vielen Wirtschaftsunternehmen und Institutionen wird weiterhin auf Ausbeutung gesetzt (auch wenn hier in vielen Bereichen das Recht auf Reproduktion – Reduzierung der Arbeitszeit, Urlaubsanspruch, Lohnfortzahlung im Krankheitsfall usw. – über einen langen Zeitraum hart erkämpft wurde, so sind viele Arbeitsbedingungen noch von den vorherrschenden kapitalistischen Agieren geprägt – das gilt insbesondere für den globalen Süden – und es ist fraglich, ob die Reproduktion als Deckmantel, den der Kapitalismus hierzulande hat, ohne die Ausbeutung in anderen Teilen der Welt möglich wäre). Aber selbst wenn in modernen Unternehmensphilosophien erkannt wird, dass die Reproduktion der Arbeiter:innen durchaus im Interesse der Unternehmen ist, so ist sie aber nicht als der <u>zentrale</u> Zweck der jeweiligen Institution anzusehen. Reproduktion ist stets – wenn überhaupt – nur abgeleiteter Zweck, damit der eigentliche Zweck realisiert werden kann.

Reproduktion einer Gesellschaft prozessiert werden und bilden spezifische Ensembles von Formen." (Ehlich/Rehbein 1994: 318)

Da die Autoren von einem „größeren Komplex" sprechen, ist klar, dass der Terminus nicht nur dasjenige nicht-institutionelle sprachliche Handeln benennen soll, das gleichwohl innerhalb von Institutionen in gesonderten Interaktionsräumen stattfindet (wie Pausengespräche oder der Schwatz während der Arbeit etc.), sondern dass er eine Klassifikation allgemeinerer Natur darstellt. Eine Annäherung daran, welche besonderen Handlungen unter dem Begriff zusammenzufassen sind, wird allein durch die Nennung von Beispielen geliefert. Eine detaillierte analytische Bestimmung der übergeordneten wie der untergeordneten Handlungskategorien war im Kontext der abstrakten Institutionsanalyse auch nicht angezeigt. Es handelt sich bei diesem funktional-pragmatischen Terminus also um eine kategoriale Differenzierung hochabstrakter, jedoch systematischer Art, die weiter zu bestimmen ist.

Welche systematische Handlungsraumanalyse ist mit der Unterscheidung von Ehlich und Rehbein bereits geleistet? Mit folgender Grafik will ich, gemäß meiner Interpretation der bisherigen Ausführungen, die Verortung des *homileïschen Diskurses* veranschaulichen:

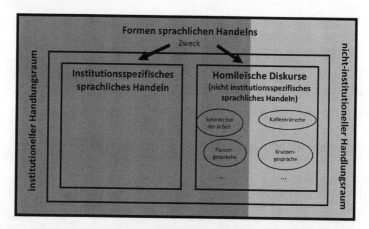

Abb. 2: *Homileïscher Diskurs* in Relation zum institutionsspezifischen sprachlichen Handeln in Konsequenz von Ehlich/Rehbein (1980)[17]

---

[17] Die in der Grafik abgebildeten Diskursformen des *homileïschen Diskurses* haben keinen systematischen Stellenwert, d. h. es wird kein Anspruch auf Vollständigkeit erhoben; die für die Grafik ausgewählten Diskursformen sind lediglich exemplarisch. Sehr wohl aber sollen diese exemplarisch angeführten Diskursformen das Prinzip verdeutlichen, dass unter dem Typ *homileïscher Diskurs* einige Formen fallen, die in institutionellen Handlungsräumen zu finden sind (bspw. Pausengespräche) und einige, die in nicht-institutionellen Handlungsräumen stattfinden (wie das Kaffeekränzchen). Auf die grafische Darstellung institutioneller Diskursformen habe ich verzichtet, da diese nicht der Gegenstand der vorliegenden Arbeit sind.

Die Grafik verdeutlicht die Kategorie des Zwecks als grundlegend für die funktional-pragmatische Unterscheidung. Die verschiedenen Formen, die unter die Oberkategorie *homileïscher Diskurs* fallen, können dabei in institutionellen Handlungsräumen (in der Grafik durch dunkelgrauen Hintergrund dargestellt), jedoch eigenen Konstellationen, stattfinden, wie beispielsweise das Pausengespräche (in der Schule, in Betrieben usw.) oder der Schwatz bei der Arbeit; Ehlich/Rehbein weisen dafür die konstellative Suspendierung von den institutionellen Handlungsbedingungen als charakteristisch aus. Bezogen auf die objektiven Kategorien des Handlungsraums heißt das, dass einige der institutionell bedingten Restriktionen des Handlungsfeldes suspendiert werden, insbesondere wird im *homileïschen Diskurs* die institutionell bedingte Struktur des Kontrollfeldes aufgehoben, wodurch die Handlungsmöglichkeiten (zeitweise) erweitert werden. Im *homileïschen Diskurs* greifen andere Mechanismen, die das Kontrollfeld organisieren. Es können aber auch Diskursformen in nicht-institutionellen Handlungsräumen (hellgrauer Hintergrund) sein wie beispielsweise das Party-Gespräch, Street-Corner-Konversation oder eben die in dieser Arbeit zu untersuchenden Kneipengespräche[18], in denen keine derartige Suspendierung erforderlich ist. Die Grafik verdeutlicht insofern, dass für die Bestimmung des *homileïschen Diskurses* nicht der Handlungsraum entscheidend ist, sondern vielmehr die jeweilige Konstellation, die sehr wohl die verschiedenen Formen *homileïscher Diskurse* begünstigt oder nicht (s. u.). Gemeinsam ist ihnen der homileïsche Zweck. Die kategoriale Zusammenfassung unter einem Zweck entspricht der funktional-pragmatischen Theorie, die Sprache – in Anknüpfung an Austin – als eine Form menschlichen Handelns versteht. Zugrunde liegt also eine Handlungstheorie von Sprache und damit

> eine Sprachanalyse, in der die Zwecke der Handelnden die zentrale Kategorie bilden, und zwar nicht die Zwecke der vereinzelten Handelnden, sondern die Zwecke der Handelnden in ihrer kommunikativen Gemeinschaft, d. h. also in einem Ensemble von Interaktanten. Diese Interpretation des Zweckes als einer gesellschaftlichen Größe führt dazu, daß *individuelle Ziele* von diesen Zwecken differenziert werden können. (Ehlich [1999] 2007n: 31)

In dieser auf den Zweck bezogenen Unterscheidung von Formen sprachlichen Handelns, die mit *homileïsch* bezeichnet werden – mittelbar institutionsspezifischen Zwecken dienend auf der einen, handlungsraumintegrierten Seite und *homileïsche Diskurse* in unmittelbarer Zweckdienlichkeit auf der anderen Seite – fehlt bislang eine differenziert ausgeführte, positive Bestimmung des Zwecks.

---

[18] Wiewohl die Kneipe sehr wohl eine Institution ist (s. u. Kap. 3.1), sind die Diskurse, die die Gäste untereinander führen, nicht durch die Zwecke der Institution bestimmt. Aus diesem Grund würde ich diese Diskurse dem nicht-institutionellen Handlungsraum zuordnen. Anders verhält es sich selbstverständlich bei der Interaktion mit den Agentinnen der Institution Kneipe, bspw. beim Bestellvorgang oder beim Bezahlen. Diese Diskurse sind institutionell.

Zu fragen wäre also, ob all den bei Ehlich/Rehbein genannten Beispielen von Diskursen wie Pausengespräche, Schwatz beim Einkauf, Party-Gespräch, Small Talk usw.

- ein positiv bestimmbarer gesellschaftlicher Zweck gemeinsam ist und welchen Typs dieser Zweck ist;
- und ob es neben diesem gemeinsamen Zweck bestimmte Charakteristika gibt, die sie als verschiedene Diskursarten/-formen und in ihren Detailzwecken als funktional ausweisen;
- oder ob die verschiedenen Diskursformen sich (lediglich) nach der jeweiligen Konstellation des *homileïschen Diskurses* differenzieren lassen?

Hinsichtlich des Zwecktyps kann man (mit der Funktionstypisierung von Ehlich [1998] 2007m) folgende Erwartung formulieren: Nach den Ausführungen von Ehlich und Rehbein zum *homileïschen Diskurs* kann ein praxisstiftender, also teleologischer Zweck wohl ausgeschlossen werden; dass der Zweck im gnoseologischen (epistemischen, erkenntnisstiftenden) Funktionsbereich liegt, ist ebenfalls eher unwahrscheinlich. Es darf also vermutet werden, dass der Zwecktyp kommunitärer, gemeinschaftsstiftender Art ist – diese Vermutung muss allerdings noch am konkreten empirischen Material überprüft werden.

Im Einzelnen ist zu fragen, inwieweit sich die Suspendierung versus Abwesenheit eines übergeordneten institutionsspezifischen Zwecks auf die Charakteristik *homileïscher Diskurse* auswirkt. Diese Frage ist sicher nicht vorab anhand theoretischer Überlegungen zu klären, sondern muss durch die Analyse der konkreten sprachlichen Daten beantwortet werden. Antizipieren lässt sich aber durchaus, dass die Mechanismen des Turn-Apparats in *homileïschen Diskursen* – da er eben nicht durch Institutionen geregelt ist[19] – anders funktionieren; inwiefern der Turn-Apparat möglicherweise Gegenstand von Aushandlungen wird o. ä., wird in der Analyse zu beachten sein. Auch Themen werden in *homileïschen Diskursen* nicht durch institutionelle Zwecke (anders etwa als in schulischen Diskursen, Anamnese-Gesprächen oder Verkaufsgesprächen u. v. m.) gesetzt. Dass die derart „freie" Themenfindung nicht immer einfach ist, wird in den analysierten Beispielen zu erkennen sein (vgl. Kap. 4 und 5, insb. 4.4.1.1 und 5.2.2). Wie zu zeigen sein wird, werden Themen mal mehr, mal weniger elegant und teilweise in schneller Folge gewechselt, ohne dass sie sozusagen erschöpfend behandelt wurden. Ähnliches gilt für die Nutzung oder Abfolge von Sprechhandlungen; eine Diskursart wie beispielsweise das *Erzählen* oder das Handlungsmuster FRAGE-ANTWORT wird – wie in meinem empirischen Material ersichtlich und in den Analyse-Kapitel aufgezeigt wird – nicht immer interaktiv „zu Ende"

---

[19] D. h. im *homileïschen Diskurs* wird der institutionelle Einfluss auf die Kontrollfelder der Aktanten suspendiert, das hat Einfluss auf das Rederecht und die Turnverteilung (siehe auch oben).

geführt, sondern bleibt zuweilen gewissermaßen in der Luft hängen – in institutionellen Zusammenhängen wäre das sicherlich problematisch, für *homileïsche Diskurse* scheint das nicht unbedingt zu gelten.

Zunächst aber soll eine Begriffsschärfung des funktional-pragmatischen Terminus *homileïscher Diskurs* in dem Sinne vorgenommen werden, dass er als Typisierung bzw. als Gattungsbegriff für verschiedene Diskursarten kategorial ausgeleuchtet wird, die wiederum eigens differenziert zu bestimmen sind. Dies dient zugleich einer Annäherung an die Bestimmung des übergeordneten Zwecks. Es liegt angesichts obiger Argumentation von Ehlich und Rehbein nahe, dem *homileïschen Diskurs* zwei andere Termini kategorienkritisch gegenüber zu stellen und zu ermitteln, ob es sich dabei ggf. um für den *homileïschen Diskurs* funktionale Diskursarten, um gleichrangige Alternativen oder aber um kategorial differente Konzepte handelt: Die Rede ist von *Small Talk* und *phatic communion*.

Das Verhältnis von *Small Talk* zu *homileïschem Diskurs* ist im Hinblick auf eine Begriffsschärfung nicht nur insofern relevant, als seinerzeit *Small Talk* bei der institutionsanalytischen Terminologie-Bildung als Exempel für den Komplex diente, der mit dem neuen Terminus gefasst werden sollte (s. o.). Von Interesse ist er insbesondere, da Rehbein wesentlich später in der Theorieentwicklung und angesichts einiger empirischer Beispiele *Small Talk* als „Antipode[n]" zum *homileïschen Diskurs* bezeichnet (2012: 87f). Diese terminologische Positionierung liege in der Rolle des *Small Talks* begründet, „soziale Beziehungen in den normativ essentiellen Handlungen der Erziehungs- und Arbeitswelt, in institutionellen Prozessen sowie wichtigen Verrichtungen des Alltags zu verankern" (a. a. O.: 86f). *Small Talk* und *homileïscher Diskurs* seien, so Rehbein weiter, zwar auf ähnliche Konstellationen verteilt, funktional in Bezug auf die Realität aber konträr bzw. antagonistisch. Konzeptuell knüpfe der *homileïsche Diskurs* eher an „Malinowskis Idee von Geselligkeit durch ‚phatic communion'" an (a. a. O.: 88).

Womit der zweite Begriff genannt ist, der ebenfalls bereits Ehlich und Rehbein (1980) als Bezugspunkt diente, allerdings eher mit Blick auf die Formelhaftigkeit, welche die *phatische Kommunikation* (sic!)[20] mit Formen sprachlichen Handelns in Institutionen gemein hätte:

> Der Formelcharakter bestimmter sprachlicher Abläufe zeigt sich aber nicht nur in Institutionen, wie sie bisher benannt wurden, sondern auch in einem Komplex sprachlicher Handlungen, der gleichfalls stark routinisiert ist, nämlich der sogenannten „phatischen Kommunikation" (Malinowski), in den Formen des Grüßens, des Rufens, aber auch bei kompetitiven Beleidigungen usw. (a. a. O.: 342)

---

[20] Malinowskis Begriff *phatic communion* erfährt – vor allem im deutschsprachigen Kontext, aber auch in der angelsächsischen Forschung – häufig eine Rezeption als *phatische Kommunikation*. Auf diesen Umstand wird weiter unten im Kapitel 2.1.2.3 noch zu sprechen zu kommen sein.

Eben eine solche Formelhaftigkeit scheint jedoch wiederum für *Small Talk* charakteristisch. Dieser Rückschluss kommt nicht von ungefähr, erfuhr Malinowskis *phatic communion* doch in der angelsächsischen Rezeption eine Interpretation als *Small Talk*.[21] Dies schlägt sich in einer Gleichsetzung beider Begrifflichkeiten in bestimmten Kontexten nieder (s. u.). Allein aufgrund dieser Befunde lässt sich vermuten, dass es zumindest Überschneidungen der genannten Konzepte gibt; das genaue Verhältnis soll im Folgenden geklärt werden.

Ein weiterer Terminus, der mit den genannten verwandt zu sein scheint, ist die *Konversation*. So verstehen Gerwinski et al. (2018) beispielsweise *Konversation* als „ein durch ‚Bildungssprachlichkeit' gekennzeichnete[n] Spezialfall von Small Talk" (2018: 183),[22] in ihrem Versuch, den Begriff der *Konversation* zu schärfen, gehen die Autoren im Übrigen auch auf den *homileïschen Diskurs* ein (vgl. Gerwinski et al. 2018: 167 und v. a. 181f.).

2.1.2 *Homileïscher Diskurs – phatic communion – Small Talk – Konversation*

Vor einer näheren Bestimmung der einzelnen Begriffe *Small Talk, phatic communion* und *Konversation* und einer Abgrenzung zueinander sowie zum *homileïschen Diskurs* lohnt eine Vergegenwärtigung der Gemeinsamkeiten. Die vier Begrifflichkeiten beziehen sich zunächst alle auf Diskurse,[23] d. h. auf eine komplexe Großform sprachlichen Handelns, die durch Flüchtigkeit gekennzeichnet ist (d. h. in der Regel mündlich[24] ist) und konzeptionell an die konkrete Kopräsenz der Interaktanten gebunden ist, sodass systematischer Sprecher S und Hörer H einen gemeinsamen Wahrnehmungsraum haben (vgl. Ehlich [1984] 2007f,

---

[21] Viele Forschungspublikationen zum *Small Talk* beziehen sich explizit auf die *phatic communion* (s. u.). Vgl. auch Rehbeins Einschätzung diesbezüglich (2012: 87).

[22] Dies mag zwar aufgrund der geschichtlichen Abfolge, sprich, wann welche Begriff geprägt wurde, ein wenig schief anmuten (ich argumentiere z. B. weiter unten auch dafür, dass der *Small Talk* sich aus dem bürgerlichen Institut der *Konversation* entwickelt hat; insofern könnte man – umgekehrt zu Gerwinski – davon sprechen, dass *Small Talk* eine Sonderform der *Konversation* ist), die Auffassung lässt sich aber zum einen durch das Untersuchungsdesign erklären und entspricht zum anderen – wenn man die historische Genese ausblendet – auch den Relationen dieser beiden Gesprächsformen in der heutige Zeit: Wenn man davon ausgeht, dass heute *Small Talk* die Standard-Form (i. S. v.: die Form, die am häufigsten realisiert wird) für derartige Gespräche ist, ist eine solche Einordnung durchaus schlüssig.

[23] Ob die Ausdrücke tatsächlich auch Bezeichnungen für Diskurse oder Diskursformen sind, wird hingegen im Folgenden zu klären sein. Vorweggreifend kann allerdings bereits konstatiert werden, dass *phatic communion* nicht einen Diskurs, eine Diskursart oder -form bezeichnet, sondern wohl eher eine Funktion, die Diskurse haben können.

[24] Wobei die Opposition Mündlichkeit–Schriftlichkeit bei der Unterscheidung der Kategorien *Diskurs* und *Text* nicht das entscheidende Kriterium bildet (s. o. Kap. 1.3). Von Relevanz ist vielmehr die Sprechsituation: Liegt eine einheitliche Sprechsituation vor, d. h. sind S und H ko-präsent, handelt es sich um Diskurse, ist die Sprechsituation hingegen zeitlich und/oder räumlich zerdehnt, handelt es sich um die sprachliche Großform Text. Schrift ist lediglich <u>ein</u> gesellschaftlich ausgearbeitetes Mittel zur Überbrückung dieser zerdehnten Sprechsituation (siehe Ehlich [1984] 2007f).

vgl. auch Kap. 1.3[25]). Ein Diskurs stellt somit „*historisch gesellschaftlich bewährte Handlungswege* zur *Befriedigung repetitiver gesellschaftlicher Bedürfnisse* in *rekurrenten Konstellationen* dar" (Redder 2017: 22). Neben dieser recht augenfälligen – allerdings nicht ganz banalen (siehe Fußnote 23 und 25) – Gemeinsamkeit scheinen auch jeweils das *common sense*-mäßige Verständnis, die „Alltagsdefinitionen" der Begriffe sozusagen (also das Wissen, was laut Thielmann 2016 in der Elementarpraxis mit den Termini verbunden ist), recht ähnlich zu sein – das gilt selbstredend nur für *Konversation* und *Small Talk*, denn *phatic communion* und *homileïscher Diskurs* sind keine Ausdrücke, die in der Elementarpraxis Verwendung finden. Entsprechend gibt es kein *common sense*-mäßiges Wissen über sie.[26] Ein Blick in nicht-fachspezifische Wörterbücher bestätigt dies. So findet sich beispielsweise im Deutschen Wörterbuch von Wahrig (Wahrig-Burgfeid/

---

[25] Die Frage, ob es auch homileïsche Kommunikation in Form von Texten bzw. ob es homileïsche Texte gibt, ist interessant, kann im Rahmen dieser Arbeit aber lediglich am Rande angerissen werden. Rehbein (2012) legt zumindest nahe, dass homileïsche Kommunikation auch durch Texte realisiert werden kann, wenn er literarisches Erzählen zum *homileïschen Diskurs* zählt. Redder (2017) argumentiert: Der Gesamtkomplex ästhetisch sprachlichen Handelns (z. B. Diskurstypen und Texttypen von Theater, Literatur, Film) weist „eine primär gemeinschaftsstiftende Funktion auf". Diese gemeinschaftsstiftende Funktion haben *homileïscher Diskurs* und literarisches Erzählen sicherlich gemeinsam. Meiner Ansicht nach unterscheiden sich die Konstellationen aber in entscheidender Weise. Während das literarische Erzählen gemeinschaftsstiftend auf gesamtgesellschaftlicher Ebene (oder zumindest für große gesellschaftliche Gruppen) wirkt, liegen beim *homileïschen Diskurs* andere Konstellationen vor, insbesondere was die Handlungsmöglichkeiten der beteiligten Aktanten betrifft. Die Relevanz des literarischen Erzählens für eine gesellschaftlichen Selbstverständigung, d. h. einer Verhandlung für das Selbstverständnis einer Gesellschaft relevanter Themen, zeigt sich auch in der historischen Herausbildung der Institutionen des Literaturbetriebs (Verlage, Buchhandel etc.) und ist vielleicht nicht unähnlich mit dem Zweck der Presse (mit spezifischen Unterschieden, wie ich in meiner Magisterarbeit, Lehmann (2012) herausgearbeitet habe). Möglich wäre, das literarische Erzählen bzw. den Literaturbetrieb als eine für Gesamtgesellschaftliche Zwecke institutionalisierte Form des Homileïschen zu rekonstruieren. Um aber die Frage des Verhältnisses von literarischem Erzählen und *homileïschen Diskurs* zu klären, bedarf es zunächst eines fundierteren Verständnisses der Kategorie *homileïscher Diskurs*. Neben dem literarischen Erzählen gibt es aber auch andere textuelle Kommunikation, die möglicherweise homileïsch ist: Chatkommunikation oder Kommunikation mit einem Messanger-Dienst (wie WhatsApp, Telegram u. Ä.). Diese Form der Kommunikation kann unter bestimmten Bedingungen diskursiven Charakter haben (vgl. Hoffmann 2004) und weist – je nach Konstellation – einige Ähnlichkeiten mit dem *homileïschen Diskurs* auf. Da in Texten – auch solchen, in denen zwar die zeitliche Zerdehnung beinahe aufgehoben wird wie in Chat- oder Messanger-Kommunikation – durch die räumliche Dislozierung gerade die Vermittlung von Stimmung u. Ä. ein Problem darstellt und es aufgrund dessen, gerade in kurzen Texten, auch häufig zu Missverständnissen kommt, hat sich meiner Meinung nach die Verwendung von Emojis in Chat- und Kurz-Nachrichten durchgesetzt. Ich denke, dass Emojis in diesen Zusammenhängen Malfeld-Funktion erfüllen, d. h. sie stellen eine Gleichgestimmtheit zischen S und H her. Dies zu überprüfen würde allerdings eine eigene Untersuchung erfordern, die an dieser Stelle nicht geleistet werden kann.

[26] Was sich bspw. darin niederschlägt, dass es zu den Ausdrücken keinen Wikipedia-Artikel gibt (zu *phatic communion* gilt dies allerdings nur eingeschränkt für das deutschsprachige Wikipedia, dort findet sich lediglich ein sehr kurzer Eintrag zu ‚phatischer Kommunikation').

Wahrig 2006) unter dem Stichwort *Konversation* folgende Definition: „geselliges, leichtes, etwas förml. Gespräch, gepflegte Unterhaltung" (a. a. O.: 765) und zu *Small Talk*: „leichte, oberflächliche Unterhaltung" (a. a. O.: 1163), ähnlich lautet der Eintrag zu *Konversation* im Duden: „häufig konventionelles, oberflächliches und unverbindliches Geplauder; Gespräch, das in Gesellschaft nur um der Unterhaltung willen geführt wird" (Dudenredaktion 2002: 2231). Beim Eintrag zu *Small Talk* wird sogar der Ausdruck *Konversation* bemüht: „leichte, beiläufige Konversation" (Dudenredaktion 2011: 1617)[27]. Adjektive wie „leicht", „oberflächlich" scheinen beide Diskursformen[28] zu charakterisieren. Mit „gesellig" bzw. „in Gesellschaft" wird eine soziale Komponente angesprochen, die ebenfalls bei beiden eine Rolle zu spielen scheint. Auch die genannte Funktion „um der Unterhaltung willen" bedarf noch einer genaueren Betrachtung und einer Klärung, die über das Konsultieren von Wörterbüchern hinausgeht.

2.1.3 Phatic Communion

Wenden wir uns zunächst dem Terminus *phatic communion* zu. Dies ist nicht allein chronologisch zu rechtfertigen. (Die Einführung des Begriffs durch Malinowski 1923 liegt weit vor der Begriffsbildung *homileïscher Diskurs* und vor der wissenschaftlichen Beschäftigung mit *Small Talk* oder *Konversation*.[29]) Wie zu zeigen sein wird, hängen die Differenzen der Konzepte *homileïscher Diskurs* und *Small Talk* auch mit der Rezeptionsgeschichte von Malinowskis

---

[27] Dies lässt die Vermutung zu, dass es sich bei *Small Talk* lediglich um einen moderneren Ausdruck für *Konversation* handelt. Die Verwendung des Ausdrucks *Konversation* in der Worterläuterung von *Small Talk* könnte allerdings auch darin begründet liegen, dass der Ausdruck *Konversation* verschiedene Bedeutungen haben kann: nämlich einmal in einer weiteren Verwendung als eine allgemeine Bezeichnung für Gespräch (wie sie sich im Kompositum ‚Konversationsanalyse' findet) und einmal als Bezeichnung für spezifische Diskurse, die eng verbunden sind mit der französischen Salon-Tradition des 17. Jh. – in Kap 2.1.7 wird dies ausführlicher zu beleuchten sein. Fürs Erste kann an dieser Stelle festgestellt werden, dass es für den Ausdruck ‚Konversation' unterschiedliche Verwendungen gibt, ganz ähnlich wie bei dem Ausdruck *erzählen* – einem Umstand, dem Ehlich ([1983] 2007e) durch die Unterscheidung von Erzählen1 und Erzählen2 Rechnung trägt. Einige Wörterbücher wie das „Wörterbuch der deutschen Gegenwartssprache" nehmen diese Unterscheidung in den Einträgen zu *Konversation* auf (vgl. unten).

[28] Der Ausdruck „Diskursform" wird hier von mir unterminologisch verwendet, um eine Festlegung auf Kategorien wie Diskursart, Diskurstyp oder Handlungsmuster vor einer Klärung, was genau mit diesen Ausdrücken gefasst ist, zu vermeiden.

[29] Bei *phatic communion* und *homileïschem Diskurs* fällt die Begriffsbildung mit der wissenschaftlichen Auseinandersetzung mit dem Gegenstand in eins. Bei *Konversation* und *Small Talk* hingegen handelt es sich um alltagssprachliche Bezeichnungen für Diskurse. Auch wenn die Ausdrücke bereits länger Teil des Wortschatzes sind (*Konversation* etwa ist seit dem 16 Jh. für das Deutsche nachgewiesen, vgl. Paul u. a. 1992: 480; *Small Talk* seit dem Ende des 19 Jh., wobei der Ausdruck offenbar erst nach dem 2. Weltkrieg allgemeiner verbreitet ist, vgl. Kessel 2009: 57), ist die sprachwissenschaftliche Auseinandersetzung mit den so bezeichneten Diskursen jüngeren Datums.

phatic communion in den unterschiedlichen Forschungstraditionen zusammen.

Der Terminus *phatic communion* wurde bekanntermaßen von Malinowski ([1923] 1946) in einem Supplement zu Ogden und Richards' „Meaning of Meaning" geprägt. Auch Malinowskis Überlegungen widmen sich dem „Problem of Meaning", wie der Titel des Supplements lautet, und zwar vor dem Hintergrund seiner wissenschaftlichen Tätigkeit als Ethnologe auf den Trobriander Inseln (die zum heutigen Papua-Neuguinea gehören). Der Umstand, dass das Hauptinteresse Malinowskis hier der Bedeutung gilt – und zwar im Kontext seiner praktischen Tätigkeit als ethnologischer Forscher – wie auch die ethnologische Basis seiner linguistischen Überlegungen, also die Tatsache, dass er seine Sprachauffassung auf Grundlage der Beobachtung einer kulturell sehr entfernten Sprachgemeinschaft entwikkelt hat, sind durchaus relevant für ein Verständnis dessen, was unter *phatic communion* zu verstehen ist. Aus diesem Grund soll einer Darstellung des Hintergrunds seiner Überlegungen im Folgenden Raum gegeben werden.

2.1.3.1 Hintergrund: Sprache als *mode of action*

Bekanntlich gründet Malinowskis Interesse an Sprache in seiner Tätigkeit als Ethnologe, genauer in den ganz praktischen Anforderungen, mit denen er im Rahmen seiner Feldforschung konfrontiert war, nämlich dem Verstehen einer fremden Sprache als Basis einer ethnologischen Beschreibung. Im Rahmen dieser praktischen Tätigkeit kommt Malinowski zu der Einsicht, dass eine einfache, sprich: eine lineare, wörtliche Übersetzung der Ausdrücke auf Grundlage von Wörterbüchern[30] oftmals für ein Verständnis des Verbalisierten nicht ausreicht und somit den Anforderungen seiner wissenschaftlichen Tätigkeit nicht genüge tut. Die erkannten Verstehens- und Übersetzungsschwierigkeiten hingen nicht nur damit zusammen, dass die Sprachen, mit denen er sich konfrontiert sah, sich typologisch stark von den europäischen Sprachen unterscheiden. Seiner Argumentation nach resultieren die Komplikationen, die sich aus rein auf Wörterbüchern fußenden linearen Übersetzungen ergeben, daraus, dass für das Verständnis der mit den Ausdrücken verbundenen Konzepte eine Kenntnis der Kultur, aus der diese Ausdrücke stammen, und damit ein Wissen um die handlungspraktische Einbindung dieser Ausdrücke notwendig sei, also ein Wissen darum, in welchen Situation, in welchen kulturellen Praktiken die Ausdrücke

---

[30] Die für die fraglichen Sprachen zur Verfügung stehenden Wörterbücher zu seiner Zeit waren – ein Umstand auf den Malinowski hinweist und den er problematisiert – zumeist von westlichen Geistlichen verfasst und sollten Zwecken der Missionierung dienen. Das bedeutet auch, dass derartige Wörterbücher mit einem ganz anderen Ziel als das Malinowskis angelegt wurden: Während es den Missionaren vor allem darum ging, bestimmte Inhalte den indigenen Völkern zu vermitteln, ging es Malinowski um ein Verstehen des (sprachlichen) Handelns der von ihm beobachteten Gesellschaften.

Verwendung finden. Aus dieser Einsicht heraus stellt er die These auf, dass eine Äußerung in den damals sogenannten primitiven Sprachen[31] keine Bedeutung außer des von ihm so bezeichneten *Situationskontextes (context of situation)*[32] hat. Die von ihm zur Illustration dieser These angeführten Beispiele zur Verwendung (*use*) von Sprache bei den Trobriandern führen ihn bei deren genauerer Betrachtung zu einem pragmatischen Sprachverständnis: Sprache ist seiner Ansicht nach – zumindest in „ihrer primitiven Verwendung" – ein *mode of action*, also eine Form des Handelns[33]. Mit dieser Erkenntnis wendet er sich explizit gegen Auffassungen, die in der Sprache primär ein Werkzeug des Nachdenkens, der Reflexion sehen: „In its primitive uses, language functions as a link in concerted human activity, as a piece of human behaviour. It is a mode of action and not an instrument of reflection."[34] (1946: 312)

Da Malinowski zunächst Beispiele diskutiert, in denen Sprache im Sinne einer „materiellen Kooperation" (Ehlich [1987] 2007h) Verwendung findet (Malinowski spricht bei dieser Art der Sprachnutzung in Arbeitszusammenhängen[35] von *active use*), könnte man einwenden, dass es viele andere Beispiele

---

[31] Eine stark wertende Terminologie, die heute aus guten Gründen nicht mehr Verwendung findet (bzw. finden sollte). Die seinerzeitige Kultur- und Strukturentwicklungsideologie und nicht zuletzt auch koloniale Ideologie schlägt sich in der Semantik dieses Ausdrucks deutlich nieder. Die darin enthaltenen Implikationen teile ich keinesfalls, sie spielen in Malinowskis Argumentation allerdings eine gewisse Rolle, weswegen ich die Terminologie an dieser Stelle nicht durch eine moderne ersetzen möchte.

[32] Eine Kategorie, die später von J. R. Firth aufgenommen und in den Mittelpunkt seines Forschungsansatzes gestellt werden sollte.

[33] In der deutschen Fassung des Artikels (Malinowski 1974) wird *mode of action* mit „Aktionsmodus" übersetzt; mir scheint jedoch mit Blick auf Malinowskis Argumentation „Form des Handelns" die angemessenere Übertragung zu sein. Ich kann an dieser Stelle nicht weiter darauf eingehen, da eine solche Auseinandersetzung eine ganz eigene Arbeit wäre. Ich hoffe jedoch, dass im Verlauf des Kapitels diese Lesart plausibel wird. Im Übrigen werde ich weitgehend die englischen Termini verwenden, um eben solche translatorischen Fragen zu umgehen, denn gerade im wissenschaftlichen Bereich sind Übersetzungen keineswegs trivial, worauf bspw. Thielmann (2016 u. a.) hingewiesen hat. Das Problem der Übersetzung der englischen Termini ins Deutsche wird uns im Zusammenhang mit Malinowskis Arbeit noch später – an zentraler Stelle – begegnen, nämlich wenn *phatic communion* im deutschen Kontext als „phatische Kommunikation" zitiert und damit ein sich in der Terminologie niederschlagendes, bedeutungstragendes Element, die *Kommunion*, also das Gemeinschaftsstiftende, getilgt und durch den Ausdruck ‚Kommunikation' ersetzt wird (zur „Konzeptkarriere" des Ausdrucks ‚Kommunikation' siehe Ehlich [1996] 2007l).

[34] Am Rande sei erwähnt, dass in der deutschen Fassung an dieser speziellen Stelle – also in der Gegenüberstellung von Malinowskis Sprachauffassung zu anderen, ‚klassischeren' Sprachtheorien – ausnahmsweise *mode of action* mit „Handlungsmodus" (und nicht „Aktionsmodus", s. o.) übersetzt wurde.

[35] Malinowski schildert hier eine Szene, in der die Trobriander gemeinsam auf Fischfang gehen. Später nennt er unter dem Stichwort *active use* weitere Beispiele (wie kriegerische Handlungen), die eine derartige sprachliche Kooperation erfordern. Insofern ist ‚Arbeit' hier nicht im engeren Sinne zu verstehen, erst recht nicht im Sinne von ‚Erwerbsarbeit' (die Produktionsweise der Trobriander-Gesellschaft kennt keine solche Form der Arbeit), sondern eher in allgemeinerer Bedeutung als notwendige Existenzbedingung menschlichen Lebens.

gebe, in denen Sprache beispielsweise eher und vor allem der Reflektion diene und nicht eine Form des Handelns sei. Malinowski antizipiert in seiner Argumentation diesen Einwand anderer Sprachverwendungen als einen solchen gegen seine These, Sprache sei ein *mode of action*, und führt, gleichsam selbst exemplarisch einwendend, an: Zum einen hätten die „primitiven Völker" durchaus Texte in Form von „songs, sayings, myths and legends, and most important, in their ritual and magical formulae" (Malinowski 1946: 312). Zum anderen stelle sich die Frage, ob seine Folgerung bezüglich der „nature of language" aufrecht zu erhalten sei, wenn man etwa freie Erzählungen (*free narrative*) oder „the use of language in pure social intercourse; when the object of talk is not to achieve some aim but the exchange of words almost as an end in itself" (ebd.) betrachte.

Relativ knapp handelt er den Einwand bezüglich erzählender Rede[36] ab und konstatiert, *narrative speech* sei ebenfalls ein *mode of action*, spezifischer ein „*mode of social action*" (a. a. O.: 313), da erzählende Rede innerhalb der Erzählsituation durch den „emotional appeal of the words" neue Bindungen und Empfindungen (*bonds and sentiments*) schaffe (312f). Die Sprache „used in free, aimless, social intercourse" erfordere hingegen eine spezielle Erörterung – im Rahmen derer der Terminus *phatic communion* geprägt wird. Bevor nun im Folgenden genauer betrachtet werden soll, wie der Begriff *phatic communion* bei Malinowski konzipiert ist, möchte ich einen Punkt herausstellen, der mir für einen Vergleich der Konzepte *homileïscher Diskurs* und *phatic communion* wichtig zu sein scheint. Ich meine, es ist deutlich geworden, dass Malinowskis Konzept von Sprache – zumindest in ihrer Verwendung in einer bestimmten Sprachgemeinschaft[37] – ein Konzept von *Sprache als Medium* im Sinne von Ehlich ([1998] 2007m) ist, also

---

[36] Unter *narrative speech* fasst Malinowski offenbar nicht (nur) *Erzählungen* im Sinne von Sprechhandlungsverkettungen, also die sprachliche Rekonstruktion von Vergangenem hauptsächlich durch einen Sprecher, wie sie den meisten (linguistischen) Erzähltheorien zugrunde liegt. Malinowski paraphrasiert den Terminus *narrative speech* folgendermaßen: „When incidents are told or discussed among a group of listeners." (a. a. O.: 312, Hervorhebung GL). Mit *narrative speech* scheint mir daher nicht ein engerer Erzähl-Begriff i. S. v. Ehlichs ([1983] 2007e) Erzählen2, sondern ein weiterer, alltäglicher Erzählbegriff vorzuliegen, der viele verschiedene rekonstruktive Diskursformen umfasst, also Erzählen1. Allerdings handelt es sich bei *narrativ speech* in dem hier diskutierten Zusammenhang nicht um eine Bezeichnung für eine Diskursart, sondern um eine Bezeichnung für eine Sprachfunktion, Sprache in ihrer erzählenden Verwendung. Auf den Stellenwert der Kategorien in Malinowskis Argumentation werde ich unten noch genauer eingehen.
Abgesehen davon, ist es bemerkenswert, dass Malinowski die *phatic communion* und die *narrative speech* voneinander unterscheidet.

[37] Auch wenn der Ausgangspunkt für Malinowskis Überlegungen die Betrachtung der „primitiven Sprachen" ist, sind seine Ergebnisse tendenziell universalistisch gedacht, wie das Heranziehen von Vergleichsbeispielen aus dem Sprachgebrauch der westlichen Gesellschaft zeigt. Ob Malinowski aber von einer uneingeschränkten universalen Gültigkeit seiner Erkenntnisse ausgeht, kann ich an dieser Stelle nicht klären.

eines, in dem Sprache nicht Selbstzweck, sondern eingebunden ist in eine soziale Praxis und somit bezogen auf die Kategorie Zweck (vgl. Ehlich a. a. O.). – Damit ist ein Punkt benannt, den Malinowski, wenn auch mit anderen Begrifflichkeiten, immer wieder betont, und der den Kernpunkt seiner Argumentation darstellt.

2.1.3.2 Genauer: *phatic communion*

Was ist nun aber die Verwendung (*use*) von Sprache, die Malinowski mit „language used in free, aimless, social intercourse" in den Blick nimmt? Exemplarisch führt er folgende Diskurse in ihrer Empraxie auf (vgl. Malinowski 1946: 313):

- *Unterhaltungen* am Feuer, wenn die täglichen Pflichten erfüllt sind (also zu einem Tagesabschnitt, den wir als ‚Feierabend' bezeichnen würden)
- *Schwatzen* während der Arbeitspausen („chat resting from work")
- *Klatschen* während der gemeinsamen Arbeit (wobei Malinowski betont, dass der Klatsch (*gossip*)[38] nichts mit der währenddessen ausgeführten Tätigkeit zu tun hat).

Er stellt zunächst fest, dass es sich bei diesen Diskursen um eine andere Art des Sprachgebrauchs (another mode of using language) handelt, um einen anderen Sprachfunktionstyp (another type of speech function). Bei seinen Überlegungen über das Wesen dieser Funktion zieht er Analogien zum Sprachgebrauch in europäischen Gesellschaften: Höflichkeits- und Grußformeln[39] hätten ganz ähnliche Funktionen. Malinowskis Bestimmungen der Funktion sind (auch bei ihm) zunächst ex negativo: Es ginge bei dieser Verwendungsweise von Sprache nicht um einen Informationsaustausch (womit er sich gegen zeitgenössische gängige Sprachauffassungen richtet); es gehe auch nicht darum, handelnde Menschen (in Bezug auf ihre Tätigkeit) zusammenzuhalten, sei also kein active use. Auch diene diese Verwendung nicht der Herstellung eines gemeinsamen Gefühls (common sentiment), wie er die Funktion des narrative mode (s. o.) bestimmt hatte. Um zu einer Funktionsbestimmung zu kommen, führt Malinowski an-

---

[38] Auch hier sei eine kurze Anmerkung zur Übersetzung erlaubt: Die deutsche Fassung spricht an dieser Stelle von „Geplauder". „Klatsch" scheint mir jedoch angemessener zu sein: Bergmann (1987) weist in seiner Untersuchung zu *Klatsch* auf die häufig anzutreffende „situative Einbindung von Klatsch im Handlungskontext der Arbeit" hin – ein Umstand der sich auch in der Etymologie des Ausdrucks selbst niederschlägt. Bergmann zeigt mit Bezug auf diverse historische Wörterbücher, dass ein spezifischer sozialer Handlungszusammenhang, nämlich das gemeinsame Wäschewaschen der Frauen oder „Waschweiber" am Waschplatz, sich in der Semantik des Ausdrucks *Klatschen* wiederfindet. Dieser Ausdruck benennt ebenfalls das Geräusch, das von nasser Wäsche durch diverse Tätigkeiten beim Waschen erzeugt wird, wie auch einen Fleck oder Schmutz (vgl. 1987: 84ff).

[39] Genau diese Beispiele mögen zu einer Verengung bei der Rezeption von Malinowskis *phatic communion* und so zu einem engen Verständnis von *Small Talk* (s. u.) geführt haben. In der Gegenüberstellung dieser beiden Begriffe wird darauf noch einzugehen sein (Kap 2.1.6).

thropologische Überlegungen an. Die Ursache für ein Bedürfnis zu reden sieht Malinowski in einer anthropologischen Konstante („one of the bedrock aspects of man's nature in society"), nämlich der menschlichen Veranlagung zur Sozietät: „There is in all human beings the well-known tendency to congregate, to be together, to enjoy each other's company." (a. a. O.: 314) Schweigen sei vor diesem Hintergrund ein beunruhigender Faktor[40]. Das Schweigen bzw. die Stille zu brechen, sei der erste Akt, der eine Verbindung der Gemeinschaft herstelle, insofern sei Reden das Korrelat zu der Tendenz zu Sozietät.

Für diese Sprachfunktion bzw. -verwendung, nämlich die Herstellung von Gemeinschaft durch Rede, bildet Malinowski den Terminus *phatic communion*: „There can be no doubt that we have here a new type of linguistic use – phatic communion [...] a type of speech in which ties of union are created by a mere exchange of words." (a. a. O.: 315) Der Situationskontext, den Malinowski für den „primitiven" Gebrauch von Sprache als bestimmend ausgemacht hat (s. o.) – und der die Grundlage für seine These ist, dass Sprache in „primitiven Gesellschaften" ein *mode of action* sei – bestehe bei der *phatic communion* genau in der durch das Sprechen hergestellten Atmosphäre der Geselligkeit:

> But can we regard it as a mode of action? And in what relation does it stand to our crucial conception of context of situation? It is obvious that the outer situation does not enter directly into the technic of speaking. But what can be considered as situation when a number of people aimlessly gossip together? It consists in just this atmosphere of sociability and in the fact of the personal communion of these people. But this is in fact achieved by speech, and the situation in all such cases is created by the exchange of words, by specific feelings which form convivial ordinary gossip. The whole situation consists in what happens linguistically. Each utterance is an act serving the direct aim of binding hearers to speakers by a tie of some social sentiment or other. Once more language appears to us in this function not as an instrument of reflection but as a mode of action. (a. a. O.: 315)

Die Funktion von *phatic communion* ist also die Herstellung einer Situation, die eine Atmosphäre der Geselligkeit, der Gemeinschaft schafft. Diese Situation, diese Gemeinschaft, wird eben durch das Miteinander-Sprechen hergestellt.

Diese Idee spiegelt sich auch unmittelbar in der Terminologie wider: Der Terminus bemüht das griechische *phatós*, was in etwa ‚gesagt' bedeutet, und das lateinische *communio*, also ‚Gemeinschaft' (ein Ausdruck, der in der Form *Kommunion*, also die Vereinigung der Gläubigen durch das Abendmahl, in dieser Bedeutung auch in unserem heutigen Sprachgebrauch präsent ist)[41]. In der Komposition bedeutet der Terminus also in etwa ‚gesagte=durch Reden/Sagen

---

[40] Schweigen sei unter „primitiven Völkern" deshalb beunruhigend, weil die Unmöglichkeit sich zu unterhalten tendenziell darin gründe, dass es sich um einen Menschen von einem anderen Stamm (daher eben die andere Sprache) und damit um einen potenziellen Feind handele.
[41] Ehlich vermutet (1993a: 317), dass diese religiöse Konnotation bei der Terminologiebildung insofern eine Rolle spielte, als dass damit „die Intensität" der so bezeichneten Handlungen betont wurde.

erwirkte Gemeinschaft' oder ‚gesagte=aus Reden/Sagen resultierende Vereinigung'. Die Durchsichtigkeit der Terminologie – zumindest für altphilologisch gebildete Sprecher:innen – ging im Zuge der Rezeption, in der häufig von *phatic communication* bzw. *phatischer Kommunikation* gesprochen wurde, allerdings verloren (zu möglichen Gründen dafür s. u.).

Die wichtigsten Eckpunkte von Malinowskis pragmatischer Sprachtheorie sollen hier noch einmal kurz in Bezug auf den Begriff der *phatic communion* rekapituliert werden: *Phatic communion* ist eine von mehreren Verwendungsweisen (*uses*) von Sprache, die Malinowski bei der von ihm beobachteten Sprachgemeinschaft zu distinguieren meint. Diese Sprachverwendungen sind: *active use, narrative use, phatic communion* und *ritual use* (für europäische/westliche Gesellschaften bzw. Sprachgemeinschaften gebe es weitere, allerdings abgeleitete Verwendungen, nämlich *scolastic* und *theoretical use*). Für all diese Sprachverwendungen gelte aber, dass sie ein *mode of action* seien. Es sollte deutlich geworden sein, dass die Unterscheidung dieser Sprach-„Verwendungen" im Grunde danach vorgenommen wird, was für eine <u>Funktion</u> Sprache darin jeweils hat. Im Zusammenhang mit der *phatic communion* spricht Malinowski selbst von *type of speech function* (s. o.). An späterer Stelle wird noch einmal darauf zurückzukommen sein (s. Kap 2.1.5).

Malinowskis Konzept einer gemeinschaftsstiftenden Sprachfunktion wurde von Jakobson (1973 (1960)) aufgegriffen und modifiziert.[42] Senft (2009: 227) vermutet, dass dieser recht einflussreiche Artikel Jakobsons dafür verantwortlich ist, dass in der Forschung oftmals mit dem technischeren Terminus „phatische Kommunikation" bzw. „phatic communication" auf Malinowskis Konzept verwiesen wird (vgl. ebd.).[43] In Jakobsons (1973 (1960)) Aufstellung der „grundlegenden Funktionen der Sprachkommunikation" ist die „phatische Funktion" diejenige, die in seinem – recht technizistisch formulierten – Verständnis von Kommunikation dafür zuständig ist, den „Kanal" zu öffnen, also eine Verbindung zwischen den Aktant:innen, oder – um in Jakobsons Terminologie zu bleiben – „Sender" und „Empfänger" herzustellen:

> Es gibt Nachrichten, die vor allem dazu da sind, Kommunikation herzustellen, zu verlängern oder zu unterbrechen, zu prüfen, ob das Kontaktmedium (Kanal) in Ordnung ist („Hallo, hören Sie mich?"), um die Aufmerksamkeit des Angesprochenen zu erhalten oder sich seiner fortgesetzten Aufmerksamkeit zu versichern („Hören sie zu?" oder mit Shakespeares Worten „Lend me your ears" – und am anderen Ende der Leitung „Hm, hm."). Die Einstellung auf das Kontaktmedium, oder mit Malinowskis Begriff die phatische Funktion, kann sich durch ganze Dialoge hindurch entfalten mit dem einzigen Ziel, die Kommunikation zu verlängern: ‚Well, she said [...]'

---

[42] Und zwar im Rahmen eines Sprachmodells, dass insofern an das Bühler'sche Organon-Modell angelehnt ist, als es den Werkzeugcharakter von Sprache übernimmt; die aus dem Bereich der Radiotechnik entlehnte Terminologie ‚Sender' und ‚Empfänger' hat es ebenfalls mit diesem gemeinsam.

[43] – eine Verwendung, wie sie auch in Ehlich/Rehbein (1980) zu finden ist (s. o.).

Das Bestreben, Kommunikation zu beginnen und aufrecht zu erhalten, ist typisch für sprechende Vögel; die phatische Funktion ist so die einzige, die sie mit menschlichen Lebewesen gemeinsam haben. Es ist auch die erste Sprachfunktion, die sich Kleinkinder aneignen; sie möchten Kommunikation herstellen, bevor sie noch informative Kommunikation senden oder empfangen können. (a. a. O.: 149f)[44]

In Bezug auf die funktional-pragmatischen Kategorien ist dabei nicht ganz klar, welche Einheiten sprachlichen Handelns diese Funktion erfüllen. Die spärlichen von Jakobson angeführten Beispiele zur Veranschaulichung sind Einheiten sprachlichen Handelns ganz unterschiedlicher Größenordnung: Er nennt selbstsuffizienten Prozeduren – also die kleinsten Einheiten sprachlichen Handelns – wie die Interjektion HM[45], die dem Lenkfeld (expeditiven Feld) zugehört. Mit dieser expeditiven Prozedur führt Jakobson sprachliche Mittel an, die die Funktion der Herstellung eines „direkten Drahtes" zum Hörer – um mit Ehlich (1986: 240) zu sprechen – haben. Prozeduren des Lenkfelds sind durch die Funktion der direkt eingreifenden sprachlichen Kontaktierung des Hörers bzw. allgemeiner des Interaktanten charakterisiert (Redder 2007b: 135f). Daneben werden von Jakobson Sprechhandlungen angeführt, also Handlungseinheiten mittlerer Größenordnung und damit Prozedurenkombinationen. Mit dem Stichwort „Dialog" deutet er an, dass auch sprachliche Großformen wie Diskurse (also Ensemble von Sprechhandlungen) in Gänze diese Funktion haben können. Auch in anderen linguistischen Forschungsarbeiten werden unter dem Stichwort *phatische Communion* bzw. *Kommunikation* Handlungseinheiten unterschiedlicher Größenordnung betrachtet: Sprechhandlungen („utterances" vgl. bspw. Senft 2009), Handlungsmuster wie das „greeting" (bspw. Laver 1975) und Diskurse (bspw. Coupland 2014b).

Im deutschsprachigen Raum wird auf Jakobsons „phatische Funktion" häufig mit dem Ausdruck „Kontaktfunktion" referiert, teilweise auch – einhergehend mit einer Vermischung mit der Watzlawick'schen Terminologie – mit dem sogenannten „Beziehungsaspekt" von Sprache. In der englischsprachigen (v. a. soziolinguistischen) Forschung wird häufig die *phatic communion* bzw. *phatic communication* mit „social function" gleichgesetzt wie Senft (2009: 228) zusammenfasst:

> To briefly summarize again, based on Malinowski's definition and influenced by Jakobson's concept of the ‚phatic function' of verbal communication, the terms ‚phatic communion' (and ‚phatic communication') are generally used to refer to utterances that are said to have exclusively social, bonding functions like establishing and maintaining a friendly and harmonious atmosphere in interpersonal relations, especially during the opening and closing stages of social — verbal — encounters. These utterances are understood as a means for keeping the communication channel open. (ebd.)

---

[44] Jakobsons technizistische Konzeption von Kommunikation schlägt sich in diesem Zitat deutlich in den gewählten Metaphern nieder, die aus dem Bereich des Rundfunks (Radio) und Telekommunikation stammen: „Kontaktmedium", „Leitung", „Kanal".
[45] Zur Funktionalen Bestimmung von HM siehe Ehlich ([1977] 2007c).

Dies geht häufig einher mit einer begrifflichen Ineinssetzung der Bezeichnung *phatic communion* mit den jeweiligen Diskursen, die durch diese Funktion vornehmlich charakterisiert werden wie beispielsweise der *Small Talk*.[46]

Eine solche Interpretation der *phatic communion* als *Small Talk* geschieht in der angelsächsischen Tradition insbesondere unter Bezug auf Laver (1975, 1981). In seinem einflussreichen Beitrag zur Diskussion des Konzepts Malinowskis befasst sich Laver (1975) ausführlich mit allen „communicative functions of phatic communion". So weist er zunächst darauf hin, dass

> [...] the fundamental function of the [...] communicative behavior that accompanies and includes phatic communion is the detailed management of interpersonal relationships during the psychologically crucial margins of interactions. (a. a. O.: 217)

Anschließend beschreibt und analysiert er die Funktionen der „phatic communion utterances" in den Eröffnungs- und Schlussphasen von Interaktion, insbesondere in Bezug auf die Übergangsphasen von „noninteraction to full interaction" und von „interaction back to noninteraction" (vgl. a. a. O.: 232) sowie die Rolle der *phatic communion* in Bezug auf interaktionalen Konsens und als eine Art „rite of passage". Er fasst die Ergebnisse seiner Analysen folgendermaßen zusammen:

> Two general conclusions have emerged about the function of phatic communion. The first is that it serves to establish and consolidate the interpersonal relationship between two participants. The other is that it eases the transition to and from interaction. The single most important detailed conclusion is that phatic communion is a complex part of a ritual, highly skilled mosaic of communicative behaviour whose function is to facilitate the management of interpersonal relationships. The information exchanged between the participants in this communicative process is not primarily referential information, but rather is indexical information about aspects of the participants' social identity relevant to structuring the interactional consensus of the present and future encounters. The function of phatic communion thus goes beyond the creation, in Malinowski's phrase, of ‚ties of union': it certainly does serve to establish such broad ties in that the tokens of phatic communion are tokens exchanged in the ritual transactions of psychosocial acceptance, but it also provides the participants with a subtle tool for use in staking indexical claims which shape and constrain their detailed relationship in the crucial marginal phases of encounters when their psychological comfort is most at risk. (a. a. O.: 236)

In Lavers Beitrag in dem von Coulmas herausgegebenen Sammelband „Conversational routine" weist er dann (mit Bezug auf die Höflichkeitstheorie von Brown/Levinson 1978) darauf hin, dass „linguistic behavior of conversational routines, including greetings and partings, as well as pleas, thanks, excuses, apologies and small talk" zum „linguistic repertoire of politeness" (Laver 1981: 290) gehöre. In dem Zusammenhang bespricht er „utterances of phatic communion"[47]. Malinowskis *phatic communion* interpretiert er als „social function", die genauer in der Entschärfung der „potential hostility of silence" liegen würden

---

[46] Eine synonyme Verwendung der Termini findet sich beispielsweise bei Sun 2000.
[47] Worin seine äußerungszentrierte Herangehensweise sichtbar wird.

und darin, den Teilnehmern einer sozialen Begegnung zu erlauben „to cooperate in getting the interaction comfortably under way" (Laver 1981: 301). Darüber hinaus sieht Laver eine dritte Funktion, die „utterances of phatic communion" in der Anfangsphase eines Gesprächs haben: „phatic communion [...] allows the participants to feel their way towards the working consensus of their interaction [...], partly revealing their perception and their relative social status" (Laver 1981: 301).

Durch diese Modifizierung und Erweiterung von Malinowskis Konzept wird in Folge *phatic communion* als die „social function" von Sprache rezipiert und die entsprechenden Äußerungen als „inhaltsleere" sprachliche „Routinen" gesehen. So werden auch dem *Small Talk* diese Eigenschaften – inhaltsleer und routinisiert – zugeschrieben.

2.1.4 *Small Talk*

Wenn *Small Talk* als Vergleichskategorie für die Begriffsschärfung des *homileïschen Diskurses* herangezogen werden soll, sind wir zunächst mit zwei Problemen konfrontiert. Zum einen gibt es in der diesbezüglichen Forschung[48] unterschiedliche Auffassungen von *Small Talk* und damit auch von dem damit in den Blick Genommenen. Das, was mit *Small Talk* bezeichnet wird, reicht von einem recht engen Verständnis, wonach *Small Talk* – primär unter dem Aspekt der Höflichkeit – als eine Form neben anderen kleinen Formen wie das *greeting*/Güßen und Verabschieden, betrachtet wird, bis hin zu einem extensiven Verständnis. Wird *Small Talk* enger gefasst, werden damit eigenständige Einheiten von Gesprächen (die unter der Frage ‚How are you?' zustande kommen) bezeichnet und von anderen, ggf. eingebundenen bzw. einbindenden Gesprächseinheiten wie *opening talk* und *closing*, abgegrenzt (Laver 1975; Ventola 1979; Edmondson/House 1981). Daneben finden sich recht weite Konzepte von *Small Talk*, wie sie etwa von Coupland (2014b) vertreten werden; dabei werden unter der Bezeichnung annähernd alle Formen von ‚relational talk' gefasst. Einmal ist also *Small Talk* eine Art von kleiner Gesprächseinheit, die zusammen mit anderen *patterns* oder auch nur *utterances* wie dem *greeting* der *phatic communion* zugeordnet wird. In dem anderen Verständnis werden *phatische Kommunion* bzw. *Kommuni-*

---

[48] In Bezug auf die Etablierung von *Small Talk* als Forschungsgegenstand sind der Anglist Klaus Schneider, der seit seiner Dissertation zu dem Thema in den späten 1980er-Jahren zahlreiche Arbeiten zum Small Talk verfasst hat, und Justine Coupland, die vor allem ab den 2000ern einige Sammelbände herausgegeben hat, zu nennen. Ein detaillierter Überblick über den Forschungsstand zu *Small Talk* ist an anderer Stelle geleistet worden (bspw. Coupland 2014b) und soll hier nicht repliziert werden. Einen Forschungsüberblick inklusive germanistischer und kontrastiver Untersuchungen bietet Kessel (2009). Eine ausführliche Bibliografie zu *Small Talk* hat Schneider auf der Seite der Universität Bonn zusammengestellt (https://www.linguistics.uni-bonn.de/research/small-talk/small-talk/ zuletzt aufgerufen am 21.10.2015).

kation und *Small Talk* gewissermaßen gleichgesetzt. Die sogenannte soziale Funktion spielt aber in beiden Auffassungen von *Small Talk* eine zentrale Rolle – wobei in einigen Arbeiten ein stärkerer Fokus auf die Form statt auf die Funktion gelegt wird (etwa Schneider 2008, 2010).

Das zweite Problem ist, dass die Forschung zum *Small Talk* und damit die Erkenntnisse über Art und Funktion der so bezeichneten Diskurse bzw. Diskurseinheiten (fast) ausschließlich aus der angelsächsischen bzw. anglistischen Forschung stammen und entsprechend englischsprachigen *Small Talk* zum Gegenstand haben. Für den deutschsprachigen Raum gilt weiterhin die Feststellung von Kessel (2009), dass es kaum Forschung zu dem Gegenstand gibt – zumindest nicht unter diesem Terminus.[49] Gleichzeitig weiß man aber aus der Forschung, dass gerade im Bereich *Small Talk* kulturelle Unterschiede nicht unerheblich sind. Dies ist nicht überraschend, da Text- und Diskursarten wie auch Sprechhandlungen gesellschaftlich herausgearbeitete Formen sind und entsprechend für eine Gesellschaft und ihre Institutionen zu bestimmen sind; zwischen unterschiedlich verfassten Gesellschaften dürften sie also differieren.[50] Die kulturellen Spezifik betrifft nicht nur das gesellschaftliche Ansehen von *Small Talk* (vgl. Tannen 1986, Béal 1992, Halmari 1993, Meierkord 2000, Villemoes 1995), sondern auch die Themenwahl – ein Wissen, das dem *common sense* zugehört[51] – und die Struktur. Dies gilt aber nicht nur für

---

[49] Der Nicht-Beschäftigung der Wissenschaft mit dem Phänomen steht freilich eine Fülle von Ratgeber-Literatur gegenüber, die seit der Untersuchung durch Kessel (2009) noch angewachsen sein dürfte. Gründe dafür, dass die Forschung – sowohl im englischsprachigen als auch im deutschsprachigen Raum – sich lange nicht mit dem Gegenstand *Small Talk* beschäftigt hat, werden häufig in dem negativen Image von *Small Talk* und *phatic communion* als „inhaltsleer" und gegenüber dem sogenannten ‚big talk' als unbedeutend gesehen (s. o.; vgl. bspw. Coupland 2014b, Gerwinski et al. 2018).

[50] Rehbein (2008) zeigt bspw., dass die Missverständnisse in einem interkulturellen Telefongespräch darauf zurückzuführen sind, dass das Musterwissen hierzu kulturspezifisch ist. Zu kulturspezifischen Differenzen beim *Erzählen* siehe Fiennemann (2006). Das heißt nicht, dass Handlungsmuster im Ganzen sprachrelativ sind (vgl. bspw. Hohenstein 2006), so können in einer Sprache angeeignete pragmatische Qualifikationen durchaus auch in anderen Sprachen angewendet werden (vgl. Trautmann/Reich 2008), aber es kann dabei zu kulturbedingten Diskrepanzen kommen; darüber ist jedoch nicht immer Näheres bekannt (vgl. ebd.). Auch bzgl. der diskursiven Fähigkeiten weisen Guckelsberger/Reich (2008) auf das Fehlen empirischer Untersuchungen von zweisprachigen Kindern in Deutschland hin. Mir scheinen die kulturspezifischen Differenzen bei der Realisierung von Mustern zwischen Einzelsprachen gerade im Bereich des höflichen Handelns besonders ausgeprägt zu sein (siehe auch unten).

[51] Das *common-sense*-Wissen über kulturelle Unterschiede bzgl. der Themenwahl beschränkt sich meiner Einschätzung nach weitgehend auf den Vergleich Deutschland – USA (zumindest was das Wissen in Deutschland betrifft; ein Wissen über Unterschiede im *Small Talk* zwischen verschiedenen englischsprachigen Regionen ist meiner Einschätzung nicht weit verbreitet). Genau diese Unterschiede werden übrigens auch in einer meiner Aufnahmen thematisiert, in der eine Aktantin in anekdotischer Form von den Eindrücken ihrer Kalifornien-Reise berichtet. (Der Diskursabschnitt, auf den ich hier Bezug nehme, ist jedoch nicht im Transkriptanhang verfügbar.)

unterschiedliche Sprachgemeinschaften, sondern auch – wie Schneider (2008) anhand einer Analyse von elizitierten fiktiven Party-Small-Talks[52] zeigt oder wie Wolfram/Schilling-Estes (2006) beobachten – innerhalb einer Sprachgemeinschaft; diesbezüglich sind sowohl regionale als auch soziale Unterschiede zu beobachten.

Die kulturellen Unterschiede lassen sich exemplarisch an der Frage „How are you" bzw. „Wie geht es Ihnen/dir?" aufzeigen. Diese Frage ist im Englischen[53] durchaus als eine routinierte Grußformel zu betrachten, auf die eine ebenso formelhafte Antwort in der Art von „Very well, thank you" folgt. Eine ernsthafte Beantwortung der Frage wird in der Regel[54] nicht erwartet. Insofern ist „How are you?" nur der Form nach, nicht jedoch illokutiv eine Frage. Denn die Äußerung zielt nicht darauf ab, eine Wissenslücke des Sprechers zu füllen. Die Phrase hat somit ihre ursprüngliche illokutive Kraft verloren und ist für höfliche Zwecke funktionalisiert worden. Im Deutschen ist die Frage „Wie geht's?" hingegen eine – zumindest potentiell – ernsthafte Frage (vgl. hierzu z. B. Thielmann 2003: 154).[55] Nun wird aber *Small Talk* in der angelsächsischen Forschungstradition teilweise genau mit Blick auf diese Frage „How are you?" diskutiert (insbesondere Laver 1975, 1981; vgl. auch den Titel von Coupland, Couland/Robinson 1992: „How Are You?": Negotiating Phatic Communion). Durch diesen Fokus ist auch eine Auffassung von *Small Talk* als formelhaftes, routiniertes Sprechen begründet.

Eine Übertragung der aus der angelsächsischen Forschung stammenden Erkenntnisse über *Small Talk* auf das Deutsche ist daher nicht ohne weiteres statthaft. Kessel (2009) hat unter Auswertung von Fragebögen, mit denen sie das Alltagsverständnis von *Small Talk* eruiert hat, und unter Einbezug von der in der Small-Talk-Ratgeberliteratur vertretenen Auffassung des Gegenstandes eine Bestimmung von *Small Talk* als „Gesprächssorte"[56] vorgenommen:

---

[52] Schneider hat seine jugendlichen Probanden gebeten, sich einen *Small Talk* auf einer Party auszudenken und aufzuschreiben. Sicher kann man hier nicht von authentischem Material sprechen, allerdings ist dies möglicherweise eine probate Methode, Musterwissen der Sprachteilnehmer zu elizitieren.

[53] Auf die kulturellen Unterschiede zwischen den diversen englischsprachigen Gesellschaften (v. a. England, USA, Australien, Kanada – und den jeweiligen regionalen und sozialen Binnendifferenzierungen) kann ich an dieser Stelle nicht genauer eingehen – eine pauschale Kontrastierung zum deutschsprachigen Raum ist für die Diskussion an diesem Punkt ausreichend.

[54] – d. h. in den meisten Konstellationen, in denen diese Frage gestellt wird. Das schließt jedoch nicht aus, dass in bestimmten Konstellationen die Äußerung durchaus die Illokution einer Frage haben kann, auf die eine ehrliche und ausführliche Antwort gewünscht wird. Möglicherweise bedarf es dazu bestimmter Intonatorik.

[55] Hierin mag <u>ein</u> Grund liegen, warum die Deutschen *Small Talk* als flach und oberflächlich betrachten und umgekehrt im angelsächsischen Raum die Deutschen nicht selten als *rude* gelten.

[56] Kritisch zur Kategorie „Sorte" in Bezug auf Texte und Diskurse: Ehlich ([1990] 2007i).

> Smalltalk ist eine eigenständige Gesprächssorte, bei der man vorzugsweise mit einer fremden oder weniger bekannten Person wohlwollend über ein möglichst unverfängliches und konfrontationsarmes Thema spricht. Der Informationsgehalt spielt dabei eine untergeordnete Rolle, da die Herstellung oder Pflege der zwischenmenschlichen Kontakte im Vordergrund steht. Prototypischer Weise findet Smalltalk bei einem gesellschaftlichen Anlass („Party") statt. (Kessel 2009: 88)

Diese Bestimmung scheint mir ein wenig ungenau zu sein und hilft in Bezug auf die angestrebte Begriffsschärfung nur bedingt weiter. Unter den genannten Gesichtspunkten – uneinheitliche Auffassungen zu *Small Talk*, Absenz von authentisch gewonnener empirischer Forschung zu *Small Talk* im deutschsprachigen Raum, kulturelle Unterschiede – scheint es mir sinnvoll und legitim, mich dem Gegenstand *Small Talk* zunächst auf Basis des *common sense* und der Introspektion zu nähern. Denn auch wenn es keine allgemein anerkannte genaue Bestimmung gibt, fällt es doch in konkreten Situationen nicht schwer, *Small Talk* von anderen verwandten diskursiven Formen zu unterscheiden, wie auch Jaworski (2014: 111) anmerkt:

> The everyday understanding of these terms allows for considerable overlap among them, <u>yet we have no difficulty in choosing one or other to label a particular stretch of (sociable) talk</u>. (ebd.; Hervorhebungen GL)

Im Folgenden soll also das Alltagsverständnis der als *Small Talk* bezeichneten Diskurse ergründet und es mit den Erkenntnissen aus der linguistischen Forschung kontrastiert werden, um daran anschließend ein genaueres Verständnis dessen, was *Small Talk* ist, zu erlangen. Schließlich wird der *Small Talk* den anderen hier terminologisch einschlägigen Phänomenen konzeptuell gegenübergestellt.

Die oben zitierten Wörterbucheinträge „leichte, oberflächliche Unterhaltung" helfen bei der Ergründung des Alltagsverständnisses nur bedingt weiter. Um das gesellschaftliche Wissen um die Kennzeichen und den Charakter der mit *Small Talk* bezeichneten Diskurse zu beschreiben, scheinen mir folgende Fragen relevant:

- Welchen (zeitlichen) Umfang haben die Diskurse?
- In welchen (gesellschaftlichen) Bereichen macht man *Small Talk* und wodurch sind die Konstellationen gekennzeichnet, in denen diese Diskurse stattfinden; wie sehen also die konkreten determinierenden Faktoren des Handlungsraums aus?
- Welche Themen werden im *Small Talk* behandelt, also welche Elemente der Wirklichkeit werden verbalisiert?
- Inwieweit wird die Konstellation durch das sprachliche Handeln verändert?
- Schließlich: Welche Funktion hat *Small Talk*, kann eine systematische Zweckbestimmung vorgenommen werden?

2.1.4.3 Common Sense Bestimmung
2.1.4.3.1 Umfang

Oben ist bereits angesprochen worden, dass es ein engeres und ein weiteres Verständnis von *Small Talk* gibt; diese Unterschiede haben auch (aber nicht nur) mit dem Umfang der Diskurse bzw. Diskursabschnitten zu tun, die als *Small Talk* bezeichnet werden. Für eine erste Annäherung an das Konzept *Small Talk* soll zunächst überlegt werden, welchen Umfang solche als *Small Talk* bezeichneten Gespräche haben. Dabei will ich zunächst ergründen, welche Größenordnung die Handlungseinheit *Small Talk* hat. Handelt es sich um ein *Handlungsmuster* oder ist mit dem Terminus *Small Talk* eine größere sprachliche Handlungseinheit gefasst? Im Zuge dessen soll auch der zeitliche Umfang der als *Small Talk* bezeichneten Gespräche betrachtet werden.

Zunächst einmal ist der *Small Talk* von dem Handlungsmuster GRÜßEN klar zu unterscheiden.[57] Das hängt zum einen mit dem Umfang (und der, damit einhergehend, geringeren oder größeren strukturellen Komplexität[58]) zusammen: Wenn im Deutschen von *Small Talk* die Rede ist, meinen wir sicher mehr als den Austausch von Grußformeln, denn ansonsten würde man sagen „Wir haben uns nur kurz ge-/begrüßt." o. ä., nicht jedoch davon sprechen, ,Small Talk gemacht zu haben'. Der Unterscheidung liegt aber auch ein Wissen zugrunde, dass das Muster GRÜßEN einen anderen Zweck als *Small Talk* hat – und auch prinzipiell in anderen Konstellationen realisiert wird, wenn auch beide in den Bereich des höflichen Handelns gehören. Das GRÜßEN ist „ein gesellschaftlich ausgearbeitetes Muster für den Fall, dass zwei Personen sich begegnen, die sich kennen, aber eine gewisse Zeit keinen Kontakt hatten" (Rehbein 1977: 215). Durch das GRÜßEN wird ein Wiedererkennen signalisiert – und somit die Möglichkeit zu einer Aktualisierung eines gemeinsamen Handlungssystems eröffnet.[59] Das GRÜßEN erlaubt also die Aktualisierung des gemeinsamen Handlungssystems, erzwingt sie jedoch nicht. Daher kann man es einfach beim Gruß belassen und dieses Potential somit fortschreiben. Das Handlungsmuster GRÜßEN setzt also eine gemeinsame Vorgeschichte[60] voraus und erzwingt keine anschließenden Handlungen in der Sprechsituation. Anders scheint es beim *Small Talk* zu sein, bei dem eine Bekanntheit der Interaktanten keine Voraussetzung ist und sogar eher die Ausnahme darstellt (genauer

---

[57] Betrachtet man die Forschung zum *Small Talk* aus dem angelsächsischen Raum (s. o.), liegt der Verdacht nach, dass das GRÜßEN bereits *Small Talk* oder zumindest ein Teil davon ist; aus diesem Grund werden hier diese Betrachtungen angestellt.
[58] S. im Überblick dazu z. B. Redder (2017), graphisch dargestellt in Redder (2003: 164).
[59] Das Handlungsmuster kann auch über eine gewisse räumliche Distanz und rein mimisch oder gestisch, beispielsweise durch Nicken oder Zuwinken, realisiert werden. Auch solche non-verbalen Handlungen können nämlich ein Wiedererkennen signalisieren. Das GRÜßEN muss also nicht zwangsläufig verbal realisiert werden (vgl. Rehbein ebd.).
[60] Zur Kategorie siehe Ehlich ([1972] 2007b), aufgegriffen in Rehbein (1977). Die Bedingung einer gemeinsamen Vorgeschichte ist hierbei recht weit gefasst zu verstehen, die gemeinsame Vorgeschichte kann bspw. auch rein institutionell gegeben sein.

siehe unten Kap. 2.1.4.3.2). Auch umfasst *Small Talk* mehr als nur standardisierte, häufig geradezu ritualisierte Formeln zu Gesprächseröffnung und -beendung.[61] Gleichwohl können solche Handlungsmuster[62] wie das BEGRÜßEN[63] oder VORSTELLEN (Rehbein/Fienemann 2004) Teil von *Small Talk* sein. Im deutschsprachigen Verständnis scheint mir also *Small Talk* eine Handlungseinheit zu sein, die vom Umfang her größer ist als ein einzelnes Handlungsmuster.

Doch auch bei einem solchen Verständnis von *Small Talk* scheint ihm eine zeitliche bzw. genauer: eine handlungsprozessuale Begrenzung inhärent zu sein. Diese Einschätzung wird durch die Ergebnisse einer Umfrage von Kessel untermauert, bei der sie das Alltagsverständnis von *Small Talk* deutscher und US-amerikanischer Sprecher:innen erkundet; zugleich bestärkt sie diese Befunde durch eine Auswertung von Small-Talk-Ratgebern, von denen nicht wenige Richtwerte bezüglich des zeitlichen Umfangs enthalten (vgl. Kessel 2009: 61f). Eine alltägliche Handlungsmaxime wird erkennbar: Zu lang bzw. komplex darf *Small Talk* nicht werden, ohne unangenehm und/oder langweilig zu werden oder aber in eine andere Art des Diskurses überzugehen (die man nicht mehr als *Small Talk* bezeichnen würde). Das liegt sicher auch an der für den *Small Talk* als angemessen geltenden Themenwahl (s. u. Kap. 2.1.4.3.3): Probate Gesprächsgegenstände müssen bestimmte Anforderungen erfüllen, weswegen die Wahl auf bestimmte Bereiche beschränkt ist – beispielsweise gehören dazu Elemente des unmittelbaren Wahrnehmungsraums bzw. der diskursiven Konstellation, wie das typische Small-Talk-Thema ‚Wetter', aber auch etwa die Räumlichkeiten, das Essen usw. Aufgrund dieser Beschränkungen erscheint der Themenfundus irgendwann erschöpft. Hinzu kommt, dass diese Themen gerade ob ihrer Unverbindlichkeit als angemessen gelten, weshalb es jedoch schwierig ist, sie allzu intensiv kommunikativ zu traktieren.[64] Zunächst bleibt also festzuhalten, dass *Small Talk* eine Handlungseinheit der Größenordnung und inneren Komplexität von Diskurs bezeichnet, der hinsichtlich des wahrnehmbaren Umfangs die Ein-

---

[61] Zumindest im Deutschen, vgl. die obigen Überlegungen zur Frage „How are you?".
[62] Diese Handlungsmuster werden kulturell aber sehr unterschiedlich realisiert (vgl. Rehbein et al. 2001, Thielmann 2003, Rehbein/Fienemann 2004), da sie mit kulturell differenten Konzepten von Höflichkeit zusammenhängen.
[63] Ein Handlungsmuster, das nicht mit dem GRÜßEN identisch ist (die Unterschiede zwischen diesen beiden Handlungen, dem GRÜßEN und BEGRÜßEN, scheinen gelegentlich nicht gesehen zu werden – im englischsprachigen Raum mag das damit zusammenhängen, dass beide Handlungen mit *greeting* bezeichnet werden).
[64] Ein Umstand, den Ellen DeGeneres beispielsweise für einen Gag nutzt und damit – durch das Mittel der Übertreibung im Witz – genau diese strukturellen Merkmale offenlegt, siehe Ellen Show, Season 8, https://www.youtube.com/watch?v=MXxrFlgUK0Q&feature=youtu.be [abgerufen 24.10.2018]]. (DeGeneres Witz spielt darüber hinaus auch noch auf weitere Elemente des *Small Talks* an, auf die ich unten noch zu sprechen kommen werde.) Small-Talk-Ratgeber verwenden große Anstrengungen darauf, Tipps zu geben, wie eben diese immer gleichen Small-Talk-Themen interessanter gestaltet werden können. Dies führt zu seltsamen Blüten bspw. in diesem Artikel aus der ‚Zeit': https://www.zeit.de/campus/2007/04/gut-beraten-wetter-smalltalk/komplettansicht

heit eines Handlungsmusters (wie das GRÜßEN) übersteigt, aber dennoch durch eine gewisse zeitliche Begrenzung gekennzeichnet ist. Durch die Kontrastierung mit dem Handlungsmuster GRÜßEN ist allerdings bereits ein Ansatzpunkt für die begriffliche Bestimmung von *Small Talk* in den Fokus gekommen, und zwar ein Bestimmungsmoment, das die Konstellation betrifft: Es muss nicht zwingend eine gemeinsame Vorgeschichte bei den Interaktanten vorliegen.

2.1.4.3.2 Konstellationen

Zur weiteren Klärung des Konzepts *Small Talk* soll nun gefragt werden, in welchen Konstellationen *Small Talk* zur Anwendung kommt. Die Kategorie der Konstellation ist deshalb weiterführend, weil damit diejenigen Elemente einer Situation gefasst sind, die die Ausgangslage für sprachliches und nicht-sprachliches Handeln bilden. Konstellationen sind ein „spezifisches Ensemble von Alternativen subjektiver und objektiver Art" (Rehbein 1977: 265). Wie oben bereits gesagt wurde, ist die Kategorie Konstellation gegenüber der abstrakteren Kategorie des Handlungsraums spezifischer gefasst. Die Bedingungen des Handlungsraums gehen in die Konstellation ein. Insofern beinhaltet die Konstellation ein bestimmtes Handlungspotential und determiniert so die Handlungsalternativen.[65] Im Folgenden soll nun versucht werden, die spezifischen Faktoren der Ausgangskonstellation für *Small Talk* zu fassen. Inwieweit die Konstellation durch den *Small Talk* verändert wird, wird hier zunächst nur angerissen und in den folgenden Kapiteln näher betrachtet.

In welchen Handlungsräumen kommt *Small Talk* zur Anwendung, wer sind die Interaktant:innen, was sind ihre Bedürfnisse und was sind ihre Handlungsmöglichkeiten? Nähern wir uns der Beantwortung dieser Fragen zunächst mit einem Blick darauf, in welchen Handlungsräumen und spezifischeren Konstellationen *Small Talk* bisher empirisch untersucht wurde. Die meisten Arbeiten beschäftigen sich mit *Small Talk* in Handlungsräumen diverser Institutionen: am Arbeitsplatz (Holmes 2014, Holmes 2003, Mirivel/Tracy 2005), im Reisebüro (Coupland/Ylänne-McEwn 2014), an der Supermarktkasse (Kuiper/Flindall 2014), beim Arzt (Ragan 2014), im Bereich der journalistischen Recherchetätigkeit (Voßkamp 2010) sowie eingebettet in Verkaufsgespräche (Brünner 2000). *Small Talk* wird also hauptsächlich in Arbeitszusammenhängen, d. h. in institutionellen Handlungsräumen gemacht. Auch die Titel vieler Ratgeber[66] bzw. de-

---

[65] Insofern erlaubt es das Konzept der Konstellation, Faktoren des Handlungsraums (als Elemente der Sprechsituation) und das Potential sprachlichen Handelns systematisch aufeinander zu beziehen. Sie ist damit analytisch weitergehend fundiert als das in anderen linguistischen Ansätzen verwendete Konzept der Situation.

[66] Beispielsweise:
Aris (2009) Small-Talk im Beruf.
Bosewitz/Kleinschroth (2003) Small talk for big business: business conversation für bessere Kontakte.

45

ren Untertitel wie „Networking betreiben, Kontakte knüpfen [...]", „Wie Sie Ihre Kommunikation im Beruf und im Alltag verbessern", „Steigern Sie Ihre Ausstrahlung im Beruf und im Alltag" oder „Small Talk in allen Lebenslagen für Freizeit und Beruf" spiegeln dies wider. Kessel (2009) untermauert diesen ersten Eindruck methodisch. Auf Grundlage ihrer umfangreichen Auswertung von deutschsprachigen Small-Talk-Ratgebern stellt sie bezüglich der anvisierten Zielgruppe dieser Ratgeber fest:

> Diese Berufe sind im weitesten Sinne im Dienstleistungsbereich angesiedelt, d. h. beim intendierten Leser handelt es sich um einen Kopfarbeiter und nicht etwa um einen Handwerker. Er verfügt demnach über eine höhere Schulbildung, eventuell auch über ein Studium. [...] Das Alter liegt etwa zwischen 25 und 45 Jahren. (Kessel 2009: 104)

Bei einem Großteil der linguistisch untersuchten Konstellationen sowie bei den Anwendungsbereichen der Ratgeber liegt demnach eine Konstellation zugrunde, die dadurch gekennzeichnet ist, dass es keine gemeinsame Vorgeschichte gibt. (Dies ist bei Verkaufs- oder Service-Gesprächen sicherlich in der Regel der Fall, aber auch bei journalistischen Recherchegesprächen und einem Großteil von Arzt-Patienten-Gesprächen ist davon auszugehen.) Aus verschiedenen Gründen ist aber die Etablierung eines Handlungssystems in der konkreten Konstellation notwendig. Häufig ist es in diesen Konstellationen nicht angebracht, sofort mit dem „core business talk" (Holmes 2014) zu beginnen (vgl. auch Kameyama/Maleck 1993: 3 zur Notwendigkeit einer Vorgeschichte für Terminabsprachen). Es liegt im Interesse der Interaktant:innen – und zwar insbesondere auf Seiten der Agent:innen der Institution[67] – ein gemeinsames Handlungssystem für eine gewisse Zeit zu etablieren (– um etwas zu verkaufen, um Vertrauen bzgl. des Arzt-Gespräches zu schaffen usw.). Ggf. soll damit auch die Grundlage dafür geschaffen werden, an dieses temporär etablierte gemeinsame Handlungssystem wieder anzuknüpfen und es zu re-aktivieren – etwa im Sinne einer Kundenbindung; in Small-Talk-Ratgebern wird dies unter dem Stichwort ‚Geschäftskontakte knüpfen' als Ziel angeführt.[68]

Neben diesen Konstellationen, in denen *Small Talk* im weiteren Sinne doch „work related" ist, also – sozusagen über den Umweg der Vertrauensbildung oder Herstellung von Gemeinschaft (phatische communion) – letztlich institutionellen Zwecken dient,[69] scheint es aber noch weitere Konstellationen zu geben,

---

Lasko (2001) Small Talk und Karriere: Mit Erfolg Kontakte knüpfen.
– um nur einige zu nennen.

[67] Auf Seiten der Klientinnen besteht aber offenbar ebenfalls ein Bedürfnis, über die rein institutionellen Notwendigkeiten hinaus ein Handlungssystem zu etablieren, wie die Beispiele, die Brünner (2000) – allerdings unter der Überschrift „homileïsche Kommunikation" (s. u. Kap. 2.2) – diskutiert, zeigen.

[68] Das Knüpfen von Geschäftskontakten ist natürlich nur für bestimmte Berufsgruppen ein Handlungserfordernis. Für Reinigungskräfte oder Handwerker ist *Small Talk* sicher ein weniger wichtiges Feld als für Verkäufer oder Immobilienmakler (vgl. auch FN 82).

[69] Das genauere Verhältnis soll in Kap. 2.1.4.3.5 ausgeleuchtet werden.

in denen die Interaktant:innen *Small Talk* betreiben. Was sind dies für Konstellationen, wodurch zeichnen sie sich aus und welche Gemeinsamkeiten haben sie mit den oben angerissenen Konstellationen? ‚Auf einer Party' steht im Alltagsverständnis gewissermaßen prototypisch für einen Handlungsraum, in dem *Small Talk* zur Anwendung kommt, wie das Verwendungsbeispiel im Dudeneintrag ‚Small Talk' zeigt: „der übliche Small Talk auf Partys war ihm zuwider" (Dudenredaktion 2011: 1617). Auch die Untersuchungen von Schneider (2008, 2010) basieren auf elizitierten sowie fiktiven Small-Talk-Gesprächen, die von der Konstellation ‚auf einer Party' ausgehen. Nun muss aber nicht jedes Gespräch auf einer Party *Small Talk* sein: Dort kann ich mich mit einer Freundin auch sehr ernsthaft unterhalten und würde dies keineswegs als *Small Talk* bezeichnen. Ähnliches scheint für Familiengespräche (Drew/Chilton 2014, Blum-Kulka 2014) zu gelten. In diesen Handlungsräumen wird *Small Talk* dann gemacht, wenn es sich um Konstellationen handelt, in denen keine gemeinsame Vorgeschichte existiert oder nicht ohne Weiteres daran angeschlossen werden kann: Man trifft Unbekannte oder aber entfernte Bekannte oder Freunde von Freunden auf einer Party, von denen man nicht viel weiß, man sitzt auf größeren Familienfeiern mit entfernten Verwandten am Tisch usw. Hinzu kommt, dass die Konstellation ein Verlassen der Situation nicht ohne weiteres erlaubt (man steht z. B. in der Kloschlange auf einer Party, sitzt bei der Familienfeier an einem Tisch fest oder steht bei einer Konferenz gemeinsam an einem Stehtisch, man steht gemeinsam am Buffet an usw.) und Schweigen keine Handlungsoption ist.[70] Die Konstellation ist insofern dadurch bestimmt, dass sich die Akteure nur bedingt frei dafür entscheiden können, den Handlungsraum zu verlassen oder gar (sprachlich) nicht zu handeln – der Handlungsspielraum der Interaktant:innen ist also in gewisser Weise eingeschränkt[71]. In diesem Falle sind diese Einschränkungen des Handlungsspielraums nicht vornehmlich, wie in den oben geschilderten work-related Konstellationen, institutionell bedingt, sondern Erwartungen an Höflichkeit geschuldet.

Diese Überlegungen zu den spezifischen Merkmalen der Konstellationen, welche die Ansatzpunkte für sprachliche Handlungen, die man als *Small Talk* bezeichnen würde, bilden, sollen ergänzt werden durch einige Gedanken dazu,

---

[70] Man könnte in solchen Konstellationen natürlich schweigen, wodurch aber eine unangenehme Situation erzeugt wird, vgl. Malinowskis Überlegungen zu der „strange and unpleasant tension", die durch Schweigen oder Stille verursacht werde ([1923] 1946): 314). Schweigen als unangenehm zu empfinden, scheint eine anthropologische Konstante zu sein, Menschen sind soziale Wesen.

[71] Das Aufstehen von der Essenstafel während der Familienfeier oder das wortlose Verlassen des Stehtisches auf einer Konferenz sind natürlich prinzipiell durchaus möglich – ein solches Verhalten gilt aber als sehr unhöflich und würde insofern Handlungsmöglichkeiten in der Nachgeschichte einschränken; die Etablierung eines gemeinsamen Handlungssystems in der Zukunft wäre nachhaltig gefährdet. (Man mag Reaktionen der Art ‚Der hat mich einfach stehenlassen, mit dem rede ich nie wieder.' antizipieren).

in welchen Konstellationen man keinen *Small Talk* machen würde: *Small Talk* gilt unter guten Freunde:innen, in romantischen Beziehungen oder mit Leuten, die man regelmäßig trifft und mit denen man sich auch länger unterhält, nicht als angemessene Gesprächsform (vgl. Schneider 1988) und kann im Gegenteil sogar das gemeinsame Handlungssystem gefährden.[72] In institutionellen Handlungsräumen macht man mit guten Kolleg:innen, mit denen man möglicherweise regelmäßig die Pausen verbringt oder mit denen man über einen längeren Zeitraum das Büro teilt, auch keinen *Small Talk* mehr. Ist also ein gemeinsames Handlungssystem etabliert, existiert eine gemeinsame Vorgeschichte, wird kein *Small Talk* gemacht.[73]

Daneben muss aber auch ein entsprechendes *Bedürfnis* vorhanden sein. Oben war bereits die Rede davon, dass beispielsweise in Verkaufs- oder Service-Gesprächen *Small Talk* von den Agent:innen der entsprechenden Institutionen der Zirkulation etwa zur Vertrauensbildung eingesetzt wird, um letztlich ihre Produkte zu verkaufen. In institutionellen Handlungsräumen gibt es aber auch Konstellationen, in denen *Small Talk* nicht angemessen oder nicht notwendig ist. Stehen die unmittelbaren institutionellen Zwecke im Vordergrund und ist zum Erreichen dieser Zwecke die Kooperation ausreichend gesichert, kann *Small Talk* als störend oder unangemessen empfunden werden (beispielsweise in Planungsdiskursen oder bei gerichtlichen oder auch geschäftlichen Verhandlungen etc.).[74]

Die wesentlichen Merkmale der Konstellationen bestehen zusammenfassend also darin, dass keine gemeinsame Vorgeschichte existiert oder an diese nicht ohne weiteres angeknüpft werden kann und zudem aufgrund unterschiedlicher Faktoren – institutionelle Zwecke wie Verkauf oder dem Bedürfnis,

---

[72] Man könnte an dieser Stelle natürlich einwenden, dass aber genau das – nämlich, dass auch gute Freund:innen *Small Talk* betreiben – empirisch immer wieder zu beobachten ist. Meiner Vermutung nach, wird in den Fällen aber Small Talk nur der Form nach realisiert, sozusagen persifliert. Er wird als ein gesellschaftlich entwickeltes Werkzeug bzw. genauer: Institut (s. u. Kap. 2.1.4.3.4) in Situationen des Gesprächseinstiegs eingesetzt, wenn man gewissermaßen noch nicht richtig ‚in Schwung gekommen' ist, oder in unangenehm langen Gesprächspausen. Denn wie ich weiter unten in meine Analyse zeigen werde, muss eine *homileïsche* Atmosphäre zunächst hergestellt werden. Um dies zu erreichen, ist es auch möglich, dass die Aktant:innen auf *Small Talk* zurückgreifen (wie auch in dem von mir in Kap. 4.4.1.2 analysierten Beispiel). Dies kann aber nur auf Grundlage eines gesicherten Wissens darum, dass die Beziehung bzw. das gemeinsame Handlungssystem gefestigt ist, so gehandhabt werden. Die Überprüfung dieser Vermutung müsste freilich konkret am empirischen Material erfolgen – wofür an dieser Stelle kein Platz ist.

[73] Insofern würde ich mich gegen Auffassungen wenden, wonach alle Diskurse, die eine „social function" haben, die also in irgendeiner Weise soziale Beziehungen bearbeiten, unter *Small Talk* fallen (wie etwa im Ansatz durch Coupland 2014b, Coupland 2003 und Drew/Chilton 2014 vertreten).

[74] – wobei der Raum, der dem Small Talk vor dem „core business talk" eingeräumt wird, kulturspezifisch sehr differiert. Dies kann in interkultureller Kommunikation zu Störungen und Missverständnissen führen.

die Situation soziabler zu machen – (temporär) ein gemeinsames Handlungssystem etabliert werden muss, zudem ist der Handlungsspielraum der Interaktant:innen eingeschränkt (ein Verlassen der Situation oder zu schweigen, stellt keine Handlungsoption dar).

2.1.4.3.3 Themen

Diese genauere Charakterisierung der Konstellationen, in denen *Small Talk* zur Anwendung kommt, erhellt auch die für den *Small Talk* typische Themenwahl (wie sie oben in Kap. 2.1.4.3.1 bereits knapp umrissen wurde). Auch wenn die Themen je nach Konstellation sicher variieren (in einem arbeitsbezogenen *Small Talk* sind zweifellos andere Themen zu erwarten als auf einer Party), gelten – und das gehört zum Diskurswissen bezüglich *Small Talk,* wie es sich entsprechend auch in den Small-Talk-Ratgebern niederschlägt – nicht alle Themen als angemessen. Sich hingegen auf das Wetter als Thema zu verlegen, ist beinahe schon sprichwörtlich charakteristisch für *Small Talk.*[75] Bedenkt man die oben umrissenen Konstellationen, ist eine solche Themenwahl nicht überraschend: Wenn es keine gemeinsame Vorgeschichte gibt – und insofern nicht auf ein Wissen über gemeinsame Interessen oder bevorzugte Gesprächsgegenstände zurückgegriffen werden kann und auch keine diskursive Vergegenwärtigung gemeinsamer Erlebnisse o. ä. möglich ist – liegt es nahe, auf Gesprächsgegenstände zurückzugreifen, die in der Sprechsituation präsent sind. Dies können Elemente im Wahrnehmungsraum bzw. der diskursiven Konstellation sein.[76] Oder aber Themen können zum Diskursgegenstand gemacht werden, zu denen man ein Wissen bei den jeweiligen Gesprächspartnern erwarten darf, wie aktuelle Nachrichten oder – je nach dem jeweiligen gesellschaftlichen Bereich – auch kulturelle Ereignisse, Sport und Ähnliches. Da es keine gemeinsame Vorgeschichte und damit nur ein kontingent gemeinsames Präsuppositionssystem gibt, kann mental lediglich auf den Elementarbereich (Thielmann 2016) zurückgegriffen werden.

Die häufig angeführte Oberflächlichkeit des *Small Talks* hängt sicherlich damit zusammen, dass eben nur Elemente aus dem Wahrnehmungsraum oder dem Elementarbereich als Gesprächsgegenstände gewählt werden können. Sie hat aber auch damit zu tun, dass für *Small Talk* das Gebot gilt, Höflichkeit zu

---

[75] Ein Blick auf Überschriften von Zeitungsartikeln zum Thema „Small Talk" bestätigt dies: „Übers Wetter reden oder nicht? – So gelingt der Smalltalk" (Augsburger Allgemeine; https://www.augsburger-allgemeine.de/neu-ulm/Uebers-Wetter-reden-oder-nicht-So-gelingt-der-Smalltalk-id40023692.html), „Small Talk im Beruf. Die Sache mit dem Wetter" (Tagesspiegel; https://www.tagesspiegel.de/wirtschaft/smalltalk-im-beruf-die-sache-mit-dem-wetter/11115642.html), „Small Talk im Aufzug. Lass uns übers Wetter reden" (Süddeutsche; https://www.sueddeutsche.de/karriere/karriere-coach-servide-seiten-1.1314034) oder „Wetter – politisch korrekt" (https://www.zeit.de/campus/2007/04/gut-beraten-wetter-smalltalk) sind nur einige Beispiele.

[76] Wie beispielsweise – und oben bereits angeführt – die Räumlichkeiten, das Essen, die Musik auf einer Party oder eben das Wetter.

wahren. Kessel hat herausgearbeitet, dass in Small-Talk-Ratgebern bezüglich der Themenwahl immer wieder darauf hingewiesen wird, dass die Themen kein Konfliktpotential bergen dürfen, also nicht allzu kontrovers, möglichst „neutral" sein sollen (vgl. Kessel 2009: 63) – eine Devise, die im Übrigen auch für die Konversation (vgl. unten Kap. 2.1.7) galt.[77] Kontroversen und Streit gefährden grundsätzlich die Kooperationsbereitschaft. Um ernsthafte Kontroversen im Diskurs auszuhandeln, bedarf es entweder einer institutionell bedingten Notwendigkeit oder eines gefestigten gemeinsamen Handlungssystems (und des Wunsches, dieses zu erhalten). Beides ist in den Konstellationen, in denen *Small Talk* betrieben wird, nicht gegeben. Die Ratschläge bezüglich einer konsensualen und damit konfliktfreien Themenwahl zielen darauf ab, ein durch *Small Talk* temporär hergestelltes gemeinsames Handlungssystem (s. u.) nicht zu gefährden. Da allerdings nur ein begrenztes Wissen über den mentalen Bereich und insbesondere über die Bewertungen und Einstellungen der jeweiligen Gesprächspartner:innen vorhanden ist, ist der Rückgriff auf Gesprächsgegenstände aus den oben genannten Bereichen auch hierin begründet.

Auch und insbesondere in Bezug auf die Themenwahl erklären sich kulturelle Unterschiede mit unterschiedlichen Konzepten von Höflichkeit.[78] Bestimmte Themen, wie beispielsweise ‚Geld', verstoßen in Deutschland gegen die Maxime der Höflichkeit. Für das deutsche Konzept der Höflichkeit ist es wichtig, dass die Face-to-Face-Interaktion als öffentlich qualifiziert wird (vgl. Rehbein 1996)[79]. ‚Geld' als Gesprächsgegenstand verletzt nach diesem Konzept die Integritätszone der Aktanten, weil dieses Thema als private Angelegenheit gilt. Auch andere Themen, die etwa im US-amerikanischen Raum im *Small Talk* durchaus gewählt werden, empfinden Deutsche als zu persönlich.[80]

---

[77] Die Konversationsratgeber des 17. Jh. für den Adel und auch die Anstandsbücher des 18 und 19. Jh. für das Bürgertum beschäftigen sich ausführlich damit, welche Gesprächsgegenstände für die *Konversation* angemessen sind (vgl. Ehlers 1996, Linke 1988, 1996).

[78] Welche Gesprächsgegenstände angemessen bzw. konfliktfrei sind, gehört zum allgemeinen Präsuppositionssystem. Ein Wissen darum wird insofern in der Regel nicht reflektiert. In interkultureller Kommunikation können solche Präsuppositionen aber offenbar werden und zu einer Hinterfragung eben dieser Selbstverständlichkeiten führen (der kulturelle Apparat im Sinne von Rehbein 2006, 2008 kommt zum Tragen). *Small Talk* in interkultureller Kommunikation ist mit unterschiedlichen Fragestellungen Gegenstand der Arbeiten von Kotthoff (1989), Rings (1994), Svennevig (1999), Sun (2000), Meierkord (2000), Philipp (2003), Davies (2004), Bubel (2006).

[79] Dies hat bspw. historisch zu der Funktionalisierung der phorischen Prozedur *sie* für höfliche Zwecke geführt (paradeiktisches *Sie*) wie Rehbein (ebd.) darlegt. Vgl. auch Thielmann (2003).

[80] Das heißt im Übrigen auch, dass Gespräche, die unter *Small Talk* laufen, von den Interaktant:innen nicht als private Gespräche angesehen werden, sondern einen öffentlichen – oder zumindest halböffentlichen Charakter haben (eine Charakterisierung, die der *Small Talk* mit der *Konversation* teilt, s. u.). Aus diesem Grund ist es auch möglich, dass sich weitere Aktant:innen in das Gespräch ‚einklinken' – etwas das dagegen bei privaten Gesprächen von den Interaktant:innen nicht gern gesehen wird und nicht ohne weiteres, zumindest nicht ohne einen Wechsel des Gesprächsthemas, möglich ist.

2.1.4.3.4 Funktion

Die Kurzbeschreibung für einen Kurs für Promovierende und Post-docs der Personalentwicklung der Universität Hamburg lautet folgendermaßen:

> Kontakt knüpfen und pflegen gehört zu den bedeutsamen Fähigkeiten des beruflichen Alltags. Besonders auf Konferenzen und bei beruflichen Veranstaltungen ist es notwendig, den Prozess der Kontaktsuche souverän und authentisch zu gestalten. Ein wichtigstes [sic!] Mittel, um Beziehungen zu Menschen aufzubauen ist der Small Talk. Small Talk ist ein Gespräch, in dem wir uns „beschnuppern" und herausfinden, ob wir noch mehr Interesse aneinander haben. Die Teilnehmenden lernen Small Talk als kommunikative Kompetenz kennen und erlangen Bewusstsein über ihr eigenes kommunikatives Verhalten und die kontaktknüpfenden Chancen der „kurzen" Kommunikation.[81]

Die hier beschriebene Funktion des Kontakt-Knüpfens wird auch in der Ratgeberliteratur standardmäßig angeführt, der *Small Talk* sei dazu da „das Eis zu brechen". Mit dieser Funktion sei der *Small Talk* ein Instrument für die Pflege guter Beziehungen in der Arbeitswelt.[82] Wie im Verlauf der Darstellung bereits verschiedentlich erwähnt wurde (z. B. bei der Referierung von Coupland), wird dem *Small Talk* in der angelsächsischen und daran angelehnter Forschung eine *social function* zugeschrieben (bspw. Coupland 2003). Dagegen konnte in den vorangegangenen Kapiteln, insbesondere durch die Überlegungen zur Konstellation, ein differenzierteres Bild der funktionalen Rolle des *Small Talks* gezeichnet werden. Entsprechend möchte ich hier genauer formulieren: Durch *Small Talk* wird in Konstellationen, in denen keine gemeinsame Vorgeschichte der Interaktant:innen existiert (oder an eine solche nur beschränkt angeschlossen werden kann), dennoch ein gemeinsames Handlungssystem etabliert. Dieses derart etablierte Handlungssystem ist zunächst lediglich temporär und nicht zwangsläufig auf Verstetigung angelegt. Kessel weist unter dem Stichwort ‚Unverbindlichkeit' auf dieses Merkmal hin:

> Wegen seiner Unverbindlichkeit entstehen durch einen Smalltalk keine Verpflichtungen. Der Smalltalk hält offen, wie es mit der Beziehung zwischen den Gesprächspartnern weitergeht, oder wie es in der Umfrage ausgedrückt wurde: Er ist eine „Discussion of no major Consequence". D. h., an den Smalltalk muss kein weiteres Treffen angeknüpft werden; man kann, muss aber nicht in Kontakt bleiben. (Kessel 2009: 62)

Durch diese temporäre Etablierung eines gemeinsamen Handlungssystems werden die Konstellationen durch das sprachliche Handeln also bearbeitet; bei einer weiteren Begegnung kann dann gegebenenfalls daran angeknüpft werden,

---

[81] https://www.uni-hamburg.de/uhh/organisation/praesidialverwaltung/personal/personalentwicklung/karriereentwicklung/kompass/termine/small-talk.html, zuletzt aufgerufen am 04.09.2018

[82] Wobei mit „Berufs-" oder „Arbeitswelt" stets nur ein bestimmter Ausschnitt der Arbeitswelt gemeint ist, Small-Talk-Ratgeber wenden sich nicht an die klassischen Arbeiter:innen in den Fabriken oder etwa Reinigungskräfte usw. Die Notwendigkeit, *Small Talk* zu beherrschen, besteht offenbar nur für bestimmte Berufsgruppen, deren Arbeit entweder Klient:innenkontakt im Verkaufs- oder Servicebereich einschließt oder für die berufliche Kontakte (Network) Teil des Kapitals sind, das sie auf dem Arbeitsmarkt anbieten.

da die Interaktant:innen nun eine gemeinsame Vorgeschichte haben, die reaktiviert werden kann. In einem solchen Falle wird der *Small Talk* also nachhaltig eingesetzt, um Kontakte zu knüpfen. Ein solches Handeln in der Nachgeschichte, eine solche Anschlusshandlung ist aber, wie gesagt, nicht zwingend erforderlich. Die hauptsächliche Funktion des *Small Talks* besteht zunächst in der Bearbeitung der aktuellen Konstellation. Bei dem diesbezüglichen sprachlichen Handeln steht also die kommunitäre Funktion der Sprache im Vordergrund, da es um die Etablierung eines gemeinsamen Handlungssystems geht und nicht etwa um Erkenntnisgewinnung oder entsprechende Wissensvermittlung (gnoseologische Funktion). Daher erscheint der *Small Talk* auch als „inhaltsleer", d. h. er ist durch propositionale Unverbindlichkeit gekennzeichnet. Auch um „Unterhaltung" geht es beim *Small Talk* nicht primär (entsprechend wird *Small Talk* von den Wenigsten als Vergnügen, dagegen vielmehr als lästige Pflicht angesehen); die Unterhaltungsfunktion ist im *Small Talk* vielmehr ein Vehikel, um ein konstellatives Manko zu überbrücken, und ein Mittel, um temporär Gemeinschaft herzustellen.

Small Talk wird also standardmäßig in bestimmten Konstellationen eingesetzt, um diese durch die Etablierung (bzw. künftig durch Re-Aktualisierung) eines gemeinsamen Handlungssystems in eine andere Konstellation zu überführen. Insofern scheint mir *Small Talk* eine gesellschaftlich entwickelte Diskursform zu sein, um eben solche Konstellationen zu bearbeiten, in denen die Interaktant:innen einerseits nicht auf eine gemeinsame Vorgeschichte zurückgreifen können, in denen aber aufgrund der Bedingungen des Handlungsraums andererseits ein sprachliches Handeln erforderlich ist – sei es aufgrund des sozialen Drucks, sei es aufgrund der institutionellen Zwecke. *Small Talk* ist jedoch keine Diskursart. Vielmehr wird *Small Talk* durch verschiedene Handlungsmuster[83] und Diskursarten[84] realisiert. Aufgrund der standardmäßigen Anwendung in verschiedenen institutionellen und nicht-institutionellen Handlungsräumen zur Bearbeitung spezifischer Konstellationen und des „routine-" bzw. „formelhaften" Charakters (d. h. einer weitgehenden Verallgemeinerung in der Dimension der Äußerungsakte) schlage ich vor, *Small Talk* mit der funktional-pragmatischen Kategorie des gesellschaftlichen Instituts zu fassen. Was ist damit begriffen?

Ehlich/Rehbein (1980: 342) haben die Verwendung des Ausdrucks *Institut* für „feste Formen sprachlichen Handelns […], die nicht an eine […] Institution im engeren Sinne gebunden sind oder die als Gesamtzusammenhang von solchen Institutionen inkorporiert werden" vorgeschlagen. Als Beispiele für solche *Institute* nennen sie das *Institut des Boten* und der *Beratung*. Die Zuordnung von

---

[83] Bspw. das VORSTELLEN oder auch das FRAGE-ANTWORT-MUSTER.
[84] Diskursarten wie *Erzählen* (bspw. von kleinen Erlebnissen, Anekdoten und Witzen) oder *Schildern* sind im *Small Talk* zu erwarten.

Beratungen zu der Kategorie „Institut" begründet Rehbein (1985) beispielweise damit, dass Beratungen „feste Einrichtungen" sind, die „je nach Typ des Expertenwissens differenziert" werden. In Beratungen werde „das sprachliche Muster des Ratgebens für spezifische gesellschaftliche Zwecke institutionalisiert", sie können aber „innerhalb unterschiedlicher Institutionen und auch für sich existieren" (und daher nicht mit Institutionen gleichgesetzt werden). Auch *Small Talk* weist relativ feste strukturelle Formen auf. *Small Talk* kommt als Ganzes in institutionellen und nicht-institutionellen Handlungsräumen zur Anwendung. Und wiewohl er weniger institutionalisiert ist als bspw. *Beratungen,* sind doch für eine historische Vorform des *Small Talks,* nämlich für die *Konversation* (s. u. Kap. 2.1.7), spezifische Handlungsräume ausgebildet worden – die Salons in der französischen aristokratischen Gesellschaft des 17. Jahrhunderts und (nach der Adaption und Modifikation dieser Gesprächsform durch das Bürgertum) die Besuchszimmer in den bürgerlichen Häusern des 19. Jahrhunderts.

Um die spezifischen Besonderheiten des von mir als sprachliches Institut bestimmten *Small Talks* vor dem Hintergrund der bisherigen Bestimmungen des *homileïschen Diskurses* zu visualisieren, sei Abb. 2 ergänzt:

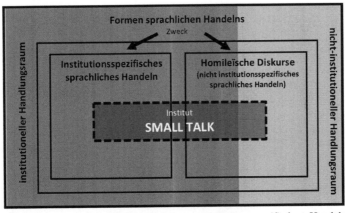

Abb. 3: Institut des Small Talks in Relation zu institutionsspezifischem Handeln und zum *homileïschen Diskurs.*

Durch die Grafik sollte deutlich werden, dass das sprachliche Institut *Small Talk* – abhängig von der je spezifischen Konstellation – in diversen, institutionellen wie nicht-institutionellen Handlungsräumen zur Anwendung kommt. Wenn *Small Talk* für institutionelle Zwecke instrumentalisiert wird (bspw. in Verkaufsgesprächen), ist er der institutionellen Kommunikation zuzuordnen. Ist das nicht der Fall, gehört *Small Talk* ad interim dem *homileïschen Diskurs* zu. Das genaue Verhältnis von *Small Talk* zum *Homileïschen Diskurs* muss im Folgenden, nach einer präziseren Bestimmung des *Homileïschen,* dargelegt werden.

2.1.5 Small Talk im Verhältnis zur *phatic communion*

Im Zuge der oben referierten Argumentation Malinowskis (vgl. Kap. 2.1.3.2) sollte deutlich geworden sein, wo die Ankerpunkte, insbesondere aber auch wo die Differenzen zur anglistische *Small-Talk*-Forschung liegen. Somit dürfte ebenfalls klar sein, worin die Unterschiede zwischen diesen beiden Kategorien – *phatic communion* und *Small Talk* – bestehen. Die Analogien, die Malinowski zu bestimmten Formen sprachlichen Handelns in europäischen Gesellschaften zieht, nehmen sowohl solche Formen in den Blick, die in einem engeren Verständnis von *Small Talk* unter dieser Kategorie gefasst werden (nämlich sogenannte Routineformeln aus dem Bereich der Höflichkeit), als auch solche, die einem etwas weiteren Verständnis von *Small Talk* entsprechen (wenn Malinowski beispielsweise Parallelen zu europäischen Salons zieht). Ohne Zweifel spielt allerdings auch Malinowskis Argumentation im Zuge der Abgrenzung der *phatic communion* zu anderen Verwendungen von Sprache (wie *theoretical* oder *scolastic use*) eine Rolle für den kommunikationsanalytischen Stellenwert, gar für das kommunikative Image der *phatischen Kommunion* bzw. *Kommunikation*. Entsprechend ist auch das Image des *Small Talks* geprägt, wie die Rezeptionsgeschichte des Ausdrucks offenlegt. Dieses Image ist durch die Abgrenzung zu einem profunderen, ernsthafteren, intellektuellen Gebrauch von Sprache geprägt. Dies gilt insbesondere, wenn Malinowski in Analogie zu den europäischen Salons davon spricht, dass in der Sprachverwendung der *phatic communion* eine Funktion erfüllt werde, „to which the meaning of its words is almost completely irrelevant" (Malinowski [1923] 1946: 313). Die Parallelen zu einem Alltagsverständnis von *Small Talk*, wie es sich in Wörterbüchern findet, sind bezeichnend und schlagen sich in einer Tendenz der Gleichsetzung dieser Begriffe nieder – so beispielsweise im englischen Wikipedia-Eintrag zu „Small Talk":

> The phenomenon of small talk was initially studied in 1923 by Bronislaw Malinowski, who coined the term „phatic communication" to describe it.[85]

Wie erwähnt ist auch in wissenschaftlichen Publikationen eine solche Tendenz zur Gleichsetzung durchaus zu beobachten; exemplarisch soll hierfür der Titel von Schneiders (1988) Untersuchungen zum *Small Talk* angeführt werden: „Small Talk. Analysing phatic Discourse".

Demgegenüber sollte durch unsere bisherigen funktional-pragmatischen Bestimmungsschritte deutlich geworden sein, dass die beiden Begriffe keineswegs deckungsgleich sind. Dieser Befund gilt nicht nur insofern, als Malinowski eine ganz andere Gesellschaftsformation als die der bürgerlichen Gesellschaft

---

[85] https://en.wikipedia.org/wiki/Small_talk (aufgerufen am 18.10.2018);
Die oben diskutierte (vgl. Kap. 2.1.3.2) terminologische Ersetzung von „communion" durch „communication" mit der damit einhergehenden Konzeptverschiebung findet sich auch in diesem Eintrag wieder.

untersucht hat, dass also die Übertragung eines gesellschaftlich ausgearbeiteten sprachlichen Instituts zur Bearbeitung bestimmter gesellschaftlicher Bedürfnisse wie des *Small Talks* mindestens problematisch ist – wobei Malinowski der Versuchung der Universalisierung selbst nicht widerstehen konnte und eben diese Analogien wiederholt zog (s. o.). Ob ein Institut wie der *Small Talk* in der Sprachgemeinschaft, die Malinowski untersucht hat, also bei den Trobriandern Anfang des zwanzigsten Jahrhunderts, überhaupt existiert hat, ist fraglich, da derartige Konstellationen, wie sie der *Small Talk* gemäß unserer Darlegung bearbeitet, möglicherweise in diesen Gesellschaften gar nicht vorhanden waren.[86] Der Befund, dass die beiden Begriffe *Small Talk* und *phatic communion* nicht deckungsgleich sind, gilt nicht einfach terminologisch, also ausdrucksbezogen, sondern begrifflich insofern, als damit differente sprachliche Phänomene bezeichnet werden: *Small Talk* bezeichnet, wie in Kap 2.1.4.3.4 herausgearbeitet werden konnte, ein sprachliches Institut zur Bearbeitung bestimmter Konstellationen, während *phatic communion* eine Funktion der Sprache bezeichnet oder – um in Malinowskis Terminologie zu bleiben – ein *mode of action* mit bestimmbarem *use*. Diese Verwendungsweise oder Funktion, nämlich die Herstellung von Gemeinschaft durch Sprache, wird freilich im Institut *Small Talk* in Anspruch genommen. Semiotisch ausgedrückt, nutzt das Institut *Small Talk* die sprachliche Funktion *phatic communion* zur Herstellung eines (temporären) Handlungssystems für die Bearbeitung spezifischer Konstellationen. Diese gemeinschaftsstiftende Funktion von Sprache kommt allerdings nicht nur im *Small Talk* zum Tragen. In einer ganzen Reihe anderer Diskurse hat das sprachliche Handeln vorrangig[87] diese Funktion. Malinowski hat im Zuge seiner Beschreibung der *phatic communion* selbst eine Reihe weiterer Beispiele aufgeführt: der Klatsch während der Arbeit, die abendlichen Unterhaltungen am Feuer oder das Schwatzen während der Arbeitspausen (vgl. oben). *Small Talk* und *phatic communion* sind also ganz unterschiedliche Kategorien, deren Verhältnis mit taxonomischen Hierarchisierungen (i. S. v. *phatic communion* als ‚Oberbegriff' für *Small Talk* oder vice versa) – wie verschiedentlich geschehen (vgl. Kessel 2009: 72) – nicht angemessen beschrieben ist.

2.1.6 *phatic communion* im Verhältnis zum *homileïschen Diskurs*

Im Folgenden soll das Verhältnis von das Malinowskis Konzept der *phatic communion* zu dem Begriff *homileïscher Diskurs* beleuchtet werden. Wie bereits referiert, diente die *phatic communion* Ehlich und Rehbein (1980) bei der Begriffsbe-

---

[86] Das kann ich hier leider nur als Vermutung äußern, denn für eine belastbare Aussage fehlt mir eine profunde Kenntnis dieser Gesellschaft.
[87] Die verschiedenen Funktionsbereiche von Sprache gehen, wie Ehlich ([1998] 2007m) bei seiner analytischen Scheidung betont, stets spezifische Kombinationen miteinander ein, d. h. sprachliches Handeln ist nie ausschließlich teleologisch, gnoseologisch oder kommunitär.

stimmung des *homileïschen Diskurses* als Bezugspunkt im damaligen Forschungsstand. Diese Erstbestimmung erfolgte unter einem Blickwinkel, der – vor dem Hintergrund einer historisch-gesellschaftlichen Sprachauffassung – das Augenmerk auf institutioneller Kommunikation richtete, also auf Kommunikation, die institutionelle Zwecke verfolgt. Zentral wurde also ein Bereich sprachlichen Handelns beleuchtet, in dem sich primär die *teleologische Qualität* sprachlichen Handelns umsetzt. Analytisch umsichtig legten die Autoren zugleich ausdrücklich dar, dass nicht mit allen Formen sprachlichen Handelns in Institutionen auch institutionelle Zwecke verfolgt werden, sondern dass es auch Formen gibt, die diesen Zwecken scheinbar zuwiderlaufen. Diese sprachlichen Handlungen seien Teil eines „größeren Komplexes", für den Ehlich/Rehbein (1980) eben die – dezidiert zusammenfassende, also noch undifferenzierte – Bezeichnung *homileïscher Diskurs* vorschlagen. Wie seinerzeit bereits angeführt und oben genauer gezeigt wurde, weist der Kontext, in dem Malinowski den Terminus *phatic communion* prägt, durchaus einige Parallelen auf. Kurz rekapituliert: Malinowski entwickelt ausgehend von der Beobachtung des *active use* ein Verständnis von Sprache als *mode of action* und wendet sich so gegen die zu seiner Zeit vorherrschende Auffassung, nach der Sprache vornehmlich ein Instrument des Denkens und der Übermittlung von Gedanken gefasst wurde (vgl. Malinowski 1946: 297). Er beobachtet jedoch neben solchem sogenannten *active use* weitere Verwendungen und Sprachfunktionen, u. a. die *phatic communion*. Man könnte nun von der Annahme ausgehen, dass *phatic communion* prinzipiell das gleiche meint wie *homileïscher Diskurs* – allerdings geprägt durch die ethnographische Beobachtung einer anderen Gesellschaftsformation als der unsrigen.

Allerdings liegt hierin auch eine der Differenzen zwischen den Begrifflichkeiten begründet: Die von den Trobriandern ausgebildeten Institutionen – denn Institutionen, auch komplexe wie bspw. die Institution *kula*[88], waren in diesen Gesellschaften durchaus entwickelt und bevorzugte analytische Gegenstände des Anthropologen Malinowski[89] – unterscheiden sich bekanntlich – und insofern faszinierend – von Institutionen in den westlichen kapitalistischen Gesellschaften. Somit stellt sich auch die Frage, ob bzw. inwieweit eine kategoriale Unterscheidung von institutionellem Handeln und homileïschen Handeln in Bezug auf Gesellschaften, deren Institutionen sich qualitativ von den Institutionen kapitalistischer Gesellschaften unterscheiden und in denen auch die Ent-

---

[88] Eine institutionalisierte Handelsexpedition bzw. Tauschsystem, Malinowski erwähnt diese Institution am Rande in „The Problem of Meaning", eine eingehendere Betrachtung findet sich in seiner Arbeit „Argonauten des westlichen Pazifiks" (1922, deutsch: 1979).

[89] Insbesondere in seiner Schrift „Argonauten des westlichen Pazifik" (1922, deutsch: 1979) widmet er sich ausführlich dem *kula* und zeigt, dass auch in einer Gesellschaft wie der der Trobriander, die damals als „Wilde" oder „primitives Völker" bezeichnet wurden und die weder über Metallwerkzeuge noch über Geld verfügten, durchaus differenzierte Produktions- und Tauschformen bestehen und dass soziale, bzw. verwandtschaftliche Netze für die Organisation von Ökonomie zentral sind.

fremdung der Arbeit nicht in dem Maße gegeben ist, umstandslos zielführend sein kann für eine Analyse des sprachlichen Handelns. Sie kann und soll hier nicht wirklich beantwortet werden, aber jedenfalls dürfte die Scheidelinie nicht strukturell gleich verlaufen. Insofern ist vor Kurzschlüssen zu warnen.

Ebenso verkürzt erscheint es mir, eine Identität der *phatic communion* mit der kommunitären Funktion im Sinne von Ehlich ([1998] 2007m) anzunehmen: Insbesondere Malinowskis Unterscheidung von *narrative use* und *phatic communion* deuten darauf hin, dass bei ihm die Kategorien in anderer Weise als stringent handlungsanalytisch gefasst sind. Dennoch denke ich, dass man festhalten kann, dass *phatic communion* terminologisch eine Funktion von Sprache fasst, genauer: die kommunitäre, während *homileïscher Diskurs* eine Diskursform bezeichnet – ob es sich um eine Diskursart oder einen -typ handelt, muss die Analyse empirischen Materials zeigen.

Der Vergleich erweist jedenfalls: Nicht immer ist der Zweck sprachlichen Handelns vornehmlich praxisstiftend, d. h. teleologisch. Dies ist weder beim *homileïsche Diskurs* noch bei der *phatic communion* noch auch – oder allenfalls bedingt – beim *Small Talk* der Fall. All diesen Formen scheint mir ein Zweck kommunitärer Art gemein zu sein.

2.1.7 Konversation

Um die Begriffsschärfung zu komplettieren, soll nun ein hochfrequenter, mit den bereits diskutierten verwandter Terminus betrachtet werden: *Konversation*. Auf die Gemeinsamkeiten der Alltagsdefinition von *Small Talk* und *Konversation* wurde bereits in Kapitel 2.1.2 hingewiesen. Der Ausdruck *Konversation* wird im Deutschen – anders als *conversation* im Englischen oder auch im Französischen – in der Regel nicht allgemein für ‚Unterhaltung' oder ‚Gespräch' verwendet.[90]

---

[90] Ausnahmen bilden fachspezifische Verwendungen wie beispielsweise in ‚Konversationsanalyse' – die entsprechende linguistische Terminologie wurde allerdings aus dem Englischen übernommen (Original: conversation analysis). Daneben ist noch die Verwendung des Ausdruck *Konversation* im Zusammenhang mit Fremdsprachenunterricht zu erwähnen, womit in diesem Kontext die Lektionen bzw. Einheiten zum Einüben diskursiver Fähigkeiten in der Fremdsprache bezeichnet werden. Diese Verwendung leitet sich meiner Meinung nach unmittelbar aus der zweiten, engeren Verwendungsweise des Ausdrucks ab. Wie Linke (1988) zeigt, war das Bürgertum bemüht, die ‚Kunst der Konversation' – *Konversation* hier im Sinne einer stark reglementierten, also standardisierten und vom Bürgertum regelmäßig gepflegten Gesprächsform, wie ich im Verlauf des Kapitels weiter ausführen werde – bereits die Kinder (und zwar insbesondere die Mädchen) zu lehren. Aus diesem Grund entwickelte sich in der bürgerlichen Bildung die *Konversation* zum eigenen Unterrichtsgegenstand, vgl. Linke (1988). Mit dem Gesellschaftswandel im 20. Jahrhundert und dem hiermit verbundenen gesellschaftlichen Bedeutungsverlust dieser spezifischen Gesprächsform hat *Konversation* als eigenständiger Unterrichtsgegenstand an Relevanz verloren und ist schließlich aus dem Bildungs-Kanon verdrängt worden. Heute ist ‚Konversation' als Unterrichtsfach nur noch im Fremdsprachunterricht zu finden (in dem Kontext allerdings wieder eher mit einer allgemeinen Bedeutung i. S. v. face-to-face Kommunikation, mündlicher Rede, Gespräch).

„Konversation treiben" meint eine spezielle Art von Gesprächen bzw. Unterhaltungen. Einige Charakteristika werden beispielsweise in der Angabe des Duden-Wörterbuchs aufgeführt[91]:

> **Konversation** häufig konventionelles, oberflächliches u. unverbindliches Geplauder; Gespräch, das in Gesellschaft nur um der Unterhaltung willen geführt wird [...] (Dudenredaktion 2002: 2231)

Konventionalität, Oberflächlichkeit, Unverbindlichkeit, in Gesellschaft und ‚um der Unterhaltung willen' scheinen nach dem heutigen Alltagsverständnis also Eigenschaften von als *Konversation* bezeichneten Gesprächen zu sein. Auf die mit dem Ausdruck verbundene negative und geradezu elitäre Konnotation weisen verschiedene Autor:innen hin (vgl. bspw. Linke 1988, 1996, Ehler 1996). Der Eintrag ‚Konversation' des Deutschen Wörterbuchs von Herman Paul (Paul u. a. 1992: 480) gibt allerdings genauere Hinweise auf die Begriffsgeschichte:

> **Konversation** Pl. selten, ‚frz. *conversation*' lat. *Conversatio* ‚*Umgang, Verkehr*', zuerst 1542 (FWb), zunächst **1** in der Bed. des lat. Ursprungs [...], dann **2** (1597; FWb) ‚Unterhaltung, Gespräch', so im 16 Jh. [...] woraus im 19 Jh. v. a. „Gespräch in feiner, gebildeter Gesellschaft", woraus im 20 Jh. das Merkmal „oberflächlich" sich herleitet; schon der Goethebeleg führt **3** ‚Unterrichtsgespräch' [...]

Die heutige Verwendungsweise inklusive der häufig angeführten negativen Konnotation scheint mit der Begriffsgeschichte zusammenzuhängen. Der sprachgeschichtlich orientierte Wörterbucheintrag nennt in knapper Form bereits einige Etappen der mit dem Ausdruck verbundenen Bedeutung. Im Folgenden soll ein wenig detaillierter nachvollzogen werden, welche Formen (sprachlichen) Handelns in der Geschichte mit dem ursprünglich aus dem Lateinischen stammenden und über das Französische ins Deutsche übernommenen Ausdruck bezeichnet wurden.[92]

2.1.7.1 Die *Konversation* im Frankreich des 17. Jahrhunderts

Wie bereits beim Eintrag im Wörterbuch von Paul u. a. (1992) ersichtlich, bedeutete der Ausdruck *Konversation* im Lateinischen (*conversatio*) zunächst einfach „Zusammenleben, Umgang, Verkehr" (wobei allerdings immer der menschliche Umgang gemeint war) – der Umgang mittels Sprache, das Gespräch (oder auch der Briefverkehr) war nur eine mögliche Bedeutungskomponente, wie Plotke (2008) ausführt. Bis ins 18. Jahrhundert hinein blieb, so Plotke, im Deutschen eine solche weitere Bedeutung von *Konversation* erhalten.[93] Allerdings ist auch

---

[91] Die Bedeutungsangabe im Duden ist übrigens fast wortgleich.
[92] Die Darstellung wird sich auf die für die Zwecke der Begriffsschärfung relevanten Punkte beschränken. Eine ausführliche Begriffsgeschichte kann und soll an dieser Stelle nicht geleistet werden. Für eine detaillierte Darstellung siehe Plotke (2008).
[93] – wie sie sich beispielsweise in den Bezeichnungen ‚Konversationshaus' oder ‚Konversationsstück' wiederfindet. Auch die Konversationsratgeber waren in der Regel nicht allein Leitfäden für die richtige Gesprächsführung, sondern generelle Ratgeber für den gesellschaftlichen Umgang.

bereits ab dem 16. Jahrhundert eine Bedeutungsverengung im Gebrauch des Ausdrucks als Bezeichnung für Gespräche festzustellen.[94] Insbesondere im Frankreich des 17. Jahrhunderts setzte sich dann eine Verwendung des Ausdrucks *Konversation* als Bezeichnung für Gespräche durch – allerdings nicht für jede Art von Gespräch. Mit *Konversation* wurden nur Gespräche in spezifischen Handlungsräumen und Konstellationen benannt:

- Gespräche unter den adligen Höflingen am königlichen Hof;
- Gespräche in den – meist von adligen Frauen unterhaltenen – Salons[95];
- Gespräche unter befreundeten Gelehrten, gebildete Gesprächszirkel, die sich oftmals in Bibliotheken trafen.

All diese mit ‚Konversation' bezeichneten Gespräche zeichnen sich dadurch aus, dass sie in der Halböffentlichkeit stattfinden, d. h. dass es sich um Handlungsräume handelt, die insofern öffentlich sind, als sie nicht privater Natur sind, aber zu denen nur bestimmte Aktant:innen(-Gruppen) Zutritt haben. Der Zugang ist zunächst – das gilt insbesondere für die höfische *Konversation* – von der Klassenzugehörigkeit abhängig. Ferner wurden mit *Konversation* nur diejenigen Gespräche in diesen Handlungsräumen bezeichnet, die – zumindest dem Anspruch nach – allein der Unterhaltung dienten (also nicht geschäftliche Gespräche o. ä.). Die Themen und die Gesprächsführung waren dabei stark reglementiert und sollten die Unterhaltungsfunktion dieser Gespräche sichern (so wurden bestimmte Themen ausgeschlossen etc.). Gleichwohl waren dies keine privaten oder homileïschen Gespräche – und zwar nicht allein aufgrund der charakteristischen Halböffentlichkeit dieser als *Konversation* bezeichneten Gespräche, also aufgrund der Spezifik der Handlungsräume. Als nicht-homileïsch würde ich die *Konversation* im Frankreich des 17. Jahrhunderts vor allem aufgrund des gesellschaftlichen Zwecks dieser Gespräche typisieren. Am Hof hatten sie vor allem den Zweck, die soziale Stellung der Aktant:innen innerhalb der höfischen Gesellschaft zu sichern: Es galt, sich durch Zurschaustellung des eigenen Könnens die Gunst des Königs zu sichern, wie Ehler (1996: 18ff) ausführt. Die *Konversation* in den Salons diente, so argumentiert sie weiter, demgegenüber nicht so stark dem sozialen Verteilungskampf. Dennoch dient die *Konversation* in ihren verschiedenen Ausprägungen – so möchte ich sprachsoziologisch verallgemeinern und im Folgenden noch genauer argumentieren – stets der Konstitution und Konsolidierung gesellschaftlicher (genauer: stände- bzw. klassenspezifischer) Gruppenzugehörigkeit.[96]

---

[94] Plotke (2008) weist diese vor allem in der italienischen Literatur des 16 Jahrhunderts nach.
[95] Berühmt waren vor allem die von der Marquise de Rambouillet, der Marquise de Sablé, Madame Lafayette und Mademoiselle de Scudéry unterhaltenen Salons.
[96] Dass die *Konversation* der Konstitution und Konsolidierung von Gruppenzugehörigkeit dient, ist natürlich kein Alleinstellungsmerkmal dieser Gesprächsform. Auch die anderen, hier in den Blick genommenen Gesprächsformen, *homileïscher Diskurs* und *Small Talk*, haben ja Zwecke kommunitärer, also gemeinschaftsstiftender Art. Sie unterscheiden sich aber doch entscheidend zum einen in der Art und Weise, wie die Gemeinschaft oder Gruppen-

Obwohl die Konversation dem Ideal nach zwanglos und der Unterhaltung dienend sein sollte, wurde sie doch zunehmend reglementiert und zu „einer festen Einrichtung" (Ehler 1996: 28). Konversation diente dabei vornehmlich der Selbstvergewisserung einer gesellschaftlichen Klasse. Der von der Forschung oft festgestellte hohe Grad der Selbstreflexivität (vgl. bspw. Arnold 2016, Plotke 2008) dieser Gespräche ist darauf zurückzuführen. Über die Beherrschung bestimmter Umgangsformen und insbesondere über die Beherrschung der *Konversation* wurde die Zugehörigkeit zu einer bestimmten gesellschaftlichen Gruppe begründet. Auch die geteilten Präsuppositionen als Grundlage des gemeinsamen Handlungssystems wurden in den als *Konversation* bezeichneten Gesprächen verhandelt.[97] Aus diesem Grund waren die Salons auch durch eine gewisse soziale Durchlässigkeit gekennzeichnet. Mitglieder des gehobenen Bürgertums hatten durchaus Zutritt zu den Salons und damit die Möglichkeit, in dieses vom Adel abgeleitete Handlungssystem einzusteigen – wenn sie denn die entsprechenden Umgangsformen, zu denen auch die *Konversation* gehörte, beherrschten. D. h. Aktanten, die nicht durch Geburt dieser gesellschaftlichen Klasse angehörten, hatten die Möglichkeit, über die Aneignung entsprechenden Handlungs- und Diskurswissens kommunikativ zu partizipieren. Die gesellschaftliche Bedeutung der *Konversation* in dieser Zeit ist nicht nur an der Fülle von Konversations-Ratgebern und -Lexika erkennbar, sie schlägt sich auch in der Belletristik nieder. Die *Konversation* war für das Frankreich des 17. Jahrhunderts und das damalige gesellschaftliche Handeln – einer bestimmten, allerdings den Diskurs[98] dominierenden Klasse – derart prägend, dass man vom „Jahrhundert der Konversation" spricht.

2.1.7.2 Bürgerliche *Konversation* im 19. Jahrhundert

Der Begriff *Konversation* erfährt vom 17. Jahrhundert bis zum Ende des 19. Jahrhunderts eine Wandlung, die mit dem gesellschaftlichen Wandel von einer feudalen, höfischen Gesellschaftsformation hin zu einer bürgerlichen Gesellschaft einhergeht. Damit verbunden ist im Deutschen die Verengung des Begriffs von der bis Ende des 18 Jh. immer noch gebräuchlichen Lesart des ‚gesellschaftlichen Umgangs/Verkehrs' auf ‚Gespräch/Unterhaltung'.[99]

---

zugehörigkeit durch das sprachliche Handeln hergestellt wird. Und zum anderen unterscheiden sich vor allem die Konstellationen, in denen diese Gespräche geführt werden.

[97] – etwas, was die *Konversation* mit dem *homileïschen Diskurs* durchaus gemein hat. Der gemeinsame Präsuppositionsbestand, der in der *Konversation* unterstellt wird, ist jedoch klassenspezifisch. *Homileïsche Diskurse* können prinzipiell von Angehörigen aller gesellschaftlichen Klassen geführt werden. (Ob allerdings ein *homileïscher Diskurs* zwischen Mitgliedern unterschiedlicher Klassen leicht möglich ist oder ob die Präsuppositionen dann zu stark differenzieren, ist offen.)

[98] ‚Diskurs' ist hier – abweichend von der sonstigen Verwendung des Terminus in dieser Arbeit – i. S. v. Foucault gemeint.

[99] Dafür, dass die umfangreichere Bedeutung dennoch noch weiter präsent blieb, führt Linke (1996) zahlreiche Beispiele an (vgl. a. a. O.: 135ff).

Der in der höfischen Gesellschaft entwickelte Diskurstyp *Konversation* wurde vom sich konstituierenden Bürgertum[100] mitsamt der dafür etablierten Handlungsräume adaptiert. *Konversation* wurde nun in den Salons des Bürgertums betrieben und diente zunächst vor allem der gesellschaftlichen Selbstvergewisserung der aufstrebenden Klasse. In den bürgerlichen Salons wurde die Zugehörigkeit zur Klasse des Bürgertums, eine klassenspezifische Gemeinschaftsbildung eben über die *Konversation* hergestellt. Dabei wurden in der bürgerlichen *Konversation* ein anderer Themenkanon und andere Normen für das Gesprächsverhalten (auch genereller: für den gesellschaftlichen Umgang) ausgebildet als in der *Konversation* der (französischen) adligen Gesellschaft des 17. Jahrhunderts. Die Zugehörigkeit zur klassenspezifischen Gemeinschaft wurde in der bürgerlichen *Konversation* über die Inanspruchnahme von Wissensbeständen geleistet, über die man durch die spezifische bürgerliche Bildung und die Teilhabe an der bürgerlichen kulturellen Praxis (Theaterbesuche u. ä.) verfügte. Über die Inanspruchnahme dieser Wissensbestände konnte die Klasse des Bürgertums sich deswegen als Klasse konstituieren, weil der Zugang zu eben diesen Wissensbeständen nur durch die klassenspezifischen, neu erlangten ökonomischen Ressourcen möglich war.[101] So wurde in den bürgerlichen Salons durch *Konversation* ein klassenspezifisches gemeinsames Handlungssystem etabliert.

Die Funktion dieser Diskurse, also die Etablierung eines gemeinsamen Handlungssystems, wurde in der Praxis der ‚Visite' angewendet und gewissermaßen auf das Nötigste heruntergebrochen: Die bürgerliche Praxis der gegenseitigen Visite (des aufwartenden Besuchs, d. h. im nicht-medizinischen Kontext) diente dazu, das gemeinsame Handlungssystem zu aktualisieren und zu konsolidieren. Dabei wurde die Konversation, die zu diesem Anlass betrieben wurde, immer weiter standardisiert und reglementiert sowie zunehmend verknappt. (Dies ging im Übrigen bis hin zur Eliminierung des sprachlichen Handelns, bis zur Eliminierung der *Konversation*: Das Hinterlassen der Visitenkarte reichte aus, um den Handlungskomplex ‚Visite' zu erfüllen.) Insbesondere wurde die Visite auch genutzt, um gesellschaftliche Kontakte zu knüpfen, wenn sie noch nicht vorhanden waren. Dies wurde durch die zunehmende Mobilität verstärkt notwendig: Wenn man in eine neue Stadt zog,

---

[100] Linke (1988 und 1996) untersucht die spezifische Form der bürgerlichen *Konversation* auf der Grundlage von Konversationsratgebern des 19. Jahrhunderts. Für die Überlegungen in diesem Kapitel war Linkes Darstellung der bürgerlichen Praxis sehr hilfreich.

[101] Womit eine klassenspezifische Abgrenzung zu Bevölkerungsschichten vorgenommen wurde, die eben nicht über diese neu erlangten ökonomischen Ressourcen verfügten. Gleichzeitig drückt sich das neue Selbstbewusstsein des Bürgertums aber auch in einer Abgrenzung zum Adel aus: Zwar wurden Einrichtungen wie die *Konversation* übernommen, aber bezüglich der Umgangsformen und der Selbstdarstellung galten andere Regeln als in der adligen *Konversation*, das schlägt sich bspw. auch in den als angemessen geltenden Gesprächsgegenständen nieder.

bot die Visite die Möglichkeit, über die *Konversation* ein gemeinsames Handlungssystem zu etablieren, ohne dass eine gemeinsame Vorgeschichte vonnöten gewesen wäre.[102] Aufgrund der relativ festen Formen, die die *Konversation* – gerade die *Konversation*, wie sie in der Visite zur Anwendung kam – in ihrer spezifisch bürgerlichen Ausprägung angenommen hat, kann man, so denke ich, davon sprechen, dass in der bürgerlichen Gesellschaft die *Konversation* zu einem Institut ausgebildet wurde. Dieses sprachliche Institut erfuhr mit einer neuerlichen Umwälzung der gesellschaftlichen Strukturen wiederum eine entsprechende Veränderung: In der Form des Small Talks wurde es gewissermaßen egalitärer. Diskurse, die mit *Konversation* bezeichnet werden, gibt es freilich auch heute noch (vgl. Gewinski et al. 2018), *Konversation* und *Small Talk* existieren gewissermaßen nebeneinander. Die *Konversation* zeichnet sich gegenüber dem *Small Talk* dahingehend aus, dass die Gesprächsgegenstände aus dem kulturellen Bereich stammen bzw. eine gewisse (bürgerliche) Bildung Voraussetzung ist. Elitär ist die *Konversation* insofern, als man eben nur mit einem bestimmten Bildungshintergrund partizipieren kann. Insofern dient die *Konversation* weiterhin der Selbstvergewisserung einer bestimmten Klasse oder Klassenfraktion.[103]

2.2 Begriffliche Ausdifferenzierung und funktional-pragmatischer Analysestand zum *homileïschen Diskurs*

Die kategorienkritische Gegenüberstellung der Termini *Small Talk, phatic communion* und *Konversation* konnte bereits zur Schärfung des Begriffs *homileïscher Diskurs* beitragen. Ergänzend soll nun betrachtet werden, wie in der Funktionalen Pragmatik der Terminus nach der Begriffsbildung durch Ehlich/Rehbein (1980) aufgenommen und verwendet wurde und wie differenziert die Gegenstandbestimmung vorangetrieben wurde.

---

[102] Die Bezugnahme auf klassenspezifische gemeinsame Wissensbestände, auf das spezifische Wissen um die richtigen Umgangs- und Handlungsformen (wie die einer Visite) reichte aus; ein Umstand den sich im übrigen auch Hochstapler zunutze machten.

[103] Dies stellt andererseits aber auch gewisse Hindernisse für Mitglieder der unteren Klassen bezüglich eines gesellschaftlichen und ökonomischen Aufstiegs dar. Die Unkenntnis bestimmter Umgangsformen, das Unvermögen, *Konversation* zu betreiben (aufgrund fehlender bürgerlicher Bildung) wirkt hierbei wie eine unsichtbare Wand. Dies wird teilweise unter dem Stichwort ‚Gate-Keeping' verhandelt. Die bürgerliche Klasse sichert so auf subtile Art und Weise ihre Privilegien, der kommunikative Zugang wird nämlich eben nicht explizit verwehrt, sondern „Emporkömmlinge" werden exkludiert, weil sie die entsprechenden Umgangsformen (also Konversation im ursprünglichen, weiten Sinne), deren nachträgliche Aneignung nicht ohne weiteres möglich ist, nicht beherrschen. Eribon (2009, deutsch: 2016) hat diese Mechanismen, die ihm als Kind aus dem Arbeitermilieu den Zugang zum Pariser Intellektuellenmilieu erschwert haben, z. B. in „Rückkehr nach Reims" beschrieben.

Wie im vorangegangenen Kapitel bereits konstatiert wurde, ist die sprachanalytische Beschäftigung mit dem *homileïschen Diskurs* im konsequent handlungsanalytischen Begriffsinne besonders empirisch schmal. Die bei Ehlich/ Rehbein (1980) ex negativo gewonnene, summarische Terminologiebildung für nicht-institutionell geprägtes Handeln bildet daher weiterhin eine Herausforderung zu funktional-pragmatischen Detailanalysen. Trotz der wissenschaftsgeschichtlichen Priorisierung institutionellen Handelns ist in verschiedenen Zusammenhängen funktional-pragmatischer Diskursanalyse durchaus auf diesen Gegenstand eingegangen worden – teilweise mit ersten Ausdifferenzierungen der von Ehlich und Rehbein seinerzeit vorgenommenen Bestimmungen oder mit Gedanken zu potentiellen spezifischen Leistungen des *homileïschen Diskurses*. Im Folgenden soll ein Überblick gegeben und die Erkenntnisse in die Gegenstandsbestimmung eingebracht werden.

Eingang findet der Terminus *homileïscher Diskurs* in sprachwissenschaftlichen Lexikon- und Handbuch-Artikeln. Im Metzler Lexikon Sprache z. B. bestimmt Ehlich ([1993] 2007j) die „homileïsche Kommunikation" als „[z]usammenfassende Bezeichnung für die Unterhaltungsfunktion sprachlicher Kommunikation und die dafür herausgebildeten Handlungsformen [...]" (2007f: 110). Der kategoriale Status des *Homileïschen* als übergeordnete, zusammenfassende Kategorie für verschiedene Diskursarten und andere sprachliche Handlungsformen – exemplarisch genannt werden in dem Eintrag: „das Erzählen von Geschichten, von Witzen, das Rätselraten usw., aber auch für Unterhaltungen zum Zeitvertreib (Plausch, Schwatz, „conversation" im engeren Sinn usw.)" – kommt also auch in diesem knappen Lexikon-Eintrag zum Tragen. Statt einer ex-negativo Bestimmung wird positiv die „Unterhaltungsfunktion" betont. Die Bestimmung wird durch den Zusatz, dass „homileïsche Kommunikation z. T. der phatischen Kommunikation (im Sinn Malinowskis) zu[gehöre]", komplementiert und damit das gemeinschaftsstiftende Moment der unter der Kategorie *homileïsche Kommunikation* fallenden sprachlichen Handlungen mit angesprochen.[104] Für meine Analyse ergibt sich die Frage, ob die Unterhaltungsfunktion tatsächlich das bestimmende Moment *homileïscher Diskurse* ist oder ob andere gesellschaftliche Zwecke identifiziert werden können.[105]

Auch Rehbein/Kameyama (2004) benennen in einem Überblicksartikel zur „Pragmatik" das „gesellige Beisammensein" und die „Unterhaltung" (a. a. O.:

---

[104] Gleichzeitig wird damit deutlich, dass nicht jede Form der Kommunikation, die unter *phatische Kommunikation* gefasst wird, auch *homileïsche Kommunikation* ist. Auf Grundlage meiner Analysen werde ich an späterer Stelle empirisch herausarbeiten, dass der *homileïsche Diskurs* und der *Small Talk* zwar beide gemeinschaftsstiftend sind, sich aber konstellativ unterscheiden.

[105] In Bezug auf *Small Talk* habe ich oben (vgl. Kap. 2.1.4.3.4) bereits die Vermutung geäußert, dass der Unterhaltungswert allenfalls ein Vehikel für die Etablierung eines gemeinsamen Handlungssystems ist. Ob dies auch für den *homileïsche Diskurs* gilt, muss die Analyse empirischer Daten zeigen.

571) als charakteristischen Zweck des *homileïschen Diskurses*, womit er global von institutionsspezifischer Kommunikation, die „verbindlich-zielgerichtete Formen hervorbring", zu unterscheiden sei. Im *homileïschen Diskurs* – so führen sie in ihrer Handlungsbeschreibung genauer aus – „werden ‚Idealisierungen der Realität' (Fiktionalisierung, Ästhetisierung usw.) gemeinsam von Sprecher und Hörer gemacht" (ebd.). Inwieweit diese „Idealisierungen der Realität" eine wesentliche Eigenschaft *homileïscher Diskurse* sind, wie sie im konkreten sprachlichen Handeln kreiert werden, und welche Funktion sie haben, soll in der Analyse am empirischen Material überprüft werden.

In einer Betrachtung von Mehrsprachigkeit in Bezug auf urbane Handlungsräume betont Rehbein die Rolle des *homileïschen Diskurses* in mehrsprachigen Konstellationen (Rehbein 2010: 95). An anderer Stelle wird von ihm der *homileïsche Diskurs* nachgerade als Vehikel hin zu einer Utopie einer mehrsprachigen Gesellschaft angeführt (vgl. Kap. 1.1). Eine nähere Bestimmung oder Charakterisierung erfährt der Begriff bei Rehbein in diesen Kontexten jedoch nicht, da er auch nicht das Hauptinteresse der Überlegungen darstellte.

Hinzuweisen ist darauf, dass in den bisher genannten Texten – entsprechend der Textart-Spezifik als Lexikon- bzw. Handbuchartikel – keine empirischen Analysen homileïscher Diskurse vorgenommen werden. Redder (1994b) hat jedoch vier Transkripte in dem von ihr zusammen mit Ehlich herausgegebenen Sammelband „Gesprochene Sprache" unter der Überschrift „Homileische Kommunikation" vorgelegt. Einen dieser Diskurse hat Redder (1994a) in Hinblick auf die Funktion des Malfeldes detaillierter analysiert (vgl. oben Kap. 1.3).

Im Rahmen ihrer Untersuchung von Wirtschaftskommunikation hat Brünner auch ein kurzes Kapitel der Untersuchung homileïscher Kommunikation gewidmet. Mit Bezug auf Ehlich/Rehbein (1980) fasst sie homileïsche Kommunikation als „Formen [...], die die Interaktanten zu ihrem Vergnügen und ihrer Unterhaltung führen" (Brünner 2000: 222). Auch sie sieht also in der Unterhaltung die hauptsächliche Funktion des *homileïschen Diskurses*. Diese Funktion schränkt sie aber ein:

> Häufig sind mit homileïschen Formen aber auch spezifischere Zwecke verbunden wie Selbstdarstellung von Person, Herstellung oder Demonstration von Nähe und Intensivierung der sozialen Beziehung zum Gesprächspartner – Zwecke, die in beruflichen Beziehungen ebenso Bedeutung besitzen wie in privaten. Z. B. nach Konflikten werden homileïsche Formen oft verwendet, um die Beziehungen zu regulieren. In der beruflichen Kommunikation erlauben sie, die Orientierung an der institutionellen Rolle hin zu einer Orientierung an der persönlichen Identität zu verschieben. (ebd.)

Entsprechend stellt sie in Bezug auf ihren Korpus fest, dass „[g]erade von Verkäufern die Formen der homileïschen Kommunikation häufig für ökonomische Interessen instrumentalisiert" werden (ebd.). In dem Fall würde es sich also gar nicht um *homileïsche Diskurse*, sondern um institutionelle Kommunikation handeln (da ja eben institutionelle Zwecke damit realisiert werden). Der instrumentelle Einsatz des *Homileïschen* scheint mir auch auf die anderen in dem Zusammenhang von ihr exemplarisch vorgestellten Diskursausschnitte zuzutreffen. Meiner Ansicht nach handelt es sich bei diesen Beispielen nicht um *homileïsche Diskurse*. Ich vermute, dass Brünner aus diesem Grund selbst nur von „homileïschen Formen" spricht, die zum Einsatz kommen. Da in den vorgestellten Diskursabschnitten derartige „Formen" eingesetzt werden, um die Konstellation soziabler zu machen, könnte man meiner Meinung nach diese Diskurse mit dem Begriff *Small Talk* angemessen beschreiben.

Ein anderer Fall liegt bei dem von Rehbein (2012) untersuchten Diskurs vor, der zwar ebenfalls in einem institutionellen Handlungsraum, nämlich im Büro eines Zeitungskonzerns stattfindet, aber grundlegend anders charakterisiert ist: Dieser Diskurs bleibt nämlich nicht „funktional *in der Realität*", sondern „[strukturiert] *die Realität* durch sprachliches Handeln um [...]" (Rehbein 2012: 88; Hervorhebungen im Original). Ich werde auf diese Unterscheidung zurückkommen und näher darauf eingehen.

Zuvor haben Rehbein et al. (2001) mit Blick auf den Zusammenhang von Non-verbaler-Kommunikation und höflichem Handeln in interkulturellen Settings bereits eine Analyse eines *homileïschen Diskurses* vorgelegt, den sie als „homileïschen Diskurs mit Streitcharakter" (a. a. O.: 181) einordnen. Der Schwerpunkt der Analyse bezieht sich auf die Rolle der non-verbalen Handlungen in dieser interkulturellen Konstellation im Hinblick auf Höflichkeit, allerdings werden einige Charakteristika des *homileïschen Diskurses* in Bezug auf den untersuchten Diskurs aufgeführt:

- es gibt eine Gesprächsrunde mit einer genussvollen Tätigkeit, dem gemeinsamen Essen (homileïscher Diskursraum)
- die Themenwechsel des Gesprächs sind häufig assoziativ
- Erlebnisse werden kommunikativ bearbeitet und gemeinsam gemacht bzw. sind eingebettet in ein gemeinsames Vorwissen, auf das lediglich alludiert wird
- insbesondere werden Beziehungen zu Personen thematisiert
- es sind ungewöhnlich viele sprachliche Prozeduren des Malfelds und des Lenkfelds sowie reichlich exklamative Äußerungsmodi zu verzeichnen.

(Rehbein et al. 2001: 182)

Diese Charakteristika des *homileïschen Diskurses* werden von Rehbein (2012) in der – meines Wissens nach – einzigen ausführlicheren funktional-pragmatischen Analyse, die sich explizit den Eigenschaften *homileïscher Diskurse* widmet, präzisiert und ergänzt:

(i) Es gibt eine Gesprächsrunde mit einer genußvollen Tätigkeit, einem attraktiven Gegenstand bzw. Thema (homileïscher Diskursraum);
(ii) Freisetzung der Aktanten von zielgerichtetem Handeln und damit Freisetzen von unmittelbaren Handlungszwängen;
(iii) Erlebnisse/Erfahrungen im Sinne partikularen Erlebniswissens werden kommunikativ bearbeitet und gemeinsam gemacht bzw. sind sie eingebettet in ein gemeinsames Vorwissen, auf das lediglich angespielt wird (Allusion; „kommunikative Abbrüche" sind möglich); Erneuerung früherer homileïscher Konstellationen; der homileïsche Diskursraum kann auch von einer Erinnerung ausgelöst/konstituiert sein;

(iv) insbesondere werden Beziehungen von (untereinander Bekannten) Personen thematisiert;
(v) es sind ungewöhnlich viele sprachliche Prozeduren des Malfelds und des Lenkfelds sowie reichlich exklamative Äußerungsmodi zu verzeichnen; nicht zuletzt durch vielfältige sprachliche Prozeduren der genannten Typen (Mal- und Lenkfeld und entsprechende Feldtranspositionen) sowie sprachlicher Handlungen und sprachlicher Formeln (Symbolfeld) wird die Wirklichkeit in eine gesellige Kommunikationssituation umgeformt;
(vi) dabei werden Formen eines zweckgerichteten Diskurses fragmentarisiert und neu zusammengesetzt (Musterzerbrechung und Musterkreation);
(vii) es gibt keine lineare Diskursentwicklung (im Sinne eines unmittelbaren Nacheinander);
(viii) Konnektivität: Themen und Themenwechsel vollziehen sich häufig assoziativ, nicht schlussfolgernd;
(ix) der Turnapparat ist partiell außer Kraft (Überlappungen, Pausen, Abbrüche).
(Rehbein 2012: 101)

Diese Eigenschaften arbeitet Rehbein fallanalytisch auf Grundlage eines breiteren authentischen homileïschen Diskurses, den er als *Schwärmen* charakterisiert, heraus. Ob sie generell charakteristisch für den *homileïschen Diskurs* sind, soll in den Kapiteln 4 und 5 auf Grundlage der Analyse meiner Daten überprüft werden. Bei dem von Rehbein untersuchten Diskurs handelt es sich, wie oben gesagt, um einen *homileïschen Diskurs* am Arbeitsplatz, d. h. konstellativ um die Freisetzung vom arbeitsbedingt zielgerichteten Handeln; diese Suspension der institutionell bedingten Handlungszwänge muss als Voraussetzung für homileïsche Kommunikation erst einmal geleistet werden. Es stellt sich also insbesondere die Frage, ob es sich in grundsätzlich anderen Konstellationen – wie in meinen Aufnahmen, wo die Interaktant:innen zusammenkommen, um einfach in der Kneipe miteinander zu kommunizieren, mithin eine solche Freisetzung gar nicht erforderlich ist – anders verhält. Die Frage stellt sich insbesondere, da Rehbein selbst eine je unterschiedliche Verteilung der aufgeführten Charakteristika für verschiedene Konstellationen[106] annimmt (a. a. O.: 101f.).

Rehbein bezeichnet den *homileïschen Diskurs* in diesem Arbeitszusammenhang als „Diskursform der Gegenwelt" (a. a. O.: 101). Der Begriff „Gegenwelt" wurde seinerzeit von Ehlich/Rehbein (1972) verwendet, um eine spezifische gesellschaftliche Funktion der Institution Speiserestaurant (vgl. u. Kap. 3) zu bestimmen. Sie erkennen nämlich die ideologische Funktion des Restaurants in der kapitalistischen Gesellschaft darin, dass es einen „Schein von ‚Leben'"[107] liefere, es sei somit Teil des „gesellschaftlich notwendigen Scheins" (a. a. O.: 250). Konkreter führen sie aus:

---

[106] Die Konstellationen siedelt er in folgenden Bereichen an: „(1) Innerinstitutionell, Arbeitsplatz; (2) nicht-institutioneller Alltag; (3) Familie; (4) kulturelle Zusammenhänge (Öffentlichkeit/Medien); (5) literarisches und nicht-literarisches Erzählen." (Rehbein 2012; 86)
[107] „Leben" verstehen die Autoren in diesem Zusammenhang im Sinne von Marx. Konkret zitieren sie einen Absatz aus Marx' „Lohnarbeit und Kapital".

Oft betritt der Gast mit dem Restaurant eine andere Welt. Er erhält die Möglichkeit zur Partizipation an einer Welt, die ihm im Alltäglichen seiner *unmittelbaren* Erfahrung nicht zugänglich ist. Wir nennen diese Welt eine „Gegenwelt". Die Gegenwelt ist Teilbereich des größeren Bereichs der Ideologie. (a. a. O.: 251; Hervorhebung im Original)

In Bezug auf das Restaurant betrachten sie die Leistung der Gegenwelt, nämlich durch Suggestion den Gästen eine scheinbare Bedürfnisbefriedigung jenseits der unmittelbaren Reproduktionserfordernisse zu ermöglichen, kritisch. Der Schein der Gegenwelt verhindere nämlich eine faktische Veränderung der Verhältnisse:

Die Kraft der Gegenwelt liegt darin, daß in ihr das Sollen der Veränderung der Faktizität (Imperative der Veränderung) ersetzt wird durch ein Sein (Assertionen des Bewußtseins: Ist-Urteile). (a. a. O.: 252)

Die Gegenwelt wird in der Institution Restaurant vor allem durch die Einrichtung und die Agent:innen der Zirkulation (Kleidung und Verhalten der Kellner, ggf. auch kulturelle oder sprachliche Identität, s. Redder 2013) konstituiert. Die Gegenwelt ist somit nicht komplett fiktiv, sondern beruht zum einen immer auf Anknüpfungspunkten in der Realität und wird zum anderen auch – wenn auch nicht ausschließlich – durch materielle Elemente konstituiert. Ehlich und Rehbein betonen diesbezüglich:

Die Gegenwelt ist nicht rein fiktiv, sie liefert Bilder (Fragmente) aus der Wirklichkeit, aus der ontogenetisch und historisch vergangenen, der lokal entfernten, der institutionell einflußreichen, der der herrschenden Klasse; lediglich die Subkulturatmosphäre konzipiert die Gegenwelt illusionär-fiktiv, d. h. unter Suspendierung der Übernahme faktischer Merkmale. (Ehlich/Rehbein 1972: 252)

Diese Beobachtung ist für die Analyse zu berücksichtigen, wenn es um die rein sprachliche Konstitution von Gegenwelt geht. Konkret ist zu untersuchen, an welchen Dimensionen der Wirklichkeit (P-Π-p) die Konstitution der Gegenwelt ansetzt.

Rehbein greift den Begriff „Gegenwelt" in anderem Kontext auf, um die spezifischen Zwecke des *Erzählens* (im Kontrast zum *Beschreiben* und *Berichten*) zu fassen. Auf Grundlage der Analyse einer Siegesgeschichte hält er zu den spezifischen Leistungen des *Erzählens* fest:

Der Sprecher hat mit diesem Wissen konkret eine Diskursgemeinschaft hergestellt, die auch eine *Gegenwelt* zur unmittelbaren Umgebung der Interviewsituation im Kaufhaus und seinen eigenen Arbeitsprozess darstellt. Er ist mit dieser Erzählung seinerseits *auch* aus einem funktional-zielgerichteten Kommunikationszustand herausgetreten und hat sich und seinen Hörern fiktional eine Gegenwelt hergestellt. (Rehbein 1984: 111; Hervorhebungen im Original)

Im Falle des *Erzählens* wird die Gegenwelt also diskursiv hergestellt. Mit der Herstellung der *Gegenwelt* tritt der Erzähler nach Rehbeins Analyse aus dem funktional-zielgerichteten Kommunikationszustand heraus. Mit Bezug auf den Literaturwissenschaftler Volker Klotz führt Rehbein weiter aus:

> Der Effekt von Erzählungen in einer Welt der Bedrohung, der Erstarrung und der Individualität eine *dysfunktionale* Gegenwelt der Gemeinschaft zu erzeugen – die den tieferen Sinn der Unterhaltung ausmacht –, wird in den verschiedenen Arbeiten von Klotz herausgearbeitet (Klotz spricht von „Enttöten" als der Rolle „instrumentalen" und „praktischen" Erzählens (vgl. Klotz 1982)). Dadurch lösen die Erzählenden ihre Individualität in gemeinschaftliche *Identität* in actu auf. (ebd.; Hervorhebungen im Original)

Durch Errichtung der Gegenwelt wird beim *Erzählen* also Gemeinschaft hergestellt. Für den *homileïschen Diskurs* formuliert Rehbein (2012) dann:

> Der homileïsche Diskurs ist der gesellschaftliche Ort, an dem sprachlich verhandelt wird, was in der Welt „nicht aufgeht". In ihm wird die Wirklichkeit durch sprachliches Handeln zerlegt, mit ihren Fragmenten gespielt und in zweckfreie Gemeinschaftlichkeit transformiert, so dass *defizitäre Konstellationen* der Wirklichkeit salient werden […]. (a. a. O.: 89; Hervorhebungen im Original)

Für den innerinstitutionellen Bereich konkretisiert er die Leistung des *homileïschen Diskurses* folgendermaßen: „[D]er Arbeitsdruck [wird] kurzfristig außer Kraft gesetzt". Bezüglich des nicht-institutionellen Alltags hält er fest, dass es „gesellige Runden aller Art [sind], in der die Aktanten kommunikative Subjekte werden" (ebd.).

Die Bestimmung des Homileïschen und die damit einhergehenden Charakteristika, die Rehbein hier vornimmt, sind deutlich differenzierter als die rein summarische und ex negativo gemachte Erstbestimmung durch Ehlich/Rehbein (1980). Rehbein sieht in dieser Transformation des defizitären Alltags nun die spezifische Leistung des *homileïschen Diskurses*. In eben diesem differenzierteren Bestimmungsmoment sei auch die Abgrenzung des *homileïschen Diskurses* zum *Small Talk* begründet. Von daher kann er auch den *Small Talk* als Antipode des *homileïschen Diskurses* betrachten:

> Mit seiner Rolle, soziale Beziehungen in den normativen Handlungen der Erziehungs- und Arbeitswelt, in institutionellen Prozessen sowie wichtigen Verrichtungen des Alltags zu verankern, ist ‚small talk' also so etwas wie ein Antipode zum ‚homileïschen Diskurs', insbesondere da beide Diskursformen – mit Ausnahme des Erzählens – auf ähnliche Konstellationen verteilt sind. (Rehbein 2012: 88)

Der Gegensatz bestehe darin, dass *Small Talk* „funktional *in der Realität* [bleibt]" und sie sozialer [macht], während der ‚homileïsche Diskurs' die *Realität* durch sprachliches Handeln *umstrukturiert*" (ebd.; Hervorhebungen im Original).

2.3 Realisierungsformen des *homileïschen Diskurse*s – ein knapper Forschungsüberblick

Nach den bisherigen Bestimmungen in der Funktionalen Pragmatik ist der *homileïsche Diskurs* ein <u>Diskurstyp</u> (vgl. auch Rehbein 2001: 934), d. h. dass der *homileïsche Diskurs* sich in unterschiedlichen Handlungsmustern und Diskursarten realisiert (vgl. Ehlichs Ausführungen zum Diskurstyp *Argumentieren*, 2014: 42).

Daraus ergibt sich im Gegenzug jedoch nicht, dass Diskursarten, in denen der *homileïsche Diskurs* realisiert wird, diesem zugeordnet werden. So kann beispielsweise die Diskursart *Erzählen* sowohl für institutionelle Zwecke funktional eingesetzt werden (beispielsweise Erzählen vor Gericht, siehe Hoffmann 1980, 1983, oder in Sozialberatungen, siehe Rehbein 1980) oder ein homileïsches Erzählen realisieren (bspw. Hoffmann 2018, Redder 1994a, 1994b; eine ganze Reihe homileïscher Erzählungen analysiert Fienemann 2006). Sehr wohl scheint der jeweilige Diskurstyp die Diskursarten und -formen aber in spezifischer Weise zu färben (Rehbein 2012: 102).

Auch scheinen einige diskursive Formen besonders geeignet zu sein, einen *homileïschen Diskurs* zu realisieren. Ein leitendes Erkenntnisinteresse bei der Analyse meiner empirischen Daten wird daher sein, sprachliche Handlungsformen zu identifizieren, mit denen der *homileïsche Diskurs* realisiert wird. Bei dieser Frage kann selbstverständlich auf diskursanalytisch anderweitige Erkenntnisse reflektiert-empirischer linguistischen Forschung zurückgegriffen werden. In der Funktionalen Pragmatik ist bislang die Auffassung vorherrschend, dass das *Erzählen* dem Homileïschen am nächsten kommt (vgl. Redder 2008: 144, Rehbein 2012: 85). Diese Diskursart wurde durch zahlreiche Analysen sowohl homileïschen (zuvörderst Quasthoff 1980) als auch institutionellen Erzählens linguistisch beforscht. Auf die bereits erfolgten Zweckbestimmungen und systematischen Ausdifferenzierung von Erzähltypen (z. B. Rehbein 1980, 1984, Fienemann 2006) kann ich in der Analyse anknüpfen.

Es darf vermutet werden, dass im *homileïschen Diskurs* vor allem kleine spezielle Formen des Erzählens realisiert werden wie das Erzählen von Witzen und Anekdoten (Kotthoff 1997, 1998, 2006; mit einer psychologischen Perspektive siehe Flader 2002) oder auch das Lästern, das Schubert (2009) auf Grundlage von Aufnahmen jugendlicher Gruppendiskurse untersucht und dessen Funktion er in der Herausbildung einer Gruppenidentität sieht.

Erzählen wird allerdings häufig durch <u>eine</u> Sprecherin oder <u>einen</u> Sprecher realisiert, Rehbein stellt angesichts dessen die Frage, ob „der erzählerische Monolog nicht die homileïsche Atmosphäre [erschlägt] und so die Diskursform [transgrediert]" (Rehbein 2012: 86). Er hat durch die Untersuchungen interkultureller Tischgespräche festgestellt, „dass kaum vollausgebaute Erzählungen, dagegen Spott, Ironie, Ausgelassenheit und Heiterkeit, Anekdoten, Neckerei und Geplänkel, Frotzeleien, ja sogar Streitereien [...] und vor allem ein kommunikatives Geben und Nehmen, Schlagfertigkeit und Zuhörerpräsenz zentrale Elemente des *homileïschen Diskurses* zu sein scheinen" (ebd.).

Aus konversationsanalytischer Perspektive liegen unter dem Stichwort „Scherzkommunikation" (Kotthoff 1996) eine Reihe von Untersuchungen zu diesen kleinen Formen vor. Neben den oben genannten Arbeiten zu Anekdoten und Witzen untersucht beispielsweise Günthner (1996) „Frotzelaktivitäten" und stellt fest, dass durch die „Spiel- und Spaßmodalität" beim Frotzeln Vorwürfe entschärft werden. Das Frotzeln behandelt auch Keppler (1994) neben anderen Formen im Rahmen ihrer Untersuchungen von familiären Tischgesprächen.[108] Die Untersuchungen von Scherzkommunikation unter dem Aspekt der Mehrsprachigkeit von Wilton (2009) basieren ebenfalls vorwiegend auf familiären Tischgesprächen. In der von Schütte (1991) untersuchten „Scherzkommunikation unter Orchestermusikern" wird aber sehr deutlich, dass die sogenannte „Scherzkommunikation" nicht automatisch homileïsch ist; sie wird in den von ihm untersuchten Diskursen von den Musiker:innen vorwiegend für institutionelle Zwecke eingesetzt, nämlich zur Bearbeitung von Konfliktsituationen im Arbeitsprozess u. ä. Der ‚Klatsch' wird ausführlich von Bergmann (1987) untersucht.

Ebenfalls aus konversationsanalytischer Perspektive widmet sich Hartung (1996) ironischen Äußerungen in privater Scherzkommunikation. Bei der Untersuchung des Einsatzes von Ironie in *homileïschen Diskursen* kann ich auch an die Erkenntnisse Schubarths (2001) anknüpfen, die mit einem funktional-pragmatischen Ansatz ironisches Handeln untersucht hat. Wiewohl ihre Analysen dezidiert der „Ironie in Institutionen" gelten, sind ihre Erkenntnisse dazu, welche Wissenstypen für ironisches Handeln in Anspruch genommen werden, auch für die Analyse des Einsatzes von Ironie im Homileïschen aufschlussreich.

Untersuchungen *homileïscher Diskurse* unter verschiedenen soziolinguistischen Fragestellungen finden sich darüber hinaus beispielsweise in einer ganzen Reihe von Veröffentlichungen, die aus dem Mannheimer Projekt „Kommunikation in der Stadt" hervorgegangen sind (Schwitalla 1995, Keim/Kallmeyer 1995, Keim 2007, Bierbach/Birken-Silverman 2002).

---

[108] Die von Keppler untersuchten Diskurse sind nur zum Teil homileïsch, einige Diskurse sind dagegen durch den Zweck der Institution Familie geprägt, sie sind funktional-pragmatisch eher als lehrhafte Erziehungsdiskurse zu charakterisieren. Vollends die Oberhand hat hingegen die institutionelle Formung bei den von Engelfried-Rave (2014) untersuchten familiären Tischgesprächen.

3 Korpus

3.1 Handlungsraum Kneipe

Bevor ich mit der Analyse des konkreten empirischen Materials beginne, will ich einige Überlegungen zu dem Ort, an dem die zu untersuchenden Diskurse aufgenommen wurden, anstellen. Die Kneipe wurde bewusst als Lokalität für die Aufnahmen ausgewählt. Auch wenn institutionsspezifisches Handeln für meine Fragestellung nicht maßgeblich relevant ist, gehört der Aufnahmeort, in diesem Fall die Kneipe, zu den Handlungsbedingungen der vorliegenden homileïschen Diskurse, ist also Bestandteil der Handlungskonstellation. Denn die spezifischen Gegebenheiten der Kneipe haben einen gewissen Einfluss darauf, wie die objektiven Kategorien und subjektiven Dimensionen des Handlungsraumes beschaffen sind. So stellt die Kneipe beispielsweise verschiedene Interaktionsräume bereit, die das Handeln in gewisser Weise determinieren.[109] Insofern sind die Spezifika der Institution *Kneipe* als Faktor der Konstellation von Interesse und sollen im Folgenden kurz umrissen werden. Die in ihrer oben bereits angeführten Untersuchung der Konstitution pragmatischer Einheiten von Ehlich und Rehbein (1972) herausgearbeiteten Kennzeichen der Institution *Speiserestaurant* dienen dabei (vergleichbar der Spezifizierung für den Imbiss bei Redder/Scarvaglieri 2013) als Folie.

3.1.1 Die Institution Kneipe

In Bezug auf die ökonomische Struktur und Funktion, im Verhältnis und der Abfolge von Warenproduktion, Warenzirkulation und individueller Konsumption sind sowohl Gemeinsamkeiten als auch spezifische Differenzen zwischen den Institutionen *Speiserestaurant* und *Kneipe* zu verzeichnen. In beiden Institutionen werden den Gästen Konsumgüter, die diese in Auftrag geben, zum unmittelbaren Verzehr gebracht und die Gäste müssen für diese Güter, für diese Waren bezahlen.[110]

In Kneipen, oder wie sie offiziell heißen: Schankwirtschaften, werden jedoch – anders als im Speiserestaurant, wo die Speisen in der abgetrennten Sphäre der Küche produziert werden – in der Regel nur fertige Produkte weiterverkauft:

---

[109] So ist es beispielsweise, wenn man am Tresen sitzt, wahrscheinlicher, mit anderen Gästen oder auch mit der Tresenkraft ins Gespräch zu kommen, als wenn man als Gruppe an einem Tisch sitzt. Ich werde daher in den jeweils den Analysen vorangestellten Konstellationsbeschreibungen auch auf die Räumlichkeiten der jeweiligen Gaststätte eingehen sowie darauf, wo die Aktant:innen sitzen.

[110] Vgl. zum Speiserestaurant: Ehlich/Rehbein (1972: 217).

hauptsächlich Getränke, in einigen Kneipen auch Knabbereien oder kleinere Snacks wie Nüsse und ähnliches.[111] Die Produktion von Waren spielt in der Kneipe also – wenn überhaupt – eine untergeordnete Rolle.[112] Mehr noch als das *Speiserestaurant*, das nach der Analyse von Ehlich/Rehbein (1972) sowohl der Sphäre der Produktion als auch der Zirkulation zugehört, ist die Kneipe also eher der Sphäre der Zirkulation zuzurechnen.

Die für das Speiserestaurant von Ehlich und Rehbein als charakteristisch beschriebene Einlagerung der Konsumtion in den Zirkulationsprozess ist auch für die Kneipe prinzipiell zutreffend. Auch in der Kneipe wird gemeinhin erst nach der Konsumtion bezahlt – wobei das von Lokal zu Lokal unterschiedlich gehandhabt wird und die jeweiligen Praktiken abhängig von der Publikumsfrequenz zu sein scheinen.[113] Beim Speiserestaurant hängen die Gründe für diese Einlagerung der Konsumtion in den Zirkulationsprozess zuvörderst (aber nicht einzig) mit den spezifischen Gebrauchseigenschaften des Produkts zusammen[114] – ein Begründungszusammenhang, der für die Kneipe und die Spezifik der dort angebotenen Waren nicht zutrifft. Meiner Vermutung nach ist das Aufschieben des Bezahlvorgangs ans Ende des Kneipenbesuchs vor allem darin begründet, dass in Kneipen das (Neben-)Interesse der Gäste an emotionaler und geistiger Reproduktion gewissermaßen zum Hauptinteresse wird: Die Gaststät-

---

[111] Dass Kneipen auch eine kleine Auswahl einfacher Speisen – sogenannte bierbegleitende Speisen – anbieten, kommt, auch wenn dies eher die Ausnahme darstellt, allerdings auch vor. Eine Aufnahme aus meinem Korpus wurde in einer solchen Kneipe aufgezeichnet (dort steht bspw. Brot mit Obatzter auf der Karte). Auch in alten Eckkneipen werden schon mal Buletten oder Sol-Eier angeboten. Daneben gibt es natürlich diverse Mischformen wie Lokale, die tagsüber durchaus auch Speisen anbieten, abends aber nur Getränke. Hinzu kommen regionale Unterschiede. Eine trennscharfe Abgrenzung zum Restaurant ist also nicht immer möglich. Insgesamt ist das Angebot von Speisen aber eher untypisch für Kneipen.

[112] – wenn man denn davon absieht, dass nicht in allen Schankwirtschaften lediglich ‚fertige' Getränke angeboten werden, sondern auch Drinks bzw. Cocktails gemixt, also in gewissen Sinne produziert werden. Im Alltagsverständnis unterscheiden sich Kneipen und Bars eben genau darin, nämlich ob hauptsächlich Bier und neben Softdrinks höchstens einfache Longdrinks angeboten werden, oder ob auch etwas aufwendigere alkoholische Mischgetränke auf der Karte stehen. Der rechtliche Unterschied zwischen Kneipen bzw. Schankwirtschaften und Bars ist jedoch ein anderer: Laut dem deutschen Hotelgastgewerbe ist eine Bar oder „Vergnügungslokal" eine Lokalität mit einer Auswahl an Getränken und einem Unterhaltungsprogramm (DJ, Live-Musik, Commedy u. Ä.) – das begleitende Unterhaltungsprogramm macht also den Unterschied. Diese Unterscheidung dürfte aber bis zu den darauf beruhenden Lockerungen der Corona Maßnahmen im Mai 2020 (Kneipen durften wieder öffnen, Bars nicht) den wenigsten Leuten, die nicht im Gaststättengewerbe tätig waren, bekannt gewesen sein.

[113] In Kneipen, in den das Publikum übersichtlich und weitgehend bekannt ist (und also eine gemeinsame Vorgeschichte hat), wird in der Regel erst vor dem Verlassen des Lokals bezahlt; in vollen Kneipen mit durchgehend starker Publikumsfrequenz, wo das Kommen und Gehen unübersichtlich ist (also vor allem in Ausgehvierteln und an stark frequentierten Tagen), muss dagegen meist direkt nach dem Erhalt der Getränke bezahlt werden, um einem Prellen der Zeche vorzubeugen.

[114] – z. B. dass das Essen warm bleiben muss; vgl. Ehlich/Rehbein (1972: 218)

ten-Besucher:innen fühlen sich eher ‚zu Hause', wenn sie für das Getränk nicht sofort bezahlen müssen, sondern erst, wenn sie den Laden und damit die „Gegenwelt" verlassen; das spätere Bezahlen trägt somit zur Atmosphäre bei.[115] Auf diese Korrelation von Interessen und „Gegenwelt" wird unten noch genauer einzugehen sein.

Auch in Bezug auf das Personal ist die Institution *Kneipe* anders strukturiert als das *Speiserestaurant*, wo die Gäste in der Regel nur mit einem Teil des involvierten Personals, nämlich mit angestellten Kellner:innen, also den Zirkulationsagent:innen, zu tun haben und einen anderen Teil, die Produzent:innen (Küchenpersonal), nicht zu Gesicht bekommt[116]: Zwar gibt es in den meisten Kneipen angestellte Tresenkräfte, häufig stehen aber auch die Betreiber:innen bzw. Inhaber:innen der Kneipe selbst hinter dem Tresen – wie das in den einzelnen Kneipen geregelt ist, spielt eine nicht unwesentliche Rolle für die ‚Atmosphäre' des „Ladens". Kneipen, bei denen die Betreiber:innen selbst hinter dem Tresen ausschenken, wirken oft persönlicher und die Klientel besteht in der Regel hauptsächlich aus Stammgästen. Die Ausblendung der Sphäre der Produktion spielt in der Kneipe keine Rolle, da eben die Produktion selbst nicht in der Kneipe angesiedelt ist. Insgesamt sind also die verschiedenen Sphären – Produktion, Zirkulation und Konsumtion – in der Kneipe nicht derart getrennt wie im Speiserestaurant.

Bereits für das Speiserestaurant konnten Ehlich und Rehbein seinerzeit feststellen, dass das Verhältnis von Haupt- und Nebeninteresse des Gastes keinesfalls eindeutig ist. Jenseits des Hauptinteresses in der Sphäre der Reproduktion durch die klientenseitige Konsumtion von Speisen haben sie die Bedeutung der Befriedigung gewisser Ansprüche geselliger, technischer und ästhetischer Art, die sogenannten Nebeninteressen, für den Gast in Bezug auf die Funktion der Institution gesehen (vgl. a. a. O.: 220 sowie 249ff). Neben seiner ökonomischen Struktur durch (bestimmte) Warenproduktion und -zirkulation ergebe sich die spezifische Funktion der Institution *Speiserestaurant*, gesamtgesellschaftlich gesehen, genau aus diesem Nebenaspekt, der „dieser Institution für die Aufrechterhaltung der kapitalistischen Produktionsverhältnisse zukommt":

> Sie vermittelt den Gästen neben der unmittelbaren Befriedigung ihrer reproduktiven Bedürfnisse zugleich – in mehr oder weniger starker Weise – ideologische Kompensation für die faktische Wirklichkeit. Die Befriedigung dieser Bedürfnisse kann für das Bewußtsein des Gastes sogar zum eigentlichen, zum Hauptinteresse werden. (a. a. O.: 249f)

---

[115] Daneben spielt sicher auch das Hauptinteresse des Wirtes oder der Wirtin nach einem möglichst hohen Umsatz und damit Gewinn eine Rolle: wenn die Gäste erst am Ende bezahlen, wird in der Regel mehr getrunken.

[116] Die Unsichtbarkeit des Küchenpersonals kommt dem Interesse der Gäste nach Unterhaltung entgegen, indem durch die Ausblendung der Sphäre der Produktion und damit ihrer Mühen der schöne Schein aufrechterhalten wird.

Die Institution Speiserestaurant erweist sich nach diesen analytischen Erkenntnissen als Teil des gesellschaftlich notwendigen Scheins: Durch den Besuch eines Restaurants erhält der Gast „die Möglichkeit zur Partizipation an einer Welt, die ihm im Alltäglichen seiner *unmittelbaren* Erfahrung nicht zugänglich ist. Wir nennen diese Welt ‚Gegenwelt'. Die Gegenwelt ist Teil des größeren Bereichs Ideologie." (a. a. O.: 251) Die Errichtung der *Gegenwelt*[117] wird durch bestimmte Charakteristika im Speiselokal realisiert, die dem Gast Identifikationsmöglichkeiten anbieten; dazu gehören der Name der Gaststätte, der Einrichtungsstil, die Verhaltensformen der Zirkulationsagenten, das Speiseangebot u. ä. Vermittelt durch das ökonomische Interesse des Besitzers kommt es so zur Ausprägung regional und vor allem sozial sowie transkulturell differenzierter Formate der Institution Speiserestaurant, wie sie vor dem Hintergrund der Westberliner Konstellation von Ehlich und Rehbein allgemein beschrieben und systematisiert wurden, ohne bereits empirische Untersuchungen vorlegen zu können.

Im Hinblick auf die Gewichtung von Haupt- und Nebeninteressen der Gäste haben Ehlich und Rehbein damals – und heute dürfte eine wesentlich stärkere Vielfalt entwickelt sein – bereits darauf hingewiesen, dass deren Verhältnis in Kneipen anderes gelagert ist, als in Restaurants:

> Bei den Getränkegaststätten ist das Verhältnis von Haupt- und Nebeninteressen von Seiten des Gastes schwerer auszumachen. Hier ist die Möglichkeit, in Gemeinschaft mit anderen sich (bei einem Bier) zu erholen, die körperliche und geistige Ausbeutung der täglichen Arbeit wenigstens etwas zu kompensieren, sicherlich ein wesentliches Motiv für den Gast, zumal in einer Gesellschaft, in der die Haupttätigkeit, die Arbeit, für den unmittelbaren Produzenten, und damit für die größte Gruppe der Bevölkerung, nicht von eigenen Zwecken geleitet ist. (a. a. O.: 220)

Dem ist zuzustimmen: Die Reproduktion im Sinne von Nahrungsaufnahme (bzw. in diesem Fall Getränkeaufnahme) spielt ganz sicher in der Kneipe eine untergeordnete Rolle. Das Interesse der Gäste, sich zu unterhalten, sich mit Freund:innen zu treffen, eine Auszeit zu nehmen vom alltäglichen, durch Arbeit[118] bedingten Zwang, zielgerichtet zu handeln, scheint auch mir stark zu überwiegen. Und die Kneipenbesitzer:innen oder -inhaber:innen kommen diesem Bedürfnis entgegen, indem sie einen Ort schaffen, der der Klientel entgegenkommt; das bedeutet, die physikalische Dimension des Handlungsraums wird derart kundenspezifisch gestaltet, dass die diskursive Errichtung einer *Gegenwelt* begünstigt wird. So sind viele Kneipen auf eine bestimmte Klientel abgestimmt: Die Eckkneipe (übrigens immer weiter am Verschwinden), Kneipen für die verschiedenen Subkulturen, die „Touri-Kneipe" usw. Die Kneipe ist somit eine Institution, die geradezu geschaffen wurde, um einen Ort für *homileï-*

---

[117] Vgl. dazu auch Kap. 2.2
[118] Mit ‚Arbeit' fasse ich hier mehr als produktive Erwerbsarbeit; auch andere Formen von Arbeit wie die Reproduktionsarbeit (wie Pflege-, Erziehungs- und Sorgearbeit) erfordern zielgerichtetes Handeln und bestimmen den Alltag.

schen Diskurs zu bieten, und so einen Ort, um der alltäglichen Wirklichkeit zu entfliehen.

Entsprechend wählt man die Kneipe – anders als das Restaurant – auch nicht (oder nur in seltenen Fällen, sprich: in Bereichen, in denen die Grenzen zwischen Arbeit und Freizeit ohnehin teils aufgehoben sind)[119] für Arbeitstreffen bzw. -gespräche, also für Diskurse mit zentralen institutionsspezifischen Zwecken aus. Die Kneipe bleibt – weitgehend – dem *homileïschen Diskurs* vorbehalten, vom Bestellvorgang natürlich abgesehen.[120]

Man könnte in dem Sinne sogar davon sprechen, dass die Kneipe eine Institution ist, die in unseren Gesellschaften zu diesem Zweck, der Bereitstellung eines öffentlichen Ortes für *homileïsche Diskurse*, ausdifferenziert wurde. Lokale Institutionen, die eigens gesellschaftlich für diesen Zweck herausgebildet wurden, sind historisch und kulturell recht unterschiedlich. Auf einige historische Beispiele haben bereits Ehlich/Rehbein (1980) hingewiesen: den althebräischen Sod, den Brunnen, die bürgerlichen Salons (vgl. Kap. 2.1.7.1). Im südeuropäischen Raum fällt einem die Piazza als stadtarchitektonischer Ort für *homileïsche Diskurse* ein. Bei all der kulturellen und historischen Unterschiedlichkeit dieser institutionellen Orte solcher Diskurse kann man doch von einem gemeinsam dahinterstehenden gesellschaftlichen Bedürfnis ausgehen.

Natürlich ist damit nicht jedes Gespräch in der Kneipe ein *homileïscher Diskurs*. Sicher werden dort auch z. B. ernsthafte Beratungen (von Freund:innen) durchgeführt oder es kommt zum handfesten Streit, das heißt es kommen sprachliche Formen zur Anwendung, die keine homileïschen Diskursformen sind (vgl. Kap. 2.3). Auch können sicher viele Gespräche am Tresen eher als *Small Talk* charakterisiert werden. Dennoch ist es ein prädestinierter Ort, um authentische homileïsche Diskurse zu erheben und empirisch zu untersuchen.

3.2 Datenerhebung und Korpus

Angesichts des Untersuchungsgegenstandes ist die Erhebung authentischer Diskurse, kurz: qualitativer empirischer Daten unerlässlich. Nach dem, was bisher über den *homileïschen Diskurs* bekannt ist, ist mehr als fraglich, ob in

---

[119] – bspw. im Bereich der Kultur- bzw. Wissensarbeit, also dort, wo die Lohnarbeit in der Regel – zumindest ideologisch – der Selbstverwirklichung der Arbeitenden dienlich ist, so dass eine Aufhebung der Trennung aus Perspektive der Arbeitenden sinnvoll scheint.

[120] In den von mir untersuchten Diskursen sind auch Bestellvorgänge mit aufgezeichnet. Inwieweit der jeweilige *homileïsche Diskurs* zwischen den Gästen dadurch beeinflusst wird, zeigt die Analyse in Kap. 4.4.1.4. Gerade in Kneipen mit Stammpublikum kann es aber auch zu homileïscher Kommunikation zwischen Gast und Wirt kommen, während im Speiserestaurant die Kommunikation zwischen Gast und Personal meinem Eindruck nach weitgehend auf den Bestellvorgang beschränkt ist bzw. – wenn sie darüber hinaus geht – *Small Talk* bleibt. Zur Abgrenzung von *Homileïk* zu *Small Talk* s. Kap. 2.1.4.3.4 sowie Kap. 2.2.

einem elizitierten sprachlichen Handeln Homileïk realisiert werden kann. Dieser Anspruch, mit authentischem sprachlichem Material zu arbeiten, bringt aber einige Schwierigkeiten mit sich, die ich vor der Vorstellung meiner Daten kurz darstellen möchte. Dass ein empirisches Vorgehen unabdingbar ist, dürfte weitgehend Konsens sein in der Linguistischen Pragmatik. Es ist in der Funktionalen Pragmatik von Beginn an genauer als reflektiert empirisch-hermeneutisches Herangehen ausgearbeitet, das durch einen steten Wechsel von empirischer und theoretischer Analyse charakterisiert ist.[121] Dies begründet auch die frühe Entwicklung des Transkriptionssystems HIAT (Ehlich/Rehbein 1976).

3.2.1 Herausforderungen der Datenerhebung

Eine große Herausforderung bei der vorliegenden Arbeit bestand zunächst darin, überhaupt an Aufnahmen von Kneipengesprächen zu gelangen. Meiner Erfahrung nach wollen sich die meisten Menschen beim Kneipengespräch nicht aufnehmen lassen. Eine solche Abwehr oder zumindest Skepsis kennen sicher viele Linguist:innen, die mit authentischen Daten arbeiten wollen. Die Bereitschaft, sich aufnehmen zu lassen, ist also generell nicht unbedingt vorausgesetzt; die Skepsis gegenüber meinem Anliegen schien mir aber größer als gewöhnlich. Dies ist nicht weiter verwunderlich, wenn man bedenkt, dass derartige Gespräche auch der Erholung und Entlastung dienen. Außerdem steht der private Charakter dieser Gespräche der Bereitschaft, sie aufzeichnen zu lassen, im Wege: das Private soll privat bleiben und nicht der Öffentlichkeit zugänglich gemacht werden (vgl. hierzu auch Fiennemann 2006: 13). Beispielsweise habe ich von der Aufnahme eines etwa eineinhalbstündigen Kneipengesprächs, die ein Freund für mich erstellt hat, letztlich nur etwa einen zehnminütigen Ausschnitt bekommen, weil die in dem übrigen Diskurs auftretenden Gesprächsgegenstände zu privat gewesen seien. Die Zustimmung zur Aufnahme der Ge-

---

[121] So rekapituliert Konrad Ehlich (im Kontext der Japanischen Germanistik, zugleich aus Anlass seines sechzigsten Geburtstags Jochen Rehbein gewidmet): „Die Analyse der Funktionalen Pragmatik hat sich von Anfang an sehr stark darum bemüht, mit realen, mit tatsächlich ‚authentischen' Daten zu arbeiten. Sie läßt also die Kommunikation sozusagen nicht in der Gestalt von ausgedachten und ausgewählten Beispielen präsent werden; sie geschieht auch nicht in der Einschränkung auf literarische Texte, wie das ja lange Zeit der Fall war. Vielmehr macht sie eben ‚im Feld', ‚vor Ort' entsprechende Aufnahmen. [...] Wesentlich für die Methode ist *zugleich* die Reflexion als ein spezifisches Verfahren, die die Empirie gegenüber dem blinden Datensammeln sensibilisiert. So hat man – und dies ist ein Charakteristikum dieser Analyseweise – eine konkrete, letztendlich hermeneutische Interaktion zwischen Hypothesenbildung, Vorwissen-Analyse der am Kommunikationsprozeß immer potentiell beteiligten ForscherInnen und den konkreten Aufnahmen der kommunikativen Wirklichkeit. Dies ist ein mehrfacher Prozeß, der seine Fruchtbarkeit und seinen Nutzen gerade im Durcharbeiten entfaltet." (Ehlich [1999] 2007n, 39f)

spräche darf mithin eher als Freundschaftsdienst gesehen werden. Umso mehr danke ich allen, die sich bereit erklärt haben, sich aufnehmen zu lassen bzw. sogar Aufnahmen für mich erstellt haben. Denn ich musste feststellen, dass es nur vereinzelt möglich war, Freund:innen zu überreden, Kneipengespräche aufzuzeichnen, an denen ich nicht selbst beteiligt war. Aus diesem Grund bin ich bei den meisten, allerdings keineswegs bei allen der mir vorliegenden Diskursen als Aktantin selbst beteiligt.

Und obwohl ich natürlich vermieden habe, das sprachliche Handeln zu beeinflussen, den Verlauf der aufgezeichneten Gespräche in irgendeiner Weise auf ein mit meiner Arbeit zusammenhängendes Ziel zu lenken, setzte ich mich mit der Verwendung dieser Aufnahmen dem latenten Vorwurf aus, dass das Material nicht ‚neutral' bzw. die Daten nicht natürlich seien, da nicht für alle Passagen auszuschließen sei, dass sie für die Untersuchungen elizitiert seien. Durch meine Doppelrolle als Interaktionspartnerin in einigen der aufgenommenen Gespräche und als Analysierende könnte also die Objektivität der Untersuchungen infrage gestellt werden.

Dagegen ist anzumerken, dass mir zum Zeitpunkt der Aufnahmen – diese sind teilweise etwa drei bis vier Jahre, bevor ich mit dem Schreiben an der vorliegenden Arbeit überhaupt begonnen habe, aufgezeichnet worden – und also vor der Analyse der Daten noch keineswegs klar war, was der *homileïsche Diskurs* leistet und welche Realisierungsformen für homileïsche Zwecke besonders geeignet sind. Die Aufnahmen sind also „ergebnisoffen" durchgeführt worden, eine bewusste Lenkung der Gespräche in Hinblick auf ein gewünschtes Forschungsergebnis konnte gewissermaßen gar nicht vorgenommen werden, da dieses sich zu dem Zeitpunkt noch gar nicht herauskristallisiert hatte. Zudem habe ich festgestellt, dass selbst ich den Umstand, dass der Diskurs aufgezeichnet wird, im – bemerkenswert langwierigen – Diskursverlauf relativ schnell vergessen habe und mir erst mit Beendigung der Aufnahme wieder bewusst geworden ist. Bei den anderen aufgenommen Interaktant:innen kann daher davon ausgegangen werden, dass bei ihnen die Aufnahmesituation noch weniger präsent ist – allerdings wird das in der Analyse anhand von Indizien zu überprüfen sein.

Auf der anderen Seite aber hat mein Beteiligtsein an den Diskursen beziehungsweise meine Freundschaft zu den Aktant:innen der Diskurse, an denen ich nicht teilnahm, auch Vorteile: Zunächst einmal ist in basaler Weise die Transkription unkomplizierter, da mir die Stimmen vertraut sind (s. u.). Ein exzeptioneller Vorteil besteht aber vor allem darin, dass ich durch eine gemeinsame Vorgeschichte mit den Aktant:innen über Wissen verfüge, das für die Analyse der Diskurse teilweise unerlässlich ist.

Neben den Schwierigkeiten, empirisches Material zu gewinnen, stellte zudem die akustische Spezifik von Kneipengesprächen eine besondere Transkriptionsherausforderung dar. Sie ergeben sich insbesondere aus den für den *homi-*

leïschen Diskurs typischen gehäuften Turnüberlappungen[122]. Die Überlappungen waren vor allem dann herausfordernd, wenn die Sprecher:innen nicht bekannt waren. Eine Identifizierung der einzelnen Aktant:innen und somit eine Zuordnung der Äußerung war bei schneller Wechselrede oder Überlappungen nicht immer zu leisten. Leider war eine Transkription von Diskursabschnitten, in denen sich beispielsweise ein Gruppengespräch von vier Aktant:innen in zwei Einzeldiskurse aufspaltet, technisch nicht möglich. Um eine Transkription dieser Audiodaten zu ermöglichen, hätte es anderer Aufnahmebedingungen bedurft (beispielsweise Mikrofone für jede:n einzelne:n Sprecher:in). Das ist bedauerlich, denn der Übergang von einem Gruppendiskurs hin zu Paar-Diskursen und zurück wäre sicherlich auch in Hinblick auf die Gemeinschaftsbildung in Gruppen aufschlussreich gewesen.

3.2.2 Zum Korpus

Der vorliegenden Untersuchung liegt nunmehr ein Korpus von zehn Audioaufnahmen authentischer Kneipengspräche zu Grunde. Die Aufzeichnungen wurden allesamt mit einem Mobiltelefon, also einem Alltagsgegenstand, bei dem es recht verbreitet ist, diesen auch in Kneipen offen auf den Tisch liegen zu haben, erstellt. Die Aufnahmen zeichnen überwiegend, nämlich in acht Fällen, den gesamten Diskurs auf oder zumindest einen großen Teil davon. Sie haben daher eine Dauer von etwas über zwei Stunden bis etwas über drei Stunden. Eine solch breite Materialbasis von insgesamt etwas über 17 Stunden ist in der bisherigen Forschung selten. (Lediglich zwei Aufnahmen stellen nur einen kurzen Diskursausschnitt von ca. 20 beziehungsweise dreißig Minuten dar.) Aufgrund der im Kap. 3.2.1 beschriebenen Problematik der Datenerhebung, stammen alle Aufnahmen aus dem Freund:innen- und Bekanntenkreis der Autorin. Entsprechend handelt es sich bei den Aufnahmen um Diskurse einer relativ homogenen Aktant:innengruppe bezüglich des Alters, der Bildung und des sozio-ökonomischen Status. Das Korpus bildet insofern nur einen Ausschnitt des Komplexes ‚Kneipengespräche' ab. Repräsentativität im soziologischen Sinne ist in diesen qualitativen Analysen aber auch nicht

---

[122] Da charakteristischer Weise beim homileïschen Diskurs niemand – z. B. aus der institutionellen Rolle resultierende – Befugnisse bezüglich der Turnvergabe innehat, niemand in der Position ist, das Rederecht zu reglementieren und zu verteilen, es also nicht im Kontrollfeld einzelner Aktant:innen liegt, den Turn zuzuweisen oder zu entziehen, sind *homileïsche Diskurse* bezogen auf den Turnapparat insgesamt wesentlich ungeordneter als Diskurse in institutionellen Handlungsräumen. In homileïschen Diskursen kommt es entsprechend häufig zu Turnüberlappungen und gleichzeitigem Sprechen. Dieses Phänomen wird in Situationen, in denen es buchstäblich diskursiv ‚hoch hergeht' gesteigert, d. h., es kommt zu Sequenzen, in denen mehrere Sprecher:innen das Rederecht für sich beanspruchen, egal, ob gerade jemand anderes den Turn innehat oder nicht, und dies wird dann in der Regel durch eine Erhöhung der Lautstärke beim Sprechen durchzusetzen versucht.

angestrebt. Eine Kasuistik ist für Diskursanalysen zu rechtfertigen und in der Linguistischen Pragmatik der Normalfall.

Die Audio-Aufzeichnungen habe ich selektiv genauer transkribiert. Von einigen Diskursen habe ich lediglich Ablaufbeschreibungen erstellt, um mir einen Überblick über das sprachliche Handeln in den Diskursen zu verschaffen. Auch wenn der konkreten Analyse nur – allerdings breitere – Diskursausschnitte zugrunde liegen, fließt meine Kenntnis der gesamten Aufnahmen in die Arbeit mit ein. Die Transkription der Diskurse erfolgte nach der „halbinterpretativen Arbeitstranskription" (HIAT). Dies von Ehlich ursprünglich für ein soziolinguistisches Projekt als Partiturverfahren entwickelte und für Unterrichtsdiskurse von Ehlich und Rehbein genauer ausgearbeitete sowie für nonverbale Kommunikation und Intonationsanalysen (als erw. HIAT und HIAT 2) erweiterte Transkriptionssystem ist seit Jahrzehnten vielfältig bewährt und auch für mehrsprachige Diskurse bestens geeignet.[123] Die konsequente Partiturgrundlage, die die Abbildung synchroner Handlungen und Aktionen durchgehend wiedergibt, ist für die Abbildung homileïscher Kommunikation unerlässlich, da sich dieses Handeln durch häufige Turnüberlappungen und synchrones Sprechen auszeichnet. Die Vorteile für pragmatisch orientierte Analysen von HIAT gegenüber anderen Transkriptionssystemen stellen Ehlich (1993b) und Redder (2001) im Überblick dar und sollen hier nicht referiert werden.

Bei einigen der folgenden Analyse zugrundeliegenden Aufnahmen bin ich, wie oben bereits erwähnt, selbst involviert, also eine der Interaktant:innen. Die ersten Analysen werden aber anhand eines Diskurses, an dem ich nicht beteiligt war, vorgenommen. Das heißt, dass die kategoriale Schärfung durch die Analyse zunächst an sprachlichem Material vorgenommen wird, in dem ich nicht diskursiv involviert bin.

---

[123] Zu HIAT siehe Ehlich/Rehbein (1976, 1979a, 1979c) sowie Rehbein et al. (2004).

Empirischer Teil / Analyse

4 Transkript „Ukraine-Story / Kommissar Fischer"

Im Folgenden soll das Transkript eines etwa fünfzehnminütigen Diskursausschnitts analysiert werden. Innerhalb der Analyse werden zwar zum besseren Nachvollzug an einigen Stellen relevante Transkriptausschnitte eingefügt, es empfiehlt sich aber, das gesamte zugrundeliegende Transkript (siehe Anhang 1: Transkript „Ukraine Story/Kommissar Fischer") im Vorwege mit diskursiv geschärftem Blick zu lesen. Eine paraphrasierende Ablaufbeschreibung (Kap. 4.2) soll die inhaltliche Gesamtrezeption unterstützen.

4.1 Konstellation

Bei dem vorliegenden transkribierten Diskursausschnitt handelt es sich um ein Gespräch unter recht engen Freund:innen, die sich regelmäßig, etwa monatlich, in dieser (bzw. einer sehr ähnlichen) Konstellation in der Kneipe treffen. Ich bin selbst nicht mit dabei.

Das zu analysierende Gespräch findet in einer Kneipe statt, die insofern einige Besonderheiten aufweist, als dort zum einen kleinere Speisen (bspw. Brot mit Obatzter, Bockwurst) zu haben sind – ein Angebot, das von der aufgenommenen Gruppe offenbar angenommen wurde (vgl. /1/ bis /6/). Zum anderen verfügt die Kneipe über Sitzgelegenheiten und Tische vor dem Lokal. Dort, im Außenbereich an einem Tisch, befindet sich die Gruppe zum Zeitpunkt der Aufnahme,[124] da es ein warmer Sommerabend ist. Außerdem gibt es sowohl im Innen- als auch im Außenbereich der Kneipe eine Tischbedienung – die Interaktion mit der Kellnerin ist auf der Aufnahme festgehalten, auch ihr aktionales Handeln (bspw. ungebetenes und frühzeitiges Abräumen) wird an einigen Stellen von der Gruppe thematisiert (vgl. /406/ff.). Die Kneipe befindet sich in einem recht zentralen Viertel in Hamburg, das allerdings nicht zu den typischen Ausgehvierteln gehört. Die Kneipe ist relativ neu (sie wurde erst 2015, also etwa drei Jahre vor der Aufnahme 2018, eröffnet) und wurde von den Betreibern einer anderen – in einer gewissen Szene[125] recht beliebten – Kneipe auf dem Kiez gegründet. Die Spezialität der Kneipe ist frisch gezapftes, unpasteurisiertes tschechisches Bier. All dies gehört zu

---

[124] Zu einem späteren Zeitpunkt ziehen die Aktant:innen – nach Aufforderung durch eine Kellnerin – in die Innenräume des Lokals um. Der Außenbereich darf, wie es häufig der Fall ist, aus Lärmschutzgründen nur bis zu einer bestimmten Uhrzeit betrieben werden.

[125] – die man näherungsweise als urbane kreative Szene bezeichnen könnte. Besagte Kneipen wird viel von Musiker:innen, Künstler:innen der Subkultur und sogenannten Hipstern frequentiert.

den *Charakteristika* der Kneipe, womit dem Gast bestimmte *Identifikationsmöglichkeiten* angeboten werden (vgl. Ehlich/Rehbein 1972).[126]

Zu Beginn der Aufnahme besteht die Gruppe aus vier Personen, die alle in etwa gleich alt sind (Ende dreißig/Anfang vierzig; lediglich eine Person, Christina, ist Anfang dreißig und damit einige Jahre jünger als die anderen Aktant:innen): Christine, Christina, Lara und Daniel; später wird Max[127] zu der Gruppe stoßen[128]. Die Gespräche an Nebentischen sind teilweise zu verstehen, Musik oder ähnliches im Hintergrund jedoch nicht[129]. Die Gruppe trifft sich, wie gesagt, etwa monatlich und nennt diese Treffen selbst – mit einer gewissen Selbstironie – „Stammtisch"[130] (wobei Lara kein ‚Mitglied' und nur gelegentlich dabei ist).

Die Interaktant:innen sind miteinander – zum Teil schon sehr lange – befreundet: Daniel und Max kennen sich bereits seit dem Kindesalter, sie sind in der gleichen Nachbarschaft aufgewachsen und haben während des Studiums einige Jahre gemeinsam in einer Wohngemeinschaft gewohnt (aus dieser Zeit wird im Verlauf der Aufnahme auch eine Anekdote zum Besten gegeben)[131]. Christine und Lara haben sich zu Beginn ihrer Studienzeit kennengelernt und zeitweise während des Studiums ebenfalls eine WG geteilt. Aus der Zeit des Studiums kennen die beiden auch Daniel und vermittelt über ihn auch Max. Zum Zeitpunkt der Aufnahme arbeiten Christine und Lara schon seit einigen Jahren für den gleichen Bildungsträger (allerdings in unterschiedlichen Positionen). Mit Christina sind die beiden ebenfalls durch das Studium bzw. genauer: durch den daraus entstandenen Freundes- und Bekanntenkreis bekannt (durch den Altersunterschied gab es im Studium selbst kaum Überschneidungen). Bei allen ist also der Hintergrund einer akademischen Bildung vorhanden. Christina und Daniel sind zum Zeitpunkt der Aufnahme liiert.

---

[126] Daneben haben die Charakteristika auch ihre Funktion im Rahmen des ökonomischen Prozesses, das Bier-Angebot ist sicher ebenfalls ein Mittel im Konkurrenzkampf durch Spezialisierung.

[127] Die realen Namen der aufgezeichneten Personen wurden zwecks Anonymisierung durch Pseudonyme ersetzt. Die Ähnlichkeit der Pseudonyme der beiden Aktantinnen ‚Christina' und ‚Christine' erschwert zwar möglicherweise die Nachvollziehbarkeit der Analyse, spiegelt aber die Ähnlichkeit der realen Namen wider, was tatsächlich gelegentlich zu Verwechslungen oder Versprechern führt. Des Weiteren wurden Straßennamen u. ä., die eine eindeutige Identifizierung der beteiligten Personen zuließen, anonymisiert.

[128] Im vorliegenden transkribierten Gesprächsausschnitt ist Max allerdings noch nicht anwesend.

[129] – ein Umstand, der vermutlich dadurch bedingt ist, dass sie draußen sitzen.

[130] Dem ‚Stammtisch' haftet das Image des Alt-Herrenhaften und tendenziell Spießigem an sowie, v. a. in der Komposition ‚Stammtisch-Parole', auch politisch eher Rechtsgerichtetem, auf jeden Fall Populistischem: der Ausdruck hat also Attribute, die sicher nicht zum Selbstbild der Gruppe gehören – insofern ist die Verwendung des Symbolfeldausdrucks ‚Stammtisch' ironisch. Ein positiver Bezug besteht aber zu anderen Wissenselementen, die mit dem Symbolfeldausdruck ‚Stammtisch' verbunden sind, nämlich – offensichtlich – zu dem Ort Kneipe, vor allem aber einer Regelmäßigkeit und einer gewissen Verbindlichkeit.

[131] Diese Anekdote ist jedoch nicht Teil des hier untersuchten Transkriptausschnitts, da sie zu einem späteren Zeitpunkt des Diskurses erzählt wurde.

Das Beziehungsgeflecht zwischen den Interakt:innen ist also vielfältig (und kann in dieser Vielfältigkeit hier nur angerissen werden) und über lange Jahre entwickelt. Es besteht zugleich ein stabiles gemeinsames Handlungssystem, das allerdings in Bezug auf Dauer und Konsolidiertheit zwischen den einzelnen Interaktant:innen durchaus differiert. Inwiefern diese internen Differenzen bezüglich der Handlungssysteme sich auf den Charakter des Diskurses auswirken und wie das gemeinsame Handlungssystem genutzt, aktualisiert und konsolidiert wird, wird in der Analyse zu untersuchen sein.

Die Aufnahme startet zu einem Zeitpunkt, an dem Daniel, Lara und Christine schon eine Weile zusammensitzen. Christina ist erst unmittelbar vor Beginn der Aufnahme dazu gestoßen und kommt direkt von der Arbeit im Sekretariat eines großen Nachrichtenmagazins. Christine hat die Aufnahme initiiert und fühlt sich daher offenbar, wie im Transkript zu erkennen sein wird, auch ein wenig ‚verantwortlich' dafür. Alle Diskursbeteiligten kennen die Autorin dieser Arbeit und wissen, dass es bei der Aufnahme und der wissenschaftlichen Bearbeitung der Aufnahme „irgendwie um Kneipengespräche" geht. Sie haben keinerlei Vorgaben bekommen, wie oder worüber sie sich unterhalten sollen.

Die Aufnahme wird mit einem Mobiltelefon durchgeführt. Es liegt – wie in Abb. 4 zu sehen ist – für alle Beteiligten gut sichtbar in der Mitte des Tisches auf

Abb. 4: Das Foto zeigt den Tisch, um den die Interaktant:innen während der Audio-Aufnahme sitzen, und das Aufnahmegerät (ein Mobiltelefon) auf einer Scheibe Brot
(vgl. Äußerung /1/ im Transkript)

einem Stück Brot. Es handelt sich bei dem Aufnahmegerät aber um einen Alltagsgegenstand; zudem ist es üblich, dass auch in anderen Situationen in Kneipen Mobiltelefone offen auf den Tisch gelegt werden. Wie in der Analyse gezeigt werden wird, ist die Aufnahmesituation – eben auch durch die Positionierung des Telefons auf einem Stück Brot in der Mitte des Tisches – zu Beginn des Diskurses durchaus präsent und wird auch thematisiert, schon sehr bald wird aber der Umstand, dass das Gespräch aufgezeichnet wird, offenbar vergessen; einige wenige hörbare Kommentierungen sind deutlich vereinzelt und geradezu als Bestätigung des sonstigen Vergessens erklärbar.[132]

4.2 Paraphrasierende Ablaufbeschreibung

Der mikroanalytisch relevante 15-minütige Ausschnitt stellt ein Achtel der insgesamt etwa zweistündigen Aufnahme dar. Er ist vergleichsweise früh im Gesamtablauf des Zusammenseins angesiedelt, wenn auch nicht unmittelbar zu dessen Anfang, der selbst nicht aufgenommen wurde. Um einen Überblick über das diskursive Geschehen zu verschaffen, soll zunächst der Gesprächsverlauf im Transkriptausschnitt paraphrasierend dargestellt werden.[133]

Wie bereits in der Konstellationsbeschreibung erwähnt, ist die Aufnahmesituation zu Beginn des Transkripts allen Diskursbeteiligten noch präsent und wird auch thematisiert. Es ist daher ein gewisser kommunikativer ‚Erfolgsdruck' zu spüren.[134] Daniel versucht, einer Aufmunterung von Lara und Christine folgend, einen Diskurs über das Thema Feminismus zu initiieren, und refe-

---

[132] Nach einer Phase, in der der Diskursauseinstieg offenbar schwierig ist, in der der homileïscher Diskursraum sozusagen erst hergestellt werden muss und in der daher als Gesprächseinstieg die Aufnahmesituation explizit genannt wird (s. u.), wird nur noch in /163/, /192/ und /435/ in kurzen Äußerungen die Aufnahmesituation thematisiert. Auffällig ist, dass diese Äußerungen alle unmittelbar in Anschluss an Abschnitte großer Heiterkeit, nach eruptivem Gelächter gemacht werden. Dieses Gelächter ist ein Indiz dafür, dass durch sprachliches Handeln der defizitäre Alltag ein Stück weit umstrukturiert wurde (s. u.). Meine Vermutung ist, dass diese kurzen aufnahmebezogenen Äußerungen daher eben gerade ein Zeichen dafür sind, dass die homileïsche Transformation erfolgreich war und die Aufnahmesituation vorher komplett vergessen wurde (und auch nachher, nach diesem Auftauchen, wieder vergessen wird): Die Transformation lässt sich jedoch nicht unbegrenzt aufrechterhalten, der Realitätsbezug stellt sich – spätestens mit der Erschöpfung nach dem Lachen – wieder ein und tut sich in Äußerungen wie „Ach! Okay, okay." /188/ „Oh Gott!" /318/ oder „Ooh, Gosh!" /476/ kund. Mit solchen Äußerungen wird die Exzeptionalität der Situation kommentiert. In Kap. 4.4.1.1 werde ich darauf eingehen, welche Funktion die Thematisierung der Aufnahmesituation in der Phase des Diskurseinstiegs hat.
[133] Zu diesem und den folgenden Methodeschritten (paraphrasierende Ablaufbeschreibung, Sektionierung, Segmentierung) siehe z. B. Redder (2017) sowie Rehbein (2001).
[134] Es wird allerdings in der Analyse zu klären sein, ob nicht eine allgemein ‚schwierige' Diskursphase – nämlich der Gesprächseinstieg bzw. der Punkt, an dem eine Person später zu dem Gespräch dazugekommen ist und also ihrerseits einsteigt – hier nur ausweichend durch die Thematisierung der Aufnahmesituation bearbeitet wird.

riert einzelne Punkte aus einem Artikel von Magarete Stokowski, den er offensichtlich kürzlich rezipiert hat (Segmente /18/ – /41/). Sein „Vortrag" evoziert allerdings Äußerungen von Unzufriedenheit der anderen Diskursteilnehmerinnen, insbesondere Christine fordert etwas „Lustigeres" ein (/44/ – /48/). Der durch Lara initiierte Versuch, aus mit dem Erzählten verknüpften Wissenselementen einen Witz in Form eines Rätsels zu kreieren /50/, scheitert (vgl. /51/ – /62/), woraufhin eine deutliche Gesprächsflaute entsteht, aus der die Gruppe durch das Erscheinen der Kellnerin /67/ und den folgenden Bestellvorgang gewissermaßen „gerettet" wird. Der Bestellvorgang geht in eine Reklamation über /76/, die wiederum ins Witzige gewendet wird. Kooperativ entwickeln Christine und Lara einen Wortwitz in statu nascendi (/88/ bis /100/).

Unmittelbar danach erkundigt sich Daniel nach Christinas Befinden /101/, worauf diese zunächst zu verstehen gibt, dass ihr nichts Interessantes und damit Erzählenswertes widerfahren ist. Dann setzt sie aber doch zu der Wiedergabe einer offenbar brandaktuellen Zeitungsnachricht an, von der sie auf der Arbeit erfahren hat: Nämlich, dass die einige Tage zuvor vermeldete Ermordung eines russischen Journalisten in der Ukraine vom ukrainischen Geheimdienst fingiert worden sei, um ein Komplott des russischen Geheimdienstes zu dekuvrieren (/115/ – /121/). Der verstehende Mitvollzug und eine Rekonstruktion des Plots scheitern jedoch bei den Hörer:innen, da bei ihnen ein Wissen über die Vorgeschichte zu der von Christina präsentierten Neuigkeit fehlt. Die Hörer:innen verbalisieren dies (/119/, /123/ und am deutlichsten /124/ ff.), woraufhin Christina erneut mit der Wiedergabe ansetzt und die Vorgeschichte sozusagen nachliefert. An einem Punkt in der Rekonstruktion der zugrundeliegenden Ereignisse, an dem diese besonders absurd werden, schalten sich die anderen Interaktant:innen ein, versetzen sich vorstellungsmäßig in die Geschichte und spinnen sie gemeinsam freigiebig, u. a. mittels fingierter Rede, ins Absurde weiter (ab /153/). Dabei wird diskursiv vermitteltes Wissen um eine Anekdote[135], die Daniel vor dem Start der Aufnahme erzählt hat, in Anspruch genommen. Diese Phase kumuliert in großer Heiterkeit und allseitigem Gelächter. Da Christina, als später Hinzugekommene, diese Anekdote noch nicht kennt, wird sie von Daniel erneut erzählt (/167/ ff.). Das Ende dieser Anekdote wird sodann von allen vier Interaktant:innen gemeinsam ins Witzige bzw. Komische gesteigert und mündet erneut in Lachen und Heiterkeit.

Im Anschluss daran führt Christina ihre Nachrichten-Geschichte zu Ende (/190/ ff.). Die Wiedergabe wird durch Kommentare und Nachfragen der anderen aktiv begleitet. Gegen Ende zieht Daniel die Logik des Vorgehens des ukrainischen Geheimdienstes in der Geschichte in Zweifel, woraufhin es erneut zu einem gemeinsamen interaktiven Weiterspinnen der Geschichte, hauptsächlich

---

[135] Die Anekdote handelt davon, wie Daniel bei einem Saunabesuch einen Mann in einer sehr ungewöhnlichen Position im Whirlpool beobachtet hat (/158/ – /172/).

mittels fiktiver Redewiedergaben, kommt. Zum Schluss kommt es zu positiven Bewertungen durch Christine („filmreif" /277/, „Alter!" /283/). Gegenstand der Bewertung scheint sowohl die von Christina wiedergegebene Geschichte als auch die kooperativ hergestellte fiktionale „Ergänzung" zu sein; insofern handelt es sich wahrscheinlich um eine Bewertung der Gesamtsituation. Beide Geschichten sind bemerkenswert, wenn nicht gar merkwürdig.

Daraufhin beginnt Daniel mit der Erzählung einer – anderen – merkwürdigen Begebenheit; diesmal ist es die Wiedergabe partikularen Erlebniswissens: Er und sein Bruder sind ins Visier eines Trickbetrügers geraten, der sich als „Kommissar Fischer" ausgab, und von der Polizei angehalten worden, diesem eine Falle zu stellen. Die Erzählung wird mit einem Analogieschluss zur vorherigen von Christina wiedergegebenen Nachricht eingeleitet und so als konsequenter Diskursanschluss gerechtfertigt (/285/). Allein dies wird bereits durch Lachen honoriert. Auch die sehr elaborierte Erzählung wird von Lachen der anderen begleitet. Nach einem vorläufigen Fazit von Daniel beteiligen sich die Interaktant:innen am Ausbau einer Vorstellung von möglichen Szenarien, den Trickbetrüger in die Falle zu locken. Dies wird wieder mittels inszenierter Rede realisiert (/364/ff). Bei der Entwicklung dieser Szenarien wird erneut gemeinsames diskursives Erfahrungswissen per Allusion[136] in Anspruch genommen – und zwar Wissen um einen Plan Daniels, mit seinem Bruder eine Klinik zu gründen. Christina, die auch in dieser Situation nicht über dieses Vorwissen verfügt, werden nur die allernötigsten Informationen zum Nachvollzug dieser Anspielungen durch Lara nachgereicht. Das hier aufgerufene gemeinsame Diskuswissen zum Gegenstand „Klinikgründung" wird im Folgenden Gegenstand eines kommunikativen Gebens und Nehmens mit scherzhaftem Charakter – unter anderem werden mögliche Namen für die Klinik diskutiert. Schließlich führt Christine mit einem Namensvorschlag wieder auf das ursprüngliche Thema „Kommissar Fischer" zurück. In dieser Gesprächsphase kommt es zu einem Einschub, in dem man sich über das als typisch empfundene Handeln des Kneipenpersonals, nämlich vor dem endgültigen Verzehr das Geschirr abzuräumen, echauffiert; allerdings wird auch dieses Aufregen ins Witzige gewendet (/406/ ff.).

Auf Nachfrage liefert Daniel die Nachgeschichte zu der Geschichte um Kommissar Fischer und fügt einen anderen lustigen Aspekt daran an, und zwar die übertriebene Lautstärke, mit der sein Bruder mit der Reinigungskraft über nämliches Thema kommuniziert – wobei nicht nur die Geschichte zu Ende erzählt wird, sondern auch bestimmte Aspekte von Daniels momentanem Leben en passant thematisiert werden. Am Ende leitet Daniel zu einer weiteren Erzählung über.

---

[136] Das Wissen wird also lediglich per Anspielung ins Bewusstsein gehoben und nicht explizit verbalisiert.

4.3 Sektionierung

Man kann das kommunikative Geschehen in dem Transkript-Ausschnitt zunächst grob in folgende acht Sektionen unterteilen:

I. /1/ – /12/ Thematisierung der Aufnahmesituation; Suche nach einem Thema
II. /13/ – /41/ Referat eines Essays; Versuch intellektueller Konversation
III. /42/ – /48/ Kritik an dem Thema
IV. /50/ – /62/ Versuch, das Thema durch eine Rätselaufgabe ins Witzige zu wenden, anschließendes Raten
V. /64/ – /65/ Gesprächsflaute
VI. /66/ – /100/ Bestellvorgang; ins Witzige gewendete Reklamation
VII. /101/ – /284/ Ukraine-Story: Wiedergabe der Zeitungsmeldung „Mord an russischen Journalisten vom ukrainischen Geheimdienst vorgetäuscht"
    i. /98/ – /1113/ Initial: Daniel fragt Christina nach ihrem Befinden, worauf diese zunächst zu verstehen gibt, dass sie nichts Interessantes zu erzählen hat
    ii. /115/ – /121/ Rekonstruktion der nachrichtlichen Geschichte durch Christina
    iii. /119/, /122/ – /130/ die Hörer:innen verbalisieren ihr Unverständnis
    iv. /131/ – /150/ Christina liefert die Vorgeschichte der Nachricht nach
    v. /153/ – /166/ interaktives Bearbeiten einer Vorstellung mittels fingierter Rede; Inanspruchnahme von im Rederaum etablierten Wissenselementen mittels Allusion
    vi. /167/ – /188/ Anekdote „Whirlpool" wird erzählt und mündet in kooperative Entwicklung eines Wortwitzes
    vii. /190/ – /231/ Fortsetzung der Ukraine-Story durch Christina
    viii. /232/ – /255/ Infragestellung der Logik des Handelns der Protagonisten und gemeinsamer Versuch, die zugrundeliegende Geschichte sowie die Handlungspläne der Protagonisten zu rekonstruieren
    ix. /256/ – /284/ dies mündet in ein gemeinsames Hineinversetzen in die Erzählung und den kollaborativen Ausbau einer Vorstellung, erneut mittels inszenierter direkter Rede; abschließende Bewertungen
VIII. /285/ – /479/ Erzählung „Kommissar Fischer" von Daniel
    i. Ankündigung und Etablierung /285/ + /288/
    ii. /292/ – /321/ Szenische Wiedergabe eines Dialogs, in dem gegensätzliche Einschätzungen bzgl. des Anrufers deutlich werden (Trickbetrüger oder nicht); Selbststilisierung Daniels als naiv
    iii. /323/ – /328/ interaktiver Einschub: Telefonnummern
    iv. /329/ – /362/ überraschende Wendung: Auftrag von der Polizei, den Trickbetrüger zu fassen

v. /364/ – /381/ gemeinsam vorgestelltes fiktives Locken des Trickbetrügers, fingierte Rede
vi. /382/ – /407/ Einschub: Klinik
vii. /406/ – /430/ Kommentierung des aktionalen Kneipen-Geschehens (Kellnerin hat Schüssel mit Mandeln abgeräumt); Wendung ins Witzige
viii. /431/ – /440/ Abschluss der „Kommissar Fischer"-Erzählung
ix. /441/ – /445/ Entwicklung weiterer Szenarien unter Inanspruchnahme von diskursiv vermitteltem Wissen per Allusion
x. /446/ – /452/ Conclusio und Verallgemeinerung der Lehre durch Lara
xi. /453/ – /475/ Erzählung eines lustigen Aspekts der Nachgeschichte; mündet in gemeinsamen Lachen
xii. /476/ – /478/ Gesamtbewertung
xiii. /480/ff Erkundigung nach den aktuellen Lebensumständen Daniels

Die paraphrasierende Ablaufbeschreibung und die Sektionierung legen bereits einige Charakteristika des vorliegenden Diskurses offen:
In Bezug auf die Thema-Rhema-Struktur:
- In dem relativ kurzen Zeitraum von etwa einer Viertelstunde wird eine Vielzahl von Themen behandelt oder zumindest angerissen.
- Bereits im Diskurs Verbalisiertes wird immer wieder thematisiert, es wird also wiederholt auf im Rederaum etablierte Wissenselemente zurückgegriffen, häufig durch Allusionen.

Weitere Beobachtungen:
- Längere Sprechhandlungsverkettungen (etwa beim Erzählen) werden immer wieder durch interaktive Phasen sequentiell durchbrochen, in denen u. a. mittels fingierter Rede Vorstellungen ausgebaut werden, die deutlich die Anbindung an die wiedergegebene Realität außer Kraft setzen.
- Es ist eine Tendenz zum Witzigen zu beobachten.

Diese ersten Beobachtungen sollen nun anhand eines genaueren diskursanalytischen Blicks auf das sprachliche Handeln überprüft und das sprachlich-mentale Geschehen sprachanalytisch detailliert rekonstruiert werden.

4.4 Analyse

4.4.1 Einstieg in den Diskurs/Herstellung des Diskursraums

In Kapitel 2 wurde im Rahmen einer begrifflichen Schärfung theoretisch die Frage erörtert, ob ein Diskurs allein durch die Abwesenheit institutioneller Zwecke homileïsch ist. Vor dem Hintergrund dieser Frage sollen zunächst die ersten drei Minuten des Diskurses, der Diskurseinstieg, genauer analysiert werden.

Wie der Konstellationsbeschreibung (Kap. 4.1) zu entnehmen ist, wird durch das Transkript ein Diskurs in einer nicht-institutionellen Konstellation festgehalten: Die Interaktant:innen treffen sich in einer Kneipe zu keinem anderen (institutionellen) Zweck, als sich zu unterhalten.

4.4.1.1 Themensuche: Thematisierung der Aufnahmesituation

Die Aufnahme startet zu einem Zeitpunkt, an dem sich die Konstellation durch das Hinzukommen Christinas verändert hat und insofern neu mit dem Diskurs begonnen werden muss.

B1: „Ich will, dass man euch hören kann."

[1]

	/1/
Christine [v]	We/ wer soll das jetzt noch essen?
	/2/
Daniel [v]	Ich will, dass man euch

[2]

	/3/	/4/
Christine [v]	Kann man das nicht?	Ja, genau, jetzt is das
		/5/
Daniel [v]	hören kann.	Hier ist noch anderes

[3]

		/7/
Christine [v]	okay.	((1,0s)) Hab_ich
	/6/	
Daniel [v]	Brot. • Wir haben auch noch Obatzda.	

[4]

	/8/	/10/
Christine [v]	schon. ((2,0s)) Aoch!	((lacht 1,4s))
		/11/
Lara [v]		Ich (hör) jetzt gar nichts
	/9/	
Daniel [v]	Lalalalaa.	

[5]

		/12/
Christine [v]	Ich sag jetzt auch gar ((unverständlich)).	Oh Mann, jetzt
Lara [v]	mehr.	

[6]

Christine [v]	habe ich mich hier jetzt schon so eingeraucht.		
		—	*klaviertr Stimmlage* /13/
Daniel [v]			Foucault ist ja

Mit der initialen Äußerung („We/wer soll das jetzt noch essen?" /1/)[137] formuliert Christine illokutiv einen VORWURF in Form einer Frage. Der VORWURF[138] bezieht sich darauf, dass das Brotstück, auf das mittels „das" sprachlich gezeigt wird, durch die Positionierung des Aufnahmeräts darauf nicht mehr essbar ist. Christine fokussiert damit ein Objekt, das sich im unmittelbaren Wahrnehmungsraum aller Interaktant:innen befindet (vgl. Kap. 4.1, insb. Abb. 4) und thematisiert – vermittelt darüber – indirekt die Aufnahme-Situation. Vor dem Hintergrund, dass es sich bei dem Brot, das als Handy-Unterlage dient, um eine angebissene oder zumindest nicht mehr vollständige Scheibe handelt[139] und dass die Aufnahme auf Christines Betreiben hin erstellt wird, wird deutlich, dass die sprachliche Handlung VORWURF hier ironisch bzw. scherzhaft vollzogen wird.[140] Die Äußerung könnte man als ersten Versuch Christines interpretieren, ein Gesprächsinitial zu geben und durch den offensichtlich nicht ernsthaften, also scherzhaften Modus den Kommunikationsdruck ein wenig herauszunehmen. Trotz des scherzhaften Charakters von Christines VORWURF steigt Daniel, der offenbar das Telefon auf dem Brot platziert hat, in das initiierte Handlungsmuster VORWURF-RECHTFERTIGUNG[141] ein: Mit dem Verweis auf die Aufnahmesituation – „Ich will, dass man euch hören kann." /2/ – reagiert er rechtfertigend auf den VORWURF. Damit macht er gleichzeitig die Aufnahmesituation explizit. Durch die Äußerungen /5/ und /6/ weist er zudem den VORWURF als unberechtigt ab,

---

[137] Mit den zwischen Schrägstrichen stehenden Ziffern beziehe ich mich konventionsgemäß auf die kleinen, oberhalb der HIAT-transkribierten Äußerungen vom Transkriptions-Editor EXMARaLDA halbautomatisch angezeigten (Äußerung-)Segmente. Die Ziffern in eckigen Klammern links außen präsentieren die Durchnummerierung der Partiturflächen. Die Äußerungen selbst werden jeweils transkriptionsgemäß zitiert, um der Analyse folgen zu können.

[138] An wesentlichen Stellen der Argumentation werden die analytisch ermittelten Illokutionen in Majuskeln gesetzt. Dabei wird das in der Funktionalen Pragmatik bereits hinlänglich empirisch erarbeitete und bekannte Wissen um Handlungsmuster als Kenntnisstand der Forschung in Anspruch genommen. Zuweilen geschieht dies ohne erneute Literaturreferenz.

[139] Wie auf Abb. 4 zu erkennen ist.

[140] Die Ironie bzw. der Witz operiert auf eben diesem Wissen (das Brot war bereits nicht mehr für den Verzehr geeignet und die Aufnahme wird auf Christines Betreiben hin vorgenommen): Da Sprecherin und Hörer:innen über dieses Wissens verfügen, ist in der Gesprächssituation klar, dass die Vorwurfs-Illokution von Christinas Äußerung nicht ernst gemeint ist, der VORWURF entbehrt einer Grundlage.

[141] Zum Handlungsmuster VORWURF-RECHTFERTIGUNG siehe Rehbein (1972).

indem er darauf aufmerksam macht, dass noch weiteres Essen zur Verfügung steht. Darauf erwidert Christine: „Hab ich schon." /7/.[142] Die Thematisierung der Aufnahmesituation durch die Realisierung des Handlungsmusters ist bemerkenswert, denn der Zweck des Musters besteht darin, „zwischen den Interaktanten eine *Bewertung einer vergangenen Handlung auszuhandeln* und zumindest zwischen ihnen *verbindlich, d. h. zur gemeinsamen Handlungspräsupposition zu machen*" (Rehbein 1977: 305; Hervorhebungen im Original). Man kann also sagen, dass Christine hier die Handlung des VORWURFS nutzt, um – als Grundlage für das Fortführen des Diskurses – das Einverständnis zur Aufnahme abzusichern und gemeinsam zu machen. Diese Einverständnis-Absicherung geschieht allerdings in geschickter Weise bzw. mit einem Twist, da sie eine explizite Erwähnung der Aufnahmesituation vermeidet.

Im Übrigen scheint eine Thematisierung der Aufnahmesituation zu Beginn des Gesprächs, sozusagen als Gesprächsöffner, in solchen und ähnlichen Konstellationen[143] durchaus typisch zu sein, wie Gerwinski et al. (2018) in ihren Untersuchungen von Diskursen in Theaterpausen[144] zeigen (vgl. a. a. O., insb. Gerwinski/Linz 2018).[145] Diese von Gerwinski und Linz beobachtete Thematisierung der Aufnahmesituation in einer Vielzahl von Aufnahmen legt den Schluss nahe, dass sie benutzt wird, um die per se schwierige Phase zu Beginn eines *homileïschen Diskurses*, wenn nämlich noch kein Gesprächsthema etabliert ist, zu bearbeiten. Denn *homileïsche Diskurse* zeichnen sich ja gerade dadurch aus, dass kein Thema durch institutionelle Zwecke vorgegeben ist. Entsprechend wird hier die Thematisierung der Aufnahmesituation von den Diskursteilnehmer:innen funktionalisiert, um einen Gesprächseinstieg zu finden. Es wird also – ähnlich wie typischer-

---

[142] Die Äußerung untermauert die obige Interpretation des Vorwurfs als ironisch/scherzhaft, da hier deutlich wird, dass sie selbst offenbar kein Interesse daran hat, die Brotscheibe zu essen.

[143] D. h. in Konstellationen, zu deren Charakteristika u. a. zählt:
 – die Interaktant:innen wissen von der Aufnahme,
 – sie sollen diese gegebenenfalls sogar selber starten und
 – das Handeln ist nicht durch institutionelle Zwecke determiniert.

[144] Die von Gerwinski et al. (2018) untersuchten Diskurse sind freilich durch ein ganz anderes Handlungsfeld charakterisiert. Die Autor:innen haben Pausengespräche im Theater untersucht. Allein der durch den Handlungsraum gesetzte Zeitrahmen (Theaterpausen sind ja in der Regel recht kurz) unterscheidet sich von den hier untersuchten Diskursen, die keinen derartigen von außen bestimmten Zeitrahmen haben: Über die Dauer des Gespräches können die Interaktant:innen in der hier vorliegenden Konstellation durchaus selber bestimmen – anders als die Theaterbesucher:innen. Der Druck, schnell ein Thema zu finden, ist dementsprechend in den Theaterpausen größer. Da man sich dort in einer genuin bildungsbürgerlichen Domäne, dem Theater, befindet, besteht zudem ein gewisser Anspruch, das sprachliche Handeln entsprechend zu gestalten, d. h. *Konversation* zu betreiben.

[145] Gerwinski et al. diskutieren und entkräften, von dieser Beobachtung ausgehend, antizipierte Einwände, dass es sich deshalb – also weil die aufgenommenen Interaktant:innen wissen, dass sie aufgenommen werden – um keine authentischen Daten handeln würde, vgl. ebd.

weise beim *Small Talk* (vgl. Kap. 2.1.4.3.3) – auf ein Objekt[146] aus dem Wahrnehmungsraum rekurriert, um den Diskurs in Gang zu bringen. Dass dieses Objekt hier das Aufnahmegerät ist, ist naheliegend, da die gerade erst gestartete Aufnahme mental noch unmittelbar präsent ist, sozusagen bei der mentalen Suche nach einem Thema am nächsten ist. Meiner Vermutung nach wird der Umstand, dass das Gespräch aufgezeichnet wird, also eben nur deshalb thematisiert, weil er unmittelbar bewusst und physisch greifbar ist und *irgendein* Thema als Einstieg gefunden werden muss. Demnach verfälscht das Wissen um die Aufnahme mein Korpus nicht. Vergleichend soll an späterer Stelle (in Kap. 5.2.2) der Gesprächseinstieg eines anderen Diskurses untersucht werden, in dem die Interaktant:innen nicht im Vorfeld über die Aufnahme informiert wurden, um zu überprüfen, wie in anderen Konstellationen ähnliche Situationen bearbeitet werden.

Nach der Beendigung der VORWURF-RECHTFERTIGUNGS-Sequenz bringt Christine – nach einer recht langen, 2-sekündigen Pause – mittels der expeditiven Prozedur „Aoch!" /8/ ihre Betroffenheit bzw. Enttäuschung[147] über die entstandene Stagnation des Diskurses zum Ausdruck und fordert damit die anderen gleichzeitig dazu auf[148], sich zu äußern. Daniel reagiert mit „Lalalalaa" /9/. Diese Äußerung ist als ein Zitat eines *Äußerungsaktes an sich* zu verstehen: und zwar wird nur ein Äußerungsakt zitiert bzw. imitiert, nicht jedoch ein propositionaler Akt vollzogen. Diese standardisierte Zitierung eines Äußerungsaktes hat die Funktion, überhaupt eine Äußerung zu tätigen, das Schweigen sozusagen zu brechen. Gleichzeitig wird durch das Fehlen eines propositionalen Gehalts eben gerade die momentane Sprachlosigkeit bzw. das momentane Fehlen eines Gesprächsthemas deutlich, was zu einem verlegenen Lachen Christines führt (/10/). Lara thematisiert die Gesprächsflaute, d. h. die mangelnde Diskursbeteiligung explizit: „Ich (hör) jetzt gar nichts mehr." /11/. Darauf folgt eine Äußerung Christines /12/, die wahrscheinlich eine Verlegenheitsäußerung ist.

Zu beobachten ist also, dass der Einstieg in einen *homileïschen Diskurs* zunächst schwierig ist. Trotz Christines Versuch, die Aufnahmesituation scherzhaft zu thematisieren, will ein flüssiges und lockeres Gespräch nicht sofort entstehen. Durch die verhältnismäßig langen, ein bzw. zwei Sekunden dauernde Planungspausen (siehe /7/ und /8/) sowie die Äußerungen /8/ und /9/ (s. o.) wird dies evident. In der Sektion I sind also die Schwierigkeiten der Neu-Konsolidierung in einer veränderten Konstellation greifbar.

---

[146] Der Begriff ‚Objekt' beschränkt sich in diesem Zusammenhang nicht auf gegenständliche Objekte, sondern kann auch ein wahrnehmbares Geschehen oder eine beobachtete Handlung bezeichnen.
[147] Ich vermute, dass vor Beginn der Aufnahme und vor der Veränderung der Konstellation durch das Hinzukommen Christinas der Diskursverlauf bereits recht unterhaltsam, vielleicht sogar ausgelassen war; spätere Äußerungen (vgl. /17/–/20/) legen dies nahe (vgl. auch Kap. 4.4.1.2).
[148] Der direktive Modus der Äußerung ist durch die Intonation hier deutlich erkennbar.

4.4.1.2 Realisierung von nicht-homileïschen Diskursformen

In dieser Situation, die für die Interaktant:innen offensichtlich unangenehm ist, wird der Versuch gemacht, an den der Aufnahme vorangegangenen Diskurs anzuschließen: Nach einem ins Leere gelaufenen Themenvorschlag von Daniel fordert Lara ihn auf, einen vorherigen Diskursgegenstand wieder aufzunehmen.

B2: „Foucault ist ja auch sehr interessant"

[6]

Christine [v] habe ich mich hier jetzt schon so eingeraucht.	*blasierte Stimmlage* /13/
Daniel [v]	Foucault ist ja

[7]

Christine [v]		/16/ ((lacht 2,0s))	*Lachen verebbt* ((lacht 2,0s))
Lara [v]		/14/ Soll ich sch…	
Daniel [v]	auch sehr interessant.	*möglicherweise zu einem anderen Tisch*	
Kellnerin [v]		/15/ Wollt ihr noch was?	

[8]

Christine [v] ((0,8s))	*atmet hörbar ein*	
Lara [v]	/17/ Erzähl doch nochmal was übern Feminismus!	
Daniel [v]		/18/ Ja.

[9]

Christine [v]	*lachend* /20/ Ach ja, stimmt, das war dein opening Statement.	
Daniel [v]	/19/ Wollt ich auch, genau!	/21/ Fiel mir auch gerade bei Foucault ein,

[10]	/22/
Christina [v] ▓▓▓▓▓	Beides mit
Christine [v]	
Daniel [v] weil da nämlich ganz interessant war, dass sie/ dass sie/	

Der Themenvorschlag: „Fou<u>c</u>ault ist ja auch sehr interessant." /13/ erfolgt in Form einer Assertion. Die Äußerung wird allerdings mit einer verfremdeten Stimmlage, die man als blasiert charakterisieren könnte, sowie mit einer akzentuierten Artikulation des Namens „Foucault" realisiert, wodurch Daniel sich ein stückweit von der Ernsthaftigkeit seiner Aussage distanziert und so die Illokution zumindest ambivalent hält. Durch diese – offengehaltene – Kennzeichnung als ironisch erhält der Vorschlag somit den Charakter einer Persiflage, wie Bührig (2004) sie für eine ganz ähnliche Situation in einer Familienkommunikation beschrieben hat: Auch dort wurde eine durch die präsente Aufnahme unangenehme Situation[149] durch die Persiflage einer Musterposition bearbeitet. Hier handelt es sich allerdings nicht – wie in Bührigs Material – um ein Wissen um sprachliche Handlungsmuster im engeren Sinn, sondern allgemeiner um das sprachliche Wissen über die Initiierung einer Diskursform, die Daniel imitiert und persifliert. Seine Äußerung wäre nämlich durchaus ein möglicher Gesprächsöffner für eine *Konversation*, also für ein gebildetes, intellektuelles Gespräch (vgl. Kap. 2.1.7). Sich auf diesen anderen Typ von Diskurs zu verlegen, liegt als Exit-Strategie nahe, da *Konversation* – im Vergleich zum allgemein Homileïschen – in ihrer Eigenschaft als Diskurstyp mit relativ festen Regeln (vgl. Kap. 2.1.7) für die Interaktant:innen einfacher zu realisieren wäre – zumindest, wenn sie über ein entsprechendes Muster-Wissen verfügen, d. h. die entsprechende bürgerliche Bildung erfahren haben. Mit dem Wissen um den akademischen Hintergrund der Diskursteilnehmer:innen kann Daniel ein solches Wissen als – zumindest potentiell – vorhanden voraussetzen und zudem mit einem gewissen Interesse seiner Hörer:innen an dem mittels der Synekdoche „Foucault"[150] vorgeschlagenen Themenkomplex rechnen. Gleichzeitig steht die Konstellation – ein Kneipengespräch unter recht engen Freunden – aber der Realisierung einer *Konversation* im Wege: Man befindet sich eben nicht im Theater

---

[149] Die Situation in dem von Bührig untersuchten Diskurs ist allerdings aufgrund einer mehrsprachigen Konstellation im Vergleich zu dem hier vorliegenden Material zusätzlich diffizil.

[150] Mit dem Symbolfeldausdruck „Foucault" wird ein Wissen zu seinem philosophischen und soziologischen Schaffen mit recht breitem Einfluss adressiert und aktualisiert. Insofern wird mit dem Namen „Foucault" ein ganzer Vorstellungskomplex um Poststrukturalismus, Genderforschung usw. aufgerufen. Daher funktioniert der Name hier wie die rhetorische Figur der Synekdoche, da Foucault für einen ganzen thematischen Komplex steht.

oder Salon. Daher ist die offengehaltene ironische Distanzierung bezüglich der Illokution eine gute Strategie für Daniel.[151]

Die illokutive Ambivalenz führt allerdings dazu, dass die anderen die Äußerung nicht als Vorschlag annehmen: Christine reagiert lediglich mit einem Lachen /16/. Der Vorschlag läuft ins Leere. Dennoch hat Daniel mit dieser Äußerung – auch wenn das konkrete Thema keine Zustimmung erhält – im weiten Sinne ein Thema gesetzt: Durch den Symbolfeldausdruck „Foucault" wird pars pro toto ein Wissen um einen größeren Komplex aktualisiert, an das Lara anknüpft. Sie fordert nämlich Daniel auf, ein Thema, das offensichtlich bereits vor der Aufnahme Gegenstand des Diskurses war,[152] aufzugreifen: „Erzähl doch noch mal was übern Feminismus!" /17/. Dieses Thema oder der Themenbereich wird mit dem Symbolfeldausdruck „Feminismus" recht allgemein aufgerufen. Es ist aber offensichtlich nicht der komplette Bereich „Feminismus" hier gemeint, sondern es wird bei den Diskursteilnehmern damit quasi stichwortartig ein Wissen um einen vorherigen Diskursabschnitt aufgerufen – das wird an den Reaktionen von Daniel und Christine deutlich.[153] Die Synekdoche fungiert hier also als eine Form der diskursiven Konnektivität: Die aktuelle Situation wird mit dem Wissen um zuvor im Diskurs Verbalisiertes verknüpft.

Der hörerseitige Mitvollzug von Daniels folgenden Äußerungen funktioniert nur aufgrund dieser im Rederaum etablierten Wissenselemente:[154] Bei-

---

[151] Das mag möglicherweise auch damit zu tun haben, was für ein Bild Daniel von sich vermitteln will. Weiter unten, im Kap. 4.1.4.6 werde ich genauer untersuchen, wie eine andere Aktantin in diesem Diskurs ihre Rolle entsprechend der homileïschen Konstellation bewusst zu gestalten versucht.

[152] Die Verwendung des Ausdrucks „nochmal" ist ein starkes Indiz dafür, dass es sich um ein Thema handelt, das bereits zuvor Diskursgegenstand war.

[153] Nur so ist Daniels Zustimmung – „Ja. Wollt ich auch, genau!" (/18/, /19/) – zu verstehen. Auch Christines Befürwortung des Vorschlags nimmt explizit Bezug auf den vorherigen Diskursverlauf: „Ach ja, stimmt, das war dein opening Statement." /20/.
Die Verwendung des Ausdrucks „opening Statement" ist dabei bemerkenswert: Im Englischen ist er die Bezeichnung für die Eröffnungsrede von Anwälten vor Gericht, also ein hauptsächlich im juristischen Bereich gebrauchter Begriff, allgemeiner bezeichnet ‚opening Statement' den Eröffnungsbeitrag einer Debatte. Durch das so aufgerufene Wissen charakterisiert Christine den vorangegangenen Diskurs als debattenartig. Eine Debatte ist aber eine durch institutionelle Vorgaben gekennzeichnete Diskursart – also eine Diskursart, die eher nicht in *homileïschen Diskursen* vorkommt. Daniels vorangegangen Diskursbeitrag als „opening Statement" zu bezeichnen, macht sich also entweder über Daniel lustig oder greift die angerissene Persiflage einer *Konversation* (s. o.) auf.

[154] Für Christina hingegen ist die Mitkonstruktion entsprechend diffizil, da sie eben nicht über dieses Wissen verfügt. Ihre spätere Äußerung: „Ich trinke schneller, damit ich auch Teil der Aufnahme..." /43/ ist dahingehend zu verstehen. Denn es ist klar, dass es ihr nicht darum geht, Teil der Aufnahme zu sein, sondern vielmehr aktiv am Diskurs beteiligt zu sein. Denn aufgenommen wird sie genauso wie die anderen – und ‚schnelleres Trinken' würde daran auch nichts verändern. Anscheinend hat sie aber das Gefühl, beim Witz, bei dem Spiel mit Sprache nicht ganz mitzukommen, weil ihr eben eine entsprechendes Diskurswissen fehlt. Durch beschleunigten Alkoholkonsum kann sie dieses Wissensdefizit zwar nicht ausgleichen, sehr wohl weiß sie aber um die enthemmende Wirkung von Alkohol und kann darauf

spielsweise kann Daniel offenbar in Äußerung /21/ („Fiel mir auch gerade bei Foucault ein, weil da nämlich ganz interessant war, dass sie/dass sie/ähm, dass sie äh Hegel zitiert.") mit der Phorik „sie"[155] (/21/) an vorher im Diskurs verbalisierte Wissenselemente anknüpfen – eine Fokuskontinuierung, die anscheinend für die Hörer:innen, die ja über das entsprechende diskursiv vermittelte Wissen verfügen, problemlos funktioniert; jedenfalls gibt es keine Höreräußerungen, die auf Gegenteiliges schließen lassen.[156] Ähnliches gilt für die Lokaldeixis „da" in der gleichen Äußerung: Das Verweisobjekt dieser Deixis (nämlich sehr wahrscheinlich ein Text der Autorin Magarete Stokowski, der vorher bereits thematisiert wurde, und nicht etwa das Werk von Foucault) ist nur vor dem Hintergrund bereits etablierter Wissenselemente im laufenden Diskurs, d. h. im Rederaum, identifizierbar. Auf mehreren Ebenen wird hier also eine Konnektivität zu zuvor Verbalisiertem hergestellt; damit werden nicht nur die diskursiv vermittelten Wissensbestände bezüglich des Propositionalen verknüpft.[157] Vielmehr ist zu vermuten, dass damit auch an die emotionale Ebene bzw. Atmosphäre des anscheinend recht unterhaltsamen Diskurses angeknüpft werden soll, also an andere Elemente des Π-Bereichs als an reine Wissenselemente. Durch diese Herstellung von Konnektivität über den Diskursverlauf hinweg – und zwar nicht, wie in institutionellen Diskursen, im Sinne einer thematischen Stringenz – wird eine gewisse Gemeinschaftlichkeit hergestellt. Auf diese Beobachtung wird an späterer Stelle ausführlicher einzugehen sein.

Insgesamt hat der in dieser Sektion hauptsächlich von Daniel bestrittene Diskurs den Charakter einer bildungsbürgerlichen *Konversation* oder gar eines Seminar-Gesprächs. Der tendenziell akademische Duktus ist beispielsweise daran zu erkennen, dass die Aussagen eines (populär-)wissenschaftlichen[158] Artikels referiert werden – wobei die charakteristische Verwendung des Konjunktivs auffällt –, und teilweise sogar Zitate auftreten (vgl. /31/). Durch diesen akademischen Duktus scheint aber, gerade bezüglich der emotionalen Dimension des Π-Bereichs, ein Anschluss an den vorangegangenen Diskursverlauf nicht ohne Weiteres zu gelingen – und das, obwohl Daniel sich durchaus bemüht, witzige

---

hoffen, dass ihr das zunehmend egal sein wird und sie sich entsprechend ungezwungener am Diskurs beteiligen kann.

[155] Erst in /31/ wird klar, dass hier „Magarete Stokowski" gemeint ist; insofern wird die im Sinne von Ehlich (1979) als vorgreifende Fokuskontinuierung nahezu paradoxe kataphorische Prozedur in Anspruch genommen.

[156] Mit einem Blick von außen, also als Leser:in des Transkripts, ist das Wissenselement, das im Fokus ist, jedoch erst retrospektiv identifizierbar.

[157] Eine Frage, die sich stellt, anhand des sprachlichen Materials allerdings nicht beantwortet werden kann, ist, ob dies auch bei Christina (die ja später, erst kurz vor Beginn der Aufnahme kam) funktioniert; Äußerung /22/ könnte darauf hindeuten, dass dies nicht der Fall ist.

[158] Es lässt sich leider nicht eindeutig ermitteln, auf welchen Text von Magarete Stokowski Daniel Bezug nimmt.

oder absurde Aspekte des referierten Artikels herauszuarbeiten[159]. Mehrere Interjektionen der Hörerinnen, vor allem Christines (zumeist als Realisierungen expeditiver Prozeduren zu bestimmen), lassen eine gewisse Unzufriedenheit erkennen: „Ähä" /28/, Schnauben /33/, „Pff" /36/, „Hä?" /37/, „Okay." (mit leicht fallender Intonation) /40/ und „Hm?'" /42/. Schließlich stellt Christine explizit die Adäquatheit des Diskursgegenstands infrage: „Weiß ja nicht so genau, w/wä das läuft/reden wir über Hegel? Ich weiß ja nicht so genau, wo das noch hinführen soll." /44f/. Insbesondere wird das Thema des vorangegangenen Diskurses vergleichend herangezogen „Vorher warn‿s noch Fremdworde. ((lacht 1,4s))" /46/ und positiver bewertet: „Da war das noch nen bisschen flachwitziger." /48/. Mittels der Ferne-Deixis „da" wird das vorangegangene Gespräch als Diskursraum lokal neu fokussiert, auf den Diskursgegenstand wird mit der neutralen Objektdeixis „das" verwiesen, durch die operative Prozedur „noch" wird vermittelt, dass im Vergleich dazu die Erwartung bezüglich der Qualifizierung als witzig, und zwar anspruchslos witzig, unterlaufen wurde: Die Benennung der Eigenschaft des neu fokussierten vorangegangenen Diskurses als „flachwitzig" (und nicht einfach als „witzig") in Verbindung mit „noch" impliziert zugleich eine Kritik an dem intellektuellen Anspruch, durch den Daniels Ausführungen gekennzeichnet waren[160] – ein ‚Flachwitz' ist schließlich ein Witz, der sich nicht gerade durch intellektuelle Tiefe auszeichnet. Mit dieser Äußerung wird also evident, dass Christine genau auf den genannten Aspekt abzielt, nämlich, dass jetzt zwar ein zum vorangegangenen Diskurs verwandtes Thema diskursiver Gegenstand ist, dass der Unterhaltungswert vorher aber größer war.

4.4.1.3 Witze, Sprachspiele

Lara versucht daraufhin, das Gespräch ins Witzige zu kehren und damit Christines Kritik anzunehmen:

B3 „[...] rat mal, woher Hegel kam"
[28]

	/44/	
Christine [v]		((1,0s)) ((kichert 1,1s)) Weiß ja nicht so

---

[159] Dazu gehört das genüssliche Auswalzen von Hegels angeblicher Faszination für die „Perfektion des männlichen Gliedes" /24/, was auch durch Kichern von Lara (/25/) honoriert wird, sowie das Anführen des Hegel-Zitats (Fl. 21ff), in dem die rückständige und beschränkte Gender-Konzeption des ansonsten für seine Komplexität bekannten Philosophen in konzentrierter Form offenbar wird.

[160] Denn trotz des persiflagehaften Charakters seiner Ankündigung (s. o.) und trotz seines Versuchs, einen witzigen Punkt darin herauszustellen, haben Daniels Ausführungen eben einen intellektuellen oder bildungsbürgerlichen Charakter. Das liegt nicht allein am Gegenstand (vgl. dagegen den Versuch Laras und Christinas, aus den „philosophischen Zutaten" einen Witz zu kreieren, s. u.), sondern vor allem an einem gewissen akademischen Duktus seiner Ausführungen, wie oben dargestellt.

[29]

Christine [v] genau, w/ wä das läuft/ reden wir über Hegel? Ich weiß ja

[30]

Christine [v] nicht so genau, wo das noch hinführen soll. Vorher warn s

[31]

Christine [v] noch Fremdworde. ((lacht 1,4s)) Da war das noch nen

Lara [v] ((lacht))

Daniel [v] Ihr müsst das jetzt aber wieder

[32]

Christine [v] bisschen flachwitziger.

Lara [v] Was du noch nicht wusstest, • rat

Daniel [v] vergessen.

[33]

Christine [v] Hach, He... • Is er n

Lara [v] mal, woher Hegel kam. Dedeet!

[34]

Christina [v] Während des ((unverständlich))...

Christine [v] Frankfurter? • • Frankfurter Schule!

Lara [v] Hihi˙ Das

[35]

Christine [v] Nee, das wäre, • das wär jetzt nen

Lara [v] wäre jetzt natürlich...

[36]

Christine [v]	großer Zufall.	
Lara [v]		/60/ ((0,9s)) War
	/59/	
Daniel [v]	Wo war denn Hegel, weiß ich überhaupt nich.	

[37]

		/62/
Christina [v]		Wahrscheinlich in
Lara [v]	jetzt einfach nur nen Scherz.	
	/61/	
Daniel [v]	Ich hab immer im Kopf/ Hegel war	

[38]

Christina [v]	Weimar.
Christine [v]	
Daniel [v]	tatsächlich in…

Lara bemüht sich, den Diskursverlauf ins Witzige und Spielerische umzulenken, indem sie auffordert, Hegels Herkunft bzw. Geburtsort zu raten: „Was du noch nicht wusstest, • rat mal, woher Hegel kam." /50/[161] Nach einer durch Seufzen realisierten negativen Bewertung Christines (/52/) stilisiert Lara ihre Äußerung ex post durch die Nachahmung eines Karnevalstusches /52/ als klamaukig. Das scheint Christines Gefallen zu finden, sie steigt jedenfalls sofort mit einer gewissen Aufregung, wie die Stimmlage nahelegt, in das Handlungsmuster ein und rät: „• Is er n Frankfurter?" Dieser Lösungsversuch wird durch Laras Kichern kommentiert, woraufhin Christine das Lachhafte explizit macht: „Frankfurter Schule!" /55/. Der Witz beruht auf dem spielerischen Umgang mit verschiedenen im Diskurs präsenten Wissenselementen. Das jeweils durch die Verbalisierung der Symbolfeldausdrücke „Foucault" und „Hegel" aktualisierte Wissen wird assoziativ miteinander in Verbindung gebracht; dabei werden die chronologischen und insofern geistesgeschichtlichen Einflussverhältnisse gleichsam auf den Kopf gestellt: Indem nämlich „Frankfurt" als (vermeintlicher) Herkunftsort Hegels in konsequenter – und als solcher lachhafter – Fortführung

---

[161] Ich vermute, dass sie Christines spätere Antwort (/53/ und /55/) antizipiert – ihr zustimmendes Kichern /54/ (s. u.) stützt diese Vermutung.

schulenbildend genannt wird.¹⁶² Gleichzeitig wird eine Wendung des Themas ins Alltägliche vollzogen, da nicht die philosophischen Theorien eine Verbindung fundieren, sondern ganz profan der – vermeintliche – Geburtstort. Bemerkenswert hierbei ist, dass Lara diesen Witz nicht einfach erzählt, sondern in Form eines Rätsels stellt und damit das Handlungsmuster RÄTSELRATEN¹⁶³, also ein Handlungsmuster mit systematischem Sprecherwechsel, initiiert. Durch das Spielerische dieses Handlungsmusters wird der akademische Duktus aufgelockert – und zwar, indem gerade mit den gleichen Wissenselementen operiert wird. Zusätzliche wird durch die Initiierung des Handlungsmusters RÄTSELRATEN Daniels *Vortrag* unterbrochen und in eine Sprechhandlungssequenz überführt. Dies kann freilich nur gelingen, weil Christine in das Handlungsmuster einsteigt und die „richtige" Lösung¹⁶⁴ liefert. Lara und Christine operieren an dieser Stelle bereits sehr kollaborativ. Sie scheinen ein eingespieltes kommunikatives Team zu sein – im Verlauf des Diskurses lässt sich eine derartige kommunikative Kollaboration zwischen den beiden wiederholt beobachten. Der Versuch, hier spontan einen Witz zu kreieren, scheitert letztlich jedoch, weil tatsächlich offensichtlich kein Wissen darüber vorhanden ist, wo Hegel geboren ist.¹⁶⁵ Gerade durch diesen Versuch wird eine Wissenslücke im Bereich des bildungsbürgerlich vorausgesetzten Wissens erkennbar. Diese Wissenslücke steht im Gegensatz zu der vor allem durch Daniel betriebenen *Imitierung* einer *Konversation* oder eines angeregten intellektuellen bzw. philosophischen Gesprächs. Möglicherweise verursacht dies die Entstehung einer etwas peinliche Situation. Jedenfalls ist hier eine Gesprächsflaute zu verzeichnen, die sich an mehrere Pausen (/64/, /65/, /66/) erkennen lässt.

4.4.1.4 Entwicklung von Sprachwitzen

In dieser Situation ist das Erscheinen der Kellnerin und somit das institutionelle Erfordernis des Bestellvorgangs (/66/ bis /75/) eine willkommene ‚Rettung' aus der Gesprächsflaute. Dem Bestellen wird nun von Seiten der Gruppe relativ viel Aufmerksamkeit geschenkt und unterscheidet sich insofern von späteren Interaktionen mit der Kellnerin; insbesondere wird sonst nach solchen Unterbrechungen problemlos das vorherige Thema wieder aufgenom-

---

[162] Die tatsächlichen Verhältnisse werden also insofern umgedreht, als es in dieser Figur so dargestellt wird, dass nicht Hegel, der deutlich früher lebte, Einfluss auf die Denker der sogenannten Frankfurter Schule hatte, sondern Hegel als in Frankfurt geboren und also aus der Frankfurter Schule kommend charakterisiert wird.
[163] Zum Handlungsmuster RÄTSELRATEN vgl. Ehlich/Rehbein (1986).
[164] Die Lösung – Frankfurt – ist zwar sachlich falsch, aber die offenbar von Lara erwartete.
[165] – nämlich in Stuttgart. Christina rät (mit einem Anflug von Ironie): „Wahrscheinlich in Weimar." Sie operiert damit auf einem diffusen Wissen um die Bedeutung Weimars als Wirkungsort wichtiger Vertreter der Klassik und überdehnt es zu einem Wissen à la ‚Alle wichtigen (deutschen) Denker kommen aus Weimar bzw. haben in Weimar gelebt'.

men, was hier nicht der Fall ist.[166] Während dieses Bestellvorgangs bekundet Christine zunächst, dass sie nichts bestellen möchte: „Ich bin fein, danke, ich..." /73/ und führt die abgebrochene Erläuterung oder Begründung dann noch aus: „Ich brauch noch nen kleinen (Tick)" /75/. Der letzte Ausdruck ist allerdings beinahe verschluckt, denn sie stellt im Zuge der Verbalisierung offenbar fest, dass an ihrem Glas eine schadhafte Stelle ist. Entsprechend macht sie sofort die Kellnerin darauf aufmerksam: „Oh, aber ich hab hier aber so‿n..." /76/. Der Defekt wird nicht genannt, sondern zeigend, mit der Aspekt-Deixis „so" (Ehlich [1986] 2007g) neu fokussiert. Die eigene Überraschung über die Entdeckung ist nicht nur daran zu erkennen, dass Christine das Äußerungsende zuvor verschluckt und ihre Überraschung mittels der Interjektion „oh" unmittelbar expeditiv prozessiert. Auch die zweimalige Verwendung des operativen „aber"[167] untermauert die Überraschung: Mit der so vollzogenen operativen Prozedur wird ein Erwartungsbruch vollzogen und insofern die Einschätzung, dass bei ihr alles okay ist (vgl. /73/, s. o.) und sie also nicht die Dienste der Kellnerin in Anspruch nehmen muss, revidiert. Nachdem Daniel mittels „Ich aber auch." /78/ darauf hinweist, dass an seinem Glas ebenfalls eine ähnliche schadhafte Stelle ist, nimmt Christine den propositionalen Gehalt ihrer Reklamation teilweise zurück („Nee, ist auch nicht kaputt, [...]" 79), beharrt aber darauf, dass das Glas nicht ganz in Ordnung ist. Die abgebrochene Beschreibung der schadhaften Stelle („[...], aber das ist schon so‿n bisschen ange...",) wird reformuliert[168] zu einer möglichen oder angenommen Begründung, wie es zu dem Schaden hatte kommen können: „Bisschen wild mit angestoßen schon." /81/ In dieser Reformulierung spielt Christine mit verschiedenen Bedeutungen von „angestoßen". Die Äußerung wird von Lara mit einem Kichern begleitet. Offenbar baut Christine mit ihrer Äußerung eine Vorstellung von Übertreibung auf, sie evoziert ein Bild, nämlich, dass so stark angestoßen wurde, dass das Glas kaputtging. Dies geschieht durch eine Kombination der Verwendung des Symbolfeldausdrucks „wild" mit einer malenden Prozedur, nämlich der intonatorischen Akzentuierung von „wild": Durch die malende Prozedur wird das atmosphärische

---

[166] Vgl. Segment /382/ bis /406/, dort gibt es zwar einen diskursiven Einschub, in dem die Handlungen der Kellnerin kommentiert werden, dies führt jedoch – anders als hier – nicht dazu, dass danach ein neues Thema gefunden werden muss, sondern es wird quasi umstandslos an das vorherige Thema angeknüpft. Noch deutlicher ist dies in dem Abschnitt PF 81–84 zu beobachten: Während Christina die Vorgeschichte zu einer zuvor berichteten (Zeitungs-)Nachricht erzählt, bringt die Kellnerin die Bestellung. Dies wird zwar registriert (die Äußerungen /133/ und /139/–/141/ richten sich an die Kellnerin), Christina führt die Erzählung aber ohne Umschweife fort. Die Aufmerksamkeit aller Interaktant:innen wird also zwar kurz abgelenkt, bleibt aber (im Sinne doppelter Aufmerksamkeit) klar bei dem diskursiven Geschehen untereinander.

[167] Zur pragmatischen Bedeutung des operativen Ausdrucks ‚aber' siehe lexikonartig Redder (2007a).

[168] Zu reformulierenden Handlungen siehe Bührig (1996).

Miterleben der Hörerinnen hergestellt.[169] Durch das Symbolfeldmittel ‚wild'
selbst wird die Handlung als nicht-zivilisiert charakterisiert. Die Kombination
beider Prozeduren leistet eine bestimmte emotionale Gleichgestimmtheit. Auf
diese Weise wird eine mentale Disposition geschaffen, die die Voraussetzung
für den folgenden Versuch bietet, darauf aufbauend gemeinschaftlich einen
Wortwitz zu kreieren.

B4: „Burschi"

[41]

		lachend /73/
Christine [v]		Ich bin fein, danke, ich...
	/72/	
Daniel [v]	noch eins bestellen. Danke.	
		/74/
Kellnerin [v]		Alles

[42]

	/75/	/76/
Christine [v]	Ich brauch noch nen kleinen (Tick).	Oh, aber ich hab
Kellnerin [v]	gut.	

[43]

		/79/
Christine [v]	hier aber so_n...	Nee, das ist
	/78/	
Daniel [v]	Ich aber auch.	
	/77/	
Kellnerin [v]	Oh das, das ist nicht gut.	

[44]

Christine [v] auch nicht kaputt, aber das ist schon so_n bisschen ange...

[45]

	lachend /81/	/84/
Christine [v]	Bisschen wild mit angestoßen schon.	He!
	/82/	
Lara [v]	((kichert))	
	/80/	/83/
Kellnerin [v]	Ange...	(Got it).

---

[169] Zum Malfeld in homileïschen Diskursen siehe Redder (1994a).

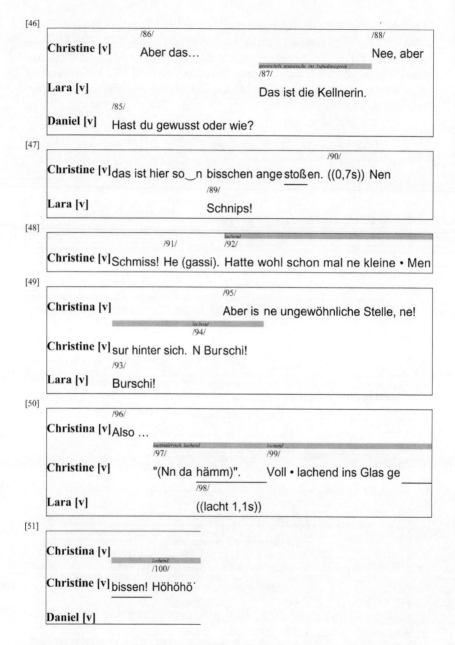

Während aufgrund einer Nachfrage Daniels (/85/) Christine erneut formuliert, dass das Glas „angestoßen" ist (/88/), ahmt Lara lautmalerisch den vorgestellten Vorfall des Anstoßens bzw. das Absplittern des Glasstückes nach:

„Schnips!" /89/. Es ist nicht zu klären, ob Christine sich verhört hat oder bewusst einen anderen Ausdruck verwendet, jedenfalls nimmt sie Laras Einwurf auf und modifiziert ihn: „Nen Schmiss!". Diese spielerische Umbenennung kann gelingen und hat einen gewissen Witz, weil eine phonetische Ähnlichkeit zwischen den beiden Ausdrücken „Schnips" und „Schmiss" vorhanden ist.

Die mit „Schmiss" aufgerufenen und aktualisierten Wissensbestände werden sogleich auf die aktuelle Situation übertragen. Die Begründung wird entsprechend von Christine neu formuliert: Nicht mehr vom Anstoßen kommt die schadhafte Stelle, sondern von einer Mensur: „Hatte wohl schon mal ne kleine • Mensur hinter sich." /92/. Diese Vorstellung wird weiter ausgeweitet: Das Glas wird nun von Lara als „Burschi!" benannt (/93/). Dieser Ausdruck wird sogleich von Christine, lachend zustimmend, aufgegriffen: „N Burschi!" /94/. Durch diese Wiederholung wird der Witz konsolidiert. Christine fügt noch ein weiteres Wortspiel an. Nachdem sie ein Beißen lautmalerisch nachahmt (/97/), sagt sie: „Voll • lachend ins Glas gebissen!" /99/ und spielt dabei mit der Redewendung ‚ins Gras beißen'.

Es ist hier also ein freies Spiel mit Sprache zu beobachten. Die Verwendung der Symbolfeldmittel erfolgt nicht nach „geltenden Regeln"[170]. Freie Assoziationen und die Lust am Sprach-Spiel stehen hier im Vordergrund. Indem der Korrektheitsanspruch bezüglich der Benennung zurücktritt, treten die Interaktant:innen durch diesen ad hoc gebildeten Wortwitz ein Stück weit aus dem üblichen und soeben noch mit der Kellnerin realisierten praktisch-zielgerichteten, teleologischen Handeln heraus. Die Entwicklung des Wortwitzes wird hier von Lara und Christine gemeinsam geleistet; offensichtlich sind die beiden – wie oben bereits zu beobachten war – kommunikativ gut aufeinander eingespielt. Zudem scheinen beide das Ziel zu verfolgen, die Kommunikation etwas unterhaltsamer zu gestalten, genauer: die Beschränkungen praktisch zielgerichteten Handelns aufzuheben und so die diskursiven Möglichkeiten des sprachlichen Handelns funktionstypisch zu erweitern. Insgesamt gibt es in diesem kurzen Abschnitt relativ viele malende Prozeduren; nicht nur die Intonation in den Äußerungen /81/ und /88/, auch die lautmalerischen Äußerungen von Christine kann man dazu rechnen. „Malende Prozeduren dienen dazu, eine Gleichgestimmtheit zwischen Sprecher und Hörer zu erreichen." Ehlich ([1999] 200n: 36). Das gemeinschaftliche Einsteigen aller Diskursteilnehmer:innen in eine derart gleichgestimmte Vorstellung, welche durch Übertreibung und Witz und damit als unterhaltsam und „gelöst" gekennzeichnet ist, wird durch den Einsatz von malenden Prozeduren unterstützt. Der Witz scheint an dieser Stelle des Diskur-

---

[170] Wie schon bei dem ersten Witzversuch zu beobachten war (vgl. 4.4.1.3: Hegels Herkunft), ist hier eine angemessene, ‚korrekte' Wiedergabe der Wirklichkeit beim sprachlichen Handeln nicht prioritär.

ses schon besser zu funktionieren als der erste Witz-Versuch in Rätselform von Lara (s. o. B3). Durch den Einsatz des Witzes gelingt – zumindest ein Stück weit bzw. für einige der Interaktant:innen[171] – die Freisetzung vom praxisstiftend zielgerichteten Handeln, genauer: die Herstellung eines homileïschen Diskursraums.

Das Verfahren, das Christine und Lara hier anwenden, ähnelt dem, was Ehlich für den schulischen Diskurs als „Abduktion" beobachtet hat, also als die Umprägung oder das Ins-Abseits-Führen des offiziellen Unterrichtsthemas durch Schüler:innen, und zwar gerade durch das – witzige – Aufgreifen des eigentlichen Themas (Ehlich [1981] 2007d). Zu vermuten ist, dass dieses doppelbödige Verfahren ein genuin (oder zumindest typischerweise) homileïsches Verfahren ist. Jedenfalls lässt es sich wiederholt auch in meinen Aufnahmen beobachten (vgl. auch unten Kap. 4.4.3). In der Schule wird dieses Ins-Abseits-Führen durch Schüler:innen mit dem von Ehlich beschriebenen Zielen der Ablenkung vom Unterrichtsdiskurs angewendet. In *homileïschen Diskursen* stellt es aber keine Störung oder Ablenkung dar – zumal es kein institutionell vorgegebenes, „offizielles" bzw. verbindliches Thema gibt. Es scheint mir vielmehr ein Verfahren zu sein, um zum einen Konnektivität zwischen an sich nicht zusammenhängenden Themen herzustellen und damit für den Gesamtdiskurs, der eben nicht institutionell gerahmt oder zusammengehalten wird, eine Verknüpfung zur Einheit herzustellen. An der hier betrachteten Stelle des Kneipengespräches handelt es sich zwar um ein Wegführen vom Thema, nämlich dem (etwaigen) Objekt einer eingeschobenen Bestellung; häufig werden aber auf ganz ähnliche Weise auch fließende und elegante Übergänge von einem Thema zu einem anderen hergestellt, wie im Verlauf der Analyse noch zu zeigen sein wird.[172] Zum anderen wird damit die von Rehbein (2012) beschriebene Transformation der Wirklichkeit geleistet, wie im Kap. 4.4.3 durch die Analyse des „Weiterspinnens" detaillierter gezeigt wird.

So geht es bei diesem abduktiven Verfahren auch in den hier untersuchten Diskursabschnitten nicht nur darum, das „Witzige" an einer Situation oder in den p-Strukturen zu finden. Das Witzige oder der Witz ist vielmehr Vehikel, die Bindung an die Realität zumindest ein Stück weit außer Kraft zu setzen und eine „Gegenwelt" zu schaffen – und zwar mit sprachlichen Mitteln (in dem Fall des Witzes). So wird eine andere „Realität" im Π-Bereich, eine Vorstellung von einer

---

[171] Aus dem Transkript bzw. der Audio-Aufnahme sind die Reaktionen der anderen Interaktant:innen nicht soweit identifizierbar, als dass sich Schlüsse darüber ziehen ließen, ob sie das sprachliche Handeln witzig und unterhaltsam finden oder aber etwa albern und uninteressant. Die Non-verbale-Kommunikation könnte aufschlussreich sein. Da aber visuelle Daten nicht vorliegen, kann hier leider keine diesbezügliche Aussage gemacht werden.

[172] Vgl. bspw. die Überleitung von Daniel zu seiner Erzählung über den ‚Kommissar Fischer' /285/, siehe Kap. 4.4.4, B11.

Welt, geschaffen, in der bestimmte Gesetzmäßigkeiten[173], die als hemmend oder lästig empfunden werden, zumindest vorstellungsmäßig aufgehoben sind. Hier passiert also das, was Rehbein (2012) als „Transformation" der Realität beschrieben hat. Diese Vorstellung einer Gegenwelt bereitet offenbar Vergnügen, wie an dem Lachen erkennbar ist – jedenfalls für diejenigen Aktanten, die ein gemeinsames Handlungssystem zu wahren verstehen.

4.4.1.5 Ergebnisse zum Diskurseinstieg

Die nähere Betrachtung des Diskurseinstiegs lässt erkennen, dass sich der Charakter des Diskurses verändert. Zu beobachten war, dass die Themenfindung zunächst durchaus schwierig ist und eine homileïsche Atmosphäre erst einmal hergestellt werden muss. Genauer ist ein Diskursraum zu etablieren, in dem nicht praktisch-zielgerichtetes, teleologisches Handeln im Vordergrund steht. Die Freisetzung von solch zielgerichtetem Handeln muss offenbar auch in Konstellationen geleistet werden, die nicht durch institutionelle Zwecke determiniert sind und sich insofern umstandslos für homileïsche Diskurse anbieten. Es sind in diesen Fällen jedoch nicht die durch die institutionellen Zwecke bestimmten Ziele und nicht der entsprechende Arbeitsdruck, die außer Kraft gesetzt werden müssen. Die Beschränkungen, die hier bearbeitet werden, sind genereller Art: Aufgrund der institutionellen Durchdringung des Alltags und, allgemeiner, aufgrund der permanenten Anforderungen der kapitalistischen Gesellschaft richten wir uns permanent auf ein teleologisches, zielgerichtetes Handeln ein, entwickeln gewissermaßen eine diesbezügliche Disposition. Ein solcher gesellschaftlicher Druck lässt sich nicht ohne Weiteres „abschalten". In dem untersuchten Diskursabschnitt wurden von den Interaktant:innen diverse Bemühungen angestellt, um die Disposition zum zielgerichteten Handeln aufzuheben und so einen homileïschen Diskursraum herzustellen:

- Mit der Thematisierung der Aufnahmesituation wurde als Gesprächsinitial ein Objekt aus dem unmittelbaren Wahrnehmungsraum gewählt. Es ging zunächst darum, die durch das Hinzukommen einer weiteren Interaktantin veränderte Konstellation zu bearbeiten, eine Situation, die durch den Start der Aufnahme zusätzlich erschwert war. Um den Diskurs gewissermaßen erst einmal in Gang zu bringen, wurde mit der Thematisierung eines Objekts aus dem Wahrnehmungsraum auf ein Verfahren zurückgegriffen, wie es im *Small Talk* benutzt wird, und damit wird von einem sprachlichen Institut Gebrauch

---

[173] In dem vorliegenden Beispiel wird zum einen das Gebot einer korrekten Benennung von Objekten umgangen und zum anderen absurde Erklärungen für beobachtete Phänomene gelten gelassen: Das Glas hat eine schadhafte Stelle, weil es ein „Burschi" ist und eine Mensur ausgetragen hat bzw. weil jemand (ein „Burschi") ins Glas gebissen hat; interessanterweise können beide – sich eigentlich ausschließenden – Erklärungen nebeneinander stehenbleiben. Da sie beide eh schon absurd sind, muss eine inhaltliche Stringenz offenbar nicht hergestellt werden.

gemacht, das gesellschaftlich zur Bearbeitung bestimmter – anders gelagerter – Konstellationen entwickelt wurde.
- Es wurde der Versuch unternommen, an den vorangegangenen Diskurs und damit an ein bereits diskursiv etabliertes Gemeinschaftsgefühl anzuknüpfen. Dies geschah, indem ein bereits zuvor thematisierter Gesprächsgegenstand (ein Text von Magarete Stokowski) wieder aufgenommen wurde. Der Anschluss gelang jedoch vor allem auf atmosphärischer bzw. emotionaler Ebene nicht.
- Probeweise wurde eine andere Diskursform, nämlich ein intellektuelles Gespräch im Stil eines Seminardiskurses oder einer bildungsbürgerlichen *Konversation* realisiert. Damit wurde aber gerade eine Form gewählt, die das zielgerichtete Handeln eben nicht aufhebt, entsprechend wurde Kritik daran geäußert.
- Schließlich wurden witzähnliche Strukturen entwickelt, d. h. es kam zu einem spielerischen Umgang mit sprachlichen Mitteln, der lustig und unterhaltsam war. Das Vergnügen resultierte aus einer Aufhebung des Korrektheits- oder Wahrheitsanspruchs bzgl. des sprachlichen Handelns und brachte somit eine Entlastung mit sich. Diese Suspension des im Sinne der Praxisstiftung zielgerichteten, teleologischen Handelns ist ein Moment des *homileïschen Diskurses*. Zugleich kam es – insbesondere bei dem zweiten Witz-Beispiel „Burschi" – zu einer Konsolidierung des gemeinsamen Handlungssystems: Denn im Zuge der Verständigung darüber, dass man das Gleiche witzig findet, kommt es zu einem Abgleich des gemeinsamen Präsuppositionssystems (siehe auch Kap. 4.4.4).

4.4.2 Gestaltung der Aktant:innenrolle / Maximenkonflikte

Mit einer direkten Frage an Christina – „Und wie war‿s bei dir?" /98/ – versucht nun Daniel, sie in das aktive diskursive Handeln zu involvieren, denn Christina hatte sich zuvor bis auf wenige Äußerungen[174] nicht beteiligt.[175] Die mit dem Konjunktor ‚und' eingeleitete Frage kann als Elizitierung einer Erzählung gelten. Die Frage ist relativ offengehalten, d. h., Daniel gibt keine spezifischen Thematisierungshinweise, er überlässt es Christina, den Gegenstand der Erzählung zu wählen. Allerdings gehört zu dem derart aktivierten Musterwissen zur Dis-

---

[174] Dies sind (den Bestellvorgang ausgenommen):
 – zwei kurze witzige Kommentierungen (/22/ und /62/), die von den anderen Interaktant:innen jedoch nicht erkennbar honoriert werden;
 – eine Äußerung, die deutlich macht, dass sie dem Diskurs nicht folgen kann (/43/) (vgl. FN 154);
 – eine (abgebrochene) kritische Nachfrage zu Daniels Referierung (/27/);
 – eine unverständliche und abgebrochene Äußerung (/56/).
[175] Dass Daniel sich bemüht, Christina stärker in den Diskurs einzubinden, könnte an einem aus der engen Beziehung (vgl. 4.1) resultierenden Verantwortungsgefühl liegen.

kursart *Erzählen*, dass in Erzählungen in der Regel partikulares Erlebniswissen diskursiv gemeinsam gemacht wird. Dass Daniel mit seiner Äußerung Christina eigentlich zu einer diskursiven Rekonstruktion partikularen Erlebniswissens auffordert, wird zusätzlich durch die Thematisierungshinweis „bei dir" ausgeführt. Insofern zielt diese Elizitierung einer Erzählung darauf ab, das gemeinsame Präsuppositionssystem zu aktualisieren und synchronisieren. Daniels Frage nach ihren persönlichen Erlebnissen beantwortet Christina knapp mit „Anstrengend, aber ••• in Ordnung." /102/. Die anschließenden Ausführungen (/103/ – /107/) beziehen sich jedoch nicht mehr auf ihre eigene Verfasstheit oder Bewertung ihrer Arbeit bzw. ihres Tages, sondern auf rein ‚äußerliche' Abläufe, sie realisiert eher ein *Schildern* als ein *Erzählen*. Sie verweigert sich Daniels Aufforderung somit ein stückweit und signalisiert, dass sie nichts Interessantes oder Berichtenswertes zu erzählen hat. Nach Hörerreaktionen von Lara und Christine ergreift Christina erneut den Turn: „Aber…" /110/, bricht die Äußerung jedoch ab. Nach einer Planungspause setzt sie erneut an: „Aber eigentlich…" /111/. Auch diese Äußerung bricht sie wieder ab. Der mentale Bereich der Hörer:innen wird also mittels des operativen „aber" nur insofern bearbeitet, als die Hörer:innen sich auf eine Umlenkung der zuvor aufgebauten Erwartung einstellen. Dadurch, dass die Äußerungen jedoch beide Male abgebrochen werden, bleiben die Hörer:innen in der mentalen Mitkonstruktion gewissermaßen in der Luft hängen. Entsprechend vermutet Christine, dass etwas Gravierendes geschehen sei, und fragt nach: „Das/Is was Schlimmes passiert?" /112/. Christina verneint und setzt mit der Wiedergabe einer (Zeitungs-)Nachricht[176] ein (im Folgenden kurz „Ukraine-Story" genannt).

Eingeleitet wird diese Wiedergabe mit einer Matrixkonstruktion[177]: „Na⌣nur habt ihr das gelesen, dass […]" /115/. „nur" fungiert hier als Konjunktor zur vorherigen Äußerung und schränkt die Negierung ein. Durch die Einbettung in die Matrixkonstruktion wird die Rezeption des Hörers in einer bestimmten Weise gesteuert: Christina vermittelt so, dass sie die Nachricht selbst gar nicht wiedergeben will, sondern klären möchte, ob diese Nachricht als bekannt vorausgesetzt werden kann. Außerdem werden so die offenbar fehlgeleiteten Erwartungen durch ihre ersten, abgebrochenen Ankündigungsversuche (wie sie

---

[176] Keppler (1994) hat den Rückgriff auf die mediale Berichterstattung als Gesprächsthema, insbesondere als Gesprächsöffner, in ihren Untersuchungen von familiären Tischgesprächen gehäuft beobachtet. Wie in Kap. 2.1.4.3.3 bemerkt wurde, sind (Zeitungs-)Nachrichten auch für *Small Talk* ein möglicher Gesprächsgegenstand, da zumindest potentiell von einem interaktiv geteilten Wissen darüber ausgegangen werden kann. Christina macht hier also von einem anscheinend gängigen Verfahren der Themenfindung zu Beginn von *homileïschen Diskursen* Gebrauch, wenn sie statt auf persönliche Erfahrungen auf mediale Berichterstattung als möglichen gemeinsamen Anknüpfungspunkt zurückgreift.

[177] Das Lesen ist im Sinne des Zur-Kenntnis-Nehmens als illokutionsrelevante mentale Verarbeitung für die im dass-Satz formulierte Proposition zu verstehen und so Basis einer Matrixkonstruktion im Sinne von Rehbein (2004).

durch Christines sorgenvolles Nachfragen zum Ausdruck kommen) bearbeitet: Nicht ihr persönlich ist etwas Erzählenswertes oder Interessantes passiert (denn das inhaltlich Folgende ist kein partikulares Erlebniswissen), sondern eine Zeitungsnachricht. Gleichzeitig distanziert sie sich damit von der Urheberschaft: Der propositionale Gehalt des Folgenden, der Inhalt der Matrix, ist also als Wiedergabe eines Textes zu verstehen. Entscheidender scheint mir darüber hinaus zu sein, dass Christina die Nachricht als Bezugsgröße ihrer neu gemachten Erfahrung mit journalistischen Inhalten bei dieser Abklärung nicht in jedem Fall wiedergeben will; vielmehr ist die gemeinsame Vertrautheit mit der Neuigkeit für sie von Relevanz – erwartbarer Weise um gemeinsame Bewertungen zu evozieren oder zumindest einen Kommentar dazu abzugeben. Dies hängt mit einem bestimmten *Bild* zusammen, das Christina von ihrer Aktant:innenrolle vermitteln will – wie unten noch genauer zu zeigen sein wird.

An dieser Stelle – wie auch in den bisher untersuchten ersten beiden Sektionen des Transkriptes – wird deutlich, dass im *homileïschen Diskurs* die Abwesenheit eines durch eine Institution vorgegebenen Ziels für das sprachliche Handeln und damit die Abwesenheit eines vorgegebenen Diskursverlaufs oder gar Diskursthemas durchaus eine Schwierigkeit für die Diskursteilnehmer:innen darstellt. Die Themen für das gemeinsame sprachliche Handeln müssen erst gefunden werden. Ein Rückgriff auf Zeitungsnachrichten bzw. mediale Berichterstattung allgemein bietet sich hier an, da man davon ausgehen kann, dass die anderen Diskursteilnehmer:innen diesbezüglich ein Wissen teilen; es handelt sich also zumindest potenziell um ein geteiltes Wissen und stellt somit die Grundlage für einen potenziell gleichberechtigten Diskurs dar, in dem alle Diskursteilnehmer:innen über die Kondition verfügen, sich zu beteiligen.[178] Gerade dies gelingt im derart eingeleiteten Diskursabschnitt jedoch nicht. Es gelingt vor allem deshalb nicht, weil die anderen Interaktant:innen die Nachricht nicht kennen, so dass eben nicht auf ein geteiltes Wissen zurückgegriffen werden kann. Es ist konkret nicht einmal die Vorgeschichte zu dieser Nachricht bekannt, was dazu führt, dass die hörerseitige Mitkonstruktion problematisch bzw. schwierig ist, wie genauer auszuführen sein wird.

In Christinas dem kurzschließenden Fehlstart folgenden Wiedergabe der Ereignisse (s. u. B5) sind frappierend viele Korrekturen sowie eine gehäufte Verwendung von Deixeis, also ein gehäufter Einsatz von Mitteln des sprachlichen Zeigens statt von Mitteln des Benennens, sowie der frequente Gebrauch von bestimmten Artikeln – zwecks Wissensmanagement, wie prozedural rekonstruiert ist (Ehlich 2003) – auffällig. Es entsteht ein Eindruck von Vagheit und Vorsicht bei der Verba-

---

[178] Siehe auch Themen im *Small Talk* (s. o., Kap. 2.1.4.3.3); der Rückgriff auf Verfahren des *Small Talks* lässt für diesen Diskurs den Rückschluss zu, dass eine Transformation zu einer anderen Diskursart bis hierher noch nicht geglückt ist, dass noch kein weiter homileïscher Diskursraum i. S. Rehbeins (2012) geschaffen wurde.

lisierung. Die oben vollzogene Vermutung, dass Christina die Nachricht selbst gar nicht wiedergeben, sondern nur ins Bewusstsein aller heben wollte, mag eine mögliche Erklärung sein: Da ihr Plan offenbar lediglich war, die Neuigkeit zu kommentieren oder kommentieren zu lassen, hat sie keinen Sprecherplan bezüglich einer Wiedergabe der Nachricht ausgebaut; eine diesbezüglich revidierte verbale Planung muss nun in actu erfolgen. Indem Christina diskursiv feststellt, dass ihre Voraussetzungen über gemeinsames Vorwissen nicht zutreffen und sie also ihre Planung ändern muss, entsteht auch bei ihr selbst womöglich eine gewisse Verwirrung. Ist damit diskursanalytisch alles gesagt? Der bislang erarbeitete Erklärungsversuch scheint mir noch nicht ausreichend – zumal ihr späteres Erzählen (vgl. beispielsweise /131/ff) sehr viel geordneter und mit eher nennenden Verfahren hörerangemessen realisiert wird. Zudem erfordert ja auch ein Ins-Bewusstsein-Heben einer Nachricht zwecks Kommentierung eine nachvollziehbare Verbalisierung derselben. Ein genauerer analytischer Blick auf die Verbalisierung ist also sinnvoll. Dazu wird der Diskursausschnitt insgesamt präsentiert; die fraglichen Deixeis, deren Verweisobjekt für die Hörer ohne Vorwissen schwierig zu identifizieren ist, sind im Transkript grau hervorgehoben, die paraoperativen bestimmten Artikel, deren Einsatz gewissermaßen problematisch ist, sind mit einem helleren Grau hinterlegt – die Markierungen sollen deren Häufung in dem kurzen Abschnitt veranschaulichen.

B5: „War nur vorgetäuscht"

[57]

/110/ /111/ /113/
Christina [v] Aber... ((1,7s)) Aber eigentlich... Nee, gar
/112/ /114/
Christine [v] Das/ Is was schlimmes passiert? Nee,

[58]

/115/
Christina [v] nicht. Na, nur habt ihr das gelesen, dass die/ dass das nur

Christine [v] né!

[59]

/116/
Christina [v] vorgefälscht war, wahrschlich. Der/ Die Ermordung des

[60]

Christina [v] Ukrain/ also, ziemlich wahr/ sicher, denn die haben heute ne

[61]

/117/
Christina [v] Pressekonferenz gemacht. Fü/ die Ermordung des • russ

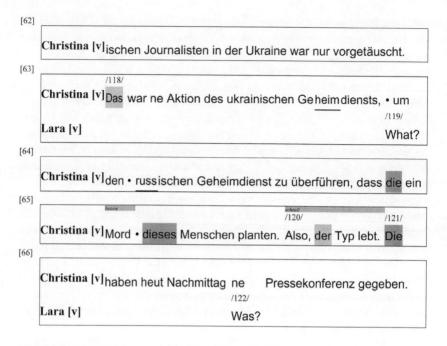

Wodurch entsteht hier – neben dem Offensichtlichen, nämlich den gehäuften Korrekturen – der Eindruck der Undeutlichkeit, also der Eindruck, dass Christina hier sprachlich gewissermaßen „herumeiert"? Die markierten sprachlichen Mittel erschweren in der Situation gerade ein mitkonstruierendes Verstehen durch die Hörer: Die bestimmten Artikel setzen ein Wissen voraus, das nicht vorhanden ist,[179] und mit den deiktischen Mitteln nutzt Christina einen Wissensraum als Verweisraum, der offenbar auch nicht in der Form bei den anderen ausgebaut ist, so dass die Deixeis hier hörerseitig ins Leere zeigen. Die Hörer:innen können entsprechend nicht folgen und verbalisieren ihr Nicht-Verstehen schließlich auch durch die Äußerungen „What?" /119/, „Was?" /122/, „In welcher ((unverständlich))?" /123/ und „Hä?" /124/. Daniel äußert durch die Nennung des Namens „Skripal."[180] /126/ eine Vermutung, worum es gehen könnte. Das

---

[179] Insbesondere „Ukrainer", „Ermordung" „russischer Journalist" und „Typ" – und damit die crucial points der Vorgeschichte – werden durch die Verwendung des definiten Artikels vor den jeweiligen Symbolfeldausdrücken als bekannt in Anspruch genommen.

[180] Durch die Nennung des Namens „Skripal" aktualisiert Daniel ein Wissen um ein Ereignis, das sich wenige Monate vor der Aufnahme ereignet hat und seitdem – auch noch zum Zeitpunkt der Aufnahme – Gegenstand der medialen Berichterstattung war: Der (ehemalige) Doppelagent Sergej Skripal, ein vom Britischen Auslandsgeheimdienst MI6 angeworbener ehemaliger Oberst des russischen Nachrichtendienstes, wurde zusammen mit seiner Tochter Opfer eines Anschlages mit einem Nervenkampfstoff in der englischen Stadt Salisbury. Der Fall löste in Folge eine diplomatische Krise zwischen Großbritannien sowie diversen verbündeten Staaten und Russland aus. Da dieser Fall in der medialen Berichterstattung

wird von Christina aber vehement negiert (dreimalige Wiederholung von ‚nein' /128/). Schließlich macht Christine ihr Nicht-Wissen bezüglich der Vorgeschichte explizit: „Ich hab den, den Mord schon nicht mitbekommen." /127/, wobei sie mit dem Symbolfeldmittel ‚Mord' ein Element des von Christina als in der Öffentlichkeit allgemein bekannt vorausgesetzten Wissens bei sich selbst als nicht-bekannt benennt. Dies führt dazu, dass Christina die Vorgeschichte sozusagen nachliefert, diesmal mit hinreichender Etablierung des Vorstellungsraums in /131/f.

Doch warum hat Christina bei der Wiedergabe der nachrichtlichen Neuigkeit zunächst derartige Formulierungsschwierigkeiten? Allein an der eingangs ausgeführten Verbalisierungsplan-Revision in actu kann es nicht liegen. Die Verwendung der in B5 markierten deiktischen Mittel mag darauf hindeuten, dass es ihr gerade darum geht, das bei ihren Gesprächspartner:innen gleichwohl als ihr selbst gegenüber reicher unterstellte Vorwissen zu refokussieren – das restituiert den eingangs analysierten Zweck der Einbindung in die Matrixkonstruktion. Wenn die anderen die Geschichte schon kennen würden, hätte ein ausführliches, geordnetes Erzählen leicht den Charakter eines Dozierens und wäre langweilig. Auch könnte unterstellt werden, dass sie sich aufgrund ihrer Arbeit einbildet, ‚informierter' zu sein als die anderen – eine Aktant:innenrolle, die sie offenbar vermeiden will. Sie signalisiert durch die Einbindung des propositionalen Gehalts in die Matrixkonstruktion bei ihrer Einstiegsfrage also, dass sie sich nicht aufspielen möchte, sondern hier nur etwas Interessanten beitragen könnte – falls die anderen die Neuigkeit noch nicht kennen. Das korreliert damit, dass sie möglicherweise auch den Eindruck vermeiden möchte, *Small Talk* zu betreiben. Schließlich hat sie sich Daniels Frage nach persönlichem Erleben (und damit einer Frage, die darauf abzielt, die Beziehung, also das gemeinsame Handlungssystem zu aktualisieren und konsolidieren)[181] in gewisser Weise verweigert (s. o.) und sich mit einem Thema aus der aktuellen medialen Berichterstattung auf eine eher *Small-Talk*-typische Themenwahl verlegt. In der vorliegenden Konstellation stellt *Small Talk* jedoch keinen angemessenen Diskurstyp für die Interaktant:innen dar.

Insofern können die Formulierungsschwierigkeiten (das „Herumgeeiere") als Ausdruck eines Maximen-Konflikts interpretiert werden: Einerseits will Christina einen Kommentar zu einer interessanten Nachricht bzw. Neuigkeit bringen, wofür eine hörerseitige Kenntnis dieser Nachricht eine Voraussetzung

---

recht präsent war und insofern auch im Wissen der Interaktant:innen gegenwärtig ist, es zudem auch in diesem Fall irgendwie um den russischen Geheimdienst geht, ist die Verbindung, die Daniel aufgrund der von Christina aufgeführten Wissenselemente zieht, sehr naheliegend.

[181] Ein solches Nachfragen zwecks Aktualisierung und Konsolidierung des gemeinsamen Handlungssystems zu Beginn des Diskurses, gewissermaßen als Voraussetzung des Homileïschen, ist auch im zweiten Diskurs zu beobachten (vgl. Kap 7.2.1).

ist, andererseits bemüht sie sich um ein der Konstellation angemessenes Handeln – und zwar sowohl die Aktant:innenrolle (mit der Maxime, dass in einem solchen Diskurs unter Freund:innen – also in einem Diskurs, in dem die Rollen eben nicht institutionell determiniert sind – alle teilnehmenden Aktant:innen prinzipiell gleichgestellt sein sollten) als auch den Diskurstyp (mit dem Maximenwissen: ‚kein *Small Talk*!') betreffend. Die Abwesenheit institutioneller Zwecke kann also auch einen gewissen Einfluss auf die Aktant:innenrolle bzw. auf das *Bild* von der Aktant:innenrolle, das man durch das sprachliche Agieren vermitteln möchte, und damit auf die sprachliche Realisierung von Diskursarten haben.

4.4.3 Weiterspinnen

In der paraphrasierenden Ablaufbeschreibung des in diesem Kapitel betrachteten Kneipengesprächs (Kap. 4.2) wurde bereits die Beobachtung festgehalten, dass es im Gefolge von Erzählungen oder anderen rekonstruktiven Diskursformen wiederholt zu einem gemeinsamen „Weiterspinnen" kommt; dies ist nun genauer zu analysieren. Zunächst zum ersten Vorkommen dieser Art im gesamten Diskursausschnitt.

4.4.3.1 „Ich war‿s nicht."

B6: „Ich war‿s nicht."

[84]
　　　　　　　　　　　　　　　　　　　/151/
　Christina [v] ins Krankenhaus gestorben. ((0,5s)) Äh Steinmeier ist auch

[85]
　Christina [v] grad in der Ukraine und hat dann äh • • groß sein, sein

[86]
　　　　　　　　　　　　　　/152/
　Christina [v] Beileid bekundet und so. Und das muss ja auf jeden Fall...
　　　　　　　　　　　　　　　　　　　　/153/
　Daniel [v]　　　　　　　　　　　"Ich war‿s nicht.".

[87]
　　　　　　　/154/
　Christina [v] Hehe ((lacht))
　　　　　　　　　　　　　　　　lachend
　　　　　　　/156/　　　　　　　　　　　　　　　　　　　　　　/158/
　Christine [v] ((lacht 1,2s)) "Ich war zur Tatzeit im Whirlpool.". ((lacht))
　　　　　　　/155/　　　　　　　　　　　　　　　　　　　　/157/
　Lara [v]　　((lacht))　　　　　　　　　　　　　　　　　　((0,9s))

Bevor genauer untersucht wird, wie das gemeinsame Weiterspinnen realisiert wird, soll erst einmal betrachtet werden, an welcher Stelle in Christinas Ausführungen dieses Weiterspinnen – initiiert durch die Äußerung /153/ von Daniel – einsetzt. Es handelt sich um einen Punkt in der Wiedergabe der „Ukraine-Story", an dem zum einen die relevanten Wissenselemente aus der Vorgeschichte der Nachricht weitgehend von ihr nachgereicht wurden und an dem zum anderen noch ein Detail hinzugefügt wird, welches das Ausmaß der Täuschung illustriert: Selbst der zu der Zeit des fingierten Mordes in der Ukraine (Ende Mai 2018) weilende deutsche Bundespräsident wurde offensichtlich von seinen Beratern und Informanten nicht auf eine Zweifelhaftigkeit des Ereignisses bzw. der Nachricht hingewiesen, sodass er öffentlich sein Beileid bekundete. Damit ist in Christinas Wiedergabe wie in der Realität der Nachrichtenerstattung ein Punkt erreicht, an dem die öffentliche Berichterstattung absurde Züge annimmt: Sogar der Bundespräsident[182] und damit der höchste Repräsentant des Staates wird (möglicherweise ungewollt) in einen geheimdienstlichen Nachrichtencoup eingebunden, denn seine Beileidsbekundungen verleihen der – wie sich erweist seitens der Ukraine fingierten – Todesnachricht eine enorme Glaubwürdigkeit. Durch das neue Wissen, dass der berichtete Mord als solcher nur vorgetäuscht war, wird das sprachliche Handeln des Bundespräsidenten ex post lächerlich, seine politische Souveränität beschädigt.[183]

Die entsprechenden Ereignisse werden von Christina folgendermaßen wiedergegeben: „Äh Steinmeier ist auch grad in der Ukraine und hat dann äh • • groß sein, sein Beileid bekundet und so." /151/. Die Handlung „Beileidsbekundung" charakterisiert Christina in der Äußerung durch die Attribuierung „groß". Der Umstand, dass Steinmeier sich bzw. sein politisches Amt durch die offizielle Handlung *Beileid-Bekunden* unwissend lächerlich gemacht hat, benennt Christina nicht explizit. Allerdings bringt sie diesen Umstand durch die Verwendung von „groß" ironisch subtil zum Ausdruck. Eine derartige saloppe Attribuierung ist für die Handlung *Beileid Bekunden* auffällig. Die Ironie operiert dabei auf dem mittlerweile bei den Hörer:innen etablierten Wissen, dass der Mord lediglich fingiert war. Vor dem Hintergrund dieses Wissens – über das der Aktant Steinmeier in der diskursiv vergegenwärtigten Situation nicht verfügte – wird die Bedeutsamkeit und Öffentlichkeit der Handlung zugespitzt. Daran wird mit der koordinierenden operativen Prozedur ‚und' ein weiteres Element angefügt. Christina benennt jedoch nicht eine weitere Handlung Steinmeiers, sondern zeigt mittels der Deixis „so" auf weitere Aspekte seines offiziellen Auftritts. Es bleibt den Hörern überlassen, die diskursiv etablierte Vorstellung des Geschehens aufgrund des Wissens um den typischen Ablauf solcher Handlungen, also Mithilfe von Musterwissen, zu ergänzen. Sie verlangt damit den Hörerinnen eine komplexe Leistung ab.

In diesem Moment steigt Daniel in das Szenario unter dem Aspekt einer möglichen Verwicklung in ein Komplott ein und wirft negierend „Ich war_s nicht." /153/ ein. Er baut somit die durch Christinas Wiedergabe bereits etablierten Vorstellung weiter aus. Die Äußerung führt nicht nur dazu, dass Christina ihre zeitgleich begonnene Äußerung und damit die Fortführung der Wiedergabe der Ukraine-Story abbricht und lacht (/152/, /154/), sondern auch dazu, dass die anderen in ein damit offenbar initialisiertes interaktives Ausbauen ei-

---

[182] Christina verwendet zwar nicht diesen Symbolfeldausdruck, sondern den Namen des Amtsinhabers „Steinmeier", damit wird aber natürlich bei den Hörern ein Wissen über die Funktion, über das Amt, das Steinmeier innehat, aufgerufen und aktualisiert.

[183] Damit wird die Skandalösität der Nachricht, die sowieso schon recht viele unwahrscheinliche Elemente – Geheimdienste gleich zweier Staaten sind involviert, ein Mord wird fingiert (derartige „Zutaten" sind gewöhnlich eher in Filmhandlungen, deren Realitätsbezug angezweifelt werden darf, zu finden) – aufweist, auf die Spitze getrieben.

ner Vorstellung einsteigen. Eine genauere Analyse dieser sprachlichen Handlung lohnt sich also.

Wie ist die Äußerung Daniels illokutiv zu interpretieren? „Ich war‿s nicht." erinnert in seiner Form stark an eine typisch kindliche Reaktion auf einen Vorwurf.[184] Mit der Äußerung wird eine Täterschaft bezüglich einer Handlung, die nicht benannt, sondern lediglich durch die apokopierte Phorik *es* („'s") in der Aufmerksamkeit behalten wird, kategorial abgestritten. Daniel ist jedoch in der aktuellen Sprechsituation gar nicht mit einem Vorwurf konfrontiert worden. Die Verwendung der Sprecherdeixis kann daher nur so interpretiert werden, dass hier nicht der Wahrnehmungsraum als Verweisraum genutzt wird (Daniel also nicht auf sich selbst als Sprecher zeigt), sondern der Vorstellungsraum. Daniel spricht gewissermaßen aus der Position eines Aktanten im Vorstellungsraum und streitet den Vorwurf einer Täuschungsbeteiligung ab. Er steigt also in die von Christina etablierte Vorstellung ein und ergänzt die benannte Kommunikationssituation um den Aspekt, auf den Christina sprachlich mittels „so" gezeigt hat. Diese inszenierte Ergänzung baut die vorgestellte Situation jedoch nicht realitätsbezogen – im Sinne eines stringenten Ausbaus vor dem Hintergrund eines Wissens um die Typik bundespräsidialer Handlungen – aus, sondern durch die kindliche Stilisierung der Rede in geradezu konträrer Weise. So wird die Charakteristik der Kommunikationssituation in der Ukraine ex-post als lächerlich, wie Christinas ironische Attribuierung bereits andeutete, in überzogener Weise diskursiv vergegenwärtigt, nämlich, indem die Lächerlichkeit nun unmittelbar erlebt wird. Denn durch die inszenierte direkte Rede haben die Hörerinnen qua Vorstellung teil an der Kommunikationssituation. Brünner (1991) hat in derartiger vorstellungsmäßiger Teilhabe den Zweck von REDEWIEDERGABEN, die sie als Handlungsmuster fasst, erkannt. Ihr zufolge ist der Zweck von Redewiedergaben „den aktuellen Hörer an der wiedergegebenen Kommunikationssituation teilhaben zu lassen" (a. a. O.: 3), Redewiedergaben seien so quasi ein „Fenster" in „mögliche Welten" (ebd.). In dem Fall, dass der jeweiligen Äußerung gar keine Original-Äußerung zugrunde liegt, dass es sich also um „fiktive Äußerungen" handelt wie Daniels Äußerung hier, würde Brünner diese dennoch als „Redewiedergaben" kategorisieren; sie nennt sie „fiktive Redewiedergaben". Die Kategorisierung von fiktiven Äußerungen als „Redewiedergaben" sei zutreffend, da sie „Rekonstruktionen"[185] seien. Es handele sich, so Brünner, bei fikti-

---

[184] Die *Image*haftigkeit des Wissens um eine solche Reaktion schlägt sich in zahlreichen Buch- und Filmtiteln sowie in der Verwendung in Sketchen etc. nieder (bspw. die Kinderbücher: Oliver Jeffers „Die Hugis - ich war's nicht", Jeff Kinney „Ich war's nicht. Gregs Tagebuch 4", Lauren Child „Charlie und Lola: Ich war's nicht! Ganz ehrlich nicht", Ursel Scheffler „Ehrlich, ich war's nicht!"; von Disney Chanel produzierte Sitcom „Ich war's nicht" oder die Anfang 2021 erschienene Single „Ich war's nicht" der Sängerin Nura).

[185] Redewiedergaben sind laut Brünner immer Rekonstruktionen, auch wenn die „realen" Äußerungen nicht wortgetreu wiedergegeben werden oder es sich um fiktive Äußerungen handelt (vgl. Brünner 1991: 4).

ven Redewiedergaben zwar nicht um eine Rekonstruktion realer Äußerungen, aber um die Teilhabe an einem fiktiven Kommunikationsereignis. Gewöhnlich habe das „Teilhabenlassen an Kommunikationssituationen" durch Redewiedergaben die Funktion der Involvierung des Hörers (Brünner 1991: 7). Für das hier in den Blick genommene sprachliche Handeln ist meiner Ansicht nach dennoch die Begrifflichkeit „Redewiedergabe" nicht angemessen. In dem vorliegenden Transkript handelt es sich nicht um eine „Wiedergabe" oder „Rekonstruktion"; vielmehr wird die Vorstellung einer Kommunikationssituation durch die Inszenierung direkter Rede überhaupt erst *produziert*. Nichtsdestotrotz wird diese inszenierte direkte Rede hier mit einer ähnlichen Funktion eingesetzt, wie Brünner sie für Redewiedergaben herausarbeitet: Auch Daniels Äußerung eröffnet gewissermaßen ein Fenster in eine Szenerie.

Die vorgestellte Kommunikationssituation wird allerdings nicht von ihm alleine inszeniert, sondern die durch die Äußerung eröffnete Vorstellung wird von den Interaktant:innen gemeinsam ausgebaut, besonders durch die folgenden Äußerungen von Christine und Lara. Diese kollaborativ inszenierte Kommunikationssituation ist durch das Handlungsmuster VORWURF-RECHTFERTIGUNG vorstrukturiert: Daniels Äußerung wurde von mir illokutiv als Abstreiten des Vorwurfs einer Täuschungsbeteiligung interpretiert. Durch diese Handlung ruft er so gleichzeitig ein entsprechendes Wissen bzgl. des Handlungsmusters VORWURF-RECHTFERTIGUNG bei den anderen Gesprächsteilnehmerinnen auf. Die folgenden Äußerungen von Lara und Christine (/156/, /157/, /160/) bauen die vorgestellte Kommunikationssituation mustergemäß weiter aus: Im Zusammenspiel mit Christinas wiedergegebener Geschichte wird Daniels einfachem Abstreiten einer Täuschungsbeteiligung gar jegliches Erfordernis entzogen und stattdessen ein Alibi ergänzt: Das Alibi wird zunächst von Christine geliefert: „Ich war zur Tatzeit im Whirlpool." /156/. Und dann von Lara um ein Detail ergänzt: „Und hab mein Hintern rausgestreckt." /157/. Beide Äußerungen werden gleichermaßen als direkte Rede mit der Sprecherdeixis „ich" realisiert und eben dadurch mit Daniels inszenierter Aussage verkettet. Das Alibi wird in der fiktiven Kommunikationssituation von Typus *Verhör* durch Christines Aufforderung: „Fragen Sie Herrn Müller!" /160/ untermauert. Der fiktive Hörer in dieser Situation wird mit dem höflichen paradeiktischen ‚Sie' angesprochen, mit „Herrn Müller"[186] wird ein Zeuge für das Alibi genannt. Dass Daniel durch die Nennung seines Nachnamens hier gewissermaßen als Zeuge aufgerufen werden kann, operiert auf gemeinsam geteiltem Wissen, das bereits im Rederaum etabliert wurde und durch die Nennung des Ausdrucks „Whirlpool" /156/ ins Bewusstsein gehoben und re-aktualisiert wurde. Daniel hatte nämlich einige Zeit zuvor erzählt, dass er bei einem kürzlich zurückliegenden Sauna-Besuch einen Mann im Whirlpool gesehen hatte, der sein nacktes Gesäß auffällig aus

---

[186] „Müller" ist Daniels Nachname.

dem Wasser gestreckt hat.[187] Dies stellt einen spielerischen Umgang mit Wissenselementen zu Themen des Wissens dar, die an sich keine Überschneidungen haben. Durch die Verwendung der genannten Symbolfeldausdrücke wird in der verbal inszenierten Kommunikationssituation elegant ein Bogen zum vorangegangenen sprachlichen Handeln geschlagen. So wird aber nicht nur eine thematische Konnektivität hergestellt, vor allem wird die zuvor diskursiv hergestellte Gemeinschaftlichkeit in der aktuellen Kommunikationssituation wieder vergegenwärtigt und mit dem gegenwärtigen diskursiven Handeln verknüpft.

In der gemeinsamen Inszenierung dieser fiktionalen Kommunikationssituation wird der Korrektheitsanspruch der diskursiven Rekonstruktion der Ukraine-Story aufgehoben. Eine fiktionale Realität wird diskursiv geschaffen oder – um mit Rehbein (1984, 2012) zu sprechen – eine *Gegenwelt* hergestellt. Diese diskursiv geschaffene Fiktion ist aber nicht völlig losgelöst von der Realität, sondern baut auf einem *image*haften Wissen über das sprachliche Handeln in kommunikativen Situationen vom Typ *Verhör* bzw. *polizeiliche Befragung eines Tatverdächtigen* auf.

Beim Ausbau der fiktiven Realität werden also, so lässt sich analytisch festhalten, in dem untersuchten Diskursabschnitt im Rederaum etablierte Wissenselemente in Anspruch genommen (,Whirlpool-Anekdote'), wodurch Konnektivität über den Diskursverlauf hergestellt und das gemeinschaftsstiftende Moment potenziert wird. Die diskursive Herstellung des fiktiven Szenarios hat dabei ihren Anknüpfungspunkt in dem unmittelbar vorangegangen sprachlichen Handeln: Die Rekonstruktion der Ukraine-Story war an einem Punkt angelangt, an dem die Vorstellung dahingehend ausgebaut war, dass ein Vorwurf bezüglich eines ungeheuren Geschehens gewissermaßen ,in der Luft lag'. Da demnach das entsprechende sprachliche Handeln seinen Ansatzpunkt in dem diskursiven Geschehen hat, schlage ich vor, diese Herstellung einer fiktionalen Realität hier WEITERSPINNEN zu nennen.

4.4.3.2 „Moment mal!"

Ganz ähnliche, durch inszenierte direkte Rede hergestellte fiktive Szenarien habe ich in dem vorliegenden Diskurs wiederholt identifizieren können. Zwei Beispiele – einmal am Ende der Wiedergabe der Ukraine-Story (die Christina nach dem Einschub der „Whirlpool-Anekdote" weiterführt) und einmal anknüpfend an eine andere Erzählung von Daniel – werde ich im Folgenden vergleichend betrachten. Etwaige Unterschiede bezüglich sowohl der Realisierung als auch der Funktion sollen im Zuge dessen herausarbeitet werden.

Um das erste Beispiel, B7 „Moment mal!", verstehen zu können, muss zunächst das unmittelbar vorangehende diskursive Handeln kurz rekapituliert

---

[187] Da Christina zu dem Zeitpunkt der Erzählung noch nicht dabei war und insofern nicht über das entsprechende Wissen verfügt, wird diese Anekdote im Anschluss erneut erzählt, s. u. Kap. 4.4.4.

werden: Nach einem Einschub durch die Erzählung der „Whirlpool-Anekdote" (s. u. Kap. 4.4.4) fährt Christina mit der Wiedergabe der Ukraine-Story fort. Da nun aber auch die anderen Interaktant:innen bis zu einem gewissen Grad über ein Wissen zu der Vorgeschichte verfügen, fällt die Mit-Konstruktion den Hörer:innen offenbar leichter, häufige Nachfragen und Kommentierungen lassen darauf schließen. Insbesondere Daniel bemüht sich durch mehrere Nachfragen darum, sein hörerseitiges Verstehen abzusichern, und verbalisiert wiederholt seine Verstehensprobleme. So formuliert er sie in den Äußerungen /211/ und /213/ zunächst unspezifisch expeditiv und dann explizit objektdeiktisch zeigend: „Hä? Aber das versteh ich nicht." und benennt seine Verstehenslücke dann präziser: „Wen wollten sie damit überführen?" /215/. Christine schließt sich an und bewertet die Erzählung als „krude Geschichte" /216/. Christina führt rechtfertigend an, dass auch sie nur über ein begrenztes Wissen über die Geschichte verfügt, und versucht erneut, die Vorgeschichte der Enthüllung, dass es sich um einen fingierten Mord handelt – nun detailreicher – zu rekonstruieren. Etwas später stellt Daniel eine weitere verständnissichernde Rückfrage: „Also, jetzt soll man sich vorstellen, es gab einen russischen Spion oder irgendwas, der sollte ein russischen Defekteur[188], oder wie das heißt, umbringen?" /232/ Schließlich scheint Christina mit der Rekonstruktion der Vorgeschichte fertig zu sein und die gesamte Geschichte mit der Äußerung: „((1,7s)) Und jetzt • war • dann gestern ((1,1s)) das große • Trara." abzuschließen. Der Eindruck, dass es sich um einen Abschluss handelt, wird durch die relativ langen Planungspausen in der Äußerung sowie die folgende Pause von über zwei Sekunden verstärkt.

B7: „Moment mal!"
[141]

	/246/
Christina [v]	((1,7s)) Und jetzt • war • dann gestern ((1,1s)) das große •
NN [v]	Leude!

---

[188] Die Äußerung führt im Übrigen zu einem Lachen, weil Daniel den Ausdruck „Defekteur" benutzt. Warum wird im Anschluss an die fragliche Nennung des Ausdrucks gelacht? Ich sehe zwei Erklärungen: Zum einen ist mit dieser inkorrekten Benennung gerade der brisante Punkt der Ukraine-Story berührt: Hätte der russische Geheimdienst die Ermordung eines Defekteurs (Verräters) – ein Ausdruck, der vor allem in der Spieltheorie, nämlich in dem sognannten Gefangenendilemma Verwendung findet – angeordnet, ließe sich das durch die institutionellen Aufgaben eines Geheimdienstes vielleicht gerade noch legitimieren. Die Tötung eines Journalisten durch den Geheimdienst verstößt aber fundamental gegen ein Ideal von Rechtsstaatlichkeit. Zum anderen wird durch diesen inkorrekten Gebrauch des Ausdrucks Daniels Versuch, durch die Verwendung von Fremdwörtern ein Image als Intellektueller zu vermitteln, ein bisschen lächerlich. – Das Lachen kann insofern auch als Sanktionierung verstanden werden, da eine solche Aktante:innenrolle im *homileïschen Diskurs* nicht angemessen ist (vgl. auch Kap. 4.4.1.2).

[142]

	/247/		/249/	
Christina [v]	Trara. ((2,3s)) Höhepunkt		((1,4s)) derjenigen…	
		/248/	/250/	
Daniel [v]		Ja?		Aber ich versteh nicht,

[143]

Christina [v]		
		/251/
Christine [v]		Ja, das
Daniel [v]	inwiefern das helfen soll, den Typen/ den Mörder zu	

[144]

Christine [v]	is, das is noch nen bisschen…
	/252/
Daniel [v]	überführen. Weil, wenn ich nen Mörder bin und plötzlich

[145]

Christine [v]	
Daniel [v]	heißt es, der Typ wär tot, aber ich hab ihn nicht umgebracht,

[146]

	/253/	
Christina [v]	Nee, ich hab das alles überhaupt	nicht
		/254/
Christine [v]		((lacht
		/255/
Lara [v]		Vielleicht…
Daniel [v]	• würde ich	nicht zur Polizei gehen.

[147]

			/259/
Christina [v]	(verstanden).		((lacht))
		lachend /257/	/260/
Christine [v]	1,0s))	"Moment mal!".	((lacht))
			/258/
Lara [v]			((lacht))
		andere Stimmlage, lachend /256/	
Daniel [v]		"Moment mal, den wollte ich doch	

119

[148]

Christina [v]   /261/ Nicht (vermögend)... Also, das Einzige, was

Christine [v]   "Das war meiner!".

Lara [v]

Daniel [v] umbringen!".

[149]

Christina [v] Sinn macht, ist ja, dass die nach der Tat, also, die wenigen

[150]

Christina [v] Stunden, die jetzt nach der Tat waren, ist ja das ein
/262/
Daniel [v] (Aber)...

[151]

Christina [v] zige, was...
/263/   /265/
Christine [v] Ja, ja, das ist das, wo man...   Wenn die Russen,
/264/
Lara [v] Ja, gut.

[152]

/266/   /267/
Christina [v] Was anders ist.   ((unverständlich))
/268/
Christine [v] wenn die sagen: "Gut gemacht!". Wenn die ne SMS

[153]

Christina [v]   lachend
   /270/
Christine [v] geschickt haben mit "Sehr gut! Wie verabredet!". Und
   /271/
Lara [v]   "Hier
   schmunzelnd
   /269/
Daniel [v]   Hmhm˙

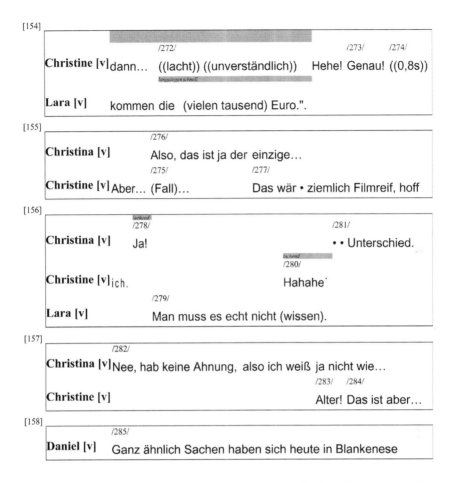

Daniel hat offenbar immer noch Schwierigkeiten, die Handlungen der Aktant:innen in der Ukraine-Story (konkret: die Fingierung eines Mordes) mit den rekonstruierten dahinterstehenden Handlungsplänen (das Überführen des vom russischen Geheimdienst engagierten Auftragskillers) in Einklang zu bringen. Die Handlungen scheinen ihm unlogisch, d.h. seinem Wissen über typisches Verhalten von Mördern zu widersprechen. Er verbalisiert sein Verstehensproblem in Bezug auf die Ukraine-Story: „Aber ich versteh nicht, inwiefern das helfen soll, den Typen/den Mörder zu überführen." /250/ und begründet es mit einem Abgleich mit den eigenen mentalen Prozessen: „Weil, wenn ich nen Mörder bin und plötzlich heißt es, der Typ wär tot, aber ich hab ihn nicht umgebracht, • würde ich nicht zur Polizei gehen." /252/ Damit macht er gewissermaßen einen Sprung in eine andere – lediglich qua fingierter vs. realer Beteiligtheit parallelisierte – Konstellation. In dieser vorgestellten neuen Konstellation treten die Bedingungen des Handlungsfelds (durch eine Beschränkung auf die für das Handeln relevanten Faktoren) prägnanter hervor. Die diskursive Produktion dieser Vorstellung einer anderen Konstellation dient Daniel als Illustration seines unverständnisbedingenden Arguments.

Zudem inszeniert Daniel in der derart etablierten Vorstellung eine Kommunikationssituation qua direkter Rede: „Moment mal, den wollte ich doch umbringen!" /256/. Die Absurdität eines solchen Handelns in der vorgestellten Situation wird den Hörer:innen so unmittelbar plastisch vermittelt. Die Herstellung einer fiktiven Kommunikationssituation dient Daniel hier also zunächst dazu, sein Argument zu stärken. Da in dieser Vorstellung der Gegensatz zwischen dem Reklamieren der Tat bzw. Proklamieren eines entsprechenden Handlungsplans und den Bedingungen des (fiktiven) Handlungsraums besonders drastisch hervortritt, wird die sprachliche Handlung witzig, die vorgestellte Situation absurd. Das gemeinsame Lachen konsolidiert eine solche Bewertung. Der Witz hängt auch damit zusammen, dass in Daniels inszenierter Äußerung der Sprecher sich nachgerade entrüstet und darauf insistiert[189], einen entsprechend mörderischen Handlungsplan gehabt zu haben. Diese Entrüstung ob eines „Agentenplanbruchs" im Sinne von Quasthoff (1980: 57) wird durch die Formulierung „Moment mal"[190] deutlich. Durch die Wiederholung dieses Teils der Äußerung im exklamativen Modus konsolidiert Christine den Witz und synchronisiert gleichzeitig die Vorstellung der Kommunikationssituation (/257/). Sie baut die fiktive Kommunikationssituation rigide weiter aus, indem sie – ebenfalls in inszenierter direkter Rede – erläuternd hinzufügt: „Das war meiner." /260/.

Christina hingegen beteiligt sich nicht am diskursiven Ausbau dieser Vorstellung, sondern bleibt gewissermaßen beim Thema. Sie antwortet auf Daniels Verstehensfrage, indem sie zu einer möglichen Erklärung ansetzt: „Also, das Einzige, was Sinn macht, ist ja, dass <u>nach</u> der Tat, also die wenigen Stunden, die jetzt <u>nach</u> der Tat war, ist ja das Einzige, was…" /261/. Diesen Erklärungsversuch bricht sie jedoch ab. Dennoch wird damit die Vorstellung eines Szenarios in der Nachgeschichte des Mordes eröffnet, der Akzent auf den Ausdruck ‚nach' steuert die mentale hörerseitige Gerichtetheit diesbezüglich. Das ist der Ansatzpunkt, den Christine nutzt, um ihrerseits dieses Szenario plastisch zu entwerfen: „Wenn die Russen, wenn die sagen: ‚Gut gemacht!'" /265/. Dieses Szenario modifiziert sie sogleich, das Kommunikationsmedium wird konkretisiert: „Wenn die ne SMS geschickt haben mit ‚Sehr gut! Wie verabredet!'" /268/. Diese fiktive Kommunikationssituation ergänzt Lara: „Hier kommen die (vielen tausend)

---

[189] Den insistierenden Charakter erhält die Äußerung durch die Verwendung von ‚doch', womit die Negation einer Negation realisiert wird.
[190] Mit ‚Moment mal!' kann Entrüstung ausgedrückt werden, weil dieser Forderung nach einem Innehalten ein divergentes Bewerten des aktuellen Handelns zugrunde liegt.

Euro." /269/. Dieses diskursive Szenario hat in diesem Diskursabschnitt die Funktion, zu einer Klärung der Ukraine-Story beizutragen – allerdings in unterhaltsamer Weise. Christinas eher rekonstruktivem Erklärungsversuch wird ein fiktives Szenario entgegengesetzt. Damit wird ein anderes Verfahren gewählt: Die propositionalen Gehalte werden nicht einer wissensmäßigen Bearbeitung vorgelegt,[191] sondern eine Vorstellung wird etabliert, an der die Hörer:innen teilhaben (vgl. oben). Durch die Teilhabe an der diskursiv produzierten Vorstellung einer Kommunikationssituation wird auch die Dummheit eines solchen Verhaltens „der Russen" unmittelbar plastisch eindrücklich. Zudem wird in dieser Vorstellung eine Welt entworfen, in der die Agent:innen einer für uns extrem opaken und zum Machtapparat des Staates gehörenden Institution, des russischen Geheimdienstes, die gleichen alltäglichen Handlungen vornehmen wie wir, nämlich SMS schreiben.[192] Dadurch wird vorstellungsmäßig das empfundene Defizit gegenüber solchen Institutionen aufgehoben. Das diskursive Entwerfen eines solchen Szenarios birgt hier in doppelter Weise eine Entlastungsfunktion: Der mentale Nachvollzug wird erleichtert, insofern er kein zielgerichtetes Handeln (Abgleichen mit Maßstäben wie Plausibilität) erfordert, und die produzierte Vorstellung schafft eine Gegenwelt, in der Defizite des Alltags aufgehoben werden.

4.4.3.3 „Ich hätte, glaub ich, ewig mit dem mich unterhalten"

Der andere Diskursabschnitt, den ich exemplarisch für die Analyse des gemeinsamen WEITERSPINNENS mittels inszenierter direkter Rede ausgewählt habe, schließt an Daniels Erzählung einer wahren Begebenheit an (zu dieser Erzählung s. Kap. 4.4.4.3). Die reale Geschichte war: Er (Daniel) und sein Bruder sind ins Visier eines Trickbetrügers geraten, der sich als Polizist ausgegeben hat und zu dem es nur telefonischen Kontakt gab. Nach einem, faktisch eher versehentlichen, telefonischen Kontakt deswegen mit der Polizei wird der Bruder von dieser angehalten, dem Trickbetrüger eine Falle zu stellen.

Nachdem Daniel von der „Masche" des Trickbetrügers berichtet hat, gibt er an, dass er – hätte er an Stelle seines Bruders telefoniert – seiner Einschätzung nach das Gespräch mit dem Trickbetrüger extensiv fortgeführt hätte: „Ich hätte, glaub ich, ewig mit dem mich unterhalten." /358/. Durch die Einbindung der Aussage ‚Ich hätte […] ewig mit dem mich unterhalten' in eine Matrixkonstruk-

---

[191] Die Hörer:innen müssen den Erklärungsversuch nicht an Maßstäben der Plausibilität messen.

[192] Da zudem davon auszugehen ist, dass die Aktant:innen hier über ein Wissen verfügen, dass Mobildaten – insbesondere unverschlüsselte wie gewöhnliche SMS – nicht sicher, also tendenziell abhörgefährdet sind, erscheint das vorgestellte mögliche Szenario doppelt naiv und unüberlegt. Gleichzeitig wird eine mögliche Erklärung dafür geliefert, wie der ukrainische Geheimdienst überhaupt von dieser Kommunikation Kenntnis erhalten könnte.

tion mit dem verbum sentiendi ‚glauben'[193] signalisiert Daniel zwar, dass er keine belastbare Aussage macht, er schränkt die Aussage über sein Handeln als nicht-alternativlos ein (sprich: er räumt ein, dass er sich möglicherweise in dem tatsächlichen Fall durchaus anders verhalten hätte können). Durch das Assertieren eines alternativen Szenarios wird aber dennoch die Möglichkeit, sich einen anderen Handlungsverlauf vorzustellen, eröffnet – zumal durch den Konjunktiv II die Äußerung eine „mentale Wirklichkeitsqualität" (Redder 2009: 92) erhält, d. h. der propositionale Gehalt als angemessen und gültig hinsichtlich der mentalen Wirklichkeit (Π) (und nicht der außersprachlichen Wirklichkeit P) qualifiziert wird.[194] Die Äußerung bietet also einen Ansatzpunkt für den Ausbau einer entsprechenden Vorstellung.

B8: „Ich hätt mich ewig mit dem unterhalten"

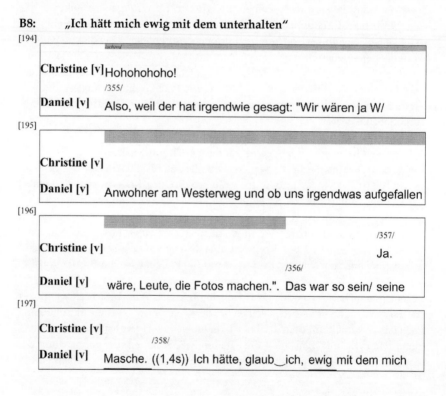

---

[193] Rehbein (1977) stellt heraus, dass „ich glaube" keine Exothese des Glaubens ist, sondern eine sprachliche Thematisierung, dass der Glaubensmechanismus nicht angewendet wird (vgl. a. a. O.: 37ff). Insofern drückt die Verwendung des Ausdrucks ‚glauben' aus, dass sich der/die Sprecher:in eben nicht auf einen Standpunkt festlegt, sondern Alternativen nicht ausschließt.
[194] Vgl. Redder (1999).

[198]

	/360/
Christine [v]	((lacht 4,6s))
	/359/
Lara [v]	((lacht 1,1s))
	/361/ /362/
Daniel [v] unterhalten.	Dacht ich jedenfalls. ((0,5s))

[199]

Christine [v]

erhobene Stimmlage
/364/
Lara [v] "Fotos, mein Sie mit nem Handy oder

schnuuselnder Tonfall
/363/
Daniel [v] Und ähm... ((1,3s)) Zumal da neulich n sehr verdächtiger,

[200]

Lara [v] Kamera?".

amüsiert
Daniel [v] sehr verdächtiger Typ war, der keine Fotos gemacht hat.

[201]

/368/
Christina [v] "Ja, und unser eines Fenster
/365/
Christine [v] ((lacht 0,7s))
/366/ /367/
Daniel [v] Und... ((0,9s)) Ähm...

[202]

Christina [v] schliießt auch nicht so gut, deshalb sind wir be sonders

Daniel [v]

[203]

Christina [v] aufmerk...".
/369/
Christine [v] ((lacht))
/370/
Lara [v] ((lacht 0,9s))

betont
/371/
Daniel [v] "Bei uns liegt auch immer ein

[204]

Christine [v]		/373/ ((lacht)) "Wolln wir den
Lara [v]		/372/ ((lacht 1,3s))
Daniel [v]	Schlüssel unter dem Stein.".	

[205]

Christine [v]	mal reinholn.".
Lara [v]	/374/ Wollen wir unser ganzes Bargeld vielleicht doch
Daniel [v]	/375/ ((lacht))

[206]

Christine [v]	/376/ /378/ Mein, dein. ((lacht))
Lara [v]	lieber mal auf den Tisch legen. ((lacht 1,2s)) ((holt Luft)) /377/
Daniel [v]	Genau! /379/ Das ganze

[207]

Christine [v]	((lacht))
Lara [v]	((lacht))
Daniel [v]	Bargeld, das wir für die Gründung der Klinik schon (uns)

[208]

Christine [v]	*lachend* /380/ Hahaha! ((holt Luft))
Lara [v]	/382/ Daniel und sein Bruder
Daniel [v]	überlegt haben. /381/ "Unter dem Stein? Sollen wir das

[209]

Christina [v]	
Lara [v]	wollen nämlich jetzt eine Klinik gründen.
Daniel [v]	jetzt reinholen?".
NN [v]	

Dieser durch Daniels Äußerung gegebener Ansatzpunkt wird von den Interaktant:innen genutzt, um gemeinsam mittels direkter Rede eine Kommunikationssituation zu inszenieren. Das durch Daniel benannte sprachliche Handeln – „ewig mit dem mich unterhalten" – wird also in der aktuellen Sprechsituation inszeniert, gewissermaßen in die Tat umgesetzt. Initiiert wird diese Produktion einer fiktiven Kommunikationssituation durch Lara: „Fotos, meinen Sie mit nem Handy oder Kamera?" /364/. Mit der Verwendung des Ausdrucks „Fotos" greift sie von Daniel verbalisierte propositionale Elemente auf, nutzt also gemeinsame, durch das diskursive Handeln etablierte Wissenselemente – Daniel hatte unmittelbar vorher erzählt, dass es die Masche des Trickbetrügers war, am Telefon seine potenziellen Opfer zu fragen, ob sie „Leute, die Fotos machen" /355/ gesehen hätten. Die sprachliche Handlung des Trickbetrügers wird von Daniel als Frage geformt. Lara steigt also gewissermaßen im Nachhinein in das von Daniel benannte Handlungsmuster (FRAGE-ANTWORT-Muster) ein. Ihre Äußerung ist in einer derart vorgestellten Kommunikationssituation eine direkte Reaktion auf die Frage des Trickbetrügers in Form einer Nachfrage. Sie stilisiert die Sprecherrolle in dieser inszenierten Rede vor allem durch die Intonation als naiv. Christina inszeniert die Rede in ähnlich gespielter naiver Manier und gibt dem Trickbetrüger zusätzlich einen Wink: „Ja, und unser eines Fenster schließt auch nicht so gut, deshalb sind wir besonders aufmerk...". /368/. Auch die anderen Diskursteilnehmer:innen steigen diskursiv mit inszenierter Rede handelnd in die vorgestellte Kommunikationssituation ein. In diesen Äußerungen stellen sie sich selbst naiv und geben dem Trickbetrüger so Hinweise („Bei uns liegt auch immer ein Schlüssel unter dem Stein." /371/; „Wolln wir den mal reinholn." /373/; „Wollen wir unser ganzes Bargeld vielleicht doch lieber mal auf den Tisch legen." /374/). Es werden also mögliche Szenarien durchgespielt, wie man dem Trickbetrüger eine Falle stellen könnte, indem man sich in der entsprechenden Situation besonders naiv stellt und ihn so anlockt. Diese Szenarien werden durch die Inszenierung direkter Rede entworfen. Genutzt wird dabei ein Wissen um tatsächliche Naivität in Bezug auf Einbruchssicherung (bspw. den Schlüssel unter einen Stein ‚verstecken') u.Ä. und ein Wissen darum, wie man Opfer eines Trickbetrüger wird, nämlich indem man jemanden, der sich als Autorität ausgibt, vertrauensvoll begegnet.[195] In der Realität ist es eine schmerzhafte Erfahrung, Opfer eines solchen Trickbetrügers zu werden; hier jedoch wird eine Vorstellung aufgebaut, ein Szenario diskursiv produziert, in der ein solcher Trickbetrüger quasi durch die eigenen Mittel geschlagen wird: durch die Vorspiegelung falscher Tatsachen. Die Naivität, die sonst Grund für seinen Erfolg (und die Schmach seiner Opfer) ist, wird in dieser kommunikativ hergestellten alternativen Realität gerade gegen ihn gewendet. Daniels Erzählung wird in einem gemeinsamen kollaborativen Handeln ex post in eine ‚Siegesgeschichte' umgewandelt. Damit wird also eine tendenziell defizitäre außersprachliche Wirklichkeit durch die sprachliche Wirklichkeit umstrukturiert. Daraus erklärt sich auch das Vergnügen, das sich in dem begleitenden Lachen ausdrückt. Auch dass dieses Handeln relativ lange fortgeführt wird (über zehn Partiturflächen, PF 199 bis PF 209), ist ein Indiz dafür, dass die Interaktant:innen Freude an der Produktion eines solchen alternativen Szenarios haben.

Im Übrigen wird auch in diesem Diskursabschnitt, in der hier untersuchten Inszenierung einer Kommunikationssituation wieder auf das vorangegangene diskursive Geschehen per Allusion rekurriert: Diesmal ist es bereits diskursive vermitteltes Wissen über Daniels Plan, mit seinem Bruder eine Klinik zu eröffnen. Dieses Wissen wird durch die Verwendung der Nominalphrase „die Gründung der Klinik" (/379/) aufgerufen. So wird Konnektivität über verschiedene Diskursabschnitte hergestellt und damit die diskursiv hergestellte Gemeinschaft gestärkt. Gleichzeitig wird aber auch das gemeinsame Präsuppositionssystem gefestigt, indem betont wird, dass man auf im Rederaum etablierte Wissenselemente, deren Thema des Wissens eine der beteiligten Interaktant:innen ist, rekurriert. Das gemeinsame Handlungssystem wird also gefestigt, indem sich gegenseitig versichert wird, dass man die persönlichen Informationen im Wissen verankert hat und insofern darauf wieder zugreifen kann.

Wie in den vorangegangenen analysierten Beispielen hat auch in diesem Diskursabschnitt das Weiterspinnen seinen Ansatzpunkt in einer Vorstellung, die durch das diskursiv unmittelbar vorangegangene „rekonstruktive sprachliche Handeln" (*erzählen* u.Ä.; Rehbein 1989) hergestellt wurde. Die inszenierte Kommunikationssituation bleibt hier jedoch sehr viel stärker der von Daniel erzählten Geschichte verpflichtet: Von den Interaktant:innen wird lediglich ein alternatives, wünschenswerteres Szenario entworfen – das aber durchaus möglich wäre.

---

[195] Diese Richtung wurde im Übrigen bereits durch die Art, wie Daniel die Geschichte erzählt hat, vorgegeben: Daniel hat die Vorgeschichte, wie er und sein Bruder überhaupt in Kontakt mit der Polizei kamen (die sie dann ja überredet hatte, dem Trickbetrüger eine Falle zu stellen) hauptsächlich in Form einer szenischen Wiedergabe eines Dialogs mit seinem Bruder erzählt (s. u. Kap. 4.4.4.3). Ausgelöst wurde dieser Dialog durch das Klingeln des Telefons (was sich als Anruf eben jenes Trickbetrügers erwies). In der Wiedergabe dieses Dialogs – realisiert durch Redewiedergaben – hat Daniel sich selbst als naiv stilisiert: Die Einschätzung seines Bruders, dass es sich bei dem Anrufer, der sich als Kommissar ausgab, um einen Betrüger handelt, hat Daniel in diesen Redewiedergaben nämlich angezweifelt.

4.4.3.4 Zwischenfazit: Weiterspinnen

Durch das in diesem Kapitel (Kap. 4.4.3) untersuchte sprachliche Handeln wurden von mehreren Aktant:innen gemeinsam Vorstellungen entworfen. Das Handeln hatte seinen Ansatzpunkt jeweils in bereits diskursiv – durch Erzählen oder andere rekonstruktive Diskursformen – produzierten Vorstellungen, diese Vorstellungen wurden um ein alternatives Szenario ergänzt. Die von mir vorläufig gewählte Bezeichnung „Weiterspinnen" hat sich insofern als passend erwiesen, als dass dieses Handeln an bereits diskursiv etablierte Vorstellungen anknüpft und diese Vorstellungen um <u>ein anderes, neues Szenario ergänzt</u>, das nicht eine sprachliche Reproduktion der Wirklichkeit darstellt. Gleichwohl ist eine derartig hergestellte mentale Wirklichkeit nicht vollkommen losgelöst von der Realität; die Beschaffenheit der Wirklichkeit (P) strukturiert auch die Fiktion vor:

- Die in B8: „Ich hätte mich ewig mit dem unterhalten" entworfene Fiktion basiert auf einem Wissen über die Vorgehensweise von Trickbetrügern. Dieses Wissen beruht auf Erfahrungen und – wahrscheinlich im sehr viel stärkeren Maße – auf medial vermitteltem gesellschaftlichem Wissen. Bei der Selbststilisierung als naiv in der inszenierten Rede wird zudem ein generelleres sprachliches Wissen angebracht.

- Der diskursive Ausbau der imaginierten Kommunikationssituation in B6: „Ich war‿s nicht" beruht auf sprachlichem Musterwissen, hier des Handlungsmusters VORWURF-RECHTFERTIGUNG. Es wird eine Fiktion von einer Kommunikationssituation entworfen, für die dieses Muster typisch ist. Da durch die Rekonstruktion der Ukraine-Story Wissen um den Komplex ‚Überführung von Mördern' ins Bewusstsein gehoben wurde, liegt es also nahe, die Kommunikationssituation nach dem Typus ‚Polizeiliches Verhör' zu gestalten.

- In B7: „Moment Mal" beruht die inszenierte fiktive SMS-Kommunikation auf einem gesellschaftlich geteilten Wissen über die Unsicherheit des Mediums.[196] Die realisierten sprachlichen Handlungen basieren dabei auf einem Musterwissen über die strukturellen Abläufe entsprechender Handlungen (Auftrag geben -> Auftrag wurde erfolgreich ausgeführt -> Honorierung: die inszenierte Rede stellt in diesem Handlungsablauf eine Honorierung dar).

Die untersuchten Beispiele des ‚Weiterspinnens' lassen sich auch danach differenzieren, wie weit sie sich von ihrem Ansatzpunkt, von der zuvor diskursiv hergestellten Vorstellung, lösen:

- In Beispiel B8 „Ich hätte mich ewig mit dem unterhalten" wurde das diskursiv reproduzierte Geschehen durch das ‚Weiterspinnen' um einen alternativen Ausgang ergänzt. Damit wurde lediglich eine in dem Erzählen bereits

---

[196] Wie bereits in FN 192 anklang, dürfte es mittlerweile *common sense* sein, dass SMS-Nachrichten von Ermittlungsbehörden abgefangen und gelesen werden können.

angelegt Möglichkeit inszeniert. Die gemeinsam durch das Weiterspinnen verbal entworfene Fiktion hat die bereits etablierte Vorstellung also nicht verlassen, sondern nur verändert. Durch die sprachliche Inszenierung eines anderen Ausgangs der Geschichte, wurde aber auch der Typ der Erzählung verändert: aus dem Erzählen einer merkwürdigen Begebenheit wurde eine Siegesgeschichte[197]. In der gemeinsam entworfenen alternativen Realität der Geschichte hat der Aktant den Trickbetrüger überlistet. In der inszenierten Rede, mittels derer das entsprechende Szenario hergestellt wurde, hat der Aktant den Betrüger durchschaut, sich bewusst naiv gestellt und somit dem Betrüger eine Falle gestellt, den Offender also durch eine List geschlagen. Damit wurde die vorgestellte Wirklichkeit näher an eine ideale Welt, eine Welt des Wunsches, in der man durch Klugheit und List die Gemeinheiten der Realität bekämpfen kann, gestellt.

- In B7 „Moment Mal" wird eine zuvor beschriebene Kommunikationssituation inszeniert. Die Evozierung einer Vorstellung dieser Kommunikationssituation diente einem der Aktanten zur Illustration eines Verstehensproblems beim mentalen Mitvollzug einer von einer anderen Aktantin wiedergegebenen Geschichte. Die lediglich über einige Komponenten der Grundkonstellation parallelisierte Kommunikationssituation sollte die Absurdität des Handelns der Aktanten der rekonstruierten Geschichte illustrieren. Durch das mentale Miterleben der inszenierten Kommunikationssituation wurde diese Absurdität für die Hörer:innen plastisch erfahrbar. Ein weiterer gemeinsamer Ausbau einer solchen Vorstellung, in der das Handeln der Aktant:innen nicht durch Rationalität geleitet ist, macht offensichtlich Spaß. In diesem Beispiel wurde die Vorstellung – nach einer lediglich minimalen Etablierung der Grundkonstellation – fast komplett durch das gemeinsame verbale Handeln produziert. Anschließend kommt es zu dem Ausbau einer Vorstellung von einer (SMS-)Kommunikation, die ein Ausbau der Ukraine-Story darstellt. Diese Vorstellung ist wieder näher an der rekonstruierten Geschichte und entwickelt, ähnlich wie in B8 (s. o.), ein mögliches – wenn auch angesichts der Professionalität der Akteure (russischer Geheimdienst) unwahrscheinliches – alternatives Szenario. Damit wird auch das vorangegangene rekonstruktive sprachliche Handeln ex post zu einem eher unterhaltungsorientierten stilisiert.

Da in den verbal entworfenen fiktiven Szenarien die Absurdität des Handelns der Aktanten der Geschichte besonders plastisch wird, erhält die Rekonstruktion den Charakter einer merkwürdigen Begebenheit.

---

[197] Der Zuschreibung liegt eine Typisierung von Erzählung von Rehbein (1980, 1984 und 1986) zugrunde. Rehbein differenziert verschiedene Typen von Erzählungen: die Leidensgeschichte (1980), die Sieges- oder Glücksgeschichte (1980 und 1984), die Erzählung einer merkwürdigen Begebenheit (1980) sowie die Sprachnotgeschichte (1986).

- Am weitesten von den vorstellungsmäßig reproduzierten Strukturen entfernt ist die entworfene Fiktion in dem Beispiel B6 „Ich war‿s nicht". Die gemeinsam inszenierte Kommunikationssituation knüpft zwar an eine Vorstellung einer Szenerie in der verbal rekonstruierten Geschichte an, sie löst sich aber vollkommen von einer möglichen Handlungsstruktur dieser Geschichte. Die inszenierte Kommunikationssituation greift lediglich einen vorstellungsmäßig in der Luft liegenden VORWURF auf und baut eine Kommunikationssituation aus, die durch eine solche sprachliche Handlung vorstrukturiert ist, also einen Kommunikationssituation vom Typus *Verhör* o. ä.

Für die kommunikative Produktion einer solchen alternativen Vorstellung eignet sich offenbar vornehmlich inszenierte Rede. Die inszenierte Rede ermöglicht den Hörer:innen ein unmittelbares Miterleben der derart inszenierten Kommunikationssituation, was einen gemeinschaftlichen, kollaborativen Ausbau dieser Vorstellung erleichtert. Der Ausbau der diskursiv produzierten Vorstellung wurde in allen untersuchten Beispielen interaktiv von mehreren Sprecher:innen geleistet. Bei diesem gemeinsamen diskursiven Ausbau inszenierter Kommunikationssituationen haben die Sprecher:innen bemerkenswerter Weise von der gleichen Sprecherposition aus die inszenierte Rede realisiert, es wurde also nicht etwa Wechselrede inszeniert, sondern das sprachliche Handeln eines Aktanten der vorgestellten Kommunikationssituation immer weiter ergänzt. Die Interaktant:innen haben sich also mental in die Position des Sprechers in dieser Situation versetzt und diese Vorstellung gemeinsam ausgebaut. Auf diese Weise haben sie die diskursiv etablierte Vorstellung nicht nur als Hörer:innen miterlebt, sondern sprachlich handelnd gestaltet und somit gelebt. Insofern unterscheidet sich ein solches gemeinsames verbales Entwerfen einer Vorstellung vom *Erzählen*, bei dem die Hörer:innen durch die mentale Mitkonstruktion an einer Vorstellung teilhaben und so Erlebnisse gemeinsam gemacht werden. Denn beim Weiterspinnen werden die Erlebnisse gemeinsam – im mentalen Π-Bereich – produziert. Durch dieses gemeinsame Erleben wird kommunikativ Gemeinschaft hergestellt.

In der bisherigen Analyse ist aufgefallen, dass beim gemeinsamen verbalen Weiterspinnen wiederholt zuvor im Rederaum etabliertes Wissen eingeflochten wurde. Dies geschah in der Regel durch Allusionen; durch die Nennung eines Symbolfeldausdrucks wurde also vorangegangenes diskursives Handeln in der aktuellen Sprechsituation ins Bewusstsein gehoben. So wurden nicht nur an sich (thematisch) nicht zusammenhängende Diskursabschnitte verknüpft und so Konnektivität über den Gesamtdiskurs hinweg hergestellt. Vor allem wurde auch eine zuvor diskursiv hergestellte positive emotionale Gestimmtheit re-aktualisiert und für die aktuelle Sprechsituation in Anspruch genommen. Durch dieses Rekurrieren auf gemeinsame diskursive Erlebnisse wird Gemeinschaft in der aktuellen Sprechsituation hergestellt. Derartige Anspielungen auf den vorangegangenen Diskurs sind insofern gemeinschaftsstiftend (kommunitär) und inkludierend. Sie sind gleichzeitig aber auch für Aktant:innen, die nicht über die entsprechenden diskursiv vermittelten Wissenselemente verfügen, exkludierend. In dem vorliegenden Diskurs betrifft dies vor allem Christina, die als später Hinzugekommene nicht über das entsprechende Wissen verfügt. Die Interaktant:innen sind diesbezüglich offenbar sehr sensibel und handeln entsprechend integrativ, indem sie das fehlende Wissen nachreichen (z. B. durch erneutes Erzählen der Whirlpool-Anekdote) – ob dadurch auch die diskursive Gemeinschaft nachträglich vermittelt werden kann, ist allerdings offen. Derartiges Anheben von diskursiv hergestelltem Gemeinschaftsgefühl ins Bewusstsein in der aktuellen Sprechsituation funktioniert auch über zeitlich dissoziierte Diskurse; ein solches Handeln wird häufig als ‚Insider-Witz' bezeichnet und trägt zur Konsolidierung einer Gruppen-Gemeinschaft bei. Derartige Insider-Witze bleiben für Nicht-Mitglieder opak.

4.4.4 Herausarbeiten des Witzigen

Die Entwicklung von witzähnlichen Strukturen habe ich bereits an zwei Beispielen zu Beginn des vorliegenden Diskursabschnitts diskutiert (s. o. B3 und B4, Kap. 4.4.1.3 und 4.4.1.4). Sie hatten die Funktion einer situativen Justierung, weil durch das Hinzustoßen einer weiteren Interaktantin, nämlich Christina, eine Adaptierung des Diskurses bis hin zu einem Neubeginn mit erweiterter Interaktant:innenstruktur zu bewerkstelligen war. Eine gesellige Atmosphäre musste also erst (für alle: wieder) hergestellt, der homileïsche Diskursraum im Sinne von Rehbein (re-)etabliert werden. Dieser konstellative Druck wurde zudem durch den technischen Start der Aufnahme bestärkt.

Das Bemühen um Witz beziehungsweise das Herausarbeiten witziger Momente lässt sich im vorliegenden Diskurs aber auch in weiter fortgeschrittenen Abschnitten feststellen. Exemplarisch sollen hier drei Passagen näher betrachtet werden: zwei Passagen, in denen die Herausarbeitung des Witzigen gemeinschaftlich vollzogen wird – nämlich einmal am Ende der Whirlpool-Anekdote (B9) und einmal im Anschluss an eine Kommentierung des aktionalen Handelns der Kellnerin (B10); ein andermal und vergleichend dazu ist eine Passage zu untersuchen, in der das Komische vorrangig von einem einzigen Sprecher profiliert wird, und zwar von Daniel (B11, B12). In seiner Erzählung ‚Kommissar Fischer' hebt er bewusst auf die witzigen Momente ab und betont damit den Charakter seiner Erzählung als „merkwürdige Begebenheit"[198]. In all diesen Diskursabschnitten ist eine gesellige Atmosphäre, ein homileïscher Diskurs-

---

[198] Der Typ der „merkwürdigen Begebenheit" ist ein Typ von Erzählungen, andere sind etwa „Siegesgeschichte" oder „Leidensgeschichte", zu den verschiedenen Typen siehe etwa Rehbein (1980) oder Fienemann (2006).

raum, längst etabliert; die Herausstellung des Witzigen kann also nicht die alleinige Funktion haben, eine Drucksituation zu bearbeiten, sich sozusagen erst einmal „einzugrooven".

4.4.4.1 „Unterdruck"

Zunächst werde ich mich mit dem gemeinsamen Herausarbeiten des Witzigen im Anschluss an die Whirlpool-Anekdote befassen. Wie bereits erwähnt, reicht Daniel für Christina die zuvor in den Diskurs eingebrachte Anekdote[199] über ein Erlebnis bei einem Saunabesuch nach, damit sie die Allusionen in der inszenierten direkten Rede (s. o. Kap. 4.4.3.1) ex post nachvollziehen kann.

B9: „Unterdruck!"

[91]

Christine [v]	1,7s))		
		/167/	*so ausgesprochen*
Daniel [v]	Ich hab von einem erzählt, der gestern im Whirlepool		

[92]

Daniel [v]	hing und der da so mit den, mit den, mit den äh Unterarmen

[93]

	/168/	
Christine [v]	((lacht))	
Daniel [v]	gestützt hat und dann aber so mit dem Hintern, also, man	

[94]

Christine [v]		
		/169/
Daniel [v]	sah halt nur den Hintern von dem Typen. Und dann guckt	

[95]

	benuschelt	
	/170/	
Daniel [v]	der so Richtung Pool und ... Und • naja ich war in der	

---

[199] Ich würde die Erzählung hier als Anekdote klassifizieren, auch wenn es sich – entgegen Fienemanns (2006) Klassifikation – nicht um eine Erzählung von einer Begegnung mit einer berühmten Persönlichkeit handelt. Eine solche Bestimmung scheint mir zu eng: Anekdoten können meiner Einschätzung nach auch andere kurze Erzählungen merkwürdiger Begebenheiten sein, die beispielsweise Institutionen charakterisieren. In der hier vorliegenden Anekdote wird durch die Erzählung die oft als merkwürdig empfundene (halb-)öffentliche Nacktheit in der Einrichtung ‚Sauna' charakterisiert. Die Sauna ist ein Bereich, in dem die ansonsten gesellschaftliche Tabuisierung öffentlicher Nacktheit nicht gilt.

[96]

	/171/ schnaubend
Christine [v]	Phh˙
Daniel [v]	Sauna und hab mir gedacht, wenn der noch so dasitzt, wenn

[97]

	/172/
Christine [v]	Aber das waren
Daniel [v]	ich rauskomme, dann würde ich die An/ Angestellten

[98]

Christine [v]	schon die Düsen von unten, die ihm da…	
Daniel [v]	fragen…	/173/ Nee, die Düsen

[99]

	/174/	
Christine [v]	Ach so, die Düsen waren aus.	
Lara [v]		/175/ Auch das noch!
Daniel [v]	waren aus.	

[100]

	/176/	/179/ amüsiert
Christina [v]	Nich, dass er ein Problem hat.	Unterdruck.
Christine [v]	/177/ Oh Gott!	/178/ verhalten ((lacht 0,7s))
Daniel [v]		/180/ Ja, eben!

[101]

	lachend /182/	lachend /184/
Christine [v]	Unterdruck!	Unter…
Lara [v]	/183/ Unterdruck!	/185/ ((lacht))
Daniel [v]	/181/ Ich hatte mir vorgenommen, falls der immer noch…	

[102]

	/186/	
Christine [v]	((lacht 4,8s)))	((0,4s)) ((holt lachend Luft)) Ach!
	/187/	
Lara [v]	Angesogen! ((lacht 3,9s))	

[103]

Christina [v]

/188/

Christine [v] Okay, okay.

NN [v]

Daniel erzählt, wie er bei einem Sauna-Besuch einen Mann gesehen hat, der in einer ungewöhnlichen Position im Whirlpool saß, und von seinem Plan, gegebenenfalls – nämlich falls der Mann sich länger in dieser Position im Whirlpool aufhalten sollte – das Schwimmbadpersonal einzuschalten. Was nicht explizit gesagt wird, worauf man allerdings aus seinem wiedergegebenen Handlungsplan schließen kann, ist, dass Daniel das Verhalten des Mannes als anstößig empfunden hat. Bei der Beschreibung der Haltung des Mannes fällt eine gehäufte Verwendung von „so" auf (vgl. /158/). Die Aspektdeixis ‚so' wird für das Zeigen auf konkrete Aspekte an Objekten im Vergleich zu einem abstrakten „Ideal" gebraucht (vgl. Ehlich [1986] 2007g); dies erfordert eine abstrakte mentale Leistung vom Hörer, da das Vergleichsobjekt häufig nicht genannt wird. So auch hier: Das zusammenfassende letzte ‚so' in der Äußerung „Wenn der noch so da sitzt" verweist anadeiktisch auf das zuvor verbal, nämlich zitierend, vorgestellte Wahrnehmungsbild, aber nicht auf das komplette Bild als Objekt, sondern auf den Aspekt der Unangemessenheit. Gerade bezüglich dieses Aspekts jedoch verweigert Daniel die Verstehenshilfe, sondern überlässt es den Hörerinnen, ihrerseits konstruktiv eine Vorstellung zu etablieren, wollen sie die deiktische Prozedur nachvollziehen. Ehlich ([1986] 2007g) konnte durch die Analyse von ‚so' in einer Erzählung von Eichendorff herausarbeiten, wie durch den Einsatz dieser Prozedur der/die Leser:in zum/r Kompliz:in der imaginativen Konstruktion des Autors gemacht wird. Ähnlich hier: Daniel gibt seinen Hörerinnen gewissermaßen einen „Imaginationskredit" (a. a. O.: 166) und verlässt sich darauf, dass die Hörerinnen eigenständig eine Vorstellung davon entwickeln, dass der Mann möglicherweise sexuelle Handlungen vorgenommen hat, dass er masturbiert haben könnte. Christine, die offenbar eine derartige Vorstellung entwickelt hat, stellt eine Rückfrage „Aber es waren schon die Düsen von unten, die ihm da…" /163/. Sie verbindet mit dem Symbolfeldausdruck „Whirlpool" aktualisiertes Wissen mit dem von Daniel evozierten Bild und erklärt sich so die ungewöhnliche Position des Mannes: Ihre Vermutung ist offensichtlich, dass er sich durch die Düsen des Whirlpools sexuell stimulieren lassen wollte. In der Verbalisierung wird jedoch das eigentlich ‚brisante' Geschehen – das Massieren bzw. das Stimulieren-lassen der Geschlechtsteile durch die Düsen – nicht genannt, es wird lediglich mittels „da" vage lokal im Vorstellungsraum gezeigt und die Verbalisierung dann abgebrochen: Diese Darstellung wird von Daniel aber verworfen mit dem Hinweis, dass die Düsen ausgestellt waren: „Nee, die Düsen waren aus." /164/ – mit Emphase auf „Düsen". Christine ist überrascht, verbalisiert den Kontrast zu ihren Erwartungen mittels „Ach so" und wiederholt dann Daniels Äußerung: „Ach so, die Düsen waren aus." /165/. Dabei nimmt sie allerdings eine Akzentverschiebung vor: Die Betonung liegt nicht auf „Düsen" wie bei Daniel, sondern auf „aus". So stellt sie das Skandalon heraus: Damit fällt ihre – vielleicht anstößige, aber plausible, also mit den Präsuppositionen übereinstimmende – Erklärung für die Position des Mannes weg. Das Skandalon wird von den anderen bestätigt: „Auch das noch!" /166/ und „Nich, dass er ein Problem hat." /167/.

Das vorgestellte Szenario ist zwar seltsam und entbehrt auch nicht einer gewissen auf Peinlichkeit beruhenden Komik, aber wirklich witzig ist es hier noch nicht. Witzig wird es offenbar erst durch Christinas Einwurf „Unterdruck" (/70/), der von Christine und Lara synchron wiederholt wird (/173/ und /174/) und von Christine – wenn auch abgebrochen – noch ein weiteres Mal in /175/ verbalisiert wird und sofort zu einem anhaltenden allgemeinen Lachen[200] führt. Warum ist dieser einzelne Ausdruck hier so witzig? Mit dem Ausdruck „Unterdruck" wird ein Wissen aus verschieden Bereichen aktualisiert: Zum einen ist „Unterdruck" ein fachsprachlicher Terminus aus dem technischen bzw. physikalischen Bereich. Die Kombination von eher technischen, vermeintlich wissenschaftlichen Erklärungen mit dem Bereich der Sexualität birgt an sich eine gewisse Komik, da die beiden Bereiche als konträr konzipiert sind.[201] Der wissen-

---

[200] Das Lachen ist hier deutlich von dem vorherigem, eher verhaltenem Lachen Christines (/169/) zu unterscheiden, es ist eher explosiv und enthemmt.

[201] Konträr sind diese Bereiche insofern konzipiert, als dass die Sexualität des Menschen als etwas Natürliches (wobei ‚natürlich' in diesem Zusammenhang eher negativ konnotiert ist, die Sexualität ist etwas Animalisches, das von der Zivilisation eher gezähmt werden muss) gilt, während Wissenschaft gewissermaßen ein Gradmesser für die Zivilisation ist. Diese konträre Konzeption und damit einhergehende Bewertung schlägt sich auch in der Sprache nieder: Während wissenschaftliches sprachliches Handeln eine gewisse Explizität erfordert, wird Explizität beim Sprechen über das Sexuelle aufgrund der gesellschaftlicher Tabuisierung dieses Bereichs immer noch vornehmlich vermieden. Die Tabuisierung der Sexualität ist sicher durch die sogenannte sexuelle Revolution in den 1960er-Jahren, vor allem aber durch feministische Diskurse gelockert worden, aber immer noch wirksam. Die Wirksamkeit konnte entsprechend auch in dem hier untersuchten Gesprächsausschnitt beobachtet werden (s. o.). Mit dieser Tabuisierung hängt ebenfalls zusammen, dass der Sexualität etwas Mysteriöses, Unerklärbares anhängt (und zwar trotz der vorhandenen wissenschaftlichen Untersuchungen dieses Bereichs der menschlichen Biologie), während es in der Wissenschaft und Technik eben um Erklärungen, um die analytische Durchdringung der Wirklichkeit geht.

schaftliche Zusammenhang, der mit dem Ausdruck hier angerissen wird (durch das Aufrufen und Aktualisieren des Wissens um das physikalische Phänomen) korrespondiert mit mehreren Elementen der geschilderten Situation. Zum einen wird Christines Erklärungsversuch quasi umgedreht: Statt die Düsen für die Situation des Mannes verantwortlich zu machen – also eine technische Vorrichtung, die eine Flüssigkeit oder ein Gas transportiert und (gewöhnlich) beschleunigt –, wird wegen ihrer Abgeschaltetheit nun das gegenteilige physikalische Geschehen angenommen, aus dem Unterdruck resultiert[202]. Entsprechend verbalisiert Lara auch genau das kurz danach und setzt damit quasi ihre mentalen Prozesse ein Stück weit nach außen: „Angesogen!" /176/. Gleichzeitig wird die kompromittierende Position des Mannes damit erklärt und noch ein Stück lächerlicher gemacht: Er konnte einfach nicht weg. Die Klärung des „Problems" geschieht also durch das diskursive Entwerfen eines alternativen, fiktiven Szenarios. Dieses fiktive Szenario beruht zwar auf einem allgemeinen Wissen über physikalische Vorgänge, stellt aber keine Rekonstruktion der realen Situation dar. Dass diese Vorstellung witzig gefunden wird, liegt möglicherweise auch daran, dass psychologische Erklärungskategorien (entsprechende Begriffe aus der Psychologie sind bspw. ‚Überdruck', ‚Leidensdruck')[203] hier assoziativ mitschwingen, d.h. dass durch die Nennung des Symbolfeldausdrucks mehrere Aspekte aufgerufen und miteinander verknüpft werden. Durch diese *Verdichtung*[204] erhält die sprachliche Handlung hier zusätzlichen Witz.

Die diskursive Herausarbeitung des Witzes geschieht an dieser Stelle wieder gemeinschaftlich, kollaborativ. Insofern besteht eine gewisse Ähnlichkeit zu dem Verfahren, wie es eingangs für den Diskurseinstieg herausgearbeitet wurde. Vor allem ist auffällig, dass jeweils wortwörtliche Wiederholungen stattfinden, quasi nach Art eines Echos: In dem obigen Beispiel „B4: Burschi" wurde der Ausdruck „Burschi" von Christine wiederholt, in dem vorliegenden Ausschnitt wiederholen sowohl Lara also auch Christine gleichzeitig den Ausdruck „Unterdruck". Durch diese Wiederholungen wird eine Synchronisierung geleistet und dadurch das, was Prozeduren des Symbolfelds leisten, nämlich eine mit gesellschaftlichem Wissen symbolisch abgebundene Synchronisierung der mentalen Bereiche von S und H, gewissermaßen verstärkt. Zudem wird durch die Wiederholung des Ausdrucks, der den Witz trägt, eine positive Bewertung vorgenommen: Durch die Wiederholung und das damit einhergehende Zu-Eigen-

---

[202] Dies wird freilich von Christina nicht explizit genannt, ist aber in dem Wissen, das mit dem Ausdruck „Unterdruck" verbunden ist, enthalten.

[203] Die metaphorische Verwendung des Ausdrucks ‚Druck', häufig zusammen mit dem Bild des ‚Ventils' (also einem eher dem technischen Bereich zugehöriger Ausdruck), ist in der Psychologie weit verbreitet. Dies gilt insbesondere im Bereich der Sexualität, so war beispielsweise lange der Dampfkessel, in dem sich Druck aufbaut, als Bild für aufgestaute sexuelle Begierde des Mannes virulent (und ist es immer noch – auch wenn Kritik an dieser Metapher formuliert wird).

[204] vgl. Freuds (2016 (1905)) Untersuchungen zur Technik des Witzes.

Machen bestätigen sich die Interaktant:innen gegenseitig die Bewertung als witzig. Auf diese Weise wird das gemeinsame Präsuppositionssystem bestätigt. Insofern tragen derartige Wiederholungen in Zusammenhang mit witzigen Äußerungen zur Stabilisierung der Gemeinsamkeit, zur Konsolidierung des gemeinsamen Handlungssystems bei. Das Verbindende durch Sprache, die kommunitäre Funktion von Sprache, ist hier evident. Wir können also in Bezug auf die Einzelaktant:innen beobachten, was Malinowski in der Ethnologie gesamtgesellschaftlich mit dem Begriff *phatic communion* beschrieben hat (vgl. Kap. 2.1.3.).

Gleichzeitig stellt die Herausarbeitung des Witzigen auch in gewisser Weise ein Weiterspinnen des Realen im Sinne seines vorstellbaren (Handlungs-)Potenzials dar. Hier geschieht dieses Weiterspinnen jedoch nicht mittels fiktiver Rede wie bei der Ukraine-Story oder Kommissar Fischer. Stattdessen wird einer bereits etablierten Vorstellung assertiv ein weiteres fiktives Element hinzugefügt, in diesem Fall der „Unterdruck" im Whirlpool. Dadurch erhält die Vorstellung eine andere Qualität: Sie dient nicht mehr dem Mitvollzug eines realen Ereignisses, stattdessen kann sie durch den gemeinsamen Diskurs verändert werden.

4.4.4.2 „Die sind markiert"

Ganz ähnlich wird in einer weiteren Passage bei der Herausarbeitung des Witzigen agiert. Vorangegangen war ein kommunikatives Geben und Nehmen, das im Zusammenhang mit dem Plan Daniels und seines Bruders, eine Klinik zu gründen, steht. Unter anderem hatte man sich mögliche Namen für die Klinik ausgedacht. Die Stimmung im transkribierten Kneipendiskurs ist bereits sehr gelöst: Es wird viel gelacht, und das Thema Klinik-Gründung wird nicht gerade stringent verfolgt. In dieser Situation räumt die Kellnerin eine Schale mit Mandeln, die noch nicht komplett aufgegessen sind, vom Tisch.

B10: „im Sinne der Wiederverwertung"

[217]

	/405/
Christine [v]	Bei KFV is auch Kommissar Fischer drin.
	klatscht in die Hände /404/
Lara [v]	Hihihi!
	/406/
Daniel [v] soll.".	Nee, das (ess ich nicht

[218]

	/407/	*lachend*
Christine [v]	((1,5s)) Das könnte auch • Kommissar Fischer	
Daniel [v] mehr).		

[219]

Christine [v]	Verdächtiger sein.
Lara [v]	/408/ ((0,6s)) Wieso räum die immer a... /410/ Ich
Daniel [v]	/409/ Ja!

[220]

Christine [v]	/413/ Chr˙
Lara [v]	glaub die ham nicht so viel Geschirr. /412/ Ha/
Daniel [v]	/411/ Da warn noch zwei, da warn noch zwei Mandeln.

[221]

Christina [v]	/415/ • Nich so viele
Christine [v]	/414/ Hat...
Lara [v]	Ham die nich so viel Geschirr, oder?

[222]

Christina [v]	Mandeln. /419/ ((unverständlich))
Christine [v]	/418/ ((lacht)) Alles ganz gutes. /421/ Die sind
Lara [v]	/417/ ((lacht 5,2s))
Daniel [v]	/416/ ((lacht)) /420/ /422/ (Hilf mir)!

[223]

Christine [v]	markiert.
Daniel [v]	Wahnsinn ((unverständlich)), dass hier die Mandeln

139

[224]

		schluchzt, lachend	
		/423/	
Christine [v]		((hickst))((lacht))	Aber das fänd ich
		/424/	
Lara [v]		((lacht 2,2s))	
Daniel [v]	einanhalbmal verkauft wird.		

[225]

Christine [v] aber sehr, • sehr gut im Sinne der Wiederverwertung.
　　　　　　　　　　　　　　　　　　　　　　　　　　　　　　/425/
Lara [v]　　　　　　　　　　　　　　　　　　　　　　　　　　Nee,

[226]

　　　　　　　　　　　　　　　　　/426/　　　　*tonlos*
Christine [v]　　　　　　　　　　((atmet aus)) Hä˙
　　　　　　　　　　　　　　　　　　　/427/
Lara [v] das fänd ich sehr, sehr schlecht. ((2,2s))　　Ich geh

[227]

　　　　　　　　　　　　　/428/
Christine [v]　　　　　Naja, aber…

Lara [v] mal und (klebe) die Finger und schon alle einmal

[228]

Christina [v]
　　　　　　　　　　　/429/
Christine [v]　　　((1,5s))((schnaubt)) ((0,7s))
　　　　　　　　　　　　　　　　　　　　　/430/
Lara [v] reingedippt.　　　　　　　　Ja, ja!

Daniel [v]

Daniel kommentiert das aktionale Handeln der Kellnerin mit Äußerung: „Nee, das ess ich nicht mehr." /406/. Anzunehmen ist, dass die Kellnerin bereits außer Hörweite ist und er sich insofern nicht an sie richtet; stattdessen ist die Äußerung als Kommentar zu verstehen. Inwiefern funktioniert die Äußerung hier als Kommentar und inwiefern stellt sie eine Kritik an dem aktionalen Handeln der Kellnerin dar? Daniels Äußerung erscheint nur im Zusammenhang mit dem FRAGE-ANTWORT-Muster sinnvoll, sonst wäre die Verwendung des negierenden Responsivs „nee" nicht funktional. Er nimmt damit also ein Wissen über Handlungsmuster in Anspruch und richtet die

Aufmerksamkeit darauf, dass eine vorangehende Frage fehlt. In der konkreten Situation wird zudem ein Wissen über höfliches Handeln bzw. über in der Institution Restaurant geltende agentenseitige Handlungsmaxime bezüglich der Behandlung der Gaststättenbesucher:innen vorausgesetzt. Dazu gehört auch eine Maxime, die sich etwa folgendermaßen paraphrasieren lässt: ‚Die Agent:innen der Zirkulation (Kellner:innen) haben zu fragen, ob der Klient oder die Klientin mit dem Verzehr fertig ist, bevor das Geschirr abgeräumt wird'.[205] Dass die Gäste von den Kellner:innen höflich und zuvorkommend behandelt werden, ist Teil der „Gegenwelt"[206], wie sie insbesondere in Restaurants eines bestimmten Typs diskursiv hergestellt wird.[207] Der Kommentar bzw. die Kritik Daniels funktioniert also durch Inanspruchnahme von Wissen – und zwar sowohl von sprachlichem Musterwissen als auch von Wissen über den gesellschaftlichen Zweck derartiger Lokale, der in der Errichtung der Gegenwelt liegt. Daniel scheint ein derartiges Wissen als Teil der gemeinsamen Präsuppositionen bei den Hörerinnen vorauszusetzen. Insofern muss er seine Kritik am fraglosen Abräumen nicht explizit formulieren, sondern kann auf den präsupponierten Wissensbeständen operieren. Zugleich fordert die Thematisierung des aktionalen Handelns der Kellnerin per se zu einem Abgleich der Erwartungen an das agentenseitige Handeln auf und damit zu einem Abgleich der Präsuppositionen.

Christine geht darauf nicht weiter ein – sie verfolgt weiter den vorangegangenen Gesprächsstrang zu möglichen Klinik-Namen (möglicherweise hat sie die Äußerung Daniels auch gar nicht wahrgenommen, weil sie selbst gesprochen hat). Lara reagiert aber auf Daniels Kommentar. Sie formuliert in generalisierender Weise Daniels implizit geäußerte Kritik in Form einer (abgebrochenen) Frage: „Wieso räum die immer a..." /408/. Die Generalisierung wird zum einen mittels „immer" vorgenommen, zum anderen aber auch dadurch, dass auf das Personal der Kneipe mit „die" pauschal deiktisch verwiesen wird (und nicht etwa eine bestimmte Kellnerin fokussiert wird). Mit „Ja!" /409/ qualifiziert Daniel Laras Frage als berechtigt und insofern das Handeln des Personals als (tendenziell) kritikwürdig. Dadurch wird auch die illokutive Qualität seiner vorherigen Äußerung (/406/), wie sie oben rekons-

---

[205] Eine solche vorherige agentenseitige Frage ist höflich, weil dadurch den Gästen die Möglichkeit gegeben wird, zu beeinflussen bzw. zu bestimmten, wie das Personal handelt. Sie erweitert also ihr Kontrollfeld.
[206] Vgl. Ehlich / Rehbein (1972: 251f) sowie Kap. 2.2 und 3.
[207] Nämlich solche Restaurants, die eine Gegenwelt herstellen, in der ein Gast sich in einer „Herren- oder Herrinnenrolle" fühlen kann. Derartige Verhaltensregel sind somit mitnichten in allen Restaurants selbstverständlich. Restaurants, die den Gästen andersgeartete *Identifikationsmöglichkeiten* anbieten, weisen entsprechend andere Charakteristika auf (wozu im Speziellem sogar eine gewisse Unhöflichkeit des Personals gehören kann). Insbesondere für Kneipen kann eine solcherart höfliche Erwartung an das Verhalten des Personals nicht immer vorausgesetzt werden.

truiert wurde, ex post gesichert. Lara liefert selbst direkt eine mögliche Antwort und damit Begründung: „Ich glaub, die haben nicht so viel Geschirr." /410/. Annähernd zeitgleich klagt Daniel: „Da warn noch zwei Mandeln.". Durch die übertriebene Intonation charakterisiert er diesen Vorwurf selbst als stilisiert; zudem kann eine geteilte Einschätzung vorausgesetzt werden, dass es übertrieben und insofern lächerlich ist, sich über das Abräumen zweier Mandeln zu beschweren. Insofern wird seine Kritik am Verhalten des Kneipenpersonals entschärft. Rehbein (2012) zählt eine solche Entschärfung beispielsweise von eristischen Mustern wie das Muster VORWERFEN-RECHTFERTIGEN/ENTSCHULDIGEN zu den Charakteristika des *homileïschen Diskurses*. Durch das Handeln des Personals sah Daniel offenbar die von ihm erwartete Gegenwelt gefährdet, ein Defizit, das anscheinend derart pressierte, dass es thematisiert werden musste. Ein solcher Problemaufriss birgt aber die Gefahr der Störung des homileïschen Diskursraums. Ein ernsthafter Problemlösungsdiskurs würde die homileïsche Atmosphäre gefährden, mit der Entschärfung durch den Einsatz einer Art von (Selbst-)Ironie wird jedoch das gemeinsame Handlungssystem aufrechterhalten.

Daraufhin fordert Lara eine Bestätigung ihrer zuvor geäußerten Begründung ein: „Ha/ Ham die nich so viel Geschirr oder?" /412/. Diese Begründung wird von Christina modifiziert, indem sie ein Element aus Daniels ironischem Vorwurf aufgreift „Nich so viele Mandeln." /415/. Diese Äußerung wird durch exploratives Lachen honoriert und ist in dieser Situation offensichtlich sehr witzig. Worin besteht der Witz? Die alternative Begründung für das Handeln des Kneipenpersonals spielt mit einem Wissen über die (gesetzlichen) Regeln des Gaststättengewerbes: Lebensmittel dürfen, nachdem sie an Gäste ausgegeben wurden, nicht erneut verkauft werden. Eine solche Möglichkeit wird aber gerade durch die Begründung angedeutet. Ein entsprechendes Szenario baut Daniel aus: „Wahnsinn ((unverständlich)), dass hier die Mandeln einanhalb mal verkauft wird."/422/. Zeitglich formuliert Christine: „Die sind markiert." /421/. Und unterstellt damit, dass eben ein solcher Mehrfach-Verkauf in dieser Kneipe üblicherweise betrieben wird. So wird also gemeinschaftlich ein alternatives fiktives Szenario entworfen, in dem in der Kneipe (aus einer wirtschaftlichen Notwendigkeit heraus)[208] systematisch die Mandeln mehrfach an die Gäste verkauft werden. In diesem fiktiven Szenario setzt die Kneipe sich über die gesetzlichen Beschränkungen hinweg: Es wird also eine Vorstellung, eine Gegenwelt entworfen, in der die Beschränkungen des Alltags nicht gelten. Diese Begründung für das eigent-

---

[208] Dies wird mit der Unterstellung, dass die Mandeln markiert seien, zumindest angedeutet: Eine solche Markierung wird nämlich nur bei sehr raren oder wertvollen Waren vorgenommen (limitierte Stückzahlen). Wenn aber schon Mandeln in dem Lokal derart rar und wertvoll sind, dass sie markiert werden müssen, scheint es dem Betrieb wirtschaftlich nicht gut zu gehen.

lich als Defizit empfundene Handeln des Personals evoziert Heiterkeit. Das Entlastende Moment besteht darin, dass der defizitären Realität, in der nicht einmal in dieser Institution die Gegenwelt aufrechterhalten wird, eine diskursiv hergestellte Gegenwelt entgegengesetzt wird. Auch in diesem Abschnitt kann ein kollaborativ geleisteter diskursiver Ausbau eines Szenarios beobachtet werden; das Szenario wird hier jedoch nicht mittels direkter inszenierter Rede geleistet, sondern assertiv.

Die Bewertungen dieser mentalen Wirklichkeit[209] gehen allerdings auseinander. Christine nimmt eine positive Bewertung vor: „Aber das fänd‿ich aber sehr, • sehr gut im Sinne der Wiederverwertung." /423/. Während Lara dieses Szenario negativ bewertet: „Nee, das fänd ich sehr, sehr schlecht." /425/. Hier hört der Spaß in gewisser Weise auf, denn beim *Bewerten* wird ein Abgleich mit den Maßstäben vorgenommen, die an das Handeln angelegt werden (vgl. Rehbein 1977). Mit den Maßstäben kommt beim Mechanismus des Bewertens sozusagen die Realität wieder ins Spiel.

4.4.4.3 Hysterische Polizisten

In den oben analysierten Beispielen wurde das Witzige von mehreren Interaktant:innen <u>gemeinsam</u>, <u>kollaborativ</u> herausgearbeitet, indem sie – mit unterschiedlichen Mitteln – fiktive Szenarien entwarfen. Vergleichend untersuche ich nun, wie ein einzelner Sprecher, nämlich Daniel, sein *Erzählen* witzig gestaltet. Während seiner Erzählung „Kommissar Fischer" kommt es wiederholt vor, dass die Hörerinnen – teilweise explorativ und ausgiebig – lachen. Wodurch wird die Erzählung witzig? Und was ist hier die Funktion der Gestaltung der Erzählung als witzig?

B11: „Das sin immer Betrüger!"

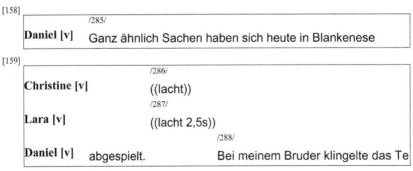

---

[209] Dass hier eine mentale Wirklichkeit bewertet wird, wird durch die Verwendung des Konjunktiv II gekennzeichnet.

[160]

	/290/	verstellte, tiefe Stimme, russischen Akzent nachahmend	/291/	
Christine [v]	((lacht))	"Chrallo.".	((lacht 2,1s))	
		/289/	/293/	annähernd singend, tiefe /294/
Lara [v]	((kichert))		((lacht 0,9s))	Follow me!
				/292/
Daniel [v]	lefon.		Geh ich ran.	

[161]

	Stimme	
Lara [v]		
	/295/	
Daniel [v]	Und sacht: • "Ach sehr interessant, ja, die Polizei ruft hier	

[162]

		/296/	
Christine [v]		((lacht 1,8s))	
		/297/	
Lara [v]		((lacht))	
			kauend /298/
Daniel [v]	auch immer an." und legt wieder auf.		Und ich

[163]

		/299/
Daniel [v]	äh frage: "Ja, was soll das denn?".	Und meint so: "Ja,

[164]

	/301/	lachend
Christine [v]	((lacht heiser))	Haha!
	/300/	/303/
Lara [v]	((lacht))	(Und
	/302/	
Daniel [v]	Kommissar Fischer.". • • Ich so: "Ja, ((0,7s)) und warum	

[165]

		/305/
Christine [v]		((lacht
		/306/
Lara [v]	wo kommt der denn)?	((lacht))
	/304/	
Daniel [v]	legst denn wieder auf?". "Ja, das is • Betrüger!".	

[166]

Christine [v] (0,8s))((kichert))

Lara [v] ((kichert))
                                /307/   /308/
Daniel [v]   Ich so "Hä? Woher weißt du das n jetzt?". • "Das sin

[167]
                                    amüsiert
                                /309/
Daniel [v]   immer Betrüger!". Ich so: "Hä? Aber wieso, es kann doch

[168]
                                                     nach Luft haspend
                                                     /310/   /311/
Christine [v]   Hä.

Daniel [v]   auch mal sein, dass die Polizei angerufen hat.".

[169]

Christine [v]((gluckst))
                            lachend
                        /312/   /314/
Daniel [v]   "Woher weißt du denn das jetzt?". ((0,7s))
                                                  Nebentisch
                                                  /313/
NN [v]   Können wir

[170]

Daniel [v]   Naja, in dem Moment klingelt das Telescho/

NN [v]   bitte bezahlen.

[171]
                            /315/
Christine [v]   ((lacht 1,0s))
                        /316/   /318/
                                           kichernd
Lara [v]   ((lacht))   Oh Gott!
                                    /317/
Daniel [v]   fon schon zwei bis drei...   Und Johann nimmt
                                          (Name des Bruders)

[172]
                    /319/
Daniel [v]   wieder ab. ((1,0s)) "Aha, Kommissar Fischer, sehr

145

Bereits Daniels Ankündigung der Erzählung: „Ganz ähnliche Sachen haben sich heute in Blankenese abgespielt." /285/, mit der er von dem Weiterspinnen am Ende der Wiedergabe der „Ukraine-Story" und damit von einer Geschichte, in der es um einen fingierten Mord und die Involvierung von Geheimdiensten geht, elegant zur selbsterlebten Story überleitet, wird von Lachen begleitet. Hier wird auf einem Wissen des Strukturtyps *Image* (Ehlich / Rehbein 1977) über das Stadtviertel „Blankenese" operiert.[210] Das *Image* Blankeneses kann fragmentarisch etwa wie folgt umrissen werden: ein wohlhabender und durch seine Hanglage besonders hübscher Stadtteil, ein aparter, aber auch gediegener Elbvorort, der sich durch eine gewisse Beschaulichkeit auszeichnet. Dass hier nun ein Ähnlichkeitsverhältnis zu den vorher geschilderten Ereignissen aus der Weltpolitik bestehen soll, deckt sich nicht mit dem *Image*, ist sogar in vielerlei Hinsicht konträr. Entsprechend wird der Analogieschluss durch Lachen honoriert. Durch diese Inanspruchnahme gemeinsam geteilten Wissens, also auf Grundlage des gemeinsamen Präsuppositionsbestandes kann hier die Erwartung an das folgende Erzählte also bereits in einer Weise gesteuert werden, die das Erzählte ex ante als eine Erzählung einer merkwürdigen Begebenheit charakterisiert. Die Hörerinnen können also mit hoher Wahrscheinlichkeit eine Geschichte erwarten, die unterhaltungsorientiert ist (vgl. Fienemann 2006). Insofern enthält Daniels Ankündigung schon einen Kommentar zu der Geschichte. Gleichzeitig wird in der Ankündigung bereits eine erste Orientierung der Hörer geleistet (bzgl. Ort und Zeit: „heute in Blankenese") und so der Vorstellungsraum etabliert.

Diese rudimentäre Etablierung in der Ankündigung wird mit der folgenden Äußerung – „Bei meinem Bruder klingelte das Telefon." /288/ – bezüglich des Ortes präzisiert. Daraufhin steigt Daniel direkt in die szenische Wiedergabe eines Dialogs mit seinem Bruder ein und nutzt dabei hauptsächlich Redewiedergaben. Die Situierung der Redewiedergaben wird dabei fortschreitend reduziert: Zunächst wird die Situierung durch eine „klassischen" Rahmung mit Verba dicendi realisiert („Und sacht" /295/; „Und ich äh frage:" /298/; „Und meint so" /299/), danach wird die Situierung nur noch mittels Sprecherdeixis plus katadeiktischer Aspektdeixis[211] realisiert: „ich so" (/302/, /307/, /309/). Die Redewiedergaben des Bruders werden nicht durch explizite Redesituierungen eingeleitet, sondern lediglich durch Intonation abgehoben. Durch den zunehmenden Verzicht auf distanzierende Markierungen – nach der Etablierung der grundlegenden Konstellation – partizipieren die Hörerinnen unmittelbar an der vorgestellten Kommunikationssituation. Der Zweck von Redewiedergaben

---

[210] . Der Wissensstrukturtyp *Image* ist eine auf mehrere Wissende verteiltes *Bild*, also ein synthetisiertes und relativ verfestigtes von mehreren Aktant:innen geteiltes Wissen in der Form (bezogen auf die dreistellige Wissensrelation), dass zu einem Thema des Wissens etwas Gewusstes *immer* zutrifft. (s. Ehlich / Rehbein 1977: 53)

[211] Die Aspektdeixis wird hier zum Scharnier: Der Aufmerksamkeitsfokus wird aspektuell auf die folgende Handlung fokussiert, die als Zitat daherkommt.

wird hier also durch minimale (nur die zum Nachvollzug nötige) Situierung möglichst voll zur Wirkung gebracht. Die Merkwürdigkeit der authentischen Situation wird hier sprachlich unmittelbar erfahrbar. Durch die direkte Wiedergabe eigener Rede stilisiert[212] Daniel sich selbst dabei als ein wenig naiv und begriffsstutzig (beispielsweise durch „Hä?" /307/, also eine tonal steigend geformte und zudem in der Monembasis modulierte Variante des expeditiven HM (Ehlich [1977] 2007c), mit der hörerseitig eine Divergenz im verstehenden Mitvollzug exothesiert wird). Seinen Bruder charakterisiert er durch die Redewiedergaben hingegen als pauschal und voreilig urteilend. Diese selbstironische Inszenierung Daniels ist witzig, da sie im Widerspruch zum diskursiv vermitteltem Erfahrungswissen[213] und zu dem *Bild*, das die Interaktant:innen von Daniel haben, steht. Durch ihre lachende Wiederholung der Redewiedergabe „Hä." /310/ honoriert Christine Daniels Selbstironie. Weiteren Witz erhält diese Selbstinszenierung, da er in der wiedergegeben Kommunikationssituation seinem Bruder selbst wiederum Naivität bzw. Unwissenheit vorwirft (vgl. /312/). Die Hörerinnen bauen hier bereits bestimmte Erwartungen an den Fortgang der Erzählung auf, die sowohl auf einem Weltwissen über typische Trickbetrügereien als auch auf einem sprachlichen Musterwissen über die Struktur von Erzählungen merkwürdiger Begebenheiten beruhen. Vor dem Hintergrund derartiger Erwartungen wird durch die Wiedergabe dieser Kommunikationssituation, in der die Einschätzungen divergieren und insofern eine Meinungsverschiedenheit vorliegt, die Spannung gesteigert. Daniel stellt durch die Wiedergabe direkter Rede weiter dar, wie sein Bruder distanziert, ironisch mit dem vermeintlichen Betrüger spricht und von dem vermeintlichen Kommissar eine Telefonnummer bekommt, diese anruft und überraschenderweise wirklich bei der Polizei landet.[214]

Mit der szenischen Darstellung des Dialogs wurde bereits auf diesen vorläufigen Höhepunkt hingearbeitet, an dem sich herausstellt – nachdem es sehr kurz so scheint, also ob Daniel mit seiner Einschätzung des Anrufers richtig lag –, dass sein Bruder doch recht hatte: Zwar hat sich die Nummer als der Anschluss einer Polizeidienststelle erwiesen, aber dort bekommt er die Information, dass es sich bei „Kommissar Fischer" tatsächlich um einen Trickbetrüger handelt. Die Erzählung ist also dramaturgisch sehr gut aufgebaut. Entsprechend exothesie-

---

[212] Zu ‚Stilisierung' als besondere Form der ‚Charakterisierung' in Redewiedergaben siehe Brünner (1991: 9f).

[213] Wie in der Analyse in Kap. 4.4.1.2 durchschien, inszeniert Daniel sich gemeinhin eher als Intellektueller und verhehlt seine akademische Bildung nicht (vgl. auch die Verwendung des Ausdrucks „Defekteur", s. Kap. 4.4.3.2).

[214] Unterbrochen wird die Erzählung an dieser Stelle durch ein interaktives Einhaken der anderen Interaktant:innen. Die Mit-Konstruktion hat offenbar bewirkt, dass bestimmte Elemente bereits antizipiert wurden. In diesem kurzen Einschub, in dem es um Telefonnummern geht, werden kollaborativ witzige Momente herausgearbeitet. Ich möchte die Analyse dazu hier jedoch nicht vertiefen.

ren Lara und Christine ihre Überraschung mittels der Interjektion ‚AH' (exklamativ realisiert in /339/) bzw. in reduplizierter Form „Ahaa!" /338/ und drücken damit den erfolgreichen Ablauf ihres mentalen Verarbeitungsprozesses aus.

B12: „irgendwelche hysterischen Polizisten"

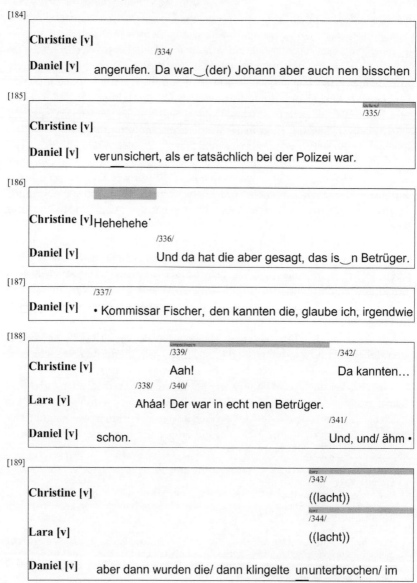

[184]

Christine [v]
/334/
Daniel [v]   angerufen. Da war (der) Johann aber auch nen bisschen

[185]

                                                                lachend
                                                                /335/
Christine [v]

Daniel [v]   verunsichert, als er tatsächlich bei der Polizei war.

[186]

Christine [v] Hehehehe·
                       /336/
Daniel [v]   Und da hat die aber gesagt, das is‿n Betrüger.

[187]
             /337/
Daniel [v]   • Kommissar Fischer, den kannten die, glaube ich, irgendwie

[188]
                       langgezogen
                       /339/   /342/
Christine [v]   Aah!   Da kannten…
                 /338/   /340/
Lara [v]   Aháa! Der war in echt nen Betrüger.
                                                 /341/
Daniel [v]   schon.   Und, und/ ähm •

[189]
                                            kurz
                                            /343/
Christine [v]   ((lacht))
                                            kurz
                                            /344/
Lara [v]   ((lacht))

Daniel [v]   aber dann wurden die/ dann klingelte ununterbrochen/ im

[190]

Lara [v] ((lacht)) ((lacht))

/345/ /346/

Daniel [v] Dreißig sekundentakt klingelte das Telefon. Und

[191]

Christine [v] Höhö!

/347/

Lara [v]

Daniel [v] irgendwelche hysterischen Polizisten waren dran. Und

/348/

[192]

Christine [v]

/349/

Daniel [v] wollten, dass Johann jetzt diesen Typen jetzt so ein...

[193]

Christine [v] ((0,7s)) Lullt. ((lacht 1,1s))

/354/

Lara [v] Ah! ((lacht))

/351/ /353/

Daniel [v] Ein/ einfängt. Also, dass man mal da irgendwie...

/350/ /352/

[194]

Christine [v] Hohohohoho!

Daniel [v] Also, weil der hat irgendwie gesagt: "Wir wären ja W/

/355/

[195]

Christine [v]

Daniel [v] Anwohner am Westerweg und ob uns irgendwas aufgefallen

[196]

Christine [v] Ja.

/357/

Daniel [v] wäre, Leute, die Fotos machen.". Das war so sein/ seine

/356/

[197]

Christine [v]	/358/		
Daniel [v]	Masche. ((1,4s)) Ich hätte, glaub ich, ewig mit dem mich		

[198]

	/360/		
Christine [v]	((lacht 4,6s))		
	/359/		
Lara [v]	((lacht 1,1s))		
		/361/	/362/
Daniel [v]	unterhalten.	Dacht ich jedenfalls. ((0,5s))	

Die Erzählung nimmt nun eine überraschende Wende: Nicht nur ist der Anrufer bei der Polizei als Trickbetrüger bekannt, vor allem wird Daniels Bruder nun auch noch von der Polizei gebeten, jenem eine Falle zu stellen. Die erwartete, aber hinausgezögerte Bestätigung, dass es sich bei dem vermeintlichen „Kommissar Fischer" tatsächlich um einen Betrüger handelt, wird zunächst von Daniel berichtet (/336/ und /337/). Das eigentlich überraschende Ereignis (nämlich, dass die Polizei um Mithilfe bittet), wird diskursiv unterhaltsam entfaltet: Daniel setzt zunächst zu einer beschreibenden Darstellung der Polizisten (objektdeiktisch mit „die" fokussiert) an: „Und/ und/ ähm • aber dann wurden die/", korrigiert diese Darstellungsweise jedoch und schildert die Situation: „[...] dann klingelte <u>un</u>unterbrochen/ im <u>Dreißig</u>sekundentakt klingelte das Telefon." /341/. So wird bei den Hörerinnen – unterstützt durch den Einsatz malender Prozeduren (nämlich die intonatorische Modulation) – ein Bild der Situation evoziert, das durch übertriebene Hektik gekennzeichnet ist. Dies wird durch die Charakterisierung der Polizisten als „hysterisch" ergänzt: „Und irgendwelche hysterischen Polizisten waren dran." /346/. Das derart erzeugte Bild und die hyperbolische narrative Gestaltung selbst sind witzig und werden durch Lachen honoriert. Vor dem Hintergrund des Wissens, dass die Polizei das Gewaltmonopol des Staates exekutiert und die Agenten dieser Institution entsprechend Autoritätspersonen darstellen und idealerweise angemessen und besonnen handeln sollten, stellt die Schilderung des Handelns der Polizisten und die Benennung als „hysterisch" bereits einen Bruch mit Erwartungen dar. Gesteigert wird dieser Gegensatz zwischen der gesellschaftlichen Aufgabe der Polizei und den Maßstäben an das Handeln der Agenten dieser Institution in der erzählerischen Darstellung dadurch, dass die Polizei den Bruder darum bittet, dem Trickbetrüger eine Falle zu stellen. Denn es entbehrt nicht einer gewissen Komik, dass die Polizei, deren Aufgabe die Verbrechensbekämpfung ist, einen ganz normalen Bürger um Hilfe bittet, sich dabei alles andere als professionell und ruhig, sondern „hysterisch" verhält sowie zu einer trickreichen Täuschung auffordert – die Polizei, „dein Freund und Helfer"[215], ist mit ihrer gesellschaftlich zugewiesenen Aufgabe offenbar überfordert und bittet selbst um Hilfe.

In der Erzählung wird also diskursiv eine Vorstellung hergestellt, in der die erwartbare Handlungspraxis (und damit die Ziele des Handelns der Akteure) außer Kraft gesetzt wird, eine *Gegenwelt* wird hergestellt. Durch das Erzählen haben die Hörer:innen an dieser Vorstellung teil. Eine Diskursgemeinschaft wird hergestellt. Die Herausarbeitung des Witzigen, der Unterhaltungsfaktor ist also ein Vehikel, um über die diskursiv gemeinsam geteilte Vorstellung Gemeinschaft herzustellen. Im Unterschied zu dem diskursiven Handeln, dass ich als ‚Weiterspinnen' bezeichnet habe, wird hier kein fiktives Szenario entworfen, sondern die Realität (P) wird durch die sprachliche Rekonstruktion (p) den Wünschen angepasst gestaltet.

4.4.4.4 Zwischenfazit: Witzähnliche Strukturen

Das sprachliche Handeln, das ich vorläufig als „Herausarbeiten des Witzigen" bezeichnet habe, muss systematisch differenziert werden. Auf der einen Seite gab es die in Kap. 4.4.4.3 untersuchte witzige Gestaltung einer Erzählung. Die Herausarbeitung der witzigen Momente hat den Unterhaltungswert der Geschichte gesteigert, die durch das Erzählen etablierte Vorstellung in spezieller Weise gestaltet und so den Erzähltyp als die Erzählung einer merkwürdigen Begebenheit gestützt. Bei dieser Erzählung wird deutlich, wie der *homileïsche Diskurs* die Diskursart *Erzählen* färbt. Die witzige Gestaltung der Erzählung und damit die Ausformung der diskursiv etablierten Vorstellung unterstützt die Herstellung von Gemeinschaft. Denn Witz operiert stets auf gemeinsam geteilten Präsuppositionen. Daher ist auch die Honorierung von Witzen – beispielsweise durch Lachen – für dieses diskursive Handeln wichtig. Da derart die gemeinsamen Präsuppositionen konsolidiert werden und insofern die Basis des gemeinsamen Handlungssystems gestärkt wird, wird der Zweck der Diskursart

---

[215] Die Sentenz „Die Polizei, dein Freund und Helfer" wurde von den Nationalsozialisten benutzt, um das Image der Polizei zu verbessern und insbesondere sie als volksnah darzustellen. Dieser Umstand ist leider wenig bekannt und schlägt sich in einer häufig unreflektierten, selbstverständlichen Repetition dieser Sentenz nieder. Der Slogan stammte zwar bereits aus der Weimarer Republik, aber die Nationalsozialisten begannen, ihn extensiv zu verbreiten: Himmler griff die Phrase „Freund und Helfer" bereits 1934 in einer Rede auf, anschließend wurde der Slogan „die Polizei, dein Freund und Helfer" bspw. auf diversen Propaganda-Plakaten verwendet. 1937 wurde unter großem Propaganda-Aufwand der „Tag der deutschen Polizei" durchgeführt, unter dem Motto „Sei gehorsam den Gesetzen und Deinem Volke treu, dann hast Du stets zu Freunden die ganze Polizei." Die nationalsozialistische Führung sorgte so dafür, dass der Slogan gesamtgesellschaftlich mit dem Ausdruck „Polizei" verknüpft wurde, also zu einem *Sentenzenwissen* im Sinne von Ehlich / Rehbein (1977) gerinnen konnte. Wie erfolgreich sie damit war, also wie sehr dieses Wissen gefestigt und also immun gegen gegenteiliges Erfahrungswissen ist, zeigt sich darin, dass diese Sentenz auch heute noch virulent ist. Und nur deshalb kann der Witz hier auch funktionieren.

Erzählen, die Herstellung einer diskursiven Gemeinschaft über das Gemeinsam-Machen von partikularem Erleben, gesteigert. In Kap. 5.2.3 werde ich ein *Erzählen* untersuchen, das in einer anderen Weise gefärbt ist (in B17: „Hallo?! Das is_n Star!" wird es schwärmerisch gestaltet).

Auf der anderen Seite wurden die Witzeleien durch ein gemeinsames verbales Entwerfen von Vorstellungen realisiert. Insofern hat dieses Handeln gewisse Gemeinsamkeiten mit dem ‚Weiterspinnen', wie ich es in Kap. 4.4.3 untersucht habe. Diese gemeinsame Produktion einer Vorstellung für ein Realisieren von Witzeleien lassen sich systematisch nach ihren Ansatzpunkten unterscheiden:

- Das sprachliche Handeln in B4 „Burschi" hatte seinen Ansatzpunkt an sinnlich wahrnehmbaren Objekten, also im Wahrnehmungsraum: Eine schadhafte Stelle an einem Glas wurde zum Gegenstand witziger Benennungen, das derart evozierte mentale Bild wurde diskursiv gemeinsam ausgebaut – freilich wurde zunächst durch die Äußerungen Christines die Aufmerksamkeit der anderen Interaktant:innen auf dieses Objekt gerichtet.
- Auch in B10 „im Sinne der Wiederverwertung" setzte die gemeinsame Produktion einer witzigen Vorstellung im Wahrnehmungsraum Präsentes an, nämlich an das als Eingriff wahrgenommene Handeln der Kellnerin. Das, was durch das sprachliche Handeln vorstellungsmäßig in witziger Weise umgestaltet wurde, war also kein dingliches Objekt, sondern ein wahrnehmbares Geschehen. Auch dieses Handeln der Kellnerin wurde zunächst diskursiv vergegenwärtig.
- In dem Beispiel B9 „Unterdruck" hingegen hatte das gemeinsame verbale Entwerfen seinen Ansatzpunkt nicht im Wahrnehmungsraum, sondern in einer durch das Erzählen etablierten Vorstellung.

Allen Fällen gemeinsam ist, dass sich in den Objekten oder Szenerien jeweils Defizite oder Absurditäten des Alltags manifestierten. Im Unterschied zu der witzigen Gestaltung der Erzählung von Daniel wurde in diesen Beispielen eine witzige Vorstellung kollaborativ hergestellt. Dabei wurde aber nicht, wie beim Weiterspinnen, eine (Kommunikations-)Situation ausgebaut und insofern eine neue Vorstellung hinzugefügt, sondern eine mentale Repräsentation der Wirklichkeit wurde durch das sprachliche Handeln umgestaltet:

- In B4 „Burschi" wurde das im Wahrnehmungsraum präsente Objekt Bierglas als „Burschi" bezeichnet; dadurch wurde die mentale Widerspiegelung dieses Objektes durch das kommunikative Handeln in die bildliche Repräsentation eines Burschenschaftlers umgewandelt.
- Im B9 „Unterdruck" blieb die vorgestellte Szenerie, die mentale Repräsentation eines Wahrnehmungsbildes die gleiche, aber der zugrundeliegende Sachverhalt wurde vorstellungsmäßig verändert.

- Im B10 „Im Sinne der Wiederverwertung" wurde ebenfalls die Vorstellung eines real zugrundeliegenden Sachverhalts, und zwar der dem Handeln der Kellnerin zugrundeliegende Sachverhalt, durch kommunikatives Handeln umgestaltet. Die Umstrukturierung dieses Sachverhalts führte aber auch zu einer Veränderung der mentalen Repräsentation der Institution Kneipe insgesamt. In gewisser Weise wurden so mental die Bedingungen des realen Handlungsraums modifiziert. Diese Vorstellung wurde kommunikativ weiter ausgebaut (bspw. Markierung der Mandeln), man kann insofern sagen, dass es im Anschluss an dieses *Umstrukturieren* noch zu einem witzigen *Weiterspinnen* kam.

Eine derartige Umgestaltung hat etwas Spielerisches. Sie konnte realisiert werden, weil beim sprachlichen Handeln nicht Rationalität oder praktische, teleologische Zielgerichtetheit leitend war, sondern in allen Fällen das Spiel im Vordergrund stand. Ein Korrektheitsanspruch bei der Verbalisierung wurde zurückgestellt und stattdessen Assoziationen und Kreativität freien Raum gelassen. Der homileïsche Diskursraum zeichnet sich also dadurch aus, dass er diese Freiheit im sprachlichen Handeln gewährt. In institutionellen Kontexten wäre eine Benennung eines Glases als „Burschi" oder eine frei erfundene Erklärung wie im Beispiel B9 „Unterdruck" nicht möglich. Dennoch muss betont werden, dass auch dieses freie Spiel mit Sprache im *homileïschen Diskurs* nicht völlig losgelöst von der Wirklichkeit ist. Der Witz entsteht nämlich jeweils gerade dadurch, dass Wissen der Aktant:innen über die Wirklichkeit sowie über sprachliche Strukturen in Anspruch genommen wird, darauf operiert wird. Sind entsprechende Wissensbestände nicht vorhanden, funktioniert der Witz nicht. Aus diesem Grund ist – wie oben bereits erwähnt – die Honorierung des Witzes, beispielsweise durch Lachen oder aber auch die Wiederholung der Ausdrücke, die den Witz tragen – wesentlich.

5 Stars und Edeka

Ergänzend zu den im vorigen Kapitel fallanalytisch herausgearbeiteten Ergebnissen soll nun ein Kneipengespräch einer anderen Aktant:innengruppe analysiert werden. Es stellen sich insbesondere folgende Fragen:

- Welchen Einfluss haben die Bedingungen des Handlungsraums; unterscheidet sich das diskursive Handeln, weil diese Aktant:innengruppe in einer anderen Kneipe sitzt?
- Wie wird der homileïsche Diskursraum hergestellt? Gelingt dies leichter, wenn die Aufnahmesituation nicht präsent ist?
- Kommen ähnliche Mittel zur Realisierung der Homileïk zum Einsatz (Weiterspinnen, witzähnliche Strukturen) oder sind durch die Analyse andere zu identifizieren?

Der Analyse dieses zweiten Kneipengesprächs liegen zwei ausschnitthafte Transkripte zugrunde. Das eine Transkript, „Tinder und Stars" (Anhang 2), hält einen knapp zehnminütigen Diskursabschnitt zu Beginn des Gesamtdiskurses fest und startet unmittelbar mit dem Beginn der Audio-Aufnahme. Das andere Transkript, „Dirty Dancing und Edeka" (Anhang 3), zeigt einen späteren Ausschnitt des Gesamtdiskurses von ähnlicher Dauer. Dieser Diskursauschnitt beginnt etwa eineinhalb Stunden nach dem ersten, also zur fortgeschrittenen Stunde des Abends. In dem zweiten Abschnitt werden interessanterweise einige Gesprächsgegenstände, die bereits im ersten Diskursabschnitt thematisiert wurden, erneut Gegenstand des diskursiven Handelns. Die Aktant:innenkonstellation und der Ort verändern sich in der Zwischenzeit nicht.

5.1 Konstellation

Wie bei dem in Kapitel 6 untersuchten Diskurs handelt es sich auch in diesem Fall bei den Aktant:innen[216] um gute Freund:innen, die eine langjährige Vorgeschichte und ein stabiles gemeinsames Handlungssystem haben. Die drei Aktant:innen, Jule, Daniel und Sina,[217] treffen sich normalerweise regelmäßig, etwa

---

[216] Bei den Aktant:innen in diesem Diskurs liegen keine Identitäten mit den Aktant:innen des in Kap. 4 analysierten Diskurses vor. Die jeweiligen Aktant:innengruppen sind aber zum Teil miteinander bekannt. Eine der Aktant:innen aus dem Diskurs „Ukraine-Story / Kommissar Fischer" wird sogar in dem hier vorliegenden Diskurs erwähnt, nämlich ‚Christina' (vgl. /41/ und /552/).

[217] Auch in diesem Transkript sind die Aktant:innen mit Pseudonymen benannt. Der Aktant ‚Daniel' ist nicht mit ‚Daniel Müller' aus dem Transkript „Ukraine-Story und Kommissar Fi-

wöchentlich in der immer gleichen Kneipe. Die vorliegende Aufnahme wurde allerdings zu einem Zeitpunkt erstellt, zu dem eine der Interaktant:innen, nämlich Jule, zuvor eine längere Zeit gesundheitlich angeschlagen war, sodass sich die Gruppe nun seit längerem das erste Mal wieder in dieser Konstellation trifft. Wie in der Kommunikation erkennbar ist, ist dennoch ein detailliertes und durchaus aktuelles Wissen um das Leben der je anderen bei den Diskursteilnehmer:innen vorhanden (und zwar sowohl ein Wissen über die berufliche Situation und alltägliche Einzelheiten im Zusammenhang mit der Erwerbstätigkeit als auch Details aus dem privaten Bereich wie der Status von romantischen und Freundschaftsbeziehungen); lediglich die neuesten Entwicklungen sind nicht allen bekannt. Die Interaktant:innen sind zum Zeitpunkt der Aufnahme Anfang bis Mitte dreißig Jahre alt und kennen sich durch das gemeinsame Germanistikstudium. Daniel und Sina kennen sich bereits etwa seit Beginn des Studiums, also seit ungefähr 15 Jahren. Während der Studienzeit haben sich alle drei Interaktant:innen in der Fachschaft engagiert, sich darüber besser kennengelernt und auch „privat" befreundet, also ein gemeinsames Handlungssystem außerhalb institutioneller Zusammenhänge etabliert. Zwei der Aktant:innen, Sina und Daniel, waren zudem während des Studiums eine Zeit lang im AStA aktiv. Aus der Studienzeit und insbesondere durch das hochschulpolitische Engagement gibt es einen relativ großen – weitgehend gemeinsamen – Bekanntenkreis, zu dem zum Teil noch Kontakt besteht. Über einige Personen aus diesem Bekanntenkreis wird im Verlauf des Diskurses auch gesprochen. Jule, die nicht im AStA war, kennt einen Teil der Leute, verfügt diesbezüglich allerdings nicht über das gleiche Wissen wie Sina und Daniel.

Daniel hat sich zum Zeitpunkt der Aufnahme vor einiger Zeit von seiner langjährigen Freundin „Christina"[218], die die beiden anderen kennen,[219] getrennt und ist aktuell auf Partnerinsuche, unter anderem über eine Dating-App. Dies ist seit längerem ein beliebtes Thema in der Gruppe und kommt in beiden Diskursausschnitten zur Sprache. Daniel arbeitet als Journalist, Jule für einen Belletristik-Verlag und Sina ist als wissenschaftliche Mitarbeiterin an der Universität beschäftigt. In ihrer Freizeit veranstalten Daniel und Sina mit anderen Freund:innen zusammen gelegentlich öffentliche, aber unkommerzielle Partys.

---

scher" identisch, sie tragen lediglich – den realen Gegebenheiten entsprechend – die gleichen Vornamen. Da sie zum gleichen Bekanntenkreis gehören, wollte ich dem faktischen Umstand der Namensgleichheit durch die Zuweisung gleicher Pseudonyme Rechnung tragen.
Die Aufnahme ist von mir selbst erstellt worden und ich bin unter dem Pseudonym ‚Sina' auch selbst am Diskurs beteiligt.

[218] Es handelt sich dabei um eben jene „Christina", die Aktantin in dem Transkript „Ukraine-Story / Kommissar Fischer" ist. Allerdings ist zu bedenken, dass die den hier untersuchten Transkripten „Tinder und Stars" sowie „Dirty Dancing und Edeka" zugrundeliegende Aufnahme etwa 4 Jahre älter ist, als die in Kapitel 4 analysierte Aufnahme.

[219] Das zeigt sich beispielsweise darin, dass in Äußerung /41/ auf Christina vergleichend zu einer anderen Frau referiert wird.

Auf eine dieser Partys, die nur kurze Zeit vor der Aufnahme stattfand, kommt die Runde auch zu sprechen (vgl. /25/, /33/ff), eine weitere steht bald bevor und wird ebenfalls streckenweise thematisiert.

Die Kneipe, in der sich die Freund:innen seit längerem regelmäßig treffen ist, in vielerlei Hinsicht eine typischere Kneipe als die aus dem Transkript „Ukraine-Story / Kommissar Fischer": Sie ist zwar in einem bzw. *dem* Ausgehviertel der Stadt gelegen, allerdings in einer Nebenstraße, Touristen kehren hier entsprechend eher selten ein. Die Bar ist zwar erst etwa sieben Jahre vor der Aufnahme, eröffnet worden; es wurde allerdings die Einrichtung der Vorgänger-Kneipe weitgehend übernommen, sodass die Kneipe von der Atmosphäre her wie eine alteingesessene Eckkneipe wirkt: Es gibt einen großen Holztresen in der Mitte der Bar mit entsprechend vielen Sitzplätzen bzw. Barhockern (daneben gibt es noch einige Tische mit Sitzgelegenheiten), die Wände sind holzvertäfelt und die gedämmte Beleuchtung kommt von gusseisernen Lampen. Unter der Woche ist nur eine Person für die Bedienung der Gäste zuständig,[220] gelegentlich steht der Inhaber selbst hinterm Tresen. Die Getränke müssen grundsätzlich am Tresen bestellt werden, es gibt keine Tischbedienung. Speisen werden nicht angeboten,

Abb. 5: Hölzerner Ecktresen im Zentrum der Bar. Die aufgenommene Gruppe sitzt am kürzeren Ende des Tresens (hier im Vordergrund), im Rücken ist die Tür sowie einige Tische.

---

[220] Während am Wochenende, wenn die Kneipe stärker frequentiert wird, meist zwei Tresenkräfte da sind.

man kann lediglich kleine Erdnuss- und Chips-Packungen kaufen. Das Publikum ist eher etwas älter (selten jünger als Mitte dreißig) und es gibt viele Stammgäste, die hauptsächlich um den Tresen herum sitzen, andere Gäste nehmen in der Regel eher an den Tischen Platz.

Auch die aufgenommene Gruppe sitzt am Tresen und nicht um einen Tisch herum wie die Aktant:innen des zuvor untersuchten Diskurses (vgl. Kap. 4.1). Es ist anzunehmen, dass dies Auswirkung auf den Diskurs hat, da die Aktant:innen in einer Reihe sitzen (Sina in der Mitte, Jule und Daniel außen) und somit sich nicht alle gleichzeitig im Blick haben können.[221] Durch die Positionierung ist auch das Geschehen im Kneipenraum stärker im Wahrnehmungsfeld. Im Hintergrund läuft Musik.

Die Aufnahme wurde mit einem Mobil-Telefon vorgenommen, das durchaus sichtbar auf dem Tresen lag; die Autorin (= Sina) hat jedoch – im Unterschied zu der in Kap. 4.1 geschilderten Konstellation – erst im Nachhinein die Interaktant:innen über die Aufnahme informiert und deren Einverständnis eingeholt. Daher wird in der Aufnahme die Aufnahmesituation natürlich nicht thematisiert und bleibt trotz eigener Teilnahme in ihrer Authentizität untangiert.

5.2 Tinder und Stars

Der erste Abschnitt des Transkripts, der näher betrachtet werden soll, ist am Beginn der Audio-Aufnahme; die Aktant:innen haben sich erst kurz zuvor in der Kneipe eingefunden.

5.2.1 Ablaufbeschreibung

Die Aufnahme beginnt, während das Gespräch bereits – allerdings noch nicht lange – im Gange ist und bleibt, wie gesagt, verdeckt. Gesprochen wird zunächst über eine Frau, mit der Daniel vor einiger Zeit Kontakt[222] hatte und die sich kürzlich wieder bei ihm gemeldet hat. Nach einer zusammenfassenden Einschätzung der Situation von Daniel in Äußerung /5/ werden Jule und Sina kurz konkreter über die relevanten Geschehnisse in der Vorgeschichte informiert (/6/ bis /10/) und damit auf einen Wissensstand gebracht, um die aktuellen Vorkommnisse bewerten zu können. Diese Vorkommnisse werden von Daniel rekonstruiert (/11/ bis /18/), um auf den eigentlichen Konflikt hinzuführen, näm-

---

[221] Einige akustische Verstehensprobleme mögen durch diese Sitzanordnung bedingt sein, vgl. bspw. B18, Kap. 5.3.2.
[222] Es lässt sich nicht mehr rekonstruieren, welcher Art der Kontakt genauer war. Die Kontaktaufnahme geschah jedenfalls über eine Dating-App.

lich dass er sich zurzeit mehr für eine andere Frau interessiert (/19f/), die mit ihrem Vornamen („Stefanie") genannt wird.

Jule gibt durch die Frage „Wer ist Stefanie?" /22/ zu erkennen, dass mit dem Namen bei ihr kein Wissen verknüpft ist. Daniel beantwortet ihre Frage zunächst nicht. Jule insistiert jedoch darauf, Wissen zu der genannten Person und zu dem Stand der Beziehungsanbahnung geliefert zu bekommen. So kommt es schließlich zu einer Art elizitiertem Bericht, an dessen Ende Daniel eine Situation auf einer kürzlich zurückliegenden Party rekonstruiert. Dieser Einstieg in den Diskurs wird in Kap. 5.2.2 detaillierter untersucht.

Es folgt eine Gesprächsflaute (/96/ bis /100/), in der bis auf die Äußerung einiger Interjektionen geschwiegen wird. Diese Gesprächsflaute ist möglicherweise auch durch die Sitz-Anordnung am Tresen (vgl. Kap. 5.1) bedingt bzw. wird dadurch begünstigt. In dieser Phase setzt Sina zu einem Diskurs an, in dem es um Details in der Planung einer offenbar in nächster Zeit anstehenden Party geht. Dieser Planungsdiskurs (/100/ bis /111/) wird jedoch nach recht kurzer Zeit ohne konkrete Ergebnisse abgebrochen. Lediglich die offenbar vorher bereits getroffene Entscheidung bezüglich des Musik-Genres (female Hiphop) wird konsolidiert. Sina will anscheinend diese Entscheidung durch eine Erzählung von einer Party in München stützen (/112/ und /116/), bricht die Äußerung jedoch ab. Der homileïsche Gesprächsrahmen eignet sich offenbar nicht für einen solchen Planungsdiskurs – zumal Jule in die Organisation dieser Party nicht involviert ist. Jule lenkt auch durch eine Frage, die sich auf Sinas Frisur bezieht /117/, relativ abrupt von dem Thema ‚Party-Organisation' ab. Nach wenigen Turns wird auch dieses Thema fallengelassen. Auch eine relativ offen gehaltene Frage von Jule nach neuen Ereignissen /126/ erntet nur knappe abschlägige Antworten und führt zu keinem neuen Thema. In dieser gesamten Diskursphase nach der Gesprächsflaute werden also verschiedene Themen kurz angesprochen, gewissermaßen ‚angestupst', aber nicht weiterverfolgt – zumal sich einige Themen auch nicht für weitere Auffächerung eignen, die Thematisierung der neuen Frisur beispielsweise. Damit wird – ähnlich wie beim *Small Talk* – auf der Suche nach einem Thema ein unmittelbar sinnlich wahrnehmbares Objekt aufgegriffen. Die Themensuche ist in dieser Phase also insgesamt offenbar schwierig. Es hat den Anschein, als sei dieser Umstand den Interaktant:innen durchaus präsent. Ein homileïscher Diskursraum scheint noch nicht etabliert zu sein.

Schließlich ergreift Jule den Turn und setzt zu einer Erzählung einer Siegesgeschichte mit schwärmerischem Charakter an (/130/ bis /171/). Dieses schwärmerische Erzählen wird in Kap. 5.2.3. analysiert und hat eine Lesung mit einem bekannten US-amerikanischen Schauspieler zum Gegenstand.

Auf diese Phase des Schwärmens folgt eine Phase, in der Daniel eher die technischen bzw. organisatorischen Details der Lesung wie Kosten, Abläufe und Organisation abfragt und diese mit seinem – über die Tätigkeit seiner Mutter vermittelten – eigenem Handlungswissen zu dem Gegenstand „Lesung veranstalten" abgleicht (ab /172/).[223] Damit vollführt er einen krassen Bruch zu dem vorangegangenen Diskursabschnitt. Dies ist zwar kein thematischer Bruch, sehr wohl aber ein Bruch in Bezug auf den Charakter des Diskurses: Während durch das schwärmerische Erzählen, wie in Kap. 5.2.3 detaillierter zu zeigen sein wird, mit sprachlichen Mitteln der defizitäre Alltag umstrukturiert wird, geht es Daniel darum, (möglicherweise mit handlungspraktischer Absicht) bestimmte Wissenslücken zu füllen; der Gesprächsabschnitt hat insofern eher den Charakter eines Lehr-Lern-Diskurses, in dem Genuss eben nicht im Vordergrund steht.

5.2.2 Grundlagen schaffen: Beziehungsarbeit

Zu Beginn der Aufnahme berichtet Daniel von dem aktuellen Stand seiner Partnerinsuche: mit wem er gerade in Kontakt steht und was die Schwierigkeiten dabei jeweils sind (vgl. Kap. 5.2.1). Der Diskurs darüber beginnt mit einer Nachfrage von Jule: „Warum? • • Weil sie Münchnerin ist?" (/2/ und /3/). Offenbar ist der Frage eine Einschätzung Daniels vorausgegangen, warum er mit der Frau, um die es in dem Diskursabschnitt gerade geht, keine Chance für eine Beziehung sieht oder ähnliches. Aufgrund von Jules Frage liefert Daniel nach einer längeren Bedenkzeit (/4/, /5/) nun Gründe. Die Begründung ist relativ pauschal und zusammenfassend: „Weil is alles kompliziert mit der." /5/. Das verbalisierte Wissen entspricht dem Wissensstrukturtyp *Bild*[224], d. h. es wird als bereits synthetisiertes, über ein partikulares Erfahrungswissen hinausgehendes Wissen präsentiert.[225] Durch die Präsentation des Wissens in dieser Form vermittelt Daniel, dass es mehrere Erfahrungen gab, die zu einem solchem relativ gefestigten Wissen synthetisiert wurden.[226] Mit der folgenden Äußerung „Aber das/ hab ich mich jetzt dran gewöhnt..." /6/ stellt er jedoch klar, dass ihn das – entgegen möglicher, aus dem vorangehenden *Bild* resultierender Hörererwartungen – persönlich bzw. emotional nicht weiter tangiert oder dass er gegenüber den entsprechenden partikularen Erfahrungen abgestumpft ist. So stellt er eine gewisse Abgeklärtheit zur Schau.[227] *Bildwissen* ist durch seine synthetisierte und relativ gefestigte Form

---

[223] Daniels Mutter veranstaltet in einer anderen Stadt Autor:innenlesungen für einen kulturellen Verein. Diese Lesungen sind jedoch viel kleiner als die Lesung, über die Jule erzählt.
[224] Zu dem Wissensstrukturtyp *Bild* siehe Ehlich / Rehbein (1977).
[225] Dass es sich hierbei um den Wissensstrukturtyp *Bild* handelt, d. h. einen Wissensstrukturtyp, bei dem das Wissen so strukturiert ist, dass auf ein Thema des Wissens ein Gewusstes immer zutrifft, ist u. a. an der Verwendung des Ausdrucks ‚alles' zu erkennen.
[226] Darüber hinaus ist der Wissensstrukturtyp *Bild* handlungsleitend und eignet sich daher als Begründung besser als bspw. partikulares Erlebniswissen.
[227] Dieses Dementieren der eigenen Betroffenheit wird jedoch durch die Verwendung der Temporaldeixis ‚jetzt' auf den aktuellen Sprechzeitpunkt grob eingeschränkt – und lässt vermuten, dass es zumindest in der Vergangenheit nicht so war (und er möglicherweise auch in der Gegenwart noch weniger abgeklärt ist, als er hier zeigen möchte), die Reparatur und der Abbruch der Äußerung stützen eine solche Vermutung.

für Hörer nicht unbedingt nachzuvollziehen. Daher konkretisiert Daniel, was „kompliziert" ist, indem er partikulares Erlebniswissen aus der Vorgeschichte zusammenfassend wiedergibt: In der Vorgeschichte hatte Daniel offenbar Interesse an dieser Frau, sie hat ihn jedoch abgewiesen,[228] worauf der Kontakt abbrach (vgl. /7/ bis /10/). Diese diskursive Rekonstruktion der Vorgeschichte befähigt die Hörerinnen, sich das *Bildwissen* anzueignen, zudem werden sie durch die nun etwas detailliertere Kenntnis der Vorgeschichte in die Lage versetzt, das anschließend von Daniel geschilderte aktuelle Handeln dieser Frau (/11/ – /16/) zu bewerten.

Nachdem Jule und Sina derart in den relevanten Punkten auf einen Wissensstand bezüglich der Vorgeschichte gebracht wurden, verbalisiert Daniel – nach einer relativ langen Planungspause[229] – das Skandalon:

B13: „Mit ihrer Mutter?"

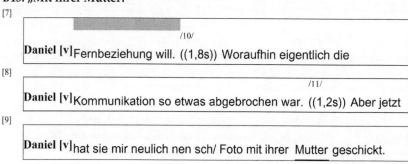

---

[228] Ein Rückzieher, den sie offenbar gemacht hat, umschreibt Daniel mit der metaphorischen Redewendung „den Schwanz einziehen" – durch diese ironische Darstellung wird eine gewisse Distanziertheit demonstriert. Er unterstreicht damit das Selbstbild der Abgeklärtheit, das er offenbar vermitteln will (s. o.). Gleichzeitig vermittelt er durch die Verwendung dieser Phrase noch ein anderes Bild von sich: „den Schwanz einziehen" wird gewöhnlich vornehmlich zur Beschreibung männlichen Verhaltens verwendet. Indem Daniel nun hier diese Phrase benutzt, um das Handeln einer Frau zu beschreiben, betont er, dass in dieser Situation stereotyp erwartete genderspezifische Verhaltensmuster (Männer sind nicht in der Lage, sich emotional auf eine Beziehung einzulassen, während Frauen gerne engere Bindung wollen) umgekehrt waren – womit er möglicherweise illustrieren will, dass sein Verhalten insgesamt nicht stereotypen Gender-Erwartungen entspricht. (Die Stereotype sind hier *image*hafte Wissensstrukturen; zur Kritik am Stereotypen-Begriff aus linguistischer Perspektive siehe Redder 1995.)

[229] Daniels Pausen vor den Äußerungen sind hier insgesamt auffällig lang. Wie oben bereits angedeutet, könnte dies auf einen gewissen Unwillen, die Geschichte zu erzählen, hindeuten. Eine andere mögliche Erklärung wäre, dass er gleichzeitig mit seinem Mobil-Telefon hantiert, und die Bilder möglicherweise den anderen beiden zeigt. Dies ist aber, da es sich lediglich um eine Audioaufnahme handelt, für die Transkribendin nicht zu erkennen und auch nicht mehr zu ermitteln.

[10]

	/13/ /14/ /16/
Daniel [v]	Jahà! • • Oh, das war ich. ((lacht))
	/12/
Jule [v]	((1,7s)) Mit ihrer Mutter?
	/15/
Sina [v]	((lacht))

Mit der Äußerung /11/ – „Aber jetzt hat sie mir neulich nen sch/ Foto mit ihrer Mutter geschickt." – benennt Daniel das, was seiner Meinung nach Anstoß erregt. Durch die Betonung auf dem Ausdruck Mutter wird das propositionale Element gekennzeichnet, das einer Bewertung vorgelegt wird. Der mittels ‚aber' vollzogene Erwartungsschwenk antizipiert die bei den Hörerinnen durch die Vorgeschichte aufgebauten Erwartungen. Seinem Dating-App-Flirt ein Foto von sich zusammen mit einem Elternteil zu schicken, ist aber nicht nur vor dem Hintergrund der Vorgeschichte unerwartet.[230] Ein solches Handeln entspricht auch nicht den allgemeinen Erwartungen an das Handeln in einer derartigen Situation, es kollidiert mit den Präsuppositionen: In einer Flirt-Kommunikation (auch bzw. erst recht in einer via Kurznachrichten und Austausch von Fotos wie in diesem Fall) ist es unüblich, Bilder mit den Eltern an den jeweiligen Kommunikationspartner zu schicken.[231] Dieser Umstand wird entsprechend von Daniel durch die Betonung auf den Ausdruck „Mutter" sowie durch die Positionierung desselben Richtung Ende des Satzes betont.[232] Jule wiederholt die Präpositionalphrase „Mit ihrer Mutter?" /12/, ebenfalls mit einer Betonung auf „Mutter", allerdings im Interrogativmodus. Mit dieser Echo-Frage bestätigt sie das Skandalon, indem der propositionale Gehalt als Nachfrage-würdig charakterisiert wird. Die derart ausgedrückte Bewertung wird von Daniel mittels „Jáhà!" /13/ geteilt und konsolidiert. Die negative Bewertung des Handelns dieser Frau wird so gemeinsam gemacht und das gemeinsame Präsuppositionssystem insofern bestätigt und aktualisiert. In dem analysierten Abschnitt geht es also nicht nur darum, sich gegenseitig auf einen Wissenstand darüber zu bringen, was gerade so los ist, sondern vor allem darum, in Zuge dessen auch die gemeinsamen Präsuppositionen abzugleichen, zu bestätigen und zu aktualisieren und insofern auch das gemeinsame Handlungssystem zu festigen.

Nach dieser gemeinsamen Vergewisserung des Präsuppositionssystems kommt es aber zu einer erneuten Erwartungsumlenkung: offenbar ist das den

---

[230] Mit dem Wissen um die Vorgeschichte erscheint es bereits überraschend, dass die betreffende Person überhaupt wieder ein Foto von sich schickt.
[231] Dies ist natürlich eine Erwartung, die stark kulturabhängig und keinesfalls universal ist. In dieser Gruppe als Teil eines bestimmten sozio-kulturellen Umfelds gehört das aber zu den unhinterfragten Voraussetzungen, wie auch der anschließende Diskursverlauf bestätigt.
[232] Zu Mitteln der kommunikativen Gewichtung vgl. Hoffmann (2016: 497ff).

gemeinsamen Präsuppositionen zuwiderlaufende Handeln der „Münchnerin" gar nicht der Hauptpunkt, sondern Daniels Interesse an einer anderen Frau, die er in Äußerung /20/ mit dem Eigennamen „Stefanie" benennt. Mit dieser „Adresse" (Hoffmann 1999) verbindet Jule aber offenbar kein Wissen und fragt entsprechend nach: „Wer ist Stefanie?" /22/. Es folgt eine Passage, in der Daniel offensichtlich zögert, von eben dieser Stefanie zu erzählen, also Jules Wissenslücke zu schließen. Jule insistiert jedoch darauf, entsprechendes Wissen vermittelt zu bekommen. So kommt es zu einem elizitierten Bericht Daniels. Wie das genau aussieht, soll im Folgenden näher betrachtet werden:

B14: „Die andere"

[13]
/18/ /19/
Daniel [v] Weiß ich nicht, was ich damit anfangen soll. ((1,2s)) Aber

[14]
/20/
Daniel [v] ((1,0s)) dann... ((0,7s)) Genau, weil • Stefanie ist jetzt gerade,

[15]
/21/ /23/
Daniel [v] • wenn denn der • • Fokus. ((0,4s)) ((4,9s))
/22/
Jule [v] Wer ist Stefanie?

[16]
/25/
Daniel [v] Äh... Die andere, von unserer Party, die Tolle.
Schnell
/27/
Jule [v] Wie?
/24/ /26/
Sina [v] Die andere. ((lacht))

[17]
frecher Tonfall
/30/
Daniel [v] Ja, macht nichts!
gesprochen
/28/ /29/
Jule [v] Von der weiß ich noch gar nichts. Erzähl!

[18]
/32/
Daniel [v] ((1,9s)) ((räuspert sich))
/31/
Jule [v] ((0,6s)) K/ • ach komm, Daniel, erzähl!

[19]

| Jule [v] | /33/ ((1,3s)) Auf eurer Party war/ auf unserer Party/ auf der letzten |

[20]

| Daniel [v] | /34/ Ja. | /35/ Ja, stimmt. | /36/ /37/ Ja. ((0,4s)) Nee, |
| Jule [v] | Party, auf der ich nicht war, war ne tolle Frau? | | |

[21]

| Daniel [v] | ich kenn die von/ • die hat mich schon mal interviewt • für |
| Daniel [k] | Zeitung |

[22]

| Daniel [v] | /38/ (Zeitungsname). Äh, • weil sie • für ihre • Abschlussarbeit an |
| Daniel [k] | *für die Daniel arbeitet* |

[23]

| Daniel [v] | /39/ der (Name einer Hochschule)... ((0,5s)) Nee, nicht für ihre |

[24]

| Daniel [v] | Abschlussarbeit, für ne Hausarbeit zwischendurch. ((0,6s)) /40/ |

[25]

| Daniel [v] | /41/ Genau. ((1,7s)) Ivan meint, die wei/ sei ein bisschen sehr • |

[26]

| Daniel [v] | /42/ Christina ähnlich. ((lacht)) | /44/ Das stimmt nen bisschen. |
| Jule [v] | | /43/ Wieso, hast du Fotos? |

[27]

| Daniel [v] | /45/ /46/ ((1,3s)) Ja. ((1,3s)) Ja, hab ich. | |
| Jule [v] | | /47/ Zeich ma! ((0,6s)) /48/ Aber mit der |

[28]

| Daniel [v] | | /49/ ((3,6s)) Ähm˙ • • /50/ Nee, |
| Jule [v] | haste dich noch nie getroffen oder was? | |

163

[29]

Daniel [v] ja doch, mit der treff ich mich/ gestern erst getroffen.

/51/
Jule [v] Okay,

[30]

/52/ /53/ /54/
Daniel [v] Voll nett. Die ist super. ((0,8s))

Jule [v] und wie war_s?
Jule [k] *klimpert mir ihren Eiswürfeln im*

[31]

/55/
Daniel [v] War echt nett. Aber ich weiß nicht, vielleicht ist das auch
Jule [k] *Glas; klimpert weiter mit Eiswürfeln*

[32]

/56/ /57/
Daniel [v] mehr so... ((0,6s)) Wir finden uns beide sehr nett. Also.

/58/
Jule [v] ((0,5s))
Jule [k]

[33]

/59/
Daniel [v] • Was?

Jule [v] Aber habt ihr auf der Party Nummern ausgetauscht?

[34]

/60/ /61/
Jule [v] Habt ihr auf der Party Nummern ausgetauscht? ((1,5s)) Was?
Jule [k] *klimpert mit Eiswürfeln*

[35]

lachend *lachend*
/62/ /63/ /64/
Daniel [v] Nein. ((0,5s)) Ich hatt die ja. Hat mich ja, wie gesagt, schon mal

[36]

/66/
Daniel [v] interviewt. Ich musste bis Montag warten,
/65/
Jule [v] • • Ach ja, natürlich.

[37]

lachend
Daniel [v] bis_ich wieder auf der Arbeit war, um meine

164

Bereits in der Vorgeschichte von Jules Frage hat sich Daniels Zögerlichkeit bzw. sein Unwille, Informationen zum Stand seiner Partnerinsuche preiszugeben, in seinen Äußerungen durch längere Planungspausen und wiederholte Abbrüche und Reparaturen gezeigt (vgl. /4/ bis /20/). Auch auf Jules Nachfrage zur Adresse „Stefanie" /22/ zögert Daniel zunächst, was sich in der fast fünf Sekunden dauernde Pause und dem anschließenden „äh" /23/ und somit einer Prozedur, die der Überbrückung von Planungs- und Formulierungsproblemen dient, ausdrückt.[233] Sina springt ein und antwortet auf Jules Frage mit „Die andere." /24/.

---

[233] Zu einem sehr viel späteren Zeitpunkt des Diskurses erzählt Daniel sehr viel bereitwilliger von diesem Thema und zeigt auch Fotos (vgl. 7.3.2). In der betreffenden Situation hat er jedoch auch ein Interesse daran. Zum einen rechtfertigt er sich damit seine vorangegangenen Handlungen (nämlich seine Aufmerksamkeit auf sein Telefon zu richten, statt sich mit den anderen zu unterhalten) und zum anderen ist er möglicherweise an einem Ratschlag interessiert, wie er mit der Situation umgehen soll.

Möglicherweise weiß Sina, wer „Stefanie" ist, verbindet also ein Wissen mit dem Namen. Mir scheint es hierbei aber eher um eine ironische Äußerung zu handeln. Die Ironie operiert auf dem in der Gruppe geteilten Wissen, dass Daniel zurzeit mit mehreren Frauen gleichzeitig flirtet, sprichwörtlich ‚mehrere Eisen im Feuer hat'. Ironisch ist somit vor allem die Verwendung des bestimmten Artikels.[234] Anschließend lacht Sina über ihre Äußerung und betont so den ironischen, spaßhaften Charakter.

Ich meine, dass der Einsatz von Ironie hier – ähnlich wie in Kap. 4.4.4.2 beobachtet – die Funktion hat, eine tendenziell das gemeinsame Handlungssystem gefährdende Gesprächssituation zu entschärfen. Eine solche Gefährdung ist in dieser Situation durchaus gegeben, denn Daniel kommt durch seine Weigerung offenbar nicht Jules Erwartungen an ein der Freundschaft angemessenes Handeln[235] entgegen. Der Einsatz von Ironie nimmt hier aber ein Wissen in Anspruch, das gerade auf der gemeinsamen Vorgeschichte beruht. Denn Sina und Jule kennen die Geschichten von Daniels Flirts nur deshalb bzw. wissen, dass er sich mit mehreren Frauen verabredet, nur daher, weil Daniel eben dieses Erlebniswissen bei vorangegangenen Kneipenabenden und ähnlichen Gelegenheiten mit ihnen geteilt hat. Insofern hat der Einsatz von Ironie eine gemeinschaftsstiftende Funktion: Über das entsprechende Wissen verfügen die Interaktant:innen schließlich genau deshalb, weil sie ein gemeinsames Handlungssystem pflegen und sich gegenseitig bezüglich ihrer persönlichen Situation auf einen Stand bringen. Durch die derartige Anhebung des gemeinsamen Wissens per „Die andere" liefert Sina auch eine Begründung für Daniels Formulierungsschwierigkeiten. Insofern ist die Äußerung durchaus als ein Frotzeln (im Sinne von Günthner 1996) gegenüber Daniel zu verstehen.

Daraufhin erkennt Daniel offenbar die Notwendigkeit, weitere Wissenselemente zum Thema „Stefanie" zu liefern. Er wiederholt, konsolidierend, Sinas „die andere" und fügt, knapp gereiht, weitere Wissenselemente hinzu: „Die andere, von unserer Party, die Tolle." /25/. Diese Wissenselemente bieten eine hörerseitige Orientierungshilfe bei der mentalen Suche nach dem Wissensthema „Stefanie", unterstellen aber, dass grundsätzlich ein Wissen vorhanden ist. Eben das scheint bei Jule aber nicht der Fall zu sein. Sie vollzieht durch das Fragewort „Wie?" (/27/) zunächst eine unspezifische Nachfrage. Dann konstatiert sie, dass sie über diese Person kein Wissen hat – „Von der weiß ich noch gar nichts." /28/ – und fordert

---

[234] Die Verwendung des bestimmten Artikels setzt ein Wissen zu dem Redegegenstand bei dem Hörer voraus, er geht also davon aus, dass der Hörer den Redegegenstand in seinem Wissen auffinden kann. Wenn aber bei den Hörern – wie in diesem Fall – ein Wissen darüber besteht, dass es mehrere andere Frauen gibt, denen Daniel zurzeit oder in letzter Zeit Avancen gemacht hat, ist eine solche Identifizierung im mentalen Bereich konkret nicht möglich.

[235] Sie erwartet offensichtlich, bezüglich der persönlichen Lebensumstände umfassend in Kenntnis gesetzt zu werden – in diesem Beispiel betrifft es das Liebesleben, in weiteren Gesprächsabschnitten fragt sie aber bspw. auch detailliert Informationen zum Berufsleben ab.

Daniel auf: „Erzähl!" /29/[236]. Daniel blockt aber zunächst ab – mit dem Hinweis, dass er in Jules Wissenslücke seinerseits kein Handlungserfordernis sieht: „Ja, macht nichts!" /30/. Nachdem er auf eine erneute Aufforderung („K/Ach komm, Daniel, erzähl!" /31/) zunächst schweigt und sich dann räuspert (/32/) und insofern ein Stück weit die Kooperation verweigert bzw. einen Informationsanspruch abgleiten lässt, wählt Jule zur Elizitierung der gewünschten Wissenselemente eine andere Strategie. Statt einer Frage oder Aufforderung reformuliert sie die von Daniel verbalisierten propositionalen Elemente im Interrogativmodus: „Auf eurer Party war/ auf unserer Party/ auf der letzten Party, auf der ich nicht war, war ne tolle Frau?" /33/. Dadurch etabliert sie einen Vorstellungsraum. Die Äußerung kann als Elizitierung einer Erzählung gelten. So wird en passant ein Wissen über typische Handlungsabläufe derartiger Geschichten bzw. die spezifischen Möglichkeiten, die der Handlungsraum ‚Party' bietet, aktiviert und die Erwartung evoziert, dass Daniel die betreffende Person auf der Party kennengelernt hat.[237] Daniel bestätigt zunächst mit „Ja." /36/ den propositionalen Gehalt der Frage, widerspricht dann jedoch der damit implizierten Erwartung, dass sie sich dort kennengelernt hätten, und liefert nun doch weitere Wissenselemente.

Im folgenden Diskursverlauf stellt Jule immer wieder Nachfragen. Eine Frage zielt darauf ab, die von Daniel berichteten Informationen bezüglich des Aussehens der Frau selbst abgleichen zu können: „Wieso, hast du Fotos?" /43/. Weitere Nachfragen haben den Zweck, spezifisch benannte Wissenselemente zu erhalten, um zu einer Einschätzung des Beziehungsstandes zwischen Daniel und besagter Frau kommen zu können: „Okay, und wie war_s?" /51/; „Habt ihr auf der Party Nummern ausgetauscht?" /60/; „Aber ihr habt auf der Party geschnackt oder wat?" /69/. In dem Gesprächsabschnitt ist es Jule also offenbar wichtig, auf einen bestimmten Wissensstand gebracht zu werden, um auf Grundlage dessen eine Einschätzung vornehmen zu können, wie wahrscheinlich es ist, dass sich zwischen Daniel und Stefanie eine romantische Beziehung entwickelt.[238] Deshalb elizitiert sie, erzwingt beinahe, einen Bericht. Es geht ihr

---

[236] Die Verwendung des Symbolfeldausdruck in imperativer Form ist hier nicht als Aufforderung zur Realisierung der Diskursart *Erzählen* im Sinne von *erzählen₂* (Ehlich [1983] 2007e) zu verstehen; ‚erzähl-‘ wird hier vielmehr als alltagssprachlicher Architekt für rekonstruktive Diskursformen, also im Sinne von *erzählen₁*, verwendet. Es geht Jule also nicht darum, Daniel zu einer Realisierung der Diskursart *Erzählen* aufzufordern, sondern sie fordert genereller die Realisierung einer sprachlichen Handlung, die ihre Wissenslücke schließt.

[237] Durch den Relativsatz, „[…], auf der ich nicht war, […]" /33/, mit dem der Ort des Geschehens näher bezeichnet wird, liefert sie dabei gleichzeitig eine Begründung, warum sie nicht über das entsprechende Erlebniswissen verfügt. Ihr Wissensdefizit ist insofern keine Ignoranz, sondern im Gegenteil: Ihr Anliegen ist berechtigt.

[238] Die Frage „Okay, und wie war_s?" /51/ fordert von Daniel eine Bewertung der Situation, in der er sich mit der Person getroffen hat. Die Fragen „Habt ihr auf der Party Nummern ausgetauscht?" /60/ und „Aber ihr habt auf der Party geschnackt oder wat?" /69/ dienen Jule dazu, Wissenselemente zu erhalten, auf Grundlage derer sie – vor dem Hintergrund eigenen Erfahrungswissens mit ähnlichen Konstellationen – selbst die Situation einschätzen kann.

hier also zu Beginn des Diskurses darum, auf einen gemeinsamen Wissensstand zu kommen, und zwar bezüglich eines Bereichs, der das gemeinsame Handlungssystem betrifft: Schließlich können neue (romantische) Beziehungen bereits bestehende Freundschaftsbeziehungen verändern oder sogar gefährden. Von daher ist Jules Insistieren auf einen Bericht hier vor dem Hintergrund zu sehen, dass es ihr offenbar wichtig ist, diesbezüglich eine Einschätzung vornehmen zu können.

Im Anschluss an eine von Jules Nachfragen erzählt Daniel von einer Situation auf der Party:

B15: „die Tour versaut"

[42]

	/72/
Daniel [v]	((1,1s))　　　Auf der Party war_s so, dass wir
Jule [v] geschnackt?	
Jule [k]	*klimpert mit Eiswürfeln*

[43]

Daniel [v] nur nen bisschen miteinander getanzt haben und • • sie dann in

[44]

Daniel [v] den anderen Floor zum tanzen gegangen ist, aber noch mal

[45]

betont, langezogen　　　　/73/

Daniel [v] am Schluss rüber kam, sich zu verabschieden. ((0,8s)) Ich aber

[46]

　　　　　　　　　　　/74/　　　　　　　　　　*langezogen*

Daniel [v] leider noch aufräum musste. ((0,3s)) Das war eigentlich das

[47]

　　　　　　　　　　　　　　　　　/76/

Daniel [v] • Problem.　　　　　　　　Kam halt alles…
　　　　　　　　　/75/
Jule [v] ((0,8s)) Ham dir die andern des/　　quasi

[48]

　　　　　　　/77/

Daniel [v]　　　Sie kam/　sie kam halt noch mal

Jule [v] die Tour versaut, weil du aufräumen musstest.

Jule [k]　　　　　　　　　　　　*schlägt mit der Hand auf den Tresen*

[49]
```
                /78/
Daniel [v] alleine rüber. Und ich ma/ w/ hm • •    hab verzweifelt in die
Daniel                       unverständlich
[k]

Jule [v]
Jule [k]
```

[50]
```
Daniel [v] Runde geguckt und ähm...
                                         hämisch
                                         /79/
Jule [v]                                 • Und niemand hat reagiert.
Jule [k]           klimpert mit den Eiswürfeln
```

[51]
```
              /80/                   /83/
Daniel [v] Niemand hat reagiert.    Dann hab ich halt aufgeräumt.
              lachend
              /81/
Jule [v]   Hahaha·
                           /82/
Sina [v]                   ((lacht)) ((lacht leise))
```

[52]
```
              /84/
Jule [v]   ((lacht))((0,5s)) ((hustet)) ((0,5s)) Lachen macht Husten
                                                     /85/
Sina [v]                                             ((kichert))
```

Daniel stellt die Ereignisse auf der Party in Form einer Leidensgeschichte[239] dar: In seiner Darstellung ist er unverschuldet in eine Situation gekommen, in der ihm durch die äußeren Umstände die letzte Chance darauf, den Flirt mit Stefanie auszubauen, genommen wurde. Insbesondere bei der diskursiven Gestaltung der misslichen Lage greift Jule wiederholt in das diskursive Geschehen ein und gestaltet es, u. a. durch Zuspitzungen, witzig.

In Daniels Darstellung ergibt sich die Chance, das gemeinsame Handlungssystem mit besagter Stefanie auszubauen bzw. zu konsolidieren, als sie am Ende der Party zu ihm kommt, um sich zu verabschieden (/72/). Dem steht jedoch eine durch eine fremde Instanz etablierte Handlungsnotwendigkeit, nämlich aufzuräumen, entgegen; dieses Skandalon formuliert er: „Ich aber leider noch aufräum musste." /73/. In seiner Conclusio deklariert er diesen Umstand zum

---

[239] Zur Struktur von Leidensgeschichten vgl. Rehbein (1980).

hauptsächlichen Problem: „Das war eigentlich <u>das</u> Problem." /74/ Diese Darstellung des Konfliktes tendiert zur Selbstironie. Die sprachlichen Mittel dazu ist die emphatische Herausstellung des Modalverbs *müssen* und des Determinators ‚das'. Er operiert damit auf einem gemeinsam geteilten Wissen der Diskursteilnehmerinnen: Die Party zu organisieren, geschah durchaus freiwillig, nicht unter Zwang, und sie wurde gemeinsam von der Gruppe durchgeführt; zudem haben Sina und Jule die Erfahrung gemacht, dass Daniel sich gelegentlich den Aufgaben, die die Organisation und Durchführung einer solchen Party mit sich bringen,[240] nachgerade entzieht. Insofern wird die Benennung der Modalitäten eigener Handlungsmöglichkeiten in der damaligen Situation als gegebene Reduktion auf eine einzige Handlungsalternative selbstironisch verschoben. Verstärkt wird der rückblickend selbstironische Ton durch die Verwendung des bestimmten Artikels mit Bezug auf Handlungsprobleme; dadurch wird die Situation so dargestellt, als wenn die äußere Notwendigkeit des Aufräumens das *einzige* Problem für das Scheitern des Flirts darstellte. Hier wird und darf ein Wissen bei den Hörerinnen vorausgesetzt werden, dass Daniel nicht ausnahmslos Erfolg bei seinen Flirtversuchen hat. Jule nimmt die durch Daniels Selbstironie entschärfte, aber – durch die Verwendung von *müssen* – implizierte Schuldzuweisung an die Mitorganisator:innen auf und benennt sie explizit: „Ham dir die anderen des/ quasi die Tour versaut, weil du auf<u>räumen</u> <u>musstest</u>." /75/ Mit dieser ebenfalls ironischen Äußerung frotzelt sie Daniel, indem sie seine Inszenierung als Opfer gewissermaßen steigert.

Auf dieses Frotzeln reagiert Daniel, indem er die Szene nochmal aus seiner Perspektive darstellt und dabei seine Position als ein Opfer der Umstände betont: „Sie kam/ sie kam halt noch mal alleine rüber. Und ich ma/ w/ hm •• hab verzweifelt in die Runde geguckt und ähm…" /77/f. Jule ergänzt die diskursiv etablierte Vorstellung: „Und niemand hat reagiert." /79/. Die Feststellung wird von Daniel bestätigend wiederholt. Woraufhin er das Resultat formuliert: „Dann habe ich halt aufgeräumt.". Diese Selbstdarstellung als quasi schicksalsergeben wird durch die Verwendung der (eher süddeutschen) Partikel „halt" betont. So wird die leichte selbstironische Darstellung als Opfer der Lage nochmals konsolidiert, was durch Lachen der anderen honoriert wird. Durch diese Selbstironie ist es Daniel möglich, Selbstmitleid und Schuldzuweisungen überhaupt erst zu verbalisieren – ohne ironische Distanz wäre das wahrscheinlich nicht in dem Maße akzeptiert. Denn sogar die ironische Verbalisierung wird durch Jules Frotzeln – wenn auch in entschärfter Weise – sanktioniert. Die Ironie ermöglicht es in diesem Fall, ein Thema zu besprechen, das ansonsten wahrscheinlich eher in einen Problemlösungsdiskurs oder ein Beratungsgespräch unter Freund:innen münden würde. Diese Diskurstypen sind aber einer weitge-

---

[240] Aufgaben wie beispielsweise Tresenschichten zu übernehmen, zu dekorieren oder eben aufzuräumen.

hend institutionalisierten Praxis verhaftet und stehen insofern dem *homileïschen Diskurs* entgegen. Zwar wäre es angesichts des Gesprächsgegenstandes und der freundschaftlichen Verbundenheit durchaus denkbar, hier ein Beratungsgespräch oder einen Problemlösungsdiskurs einzufügen; ein derartig eigenes Handeln entspricht aber offensichtlich an diesem Punkt des Kneipendiskurses nicht den Bedürfnissen der Aktant:innen.

B16: „Ob du wirklich richtig stehst, siehst du, wenn das Licht angeht."

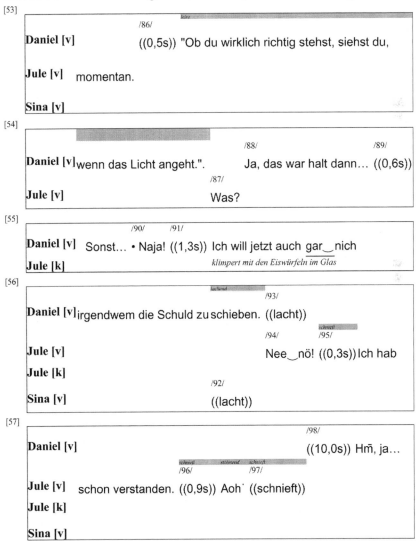

Die Lehre aus der erzählten Episode verbalisiert Daniel, indem er ein Zitat aus der Kinderfernsehsendung „1,2 oder 3" wiedergibt: „Ob du wirklich richtig stehst, siehst du, wenn das Licht angeht." /86/. Damit wird bei den Hörerinnen ein Wissen über diese Fernsehshow aufgerufen.[241] Somit legt er den Hörerinnen nahe, seine Situation in der Erzählung mit der Situation in der Show zu vergleichen.[242] Das durch das Zitat aktualisierte *Imagewissen* zu der Fernsehsendung dient ihm also zur Illustration seiner Situation. Er legt den Hörerinnen nahe, seine Situation als „Spiel" zu betrachten (bei dem es darauf ankommt, zum richtigen Zeitpunkt an der richtigen Stelle zu sein). Damit versucht er sich erneut als ironisch distanziert darzustellen. Dieser Versuch läuft jedoch ins Leere – Jule gibt durch die Fragepartikel „Was?" /87/ zu erkennen, dass ihr verstehender Mitvollzug blockiert ist. Ob sie Daniel akustisch nicht verstanden oder die Äußerung nicht als Zitat identifiziert hat, ist unklar. Daraufhin betont Daniel nochmals: „Ich will jetzt auch gar_nich irgendwem die Schuld zuschieben." /91/. Und bemüht sich zudem, eine ironische Distanzierung durch Lachen kenntlich zu machen. Die Hörerreaktionen deuten jedoch darauf hin, dass dies nur noch bedingt funktioniert. Ich habe den Eindruck, dass die entschärfende Funktion der Ironie, ihr Einsatz zur Ermöglichung der Verbalisierung von Selbstmitleid, an diesem Punkt gewissermaßen aufgebraucht ist.

Rehbein (2012: 86) hat in Bezug auf sogenannte narrative Interviews die Frage aufgeworfen, ob elizitiertes Erzählen den *homileïschen Diskurs* nicht geradezu eliminiert (siehe auch Kap. 2.3). In dem vorliegenden Diskursabschnitt liegt zwar keine Interview-Situation im engeren Sinne vor, aber das diskursive Geschehen weist doch recht ähnliche Charakteristika auf. Jule hat das rekonstruktive Handeln Daniels elizitiert, ja durch ihr Insistieren geradezu forciert und mittels ihrer Fragen den Diskursverlauf gelenkt. In dem betrachteten Diskursabschnitt konnten eine Aufhebung praxisorientiert-zielgerichteten, teleologischen Handelns und eine kommunikative Umstrukturierung der Realität nicht festgestellt werden. Durch derartig elizitiertes, forciertes Berichten oder Erzählen wird Homileïk nicht realisiert. Das von Jule elizitierte sprachliche Handeln diente vornehmlich dazu, die Aktant:innen auf einen gemeinsamen Wissensstand zu bringen. Eine Gesprächsflaute folgt – erkennbar an den auffällig langen Pausen von insgesamt knapp einer halben Minute (/98/, /99/). Gleichzeitig ist es für die Aufrechterhaltung des gemeinsamen Handlungssystems aber auch wichtig, in bestimmten

---

[241] Da diese seit 1977 ausgestrahlte Sendung recht erfolgreich war und zudem in der Zeit, in der die Interaktant:innen im Kindesalter waren, noch relativ wenig Kindersendungen im Fernsehen liefen, kann Daniel davon ausgehen, dass die anderen diese Sendung kennen.

[242] Eine Parallelisierung kann hier vorgenommen werden, da diese beiden an sich sehr unterschiedlichen Handlungsräume (Spielshow und Party) einige Elemente gemeinsam habe: Es gibt bei beiden bunte Lichter und es wird gehüpft bzw. getanzt. Eine Assoziation liegt hier zusätzlich nahe, weil in der Situation, von der Daniel erzählt, eben auch – wie in der Spielshow in dem Moment, wenn der zitierte Slogan aufgesagt wird – nach dem Tanzen das Putzlicht angeschaltet wurde.

Punkten über einen gemeinsamen Wissensstand zu verfügen; das hat Jule eingefordert. Sie schafft damit Voraussetzungen dafür, dass in dieser Konstellation weiter *homileïsche Diskurse* stattfinden können. Ich vermute aufgrund der bisherigen Beobachtungen, dass ein bestimmtes Mindestmaß an Gemeinsamkeit eine Voraussetzung für den *homileïschen Diskurs* ist. Homileïsche Momente können zwar auch im sprachlichen Handeln unter Fremden hergestellt werden, dies ist meiner Vermutung nach aber nur möglich, wenn durch das diskursive Handeln eine ausreichende Schnittmenge bezüglich der Präsuppositionen, also Gemeinsamkeiten bezüglich der handlungsleitenden Selbstverständlichkeiten, entdeckt werden.[243] Diese Vermutung müsste anhand empirischen Materials von Diskursen in entsprechend anderen Konstellationen überprüft werden.

Es folgt ein Diskursabschnitt, in dem das Gespräch offensichtlich „schwierig" ist und ein flüssiger Diskursverlauf sich nicht einstellen will. Verschiedene Themen werden angeschnitten, quasi probehandelnd versucht bzw. ausprobiert. Aber keins der Themen ist wirklich fruchtbar, d. h. kein Gesprächsgegenstand wird über mehrere Turns hinweg aufgefächert. Auch ist das diskursive Geschehen offensichtlich nicht sehr unterhaltsam (vgl. 7.2.1).

5.2.3 Schwärmerisches Erzählen

Durch das bisherige Handeln wurde zwar das gemeinsame Handlungssystem aktualisiert und konsolidiert, aber noch kein homileïscher Diskursraum etabliert. Dies gelingt zunächst auch nicht im weiteren Diskursverlauf, der durch Themensuche und Gesprächsflauten gekennzeichnet ist (vgl. 7.2.1). In dem mit Kap. 5 vorliegenden Diskurs kann jedoch nicht die Aufnahmesituation „schuld" sein. Es scheint allgemein so, dass ein homileïscher Diskursraum i.S.v. Rehbein erst geschaffen werden muss – auch in Konstellationen, die quasi per se homileïsch sind, die also nicht durch institutionelle Zwecke determiniert sind.[244] In dem in Kapitel 4 untersuchten Diskurs ist das tatsächlich relativ schnell, innerhalb nur weniger Minuten, gelungen. In dem hier

---

[243] Derartige Gemeinsamkeiten können durch eine ähnliche Sozialisation oder ein vergleichbares sozio-kulturelles Lebensumfeld und Wertesystem auch zwischen Personen vorhanden sein, die sich vorher nie begegnet sind und insofern noch kein gemeinsames Handlungssystem etablieren konnten. Über welche Gesprächsgegenstände solche Gemeinsamkeiten identifiziert werden, müssten die Analysen von entsprechenden Daten zeigen. Meiner Vermutung nach spielen Themen aus der Kultur (also welche Musik hört man, welche Filme mag man, interessiert man sich für Performance-Kunst usw.), aber auch Politik eine besondere Rolle – allgemeiner gesagt: Themen oder Gegenstände, bei denen Werte und Einstellungen durchaus zum Tragen kommen und sichtbar werden (und die daher z. B. für *Small Talk* nicht unbedingt geeignet sind, vgl. oben), die aber andererseits persönliches, partikulares Erleben bzw. die persönliche Einstellung und Bewertung dazu vergleichbar machen.

[244] – und somit in einer grundsätzlich anderen Konstellation als der von Rehbein (2012) analysierte *homileïschen Diskurs*. Dieser findet am Arbeitsplatz statt, also in einer Konstellation, in der der durch die Institution gesetzte Zweck vorübergehend außer Kraft gesetzt werden musste.

untersuchten Diskurs – mit einer sehr ähnlichen Konstellation: gute Freund:innen, die sich regelmäßig treffen – scheint dies hingegen etwas länger zu dauern. Die Unterschiede könnten darin begründet sein, dass der in Kapitel 4 untersuchte Diskurs bereits vor dem Aufnahmestart schon einige Zeit am Laufen war und somit zuvor bereits ein homileïscher Diskursraum etabliert wurde – dieser musste nach einer Veränderung der Konstellation (durch das Hinzukommen Christinas) lediglich reetabliert werden. Ein weiterer Grund mag in der unterschiedlichen Sitzanordnung liegen (um einen Tisch herum versus in einer Reihe am Tresen).

In dieser Gesprächsphase, die als Gesprächsflaute bezeichnet werden kann (s. o.), beginnt Jule mit einer Erzählung:

B17: „Hallo?! Das is_n Star!"

[76]

Daniel [v] ist.	
Daniel [k] *leben)*	
	/130/ *mit Emphase*
Jule [v] ((1,2s)) ((hustet)) ((2,1s)) Ich war gestern mit (Vorname	
Jule [k]	*(bekannter US-*

[77]

	/131/
Jule [v] Name) essen. Na, eigentlich (kennt man) den nicht so	
Jule [k] *amerik. Schauspieler)*	

[78]

	/132/ /134/
Jule [v] toll, aber es war so toll. So ein netter Hollywoodstar! Es war so	
Jule [k] *klopft mit der flachen Hand auf den Tresen*	
	/133/
Sina [v] Warst du jetzt …	

[79]

	langsam /136/
Jule [v] toll, wir war_n alle ganz… Jaaa.	
	/135/
Sina [v] Durftest mit essen gehen?	

[80]

/137/ /138/	
Jule [v] Und meine Chefin kam._ Wir war_n in der Lesung: es war_n	

[81]

	/139/
Daniel [v]	Wo war das nochmal?
	/140/
Jule [v] tausend Leute in der Lesung die war aus verkauft.	Im (Kino-
Jule [k]	großes Multiplex

[82]

	/141/	/143/
Daniel [v]	((1,1s)) (Kino-Name), welches dann?	
		/142/
Jule [v] Name).		Im
Jule [k] Kino, Teil einer Kette		

[83]

	/144/	
Daniel [v] (Ortsangabe). • Krass!		
	/145/	/146/
Jule [v] (Ortsangabe).	Es war echt krass.	Tausend Leute,

[84]

	/147/
Jule [v] ausverkauft! Und vorher in Berlin, zur Signierstunde schon

[85]

	/148/
Daniel [v]	Oh˙
	/149/
Jule [v] achthundert. Und wir hatten vorher ja so für ge kämpft,

[86]

	/150/
Jule [v] klarzumachen, dass das nen Star ist. Weil alle über vierzig

[87]

Mit etwas tieferer Stimme

	/151/
Jule [v] sagten: "Wer ist das?". Und alle unter vierzig sagten: "Hallo?!

[88]

	/153/
Daniel [v]	Hm˙
	/152/	/154/
Jule [v] Das is_n Star!". Uns wollte halt keiner glauben.	Und •

[89]

| Jule [v] ähm •, meine Chefin kam schon, die war mit ihm in Berlin, kam |

[90] Jule [v]: schon ((unverständlich)) zu mir an, sagte mir: "Also, wenn Sie
Mit etwas verstellter, gesenkter Stimme.

[91] Jule [v]: den vorher toll fanden, anschließend sind Sie verliebt! Ich bin
recht schnell gesprochen ... *weiter mit etwas*

[92] Jule [v]: total verliebt, ich möcht den mit nach Hause nehmen.". /155/
verstellter Stimme
Sina [v]: ((lacht))

[93] Jule [v]: /156/ /157/ "Leider ist seine Freundin echt nett.". Und_es war halt/ • die
weiter mit etwas verstellter Stimme
Sina [v]:

[94] Jule [v]: war_n so süß zusammen, die war_n so_n nettes Paar. Und /158/
langgezogen
Jule [k]: *klopft*

[95] Jule [v]: es war so, dass man dachte: "Oh, man sollten jetzt Bier trinken
Jule [k]: *mit der Hand auf den Tresen*

[96] Jule [v]: /159/ /160/ gehen.". Und es war überhaupt nich... Nach dem ganzen Vor •

[97] Jule [v]: lauf, wo_s drum ging Friseur aus Paris und so. Der hat den ze/ /162/
tiefere Stimme ... *lachend*
Sina [v]: /161/ Ja. /163/

[98] Jule [v]: der hat den zehn Minuten. Meinte er: /165/
Sina [v]: Bodyguard aus London. ((lacht)) /164/

176

[99]
mit etwas tieferer Stimme
Jule [v] "Ich brauch höchstens zehn Minuten pro Tag – wenn – für die

[100]
/166/
Jule [v] Friseurin.". Die hat einmal drüber und dann wollte/ der wollte

[101]
/167/
Jule [v] das gar nicht wieder sehen. Und der war halt wirklich, • • wie

[102]
gegen Ende die Stimme senkend, leiser werdend
Jule [v] man der vorher hofft, dass er eigentlich ganz nett ist und nur

[103]
/168/   /169/
Jule [v] die Agentur so Kacke. Und so war_s halt. Wir fanden den alle

[104]
/170/   /171/
Jule [v] so gut. Der war so nett. Der hat sechshundert Autogramme,

[105]
leiser werdend
/172/
Daniel [v]   Was kostet so ne Lesung?
/173/
Jule [v] glaub_ich, geschrieben.   ((1,0s))

[106]
/174/   /177/
Daniel [v]   Was kostet so ne Lesung?   Na,
/175/ /176/
Jule [v] Wie?   Wie? Wem kostet was?

[107]
Daniel [v] was kostet so ne Lesung?
ungeduldig
/178/
Jule [v]   Ja, äh, wen, wa/ wen, was/ äh
Jule [k]   *klopft dazu rhytmisch mit der Hand auf den Tresen*

[108]
/179/
Daniel [v]   ((0,6s)) Nee, was kriegt der • an

Jule [v] welche Kosten meinst du?
Jule [k]

[109]

		/181/	
Daniel [v]	Kohle?		((0,7s)) Weil?
	/180/		/182/
Jule [v]	Der kriegt dafür nichts.		• Ja das
Jule [k]	klopft noch einmal mit der Hand auf den Tresen		

[110]

		/183/
Daniel [v]		((0,5s)) Achso,

Jule [v]	is sein Buch, der promoted sein eigenes Buch.

Bereits die erlebte Geschichte, die Jule erzählend wiedergibt, ist ein außergewöhnliches Ereignis: Der Verlag, für den sie arbeitet, hat eine Lesung mit einem Hollywood-Schauspieler in einem großen Multiplex-Kino veranstaltet; und an dem anschließenden Essen mit eben diesem Star durfte sie teilnehmen. Das ist allein schon ein erzählenswertes Ereignis. Bemerkenswert ist, wie Jule die Erzählung beginnt: „Ich war gestern mit (Vorname Name) essen." /130/. Die Sprecherdeixis „ich" betont sie dabei dezidiert; so wird die Qualifizierung der Erzählung als ungewöhnliches persönliches Erlebnis akzentuiert. Weil es sich bei diesem persönlichen Erlebnis um ein Essen mit einem „großen" Hollywood-Schauspieler handelt – dessen Name als bekannte Adresse im Wissen aller vorausgesetzt wird, so dass die Prominenz en passant zur Geltung kommt –, wird bereits in der präterital geformten Ankündigung das gelungene Ende vorweggenommen. Da Jule bei den Hörer:innen ein Wissen um Konflikte in der Vorgeschichte dieses Erlebnisses voraussetzen kann,[245] wird durch diese Ankündigung die Erzählung als Siegesgeschichte oder Glücksgeschichte charakterisiert und so die hörerseitigen Erwartungen vorstrukturiert. Die Hörer:innen erwarten also eine Geschichte, in der die Erzählerin zwar mit einer Komplikation konfrontiert wird, diese aber mit positiven Folgen für die Aktantin aufgelöst wird.[246] In der Vorgeschichte gab es zwei Komplikationen: Die Lesung musste gegen innerinstitutionelle Widerstände durchgesetzt werden, vor allem gegenüber älteren Verlagsmitarbeiter:innen. Daneben gab es organisatorische Herausforderungen, die durch unverhältnismäßige Forderungen des Schauspielers potenziert wurden. Die Forderungen des Schauspielers hatten nicht nur die Realisierbarkeit gefährdet, sondern auch Befürchtungen geweckt, dass dieser Star-Allüren habe und sich insofern das Projekt als Enttäuschung erweisen könnte.

---

[245] Verschiedene Hörer:innen-Äußerungen, vor allem von Sina, bestätigen, dass ein solches Wissen vorhanden ist.

[246] Zur genaueren sprachlichen Struktur von Siegesgeschichten siehe Rehbein (1984); Fienemann (2006) plädiert dafür, Glücksgeschichten als eigenen Typ zu unterscheiden.

Obwohl Jule die Vorgeschichte als bekannt voraussetzt, vergegenwärtigt sie
den innerbetrieblichen Konflikt noch einmal diskursiv:

B 17.1 „Wer ist das?"

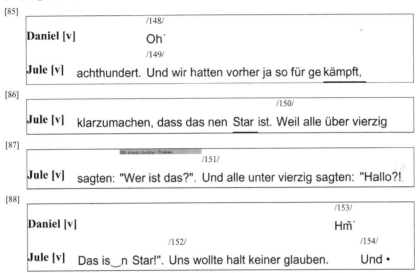

Sie erzählt von diesem Konflikt, indem sie ihn zunächst zusammenfassend darstellt und dabei durch die Verwendung von „ja" markiert, dass sie ein diesbezügliches Wissen voraussetzt: „Und wir hatten vorher ja so für ge<u>kämpft</u>, klarzumachen, dass das nen <u>Star</u> ist." /149/. Daran anschließend gibt sie in komprimierter Form eine Kommunikationssituation zwischen zwei Gruppen im Verlag wieder. Das Wissensdefizit der einen Gruppe, die als „alle über vierzig" benannt wird, stellt sie durch die Wiedergabe der Frage „Wer ist das?" /150/ in direkter Rede dar. Ebenfalls durch direkte Rede gibt sie die Position der anderen Gruppe, „alle unter vierzig", wieder: „Hallo?! Das is‿n Star!" /151/. Diese diskursiv rekonstruierte Kommunikationssituation wird in Form eines *Bildes* dargestellt; die Verwendung des quantifizierenden Determinators „alle" sowie die Verknappung und Stilisierung der Redewiedergaben lassen erkennen, dass in diesem *Bild* mehrere Erlebnisse (oder auch vermitteltes Wissen) eingeflossen und synthetisiert worden sind. Diese Vorstellung von der internen Kommunikationssituation wird zu illustrativen Zwecken für eine der Komplikationen eingesetzt. Durch direkte Rede ermöglicht Jule – trotz der gerafften Darstellung – ein unmittelbares hörerseitiges Miterleben des Konfliktes zwischen den Organisatoren. Indem Jule derart bildlich die Vorgeschichte schildert und so bei ihren Zuhörer:innen aktualisiert, betont sie den Erfolg, den die Lesung darstellt – auch für sie persönlich, denn sie gehörte zu der Gruppe, die um die Star-Qualitäten des Schauspielers wusste.²⁴⁷ Der bereits herausgestellte Erfolg der Lesung – beispielsweise in den Äußerungen: „[…] es war‿n tausend Leute in der Lesung, die war ausverkauft" /138/; „Tausend Leute, ausverkauft! Und vorher in Berlin zur Signierstunde schon achthundert." /146/f²⁴⁸ – wird durch die anschließende diskursive Vergegenwärtigung der Vorgeschichte also zusätzlich ex post pointiert.

Die zweite Komplikation in der Vorgeschichte der Lesung, nämlich die enormen Forderungen des Schauspielers, die den Konflikt bei den Entscheidern stärkten und so die Realisierbarkeit der Lesung infrage stellten, ruft Jule ebenfalls ins Gedächtnis: „Nach dem ganzen Vor • lauf, wo‿s drum ging Friseur aus Paris und so." /160/. Diesen Teil der Vorgeschichte – mit der Nominalphrase „dem ganzen Vorlauf" zusammenfassend genannt – setzt sie dabei als bekannt voraus und nennt lediglich exemplarisch eine Forderung: „Friseur aus Paris"; auf weitere Aspekte dieser Vorgeschichte wird sprachlich mit „so" gezeigt.²⁴⁹ Im Kontrast zu dieser Vorgeschichte stellt Jule dar, wie unkompliziert, nett und kooperativ der Schauspieler bei der Durchführung der Veranstaltung war (/162/ bis /171/). Unter anderem tut sie dies, indem sie die Hörer:innen anekdotenhaft (durch die Wiedergabe direkter Rede) an der Situation beim Friseur teilhaben lässt: „Meinte er: ‚Ich brauch höchstens zehn Minuten pro Tag – wenn – für die Friseurin.'." /165/. Das aktiv mitwirkende Handeln des Schauspielers wird exemplarisch angeführt: „Der hat sechshundert Autogramme, glaub ich, geschrieben." /171/. Insgesamt wird der Schauspieler geradezu glorifiziert und wiederholt als „nett" und „toll" charakterisiert. Die adjektivischen Attribuierungen werden durch den gehäuften Einsatz der Aspektdeixis ‚so' noch gesteigert: „so toll" (/131/, /135/), „so süß", „so‿n nettes Paar" (/157/) „so gut" (/169/), „so nett" (/170/). Die positiven Bewertungen werden zudem teilweise durch paralleles Klopfen mit der (flachen) Hand auf den Tresen unterstrichen. Diese non-verbale Handlung hat hier also eine Malfeld-Funktion, da die eigene Begeisterung damit parallel zu Verbalisierung ausgedrückt wird. Aufgrund der gesteigerten positiven Bewertung der Lesung und des Schauspielers würde ich davon sprechen, dass hier ein *Schwärmen* realisiert wird.

Die in das schwärmerische Erzählen eingebaute diskursive Vergegenwärtigung einer Kommunikationssituation mit der Chefin hat die Funktion, dieses *Schwärmen* zu legitimieren:

---

[247] Die Verwendung der Deixis „uns" in Äußerung /152/ lässt diesbezüglich keinen Zweifel.

[248] Die Nennung des Veranstaltungsortes erfolgt zwar auf eine Nachfrage Daniels (/139/) hin, und wird nach einer erneuten Nachfrage (/141/) spezifiziert (/142/), reiht sich aber in die positive Darstellung auf Grundlage der Nennung der Dimensionen der Veranstaltung ein, was durch Daniels positive Rückmeldung „Krass!" /144/ bestätigt wird.

[249] Woraufhin Sina ein weiteres Element dieses Aspekts mit „Bodyguard aus London." /163/ hinzufügt. Sie bestätigt so, dass sie das aufgerufene Wissen aktualisiert hat und eine Kenntnis der Vorgeschichte vorhanden ist. Bereits vorher hat sie durch „Ja." /161/ bestätigt, dass ein solches Wissen vorhanden ist.

B17.2 „Leider ist seine Freundin echt nett."

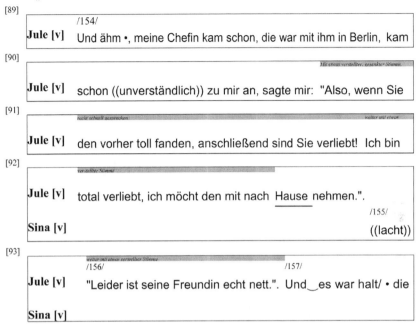

Denn in der ihrer Chefin zugeschriebenen Äußerung (/154/) gerät diese ihrerseits gewissermaßen ins Schwärmen und prognostiziert das auch für Jule. Laut Jules Wiedergabe steigert sich der Eindruck der Chefin von „toll" zu „verliebt" sein, so dass sie schließlich den Wunsch formuliert, den Schauspieler „mit nach Hause [zu] nehmen". Ein solches sprachliches Handeln entspricht aber eher einem Teenager (für die derartige Projektionen der Wünsche auf unerreichbare Stars typisch sind – so zumindest das Stereotyp bzw. *Image* von Teenagern), nicht jedoch der institutionellen Position einer Chefin. Wenn aber selbst die Chefin sich pubertär verhält und sich unrealistische Szenarien ausmalt,[250] ist auch Jules Schwärmen legitimiert.

Ich habe Jule Erzählen oben als Erzählen einer Siegesgeschichte typisiert. Denn durch das Erzählen produziert Jule diskursiv eine bestimmte Vorstellung. Und in dieser diskursiv hergestellten Vorstellung wird der defizitären Arbeitsalltag – der u. a. durch Entscheidungsstrukturen geprägt ist, die in der Regel für jüngere Mitarbeiter:innen wie sie als frustrierend empfunden werden –

---

[250] Bereits der wiedergegebene Wunsch der Chefin „Ich möcht den mit nach Hause nehmen." [PF 96] ist unrealistisch, ihre nächste Äußerung „Leider ist seine Freundin echt nett." /156/ steigert dies aber noch. Die Freundin als einziges Hindernis für ein amouröses Abenteuer mit einem Hollywood-Star zu sehen, zeugt von einem Ausblenden der faktischen Verhältnisse.

durch den Erfolg der Lesung glamourös überwunden. Dieses Erlebnis wird qua diskursiv evozierter Vorstellung mit den Hörer:innen gemeinsam gemacht. Das Schwärmen hat die Funktion, die erfolgreiche Lesung bzw. das positive Auftreten und Mitmachen des Schauspielers selbst und somit den Sieg zu betonen, es stellt gewissermaßen ein diskursives Feiern des Sieges dar.

Rehbein hat, wie oben in Kap. 2.3 bereits referiert, *Schwärmen* am Arbeitsplatz untersucht, also in gänzlich anderer Konstellation. Hat das hier ermittelte *Schwärmen* unter Freund:innen die gleiche Funktion? Dazu sei Rehbeins Bestimmung wörtlich in Erinnerung gerufen:

> Mit dem Schwärmen wird die Wirklichkeit des Arbeitsplatzes zumindest zeitweilig in eine Welt des Wunsches und in die Nähe von Bedürfnisrealisierung gebracht, und zwar mit sprachlich kommunikativen Mitteln. Zielgerichtetes Handeln wird zurückgestellt gegenüber einer Welt unmittelbarer Präsenz, in der die Arbeitszwänge partiell sistiert sind und vor den Ausdrucksformen der sprachlichen Kommunikation zurücktreten. Beim Schwärmen ist die Wunschwelt selbst jedoch noch nicht real, so dass die Arbeitswelt im Hintergrund gegenwärtig ist. (Rehbein 2012: 100)

In unserem Fall handelt es sich aber um ein Gespräch unter Freund:innen in einer Kneipe. Das sprachliche Handeln ist also nicht durch Arbeitszwänge (oder allgemeiner: nicht institutionell) determiniert. Gleichwohl muss, wie schon in Kap. 4 erkannt, auch in dieser Konstellation ein homileïscher Diskursraum etabliert werden. Dies geschieht in B17 durch das Erzählen. Das Schwärmen hat die Funktion die erzählerisch reproduzierte Wirklichkeit als eine Welt des Wunsches zu gestalten. Insofern wird auch in dem hier untersuchten sprachlichen Handeln das Schwärmen genutzt, um eine homileïsche Atmosphäre herzustellen.

Eine weitere Differenz zu dem von Rehbein untersuchten Diskurs ist, dass der Gegenstand des Schwärmens hier kein dingliches Objekt im gemeinsamen Wahrnehmungsraum ist – in Rehbeins Transkript geht es nämlich um eine Cremedose, die für alle Aktant:innen sichtbar ist und sogar herumgereicht wird. Der Gegenstand des Schwärmens ist in unserem Fall ein Mensch, und zwar ein öffentlich bekannter Mensch – und er ist zudem nicht im Wahrnehmungsraum präsent, sondern muss den Interaktant:innen im Zuge der sprachlichen Wiedergabe des Erlebten hinreichend in der Vorstellung präsent werden. In Kapitel 4.4.4. konnten in Bezug auf das *Weiterspinnen* und auf die Produktion von Witzen systematische Differenzierungen vorgenommen werden und zwar danach, ob das sprachliche Handeln seinen Ansatzpunkt an wahrnehmbaren Objekten oder in diskursiv etablierten Vorstellungen von Szenerien hatte. In ähnlicher Weise schlage ich vor, auch das Schwärmen systematisch danach zu differenzieren, ob das Objekt des Schwärmens im Wahrnehmungsraum existiert oder lediglich in der Vorstellung präsent ist. Diese Unterscheidung hat, so scheint mir, Konsequenzen für die Art der Realisierung. In dem von Rehbein präsentierten Diskurs wurde das Schwärmen von den Aktant:innen interaktiv, gemeinsam realisiert, alle Interaktant:innen hatten mitgeschwärmt. In dem hier untersuchten Diskursabschnitt wird das Schwärmen alleine von der Erzählerin Jule realisiert. Sina und Daniel schwärmen nicht mit. Das mag auch daran liegen, dass die beiden zwar über ein Wissen über die Vorgeschichte verfügen, das Objekt des Schwärmens, den Hollywoodstar, aber nicht weiter kennen – zumindest gibt es keine Äußerungen der beiden, die darauf schließen lassen, dass sie über mehr als ein über eine rudimentäre namentliche Kenntnis hinausgehendes Wissen verfügen. Voraussetzung für das Schwärmen scheint also eigenes Erfahrungswissen zu sein. In dem von Rehbein analysierten Diskurs wird die Creme-Dose herumgereicht, an der Creme selbst gerochen, sie wird sogar auf die Haut aufgetragen, das Objekt des Schwärmens ist also für die Handelnden sinnlich erfahrbar. Ein rein diskursiv, in der Gesprächssituation vermitteltes Wissen scheint hingegen nicht auszureichen, um mitzuschwärmen.

Wie festgestellt wurde, dient Jules Schwärmen dazu, die erzählerisch reproduzierte Wirklichkeit als eine Welt des Wunsches, der Bedürfnisbefriedigung zu gestalten. Diese Wunschwelt ist jedoch, wie ausgeführt, nicht real. Die kommunikativ produzierte Vorstellung einer Realität hat daher häufig – jedenfalls hier wie in dem von Rehbein analysierten Diskurs – lediglich eine Entlastungsfunktion. Die derart diskursiv hergestellte Gegenwelt kann somit sogar einem tatsächlichen Handeln, einer Veränderung der defizitären Wirklichkeit entgegenstehen (vgl. die kritische Einordnung der Gegenwelt von Ehlich / Rehbein 1972 in dem Bereich Speiserestaurant, siehe Kap. 3.1). Eine derart kommunikativ hergestellte Gegenwelt hat meiner Einschätzung nach aber auch ein utopisches Potential: Indem die Beschränkungen der Realität im diskursiven Handeln ausgehebelt (oder zumindest reduziert) werden, kann eine andere Wirklichkeit, die näher an den Bedürfnissen ist, überhaupt erst einmal gedacht werden. Eine entsprechende Gestaltung der Wirklichkeit scheint möglich. Möglicherweise sind Daniels Nachfragen dahingehend zu verstehen. Er stellt Rückfragen, die die organisatorische Realisierung der Lesung betreffen. Zunächst erkundigt er sich nach dem monetären Aspekt: „Was kostet so ne Lesung?" /172/. Die Frage wird von Daniel mehrfach wiederholt und reformuliert, da Jule sie zunächst nicht versteht. Das liegt zum einen daran, dass sie über ein entsprechendes Institutionswissen verfügt und ihr dieses selbstverständlich scheint, weswegen sie die Wissenslücke nicht identifizieren kann. Zum anderen scheint es mir aber auch so, dass sie noch mental in der Gegenwelt ist und Probleme hat, den Schwenk zurück in die Realität zu vollziehen. Einen solchen Schwenk stellen Daniels Fragen nämlich dar, denn durch die Fragen initiiert er einen Diskurs, in dem es um die Vermittlung des institutionellen Wissens geht, über das Jule verfügt. Dieses fordert er mit weiteren Fragen – bspw. „Und ihr habt sie auch veranstaltet, wirklich komplett." /218/ und „Und ihr/ ihr /ihr mietet auch das (Kino-Name) dann an, oder?" /222/ – ein. Dies mag möglicherweise mit handlungspraktischer Absicht geschehen, eliminiert in gewisser Weise aber den *homileïschen Diskurs*.

5.3 Dirty Dancing und Edeka

Das nun präsentierte Transkript hält einen Gesprächsausschnitt zur fortgeschrittenen Stunde des Gesamtdiskurses dieser Aktant:innengruppe fest. In diesem Ausschnitt werde ich zum einen betrachten, wie ein Thema, das bereits ganz zu Beginn des Diskurses Gesprächsgegenstand war, erneut bearbeitet wird. Zum anderen betrachte ich den Umgang mit divergierenden Bewertungen.

5.3.1 Ablaufbeschreibung

In dem Diskurs zwischen den oben untersuchten Abschnitten und dem im Folgenden präsentierten wurde allerlei besprochen. Kurze Zeit vor dem nun näher zu analysierenden Ausschnitt haben sich die Aktant:innen – und das ist für die Rekonstruktion des sprachlichen Handelns wichtig – über den Film „Dirty Dancing" unterhalten. Anlass war, dass Sina ein Gesprächsfetzen am Tresen aufgeschnappt hatte und dies den anderen mitgeteilt hat: „Da hinten haben die grad Dirty Dancing ••• zitiert: ‚Mein Baby gehört zu mir.'" /384/, /386/. Der Transkriptausschnitt beginnt nun damit, dass Sina nach einer längeren Gesprächspause von über 25 Sekunden sich darüber beschwert, dass Jule und Daniel mit ihren Mobil-Telefonen beschäftig sind, statt sich zu unterhalten: „Ihr müsst wirklich mal was an eurem <u>Kommunikations</u>verhalten machen." /486/. Zuhörerpräsenz scheint ein zentrales Element des *homileïschen Diskurses* zu sein (vgl. Rehbein 2012: 86). Wenn die Aufmerksamkeit der Aktant:innen auf etwas anderes gerichtet ist, ist eine Grundbedingung für den Diskurs nicht gegeben, das Zusammensitzen in der Kneipe zwecklos. Daraufhin rechtfertigt Jule sich und begründet ihr Handeln damit, dass sie mit ihrem Freund verhandelt hat, ob er noch zu ihnen dazu stößt. Daniel rechtfertigt sich ebenfalls und zwar damit, dass er in einer Ausnahmesituation sei (er würde es sonst nicht so „doll" machen /430/ und /432/), weil er von einer Frau kontaktiert worden sei, die ihm Fotos geschickt hat.

Jule fordert Daniel auf, die entsprechenden Fotos zu zeigen (/515/). Alle schauen sich gemeinsam Fotos auf Daniels Telefon an, Daniel erläutert dabei diese Bilder teilweise. Die Fotos werden Gegenstand des kommunikativen Geschehens, indem sie kommentiert und bewertet werden. Auf den Bildern sind offenbar die beiden Frauen, um die es bereits zu Beginn des Gesamtdiskurses ging (vgl.5.2.2, B13–B16), zu sehen. Diesen Diskursabschnitt betrachte ich in Kapitel 5.3.2 (B18 und B19) detaillierter.

Die Thematisierung der beiden Frauen, „Stefanie" und „die Münchnerin", wird durch einen kurzen Abschnitt unterbrochen, in dem die Aktant:innen sich über Daniels kleine Nichte und seinen Bruder unterhalten (/527/ – /547/). Dieser Themenwechsel wird vollzogen, da in der Fotogalerie auf Daniels Mobiltelefon offenbar Bilder von der Nichte auftauchen.

Da (anscheinend beim Scrollen durch die Fotogalerie) offenbar wieder Fotos der beiden Frauen zu sehen sind, folgt nun ein Abschnitt, in dem die abgebildeten Frauen hauptsächlich auf Grundlage der Fotos und der im Rederaum etablierten Wissenselemente bewertet und gegeneinander abgewogen werden; insbesondere Jule nimmt diese Bewertungen vor. Die Bewertungen münden schließlich in einer von Jule sentenzenhaft formulierte Handlungsmaxime: „You should never date a woman who does duckfaces!" /560/.

Daniel schwärmt ein wenig von „Stefanie" und erwähnt, dass sie ein „tolles [...] Tachometer an ihrem Fahrrad" /578/ hat. Diese Bemerkung amüsiert die anderen beiden und wird über einige Turns hinweg Gegenstand des kommunikativen Geschehens. Außerdem berichtet Daniel, dass sie Stadtführungen macht und mit zwei gemeinsamen Bekannten der drei Aktant:innen zusammenarbeitet, die namentlich genannt werden: „Janski und Fiete". Im Vergleich zum Diskursbeginn – als Jule ihn dazu gedrängt hat, Wissen zum Thema „Stefanie" zu vermitteln – erzählt Daniel nun offensichtlich stärker aus eigenem Antrieb heraus über Stefanie.

Die Erwähnung der Namen der beiden gemeinsamen Bekannten, Janski und Fiete, führt zu einem Themenwechsel (ab /599/). Die Diskursteilnehmerinnen tauschen sich nun über diese beiden Personen aus, insbesondere deren kommunikativen Fähigkeiten (in Bezug auf deren Arbeit als Stadtführer) werden bewertet. Dieses diskursive Handeln könnte man als Klatsch (Bergmann 1997) charakterisieren, da über abwesende Personen und deren Fehler gesprochen wird; es ist allerdings – anders als für den Klatsch typisch – keine Missgunst zu erkennen.

Die Thematisierung der Arbeit der beiden Bekannten als Stadtführer ist der Ansatzpunkt für einen erneuten Themenwechsel. Jule thematisiert die „Verdrängung" eines Obst- und Gemüseladens aus ihrer Nachbarschaft, bei dem sie eingekauft hat, durch den Arbeitgeber der beiden Bekannten (als „der Laden" benannt /651/). Das verdrängte Einzelhandelsgeschäft bezeichnet sie unter anderem als „mein Melonenkaufladen" /655/ und spielt dabei auf den zuvor im Diskurs thematisierten Film „Dirty Dancing" an. Daniel schlägt daraufhin eine alternative Einkaufsmöglichkeit vor; ob dies eine geeignete Alternative ist, wird zwischen Jule und Daniel diskutiert. Die Thematisierung neuer Einkaufsmöglichkeiten nimmt Sina wiederum zum Anlass zu erwähnen, dass sie kürzlich das erste Mal in der ‚Rindermarkthalle' war (/671/; der Umbau eines Komplexes historischer Schlacht- und Viehmarkthallen zu einer modernen „Markthalle", in der neben kleineren Einzelhändlern vor allem Filialen größerer Supermarkt- und Drogerieketten untergebracht sind, ist erst kurze Zeit vor der Aufzeichnung des Diskurses fertiggestellt worden). Es kommt zu unterschiedlichen Bewertungen des Edeka-Marktes in dieser Markthalle, die vehement vertreten werden. Da die Interaktant:innen sich gehäuft gegenseitig ins Wort fallen und die Gegensätzlichkeit der Bewertungen durch Übertreibungen betonen, hat man den Eindruck, dass sie sich streiten. Obwohl es nicht zu einer Übernahme oder Vermittlung der gegensätzlichen Bewertungen kommt, scheint das kein Problem darzustellen: die Aktant:innen führen den Diskurs anschließend weiter. Jule knüpft an die vor dem ‚Edeka-Streit' von ihr thematisierte Arbeit der beiden gemeinsamen Bekannten für ein Unternehmen, das Stadtführungen anbietet, erneut an. Sie ist offenbar der Meinung, dass sich darin exemplarisch ein Widerspruch manifestiert, der das gemeinsame Präsuppositionssystem betrifft und den sie geklärt haben möchte. Die diskursive Bearbeitung dieses das Präsuppositionssystem betreffenden Konflikts sowie den ‚Edeka-Streit' untersuche ich in Kap. 5.3.3 (B 20–B22).

5.3.2 Persiflage (Trost spenden) und Beraten / Ironie

Die beiden Frauen, die bereits zu Beginn des Gesamtdiskurses Gesprächsthema waren, „die Münchnerin" und „Stefanie", werden in dem folgenden Beispiel B18 erneut zum Gegenstand des Diskurses – diesmal evoziert dadurch, dass die Interaktant:innen sich gemeinsam Bilder dieser beiden Frauen auf Daniels Mobiltelefon ansehen. Auf Grundlage der Bilder bzw. deren diskursive Vergegenwärtigung durch Beschreibungen kommt es zu Bewertungen dieser Frauen.

Ausgelöst wurde dieses Handeln dadurch, dass Daniel sich dafür rechtfertigt, dass er mit seinem Mobiltelefon beschäftigt war.[251] Er rechtfertigt sein Handeln nämlich damit, dass er wieder angefangen habe, mit einer Frau zu „flirten" /504/, und diese ihm nun Bilder geschickt habe. Daraufhin[252] fordert Jule Daniel auf, die entsprechenden Fotos zu zeigen. Dieser Aufforderung kommt Daniel nach und zeigt – wie dem diskursiven Verlauf zu entnehmen ist – auch weitere Fotos auf seinem Handy (es werden auch Bilder auf dem Telefon betrachtet, die ihm offensichtlich nicht von der betreffenden Person geschickt wurden).

B18: „Aber dann musst du den zeigen!"
[[311]]

---

[251] Dieser Rechtfertigung ging eine über zehnsekündige Pause voraus, in der Jule und Daniel offenbar mit ihren Telefonen hantieren und in der nicht geredet wird. Bereits einige Zeit vorher hatte Sina sich – nach einer noch längeren Pause von etwa 25 Sekunden – über ein solches Verhalten beschwert (vgl. /486/). Ob Daniel hier einen Vorwurf antizipiert oder ob es entsprechende nonverbale Handlungen gab, ist nicht zu klären.

[252] Zunächst kommt es zu einigen Nachfragen, da die Rechtfertigung anscheinend sowohl akustisch als auch die propositionalen Elemente betreffend nicht verstanden wurde. (/501/ bis /511/).

[312]

	/500/	/502/
Daniel [v]	nicht so doll. Is ne komische…	Ich mach das eigentlich
		/501/
Jule [v]		Was?

[313]

		/505/
Daniel [v]	sonst nicht so doll.	Ich hab plötzlich heute mit dieser
		/504/
Jule [v]		Was?
Jule [k]		*klatscht in die Hände*
	/503/	
Sina [v]	((kichert))	

[314]

		/506/
Daniel [v]	Frau mir angeflir/ zu flirten nach zwei Tagen.	Deswegen.
		/507/
Jule [v]		Noch mal bitte,

[315]

Daniel [v]		
Jule [v]	wie bitte?	
	/508/	
Sina [v]	((0,8s)) Daniel macht das eigentlich sonst nicht so	

[316]

	/509/
Sina [v]	doll. Er hat jetzt bloß äh seit zwei Tagen angefangen, mit

[317]

	/510/		
Daniel [v]	Nee, nach zwei Tagen	wieder	mal, • nach länger nix
		/511/	
Sina [v]	dieser Frau…	"Nach zwei Tagen wieder mal	

[318]

		/514/
Daniel [v]	mehr…	Aber
		/512/
Jule [v]		Ah, Okay!
		/513/
Sina [v]	mit dieser, • nachdem länger nix mehr war…".	((lacht))

187

[319]

		langgezogen	/516/
Daniel [v]	so was hat sie mir heute	geschiiickt.	
Daniel [k]			zeigt
		/515/	
Jule [v]		Aber dann musst du den	zeigen!

[320]

Daniel [v]	Jaaa, das ist sie · · auf dem Hof ihrer Eldern scheinbar.
Daniel [k]	*Fotos auf dem Handy*
	/517/
Jule [v]	Auf dem Hof?

[321]

	/518/	/519/	/520/
Daniel [v]	Jaha.	Die wohnen so weit draußen.	Das, das war die

[322]

		/522/
Daniel [v]	Kommunikation heute Abend.	Das ist sie mit ihrer
	leise /521/	
Sina [v]	Okay.	

[323]

Daniel [v]	Mudder.		
	/523/		
Jule [v]	Das is die Frau und das (is wohl nich) Stefanie?		
			/524/
Sina [v]			Nee, das hier

[324]

	/525/	
Daniel [v]	Das is die Münchneriiiin.	
	/526/	
Jule [v]	Ja, aber ich dachte, die andere.	
Sina [v]	ist die Münchnerin, oder?	

In dem Rechtfertigungshandeln wird von Daniel die betreffende Person unspezifisch, lediglich als weiblich charakterisiert, „Frau" genannt, jedoch objektdeiktisch mit „diese" determiniert. Ob die derartige hörerseitige Orientierung im Wissensraum gelingt, ist jedoch fraglich. Daniel zeigt einige Fotos und erklärt, was auf den Bildern zu sehen ist, wobei die fokussierte Person mittels der Phorik „sie" in der Aufmerksamkeit behalten wird: „Jaaa, das ist sie •• auf dem Hof ihrer Eldern scheinbar." /516/; „Das ist sie mit ihrer Mudder." /522/. Erst nach dem Betrachten einiger Bilder und der begleitenden diskursiven Vermittlung von Wissenselementen kommt es zu einem Abgleich mit dem zu Beginn des Diskurses vermittelten Wissenselementen (siehe 5.2.2). Jule erkennt ihre fehlgeleitete mentale Orientierung und fragt entsprechend nach: „Das is die Frau und das (is wohl nich) Stefanie?" /523/. Aufgrund ihres diskursiv gewonnen Wissens hat sie offenbar andere Erwartungen aufgebaut und verbalisiert diesen Erwartungsbruch: „Ja, aber ich dachte, die andere..." /526/. Bei Sina hingegen ist die Orientierung im Wissensraum offenbar gelungen: „Nee, das hier ist die Münchnerin, oder?" /524/. Die Identifizierung der Frauen auf den Fotos, d. h. der Abgleich der visuellen Wahrnehmung mit den bereits im Rederaum etablierten Wissenselementen, erfolgt also verzögert. Da im Verlauf der Klärung nicht nur der Ausdruck „Münchnerin", sondern auch der Name „Stefanie" genannt wurde, wird das zu Beginn des Diskurses vermittelte Wissen wieder ins Bewusstsein der Hörer:innen gehoben. Damit wird auch das Wissen darüber, dass Daniel sich eigentlich für eine andere als die auf den Bildern und somit im Wahrnehmungsraum präsente Frau interessiert – und er sich insofern in einem Handlungsdilemma befindet –, aktualisiert. Den Hörer:innen ist also nun bewusst, dass Daniels Situation möglicherweise freundschaftliche Ratschläge für zukünftiges Handeln erfordert. Da beim Scrollen durch die Fotogalerie auf Daniels Telefon Bilder von seiner Nichte zu sehen sind, kommt es zunächst jedoch zu einem kurzen Einschub, in dem die Interaktant:innen sich kurz über die Nichte unterhalten. Als aber wieder Fotos von der „Münchnerin" ins Wahrnehmungsfeld geraten, kommt zu einem sprachlichen Handeln, das Charakteristika von Beratungen aufweist – auch wenn dies nicht ganz ernst gemeint zu sein scheint:

B19: „You should never date a woman who does duckfaces!"

[332]

	/548/		/550/
Daniel [v] schütteln). ((3,6s))			Welche andere?
		/549/	/551/
Jule [v]		Ich find die andere netter.	Immer

[333]

Daniel [v]		
	/552/	
Jule [v] der... Die • mit den kurzen Haaren, die aussieht wie		Christina,
Jule [k]		*(Name der Ex-*

[334]

	/553/
Daniel [v]	Ja.
	/554/
Jule [v]	deiner Meinung nach. ((1,2s)) Also, ich finde halt, glaube
Jule [k]	*Freundin von Daniel)*

[335]

Jule [v]   ich einfach, • Leute, die freiwillig so viele Fotos von sich selbst,

[336]

	/555/
Daniel [v]	Ja, das stimmt auch
Jule [v]	so Selfies verschicken, etwas befremdlich.

[337]

	/556/		/558/
Daniel [v]	total. ((1,8s))		Ja, • ich
Daniel [k]	*zeigt weiteres Fotos*		
		/557/	
Sina [v]		Das hast du mir schon mal gezeigt.	

[338]

	/559/	
Daniel [v]	weiß • das gibt solche. Jaaha!	
	/560/	/561/
Jule [v]	Und das ist nen Duckface!	Sie macht
		/562/
Sina [v]		((kichert))

[339]

	/563/
Jule [v]	Duckfaces! ((0,7s)) "You should never date a woman who •
Sina [v]	((kichert)) ((kichert))

[340]

	leicht lachend	
	/564/	
Daniel [v]	Ja, ist ja gut.	
		/565/
Jule [v]	does duckfaces!".	((0,7s)) Die andere
Sina [v]	((kichert))	

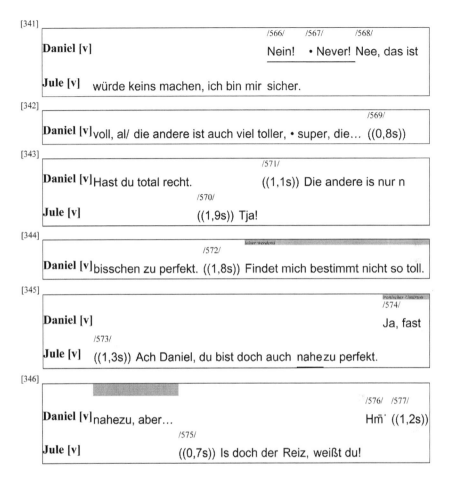

Jule nimmt vergleichend eine Bewertung vor: „Ich finde die andere netter." /549/. Nachdem kurz geklärt wird, auf welche der beiden Frauen sich diese Bewertung bezieht, begründet sie diese Bewertung. Eine Begründung ist erforderlich, denn Jules Bewertung „nett" benennt eine Eigenschaft, die sich nicht unmittelbar auf die visuellen Eindrücke bezieht. Mit der Begründung legt sie ihre Bewertungsmaßstäbe offen: „Also, ich finde halt, ich glaube einfach, • Leute, die freiwillig so viele Fotos von sich selbst, so Selfies verschicken, etwas befremdlich." /554/. Durch die Einbindung in eine Matrixkonstruktion, eingeleitet mit „ich finde halt, ich glaube", wird dieser Bewertungsmaßstab zunächst als nur für sie gültig und nicht alternativlos dargestellt. Insofern stellt sie den Bewertungsmaßstab durchaus zur Disposition. Daniel bestätigt ihn jedoch: „Ja, das stimmt auch total." /556/. Nach dem Betrachten weiterer Fotos deklariert Jule im exklamativen Modus: „Und das ist nen Duckface! Sie macht Duckfaces!" Die Feststellung, dass die betreffende Frau ein „Duckface"[253] macht, wird so zum Gegenstand eines kooperativen Bewertens gemacht. Jule überführt die Bewertung in eine Handlungsmaxime: „You should never date a woman who • does duckfaces!" /563/. Die Überführung in eine Handlungsmaxime unterstellt, dass die negative Bewertung der Handlung ‚ein Duckface machen' geteilt wird und insofern ein Maßstab des Handelns ist. Die Sprachwahl stellt diese Handlungsmaxime als *Sentenzenwissen* dar: Dadurch, dass die Maxime in Englisch formuliert wird, wird suggeriert, dass diese *Sentenz* international gültig ist. – Da die Äußerung aber keine wirkliche Sentenz, sondern eine ad hoc von Jule kreierte Handlungsmaxime ist, ist das witzig. Die Äußerung wird durch Kichern und Lachen honoriert. Mit der Formulierung dieser Handlungsmaxime wird Daniel aber auch gehänselt: Durch die Präsentation der propositionalen Elemente in Form von *Sentenzenwissen* wird unterstellt, dass Daniel diese Handlungsmaxime bekannt sein müsste und er insofern entsprechend hätte handeln müssen. Ihm wird also indirekt mangelndes Urteilsvermögen vorgeworfen. Trotz der witzigen Darbietung reagiert Daniel entsprechend ein wenig genervt, erkennt aber die Gültigkeit des Bewertungsmaßstabes an: „Ja, ist ja gut." /564/.

Jule sieht ihre positive Bewertung der anderen Frau, Stefanie, bestätig, sie formuliert eine Einschätzung, dass diese nicht gegen die formulierten Bewertungsmaßstäbe verstoßen würde: „Die andere würde keins machen, ich bin mir sicher." /565/. Daniel pflichtet ihr bei und bestätigt Jules Einschätzung; er steigert die positive Bewertung sogar noch durch die Attribuierung „toller, super". Jule erklärt daraufhin kraft eines triumphierenden „Tja!" /570/ das hörerseitige Handlungsdilemma für abgeschlossen.[254]

In dem vorliegenden Diskursabschnitt nimmt Jule also vor dem Hintergrund, dass Daniel mit einem Handlungsdilemma konfrontiert ist („die Münchnerin" hat sich wieder bei ihm gemeldet und Interesse gezeigt, indem sie ihm Fotos geschickt hat – er ist jedoch eigentlich an „Stefanie" interessiert), Einschätzungen und Bewertungen vor und gibt ihm in Form einer Handlungsmaxime einen Ratschlag für zukünftiges Handeln. Das diskursive

---

[253] Mit dem aus dem Englischen stammenden Ausdruck ‚Duckface' (wörtlich ‚Entengesicht') wird eine bestimmte Mimik bezeichnet, die verbreitet (hauptsächlich von jungen Frauen) für sogenannte Selfies aufgesetzt wird. Die so bezeichnete Mimik zeichnet sich durch zu einem Schmollmund geschürzte Lippen sowie eingezogene Wangen aus.

[254] Nach Scarvaglieris (2013) Analyse konstatiert ‚tja' ein hörerseitiges Handlungsdilemma und wird häufig einleitend realisiert. Da in dem vorliegenden Beispiel ‚tja' jedoch nicht einleitend verwendet wird, sondern im exklamativen Modus das vorangegangene Handeln gewissermaßen abschließt, würde ich es hier dahingehend interpretieren, dass damit zwar das Vorhanden-Sein hörerseitiger Handlungsdilemmata anerkannt wird, diese aber als geklärt bzw. ausgeräumt deklariert werden. (Laut Hoffmann (2016) überbrückt die Interjektion ‚tja' Planungs- und Formulierungsprobleme – dies scheint mir aber eine zu unspezifische Bestimmung zu sein.)

Handeln weist insofern Charakteristika von Beratungen auf. Allerdings ist die Ernsthaftigkeit des Ratschlags durch die witzige Realisierung abgeschwächt: Die Handlungsmaxime suggeriert, auf *Sentenzenwissen* zu beruhen, ist aber tatsächlich keine *Sentenz*, sondern eine ad-hoc Formulierung. Außerdem verfügt Jule in der Situation nicht über ein Expertenwissen; ihre Einschätzungen und ihr Ratschlag beruhen lediglich auf rudimentären diskursiven Wissensbeständen sowie auf dem Betrachten der Fotos. Man kann also davon sprechen, dass das Muster des *Ratgebens* hier in gewisser Weise persifliert wird.

Daniel teilt den von Jule mittels „Tja!" realisierten Abschluss des Handlungsdilemmas nicht; er weist darauf hin, dass es noch weitere Problem gibt: „Die andere ist nur n bisschen zu perfekt." /571/. In der Äußerung schränkt er mittels „nur" die positive Vorgabe der vorangegangenen Äußerung ein. Erläuternd ergänzt er: „Findet mich bestimmt nicht so toll." /572/. Jule bügelt den Einwand jedoch mit der ironischen Äußerung ab: „Ach, Daniel du bist doch auch nahezu perfekt.". Mit der Interjektion „ach" wird einleitend eine Erwartungskorrektur angezeigt (vgl. Liedke 1994: 123ff). Daniel setzt aber dazu an, weitere Einwände auszuführen, bricht die Äußerung jedoch ab. Mit ihrer Äußerung: „Das ist doch der Reiz, weißt du." /575/ weist Jule endgültig weitere Einwände und eine Auffächerung des Dilemmas zurück. Sie verhindert so die Realisierung eines ernsthaften *Problemlösungsdiskurses* oder den Ausbau zu einem ernsthaften *Beratungsgespräch*. Ernsthafte *Beratungen* würden dem *homileïschen Diskurs* entgegenstehen, denn bei *Beratungen* geht es darum, einen Handlungsplan für ein bestimmtes Ziel zu konzipieren. Also stellt die Realisierung einer *Beratung* eben gerade das Gegenteil von der Aussetzung praktisch-zielgerichteten Handelns dar. Der Einsatz der Ironie dient hier also wieder dazu, eine Situation, die das reibungslose Fortführen des *homileïschen Diskurses* gefährden könnte, zu entschärfen. Dennoch wird hier nicht vollständig auf eine Realisierung des Musters *Ratgeben* verzichtet, denn die Gesprächssituation erfordert nun geradezu eine Realisierung – eine Verweigerung würde möglicherweise als unhöflich oder der Freundschaft nicht angemessen empfunden werden. Insofern würde eine Verweigerung, hier ein freundschaftliches *Ratgeben* zu realisieren, gleichfalls das gemeinsame Handlungssystem gefährden. Daher wird stattdessen das Muster vordergründig realisiert, die Kooperation also nicht vollständig verweigert. Vordergründig insofern, als das Muster der Form nach realisiert wird, der Ratschlag aber nicht ganz ernst gemeint ist. Zudem werden in dem Ratschlag die kompliziert gelagerten Verhältnisse als einfach zu handhaben dargestellt. So wird zum einen einer weiteren diskursiven Auffächerung des Problems entgegengewirkt – und zum anderen wird die Realität diskursiv in die Nähe der Bedürfnisbefriedigung gerückt.

5.3.3 *Diskursives Raufen* – homileïsche Entschärfung eristischer Muster

Im Verlauf der bisherigen Analyse konnte ich wiederholt zeigen, wie Ironie eingesetzt wurde, um einen drohenden Konflikt zu vermeiden und so eine Fortführung des *homileïschen Diskurses* zu gewährleisten (vgl. Kap. 4.4.1.4, Kap. 5.2.2 und Kap. 5.3.2). Die „homileïsche Entschärfung" eristischer Muster, auf die Rehbein (2012: 102) hingewiesen hat, konnte also konkret am Material aufgezeigt werden. Ironie kam dabei insbesondere zum Einsatz, um einer drohenden Gefährdung des Handlungssystems bzw. der Fortführung des *homileïschen Diskurses* umgehend zu begegnen. Im Folgenden möchte ich einen Diskursabschnitt untersuchen, der mir in Hinblick auf den diskursiven Umgang mit Widersprüchen und gegensätzlichen Meinungen im *homileïschen Diskurs* erhellend scheint.

In dem Material ist mir eine Passage aufgefallen, die auf den ersten Blick wie ein Streit, wie die verbale Bearbeitung eines Konflikts wirkt, da die Interaktant:innen gegensätzliche Positionen vertreten, die durch Übertreibungen zusätzlich betont werden. Bezüglich des Turn-Apparats wird der Eindruck des Streitcharakters durch auffällig gehäufte Überlappungen verstärkt, das Rederecht der je anderen Interaktant:innen wird nicht anerkannt. Dieser „Streit" dreht sich allerdings um die Bewertung eines Edeka-Marktes. Angesichts dieses Gegenstandes – bei dem divergierende Positionen auf dem ersten Blick keine Gefährdung des gemeinsamen Handlungssystems darzustellen scheinen – und angesichts dessen, dass die vertretenen Positionen am Ende unvermittelt nebeneinander stehen bleiben können und der Diskurs anschließend dennoch „friedlich" weitergeführt wird, vermute ich, dass es hier gar nicht um ein diskursives Ausagieren eines Konflikts geht. Es scheint sich also nicht um einen richtigen, einen ernsthaften Streit zu handeln.

Interessant ist jedoch die diskursive Einbettung: Zu dem „Edeka-Streit" kommt es nämlich in einem Diskursabschnitt, in dem Jule bemüht ist, einen mentalen Konflikt, genauer einen Widerspruch bezüglich des präsupponierten geteilten Wertesystems, diskursiv zu klären. Die Interaktant:innen hatten sich zuvor eine Zeit lang über zwei Bekannte – Janski und Fiete – unterhalten.[255] In Bezug auf diesen Diskursgegenstand erkennt Jule offenbar einen Widerspruch bezüglich des präsupponierten geteilten Wertesystems. Konkret sieht sie einen Widerspruch zwischen der Arbeit dieser beiden Bekannten für ein Geschäft aus der Tourismus-Branche und deren politischem Engagement gegen Gentrifizierung. Damit ist insofern zugleich auch das gemeinsame Präsuppositionssystem der Gruppe gefährdet, da eine gentrifizierungskritische Einstellung als Teil eines linken Selbstverständnisses zu einem weitge-

---

[255] Die kommunikativen Fähigkeiten der beiden Bekannten wurden ausführlich und mit Bezug auf Ihre Tätigkeit als Stadtführer miteinander verglichen, ebenso ihr politisches Engagement.

hend unhinterfragt vorausgesetzten Konsens gehört – andererseits gelten die beiden Bekannten gewissermaßen als ‚gute Linke', auch diese Bewertung ist Teil des Präsuppositionssystems. Der von Jule empfundene Widerspruch beruht dabei zum einen auf einem Wissen um die Strukturen bzw. grundlegenden Mechanismen von Gentrifizierung, das sie in der Konstellation als bekannt voraussetzen kann: Mit einer Aufwertung ehemals abgehängter innerstädtischer Viertel geht eine Verdrängung der eingesessenen (ökonomisch schlechter gestellten) Bewohner:innen und Geschäftsleute einher. Gewinner und Antreiber der Gentrifizierung hingegen sind u. a. Akteure der Tourismus-Branche. Dieser Mechanismus manifestiert sich exemplarisch darin, dass das Unternehmen, für das Janksi und Fiete Stadtführungen durchführen, in die Räumlichkeiten eines ehemaligen (von Migrant:innen betriebenen) Gemüseladens in Jules unmittelbarer Nachbarschaft eingezogen ist. Da sie dort regelmäßig eingekauft hat, betrifft sie diese „Verdrängung" ganz persönlich.

B20: „mein Melonenkaufladen"

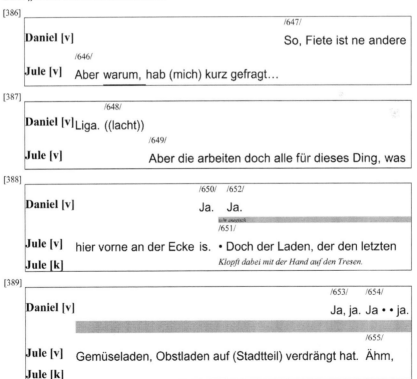

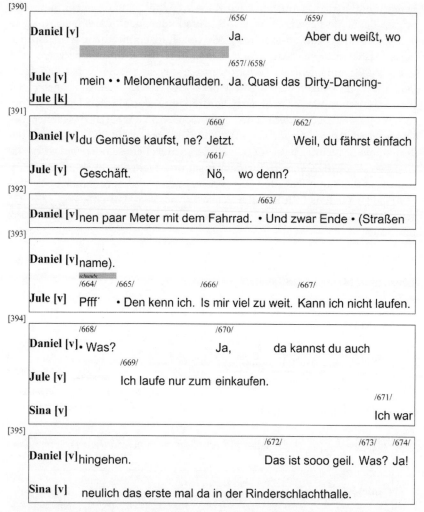

Bezüglich der diskursiven Entwicklung des Themas benennt Jule den oben skizzierten Widerspruch zunächst nicht, sondern klärt zunächst die Prämissen, um argumentativ auf die Darstellung des Widerspruchs hinzusteuern: Sie legt dar, warum dieser Konflikt für sie besteht und besonders drastisch ist. Zunächst sichert sie ihre Annahmen diskursiv ab: „Aber die arbeiten doch alle für dieses Ding, was hier vorne an der Ecke ist. Doch der Laden, der den letzten Gemüseladen, Obstladen auf (Stadtteil) verdrängt hat." (/649/ und /651/). Insbesondere durch die Verwendung des Konjunktors ‚doch'[256], der eine Negation einer Ne-

---

[256] Zur funktionalen Bestimmung von ‚doch' siehe Brünner (2000) sowie prozedural Redder (2007a).

gation zum Ausdruck bringt, wird der insistierende Charakter ihrer Feststellungen untermauert. So sichert sie nicht nur eine korrekte Identifizierung des betreffenden Geschäftes (/649/),[257] sondern auch den Befund der Verdrängung (/651/) ab. Durch die Qualifizierung des verdrängten Geschäfts als das „letzte" seiner Art im Stadtteil erhält ihre Assertion zusätzliche Drastik. Nachdruck verleiht Jule ihrem verbalen Handeln durch begleitendes Klopfen mit der Hand auf den Tresen. Den verdrängten Obst- und Gemüseladen bezeichnet sie als: „Ähm, mein • • Melonenkaufladen. Ja. Quasi das Dirty-Dancing-Geschäft." /655/. Bereits mit dem Ausdruck „Melonen" wird auf den Film „Dirty Dancing" angespielt[258] – eine Allusion, die direkt anschließend durch die Nennung des Objekts der Anspielung expliziert wird.[259] Mit dieser Anspielung bzw. der Nennung des Filmtitels wird auch zuvor diskursiv produzierte Wissen aktualisiert, denn der Film „Dirty Dancing" wurde im vorangegangenen Diskursabschnitt thematisiert (PF 243 bis 295). So werden zum einen die mit Film selbst verbundenen positiven Bewertungen in die aktuelle Sprechsituation gehoben, zum anderen das diskursiv hergestellte Gemeinschaftsgefühl reaktualisiert und für Bewertung der Propositionen deklariert. Die positive Bewertung wird durch die Koppelung der Ausdrücke „Melonen" und „Kaufladen" bzw. „Dirty Dancing" und „Geschäft" auf den so benannten Laden übertragen. Derart gelingt es Jule, interaktiv geschickt die Drastik ihres Arguments zu unterstreichen. Gleichzeitig wird – wie wiederholt beobachtet – Konnektivität innerhalb des Gesamtdiskurses hergestellt, indem eine Verbindung zwischen Diskursabschnitten hergestellt wird, die an sich thematisch keine Verbindungen aufweisen.

Daniel unterbricht die diskursive Auffächerung dieses Konflikts. Er lenkt das Thema von dem kritischen Punkt weg, indem er alternative Einkaufsmöglichkeiten vorschlägt. Damit geht er nur auf einen von Jule thematisierten Nebenkonflikt ein, nämlich den Punkt der fehlenden Einkaufsmöglichkeit nach der Verdrängung des letzten Obst- und Gemüsegeschäft in der näheren Umgebung, und bietet eine Lösung dafür an. Diese Umlenkung wird geschickt realisiert, indem Daniel den Vorschlag nicht sofort unterbreitet, sondern zunächst die Frage stellt: „Aber du weißt, wo du Gemüse kaufst, ne?" /659/. Durch die Sprechhandlung FRAGE wird beim Hörer bekanntlich ein mentaler Suchprozess

---

[257] Das Geschäft wird zunächst als „dieses Ding" sehr allgemein bezeichnet. Trotz des sehr unspezifisches Symbolfeldausdrucks wird die Aufmerksamkeit durch die vorangestellte Objekt-Deixis auf ein bestimmtes Objekt in der Vorstellung orientiert. Durch den Relativsatz wird „dieses Ding" zunächst örtlich bestimmt, und zwar sowohl sprachlich zeigend („hier") als auch nennend („vorne" sowie „an der Ecke").
[258] In einer ikonischen Schlüsselszene des Films „Dirty Dancing" kommt eine Wassermelone vor.
[259] Basierend auf diesem Wissen kann Jule nämlich davon ausgehen, dass Daniel die Anspielung nicht rekonstruieren kann: Die Interaktant:innen hatten sich im Verlauf des Diskurses über den Film unterhalten. Aus dem entsprechenden Diskursabschnitt ist bekannt, dass Jule und Sina den Film sehr gut kennen – beide hatten beispielsweise Zitate aus dem Film wiedergegeben. Es ist aber auch offenbar geworden, dass Daniel den Film nicht gesehen hat.

in Gang gesetzt. Jule steigt in das von Daniel initiierte FRAGE-ANTWORT-Muster ein und damit aus der diskursiven Entfaltung ihres mentalen Konflikts aus bzw. unterbricht dessen diskursive Bearbeitung.[260] Sie antwortet: „Nö, wo denn?" /661/ und gesteht Daniel so zu, seinen VORSCHLAG einer alternativen Einkaufsmöglichkeit zu unterbreiten. Diesen lehnt Jule jedoch mit der Begründung ab, dass die vorgeschlagene Einkaufsmöglichkeit nicht fußläufig sei. Ob diese Begründung ausreichend ist, um den Vorschlag abzulehnen, wird kurz zwischen Jule und Daniel verhandelt. Man hat bereits hier den Eindruck, dass Daniel und Jule sich ein wenig „beharken". Insbesondere Jules Vorschlagsablehnung durch das lautmalerische „Pfff`" /664/ drückt Verachtung aus. Auch Daniels Handeln – er behauptet mit „Ja, da kannst du auch hingehen" /669/ einfach das Gegenteil von Jules Begründung für ihre Ablehnung („Kann ich nicht laufen." /667/) – ist nicht auf ein ernsthaftes Argumentieren angelegt. Ein derartiges Handeln, bei dem beide auf ihren jeweiligen Einstellungen beharren und nicht versuchen, sie miteinander zu vermitteln, d. h. ein gegenseitiges Sich-Beharken oder diskursives Raufen, kommt im anschließenden Diskursverlauf noch stärker zum Tragen:

B21: „Edeka ist immer scheiße"

[394]

	/668/		/670/	
Daniel [v]	• Was?		Ja,	da kannst du auch
		/669/		
Jule [v]		Ich laufe nur zum einkaufen.		
				/671/
Sina [v]				Ich war

[395]

		/672/	/673/	/674/
Daniel [v]	hingehen.	Das ist sooo geil.	Was?	Ja!
Sina [v]	neulich das erste mal da in der Rinderschlachthalle.			

[396]

	/676/	/677/	
Daniel [v]	Das‿is Scheiße!	Ja, obwohl, es geht sich da ja aus.	
		/678/	
Jule [v]		Der Edeka ist <u>super</u>,	
	/675/		
Sina [v]	((0,7s)) Das ist krass!		

---

[260] Da sie ab Partiturfläche 412 erneut die Auffächerung des Konflikts fortführt, handelt es sich hier lediglich um eine Unterbrechung. Da andererseits aber durchaus einige Zeit dazwischenliegt, hätte es genauso gut sein können, dass hiermit dieser Themenstrang beendet worden wäre.

[397]

	/679/	/681/
Daniel [v]	Der Edeka ist scheiße!	Edeka ist immer
Jule [v] ehrlich gesagt.		
Sina [v]	/680/ Also, i/ ich f/ fand_es/ ich fand_s ganz •	

[398]

		/683/
Daniel [v] scheiße!		Bei uns ist
Jule [v]	/682/ Ich find_s großartig!	
Sina [v] furchtbar, weil dieser Edeka...		

[399]

		/685/
Daniel [v] der Edeka voll klein.		In (Stadt)...
Daniel [k]		*(Stadt, in der Daniel*
Jule [v]	/684/ Ich find_s großartig.	
Sina [v]		/686/ Der ist voll

[400]

	/687/	
Daniel [v]	Nein, in (Stadt) gibt_s nen viel größeren,	
Daniel [k] *aufgewachsen ist)*		
Sina [v]	/688/ groß!	

[401]

Daniel [v] da war ich erst mit mein Eltern.	
Sina [v] Ja, aber ich...	/689/ Nein, kenn den Edeka

[402]

	/690/
Sina [v] (Straßenname). Der ist schon • relativ groß und so, aber...	

[403]

/691/
Sina [v] •• Ähm • und da kauf ich auch • ab und zu ein und weil die da

199

[404]

Sina [v]: Mate haben und so. Aber • dieser war irgendwie so/ ich fühlte /692/

[405]

Daniel [v]: Ja! /693/ Voll für_n Arsch, der is voll für_n Arsch! /696/
Jule [v]: Nee, ich fand_s toll! /694/ /697/
Sina [v]: mich voll verloren! Da is alles total... /695/

[406]

Daniel [v]: Is voll für_n Arsch! /698/
Jule [v]: Suuper! ((1,2s)) Also, ob ich jetzt in den Edeka kauf/ /699/

[407]

Daniel [v]: Die ham voll keine Käseauswahl. /700/
Jule [v]: einkauf, oder dem, is vollkommen... Total. Ich fand_s /701/ /702/

[408]

Daniel [v]: Hallo! Geh mal hier in der (Stadtteil) zum Käseladen. /703/ /704/
Daniel [k]: (benachbarter Stadtteil)
Jule [v]: super. Ich bin... /705/

[409]

Daniel [v]: Da kriegst du mehr verschiedene Käse. ((0,8s)) /706/ /707/
Jule [v]: Mach ja sonst /708/

[410]

Jule [v]: nich, ich geh ja sonst in den Edeka. Ähm • oder halt zu Penny. /709/

[411]

Daniel [v]: Ihr habt den /711/
Jule [v]: Aber Penny nur, wenn ich nicht noch/ nicht schon Überdruss /710/

[412]

Daniel [v]	Kapitalismus noch nicht verstanden.		
		/712/	/713/
Jule [v]	(Straßenname) hatte.	Ja, okay. ((1,0s)) Ähm˙	

Von dem diskursiven Hin und Her darüber, ob Daniels Vorschlag sich für Jule als alternative Einkaufsmöglichkeit eignet, lenkt Sina nun den Gesprächsverlauf weg. Daniels Frage (/659/, s. o.) hat offenbar auch bei ihr einen mentalen Suchprozess nach neuen Einkaufsmöglichkeiten angeregt und stellt insofern den Ansatzpunkt für ihre Feststellung dar: „Ich war neulich das erste mal da in der Rinderschlachthalle" /671/. Durch die Nennung des Namens „Rinderschlachthalle" wird gleichzeitig allerdings auch das von Jule aufgeworfenen Thema Gentrifizierung (oder neutraler: Veränderung des Stadtteils) mitbedient, da zum Zeitpunkt der Aufnahme der Umbau soeben fertiggestellt wurde und dem ein langes Ringen um die Nutzung vorangegangen war – kurz: das Gebäude war Gegenstand gentrifizierungskritischer Auseinandersetzungen. Dieser Punkt wird jedoch interessanterweise in dem folgenden Bewertungsdisput nicht angesprochen. Nachdem sie zunächst nur assertiert hat, dort gewesen zu sein, nimmt sie exklamativ eine Bewertung vor: „Das ist krass!" /675/. Der Einkaufskomplex in der denkmalgeschützten ehemaligen Rindermarkthalle wird so zunächst als irgendwie extrem bewertet. Daniel nimmt daraufhin eine drastische negative Bewertung vor: „Das‿is scheiße!" /675/. Er nimmt die Bewertung jedoch gleich darauf relativierend zurück: „Ja, obwohl, es geht sich ja aus." /677/. Jule fällt ihm mit einer – ebenfalls hyperbolisch realisierten – positiven Bewertung ins Wort, die sich allerdings auf einen bestimmten Supermarkt bezieht: „Der Edeka ist super, ehrlich gesagt." /678/. Daniel hält seine negative Bewertung unter erneuter Verwendung des Ausdrucks „Scheiße" wiederum dagegen, diesmal allerdings auf „Edeka" bezogen, und generalisiert diese Bewertung für alle Supermärkte der Kette „Edeka": „Der Edeka ist scheiße! Edeka ist immer scheiße!" (/679/, /681/). Die angeführten Bewertungen werden alle im Exklamativ-Modus realisiert (vgl. Rehbein 1999 zum Exklamativ-Modus), der so ausgelöste Prozess des kooperativen Bewertens bei den Höher:innen über „Edeka" führt offenbar zu divergierenden Bewertungen. Die je oppositionellen Bewertungen werden hier zunächst nur deklariert und nicht in irgendeiner Weise begründet. Ein solches Handeln ist in dem gesamten Abschnitt (PF 395 bis PF 412) zu beobachten; immer wieder werden die Bewertungen einfach erneut ausgerufen: „Suuper!" /697/, „Ich fand‿s super." /702/. Zum Teil wird durch Wiederholungen die Gültigkeit behauptet: „Voll für‿n Arsch, der is voll für‿n Arsch! Is voll für‿n Arsch!" (/696/, /698/). Die gehäufte Verwendung als und von malenden Prozeduren haben in diesem Diskursabschnitt eine intensivierende Wirkung. Eine ansatzweise argumentative Unterfütterung der Bewertungen[261] wird schließlich durch Daniel final abgebügelt – und damit auch die diskursive Auseinandersetzung beendet: „Ihr habt den Kapitalismus noch nicht verstanden." /711/. Damit endet das diskursive Raufen abrupt. Nicht nur, weil ein argumentativer Zusammenhang nicht hergestellt wurde, die Aussage somit aus dem Nichts kommt. Auch, weil ein Eingehen auf dieses ‚Argument' eine tatsächliche Auseinandersetzung erfordern würde. Insofern ist Daniels Aussage zwar einerseits dem homileïschen Handeln angemessen (er muss sich jenseits geteilter Atmosphäre nicht darum kümmern, sein Argument hinreichend zu erklären oder es einzuführen). Andererseits erschlägt er die diskursive Dynamik damit aber auch – und insofern auch ein wenig die homileïschen Atmosphäre –, indem er das verbale Raufen abrupt beendet.

Es kommt also nicht zu einer diskursiven Angleichung der divergierenden Bewertungen. Dadurch, dass die Äußerungen vorwiegend im exklamativen Modus vorgenommen werden und die divergierenden Bewertungen durch Übertreibungen in ihrer Gegensätzlichkeit („scheiße" und „voll für_n Arsch" versus „großartig", „toll" und „suuper") betont werden, drängt sich der Eindruck auf, dass es hier gewissermaßen um ein diskursives Sich-Raufen geht. Es geht nämlich hier nicht darum, wie im „persuasiven Argumentieren" die Gesprächspartner zu überzeugen und insofern „Wissensdivergenzen" durch Umbau der Wissenssysteme zu bearbeiten, oder darum, wie beim „explorativen Argumentieren" eine Bearbeitung von „Wissensdifferenzen" und also einen präzisierten Ausbau der Wissenssysteme zu leisten (Ehlich 2014). Eine Konvergenz der Wissenssysteme soll hier diskursiv gar nicht hergestellt werden. Mithin handelt es sich – obwohl hier Divergenz vorliegen – gar nicht um ein Argumentieren. Denn das diskursive Handeln dient nicht dazu, diese Divergenz zu bearbeiten, eine Konvergenz herzustellen. Das ist in Bezug auf den Gegenstand der Bewertungen, an dem sich dieses Raufen entfaltet, nicht notwendig: Die divergierenden Gegenstandsbewertungen gefährden nicht das gemeinsame Handlungssystem.

Doch warum wird ein solches Handeln überhaupt realisiert? Mit scheint auch hier eine mental entlastende Funktion vorzuliegen: Im institutionellen Alltag ist bei divergierenden Bewertungen ja gerade ein praxistaugliches zielgerichtetes Handeln gefordert, Divergenzen müssen ausgeglichen, die Gesprächspartner durch Argumente überzeugt werden. Im *homileïschen Diskurs* können solche Anforderungen an das Handeln aber offenbar auch mal einfach ausgesetzt werden. Das diskursive Handeln muss nicht durch gleichgestimmte „Rationalität", durch gleichgestimmte mentale Strukturen wie Bewertungen im the-

---

[261] Sina versucht ihr Unbehagen durchaus zu begründen (vgl. 686, 689ff), währenddessen konstatieren allerdings Daniel und Jule ihre divergierenden Bewertungen in gesteigerter Weise weiter. Erst ab /699/ wird die „Käseauswahl" als ein Bewertungskriterium angeführt.

matisch einzelnen Detail sein – wie bei der Verhandlung bestimmter Gegenstände, wenn der Präsuppositionsbestand im übrigen hinreichend stabil ist. Eben weil der sogenannte Rationalitätsanspruch, der ansonsten (als konsequente Handlungsstruktur) die alltägliche Praxis weitgehend leitet, hier – ähnlich wie bei dem Herausarbeiten witziger Strukturen – aufgehoben oder zumindest zurückgestellt wird, bringt ein solches sprachliches Handeln Spaß und verbindet einander trotz der vertretenen gegensätzlichen Positionen. Diese einzelne Destabilisierung der mentalen Strukturgleichheit stärkt paradoxerweise, indem sie lachend oder ironisch oder raufend etc. ausgehalten wird, gerade die Selbstverständlichkeit des Präsuppositionssystems im übrigen.[262]

Bemerkenswert schein mir in dem Zusammenhang zu sein, dass das ‚Kräftemessen' oder ‚kommunikative Raufen' hauptsächlich von Jule und Daniel ausgetragen wird. Sina hingegen versucht recht früh in dem Abschnitt, ihre Bewertung „furchtbar" breit auszuführen und zu begründen.[263] Die Lust an derartigem Handeln ist möglicherweise Typ-abhängig. Generell scheint mir die Persönlichkeit der jeweiligen Aktant:innen großen Einfluss darauf zu haben, wie der *homileïschen Diskurs* realisiert wird. Beispielsweise kommen die im Transkript „Ukraine-Story und Kommissar Fischer" (Kap. 4) identifizierten Realisierungsformen in diesem Diskurs weniger zur Anwendung.

B22: „Weil die da kritische Stadtführungen machen dürfen"

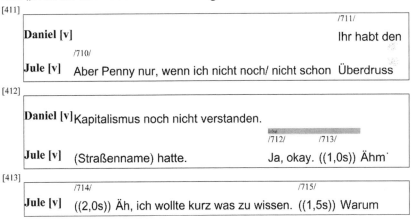

---

[262] Man weiß aus der neuropsychologischen Forschung, dass wichtige Bindungshormone wie Oxytocin, Dopamin und Beta-Endorphin auch durch Toben, Raufen usw. ausgeschüttet werden. Es stellt sich die Frage, ob auch bei einem derartigen kommunikativen Raufen solche Bindungshormone, die euphorische Gefühle erzeugen oder Menschen verbinden, erzeugt werden.

[263] vgl. /686/, /689/ff.

Nach Beendigung dieses *Raufens* macht Jule einen erneuten Anlauf, den von ihr empfunden Widerspruch zwischen der Arbeit der Bekannten Fiete und Janski und deren politischem Engagement gegen Gentrifizierung zu thematisieren. Da damit die geteilten Präsuppositionen berührt sind (s. o. B20), muss dieser Widerspruch diskursiv geklärt werden und kann nicht im Raum stehen bleiben. Eine solche Klärung stellt dann jedoch kein homileïsches Handeln mehr dar.

6 Ergebnisse und Schlussbetrachtungen

Ziel der vorliegenden Arbeit war es, durch Detailuntersuchungen den gesellschaftlichen Zweck des in der Funktionalen Pragmatik bislang konstellativ ex negativo bestimmten *Homilieïschen Diskurses* zu ermitteln sowie seine Realisierungsformen zu identifizieren. Im Folgenden werde ich nun die Ergebnisse meiner Analysen von Kneipengesprächen in Bezug auf das Erkenntnisinteresse der Arbeit rekapitulieren.

6.1 Rekapitulation der Analyse

Im empirischen Teil der Arbeit habe ich vor allem vier große Abschnitte aus zwei mehrere Stunden dauernden Gesprächen in unterschiedlichen Typen von Kneipen analysiert. Durch die Analysen konnte ich Realisierungsformen des *Homileïschen Diskurses* herausarbeiten und die Leistungen dieser Diskursarten und komplexen Handlungsstrukturen für den übergeordneten Zweck kommunitärer Art charakterisieren.

Begonnen hatte ich die Analyse in Kapitel 4 zunächst mit der Untersuchung eines Gesprächs unter Freund:innen in einer Kneipe unter nicht-institutionellen Handlungsbedingungen, an dem ich nicht selbst teilgenommen habe. Damit konnte ich die kategoriale Schärfung anhand eines Diskurses ohne eigene Involviertheit vornehmen. Ich habe dabei vor allem zwei großräumige Diskursentfaltungen verfolgt, nämlich den Einstieg und den weiträumigen Zusammenhalt. Anhand mehrerer Diskurspartien konnte ich den spezifisch sprachlich-mentalen Punkt eines *homileïschen Diskurses* herausarbeiten, nämlich die Herstellung von Gemeinschaftlichkeit im Π-Bereich durch eine verbale Umgestaltung des Mentalen zu realitätsentbundenen Vorstellungen. Ergänzt wurden diese kategoriale Schärfung in Kap. 5 durch die Analyse eines weiteren Diskurses einer anderen Freund:innengruppe im Innenbereich einer Kneipe. In diesem Diskurs bildeten Witzeln, Frotzeln, Schwärmen, Ironie und Persiflage die Realisierungsformen einer Umgestaltung des mentalen Bereiches. Zudem konnte ich eine besondere Form des homileïschen Streitens ausmachen, das ich als *diskursives Raufen* bezeichnet habe. An sprachlichen Mitteln konnte ein breites Spektrum an Ausdrucksmitteln des Malfeldes ausgemacht werden, was nicht überrascht, da diese die Funktion haben, eine Gleichgestimmtheit zwischen S und H herzustellen.

6.1.1 Herstellen einer homileïschen Atmosphäre

Die Analyse des Diskurseinstiegs hat gezeigt, dass sich eine Konstellation für den homileïschen Diskurs keineswegs als Selbstläufer erweist – auch nicht in einer Kneipe. Eine homileïsche Atmosphäre muss zunächst erst einmal hergestellt werden. Dieser Befund hat sich auch durch die in Kap. 5 vorgenommenen Analysen eines anderen Kneipengesprächs bestätig. Die Konstellationen in beiden Diskursen waren dadurch gekennzeichnet, dass es sich um Aktant:innen handelt, die durch langjährige Freundschaften verbunden sind, also über ein stabiles gemeinsames Handlungssystem verfügen. Die Treffen waren in beiden Fällen privater Natur, konstellativ war also kein institutioneller Zweck handlungsleitend. Da nur in einem der analysierten Diskurse den Aktant:innen die Aufnahmesituation im Vorwege bekannt war, scheint die Notwendigkeit, eine homileïsche Atmosphäre zunächst erst einmal herzustellen, unabhängig von diesem Umstand zu sein.

Der Befund ist bemerkenswert, da in den von mir untersuchten Diskursen – anders als beispielsweise in dem vom Rehbein (2012) untersuchten *homileïschen Diskurs* am Arbeitsplatz – die institutionell gegebenen Beschränkungen der Handlungsoptionen der Aktant:innen nicht zunächst außer Kraft gesetzt werden müssen. Bei dem von Rehbein untersuchten Diskurs im Büro eines Zeitungskonzerns musste zum einen das grundsätzlich auf die Zwecke der Institution ausgerichtete, also praktisch-zielgerichtete Handeln temporär außer Kraft gesetzt werden und zum anderen auch die Konstellation in Bezug auf die institutionell bedingte differente Ausdehnung der Kontrollfelder bearbeitet werden. Diese Differenzen in den Handlungsoptionen mussten ein Stück weit nivelliert werden. Erst unter diesen Bedingungen konnte der *homileïsche Diskurs* realisiert werden. Ich vermute, dass die (temporäre) Angleichung der Kontrollfelder eine allgemeine Grundvoraussetzung für homileïsches Handeln ist. Insofern ist in institutionellen Settings eine Bearbeitung der Konstellation bzgl. der Kontrollfelder Voraussetzung für den *homileïschen Diskurs*. In den von mir untersuchten Diskursen war ein solches konstellatives Ungleichgewicht jedoch nicht vorhanden, auch anderweitig durch institutionelle Zwecke bedingte Einschränkungen der Handlungsoptionen waren nicht gegeben. Wieso muss dennoch durch das sprachliche Handeln zunächst eine homileïsche Atmosphäre hergestellt, ein homileïscher Diskursraum geschaffen werden? Wie bereits in der Einleitung (Kap. 1.1) festgestellt, ist in unserer hochkapitalistischen Gesellschaft die Wirklichkeit zentral durch Institutionen geprägt, große Teile des Alltags sind durch Institutionen charakterisiert, das sprachliche Handeln durch die Zwecke der jeweiligen Institutionen beeinflusst. Die jeweiligen institutionellen Handlungsbedingungen begrenzen also in vielen Bereichen des Lebens mögliche Handlungswege und -ziele. Von diesen Beschränkungen des Handlungsraumes müssen sich die Aktant:innen in ganz genereller Weise lösen. D.h., dass bestimmte Handlungsmaxime für das sprachliche Handeln, in Konstellationen, in denen Sprache vornehmlich – wie es unter institutionellen Bedingungen gegeben ist – eine praxisstiftende oder auch gnoseologische Funktion hat, zurückgestellt werden. Zu solchen Maximen, die das sprachliche Handeln dann leiten, gehören beispielsweise ein Korrektheitsanspruch bei Benennungen von Wirklichkeitselementen oder eine Realitätsverankerung bei rekonstruktiven Diskursformen wie dem *Erzählen* oder auch beim *Erklären* oder *Begründen*.[264] Da Sprache immer Mittel zu einem Zweck ist und die meisten Zwecke im Alltag eben durch die entsprechenden Institutionen, in denen gehandelt wird, bestimmt sind und insofern ein zielgerichtetes Handeln erfordern, sind entsprechende Handlungsmaxime für die Kommunikation stark verinnerlicht. Mir scheint es so zu sein, dass die Herstellung eines homileïschen Diskursraums hier, also unter nicht-institutionellen Handlungsbedingungen, heißt, dass solche verinnerlichten Handlungsbeschränkungen zunächst bearbeitet werden müssen, damit die Möglichkeiten des sprachlichen Handelns erweitert werden. Die Aktant:innen müssen sich gewissermaßen beim Diskurseinstieg daran gewöhnen, dass ein spielerischer Umgang beim sprachlichen Handeln erlaubt, ja sogar dem Zweck dienlich ist. Die durch die institutionelle Charakterisierung unseres Alltags bedingte Disposition in Bezug auf das sprachliche Handeln wurde in den untersuchten Diskursausschnitten von den Aktant:innen beispielsweise durch bewusste Blödeleien (wie der Witz in Form eines Rätsels in B3 und der Sprachwitz „Burschi" in B4) oder die Realisierung von Schwärmen (B17) aufgebrochen. So wird vom praxisstiftenden sprachlichen Handeln Abstand genommen und stattdessen schöpfen die Aktant:innen ihre interaktive Gemeinschaft als solche aus.

6.1.2 Kollaboratives verbales Entwerfen von Vorstellungen

Nicht nur in Bezug auf die Herstellung einer homileïschen Atmosphäre, ganz generell konnte durch die Analyse der Diskurse die verbale Umgestaltung des Π-Bereiches zu realitätsentbundenen Vorstellungen als spezifischer Punkt des *homileïschen Diskurses* herausgearbeitet werden. Bemerkenswert war, dass dieses verbale Entwerfen von Vorstellungen in der Regel kollaborativ, von mehreren Aktant:innen gemeinsam geleistet wurde. Diese Realisierungsform des *homileïschen Diskurses* habe ich anhand mehrerer Diskurspartien herausgearbeitet und konnte dabei verschiedene Arten dieses <u>kollaborativen verbalen Entwerfens von Vorstellungen</u> differenzieren. Die durch das diskursive Handeln produzierten Vorstellungen in den Beispielen „Ich war‿s nicht" (B6, Kap. 4.4.3.1) und „Moment mal!" (B7, Kap. 4.4.3.2) im Anschluss an die Diskurspartie „Ukraine Story" sowie „Ich hätte, glaub ich, ewig mit dem mich unterhalten" (B8, Kap. 4.4.3.3)

---

[264] Die von Grice aufgestellten Konversationsmaxime gehören ebenfalls zu diesen Handlungsmaximen.

im Anschluss an die Erzählung „Kommissar Fischer" habe ich als *Weiterspinnen* charakterisiert. Die Umgestaltung des Π-Bereiches zu realitätsentbundenen Vorstellungen in den Partien „Burschi" (B4, Kap. 4.4.1.4), „im Sinne der Wiederverwertung" (B10, Kap. 4.4.4.2) sowie im Anschluss an die Whirlpool-Anekdote in B9 „Unterdruck" (Kap. 4.4.4.1) stellen *witzige Umstrukturierungen* dar. Und auch das *Schwärmen*, das eine Aktantin in der Erzählung „Hallo?! Das is‿n Star!" (B17, Kap. 5.2.3) realisiert, ist eine Art der verbalen Umgestaltung des Π-Bereiches.

Diese verschiedenen Arten des *verbalen Entwerfens von Vorstellungen* – das *Weiterspinnen*, die *witzige Umstrukturierung* und das *Schwärmen* – können systematisch differenziert werden und zwar in Bezug auf:

- die Ansatzpunkte des Handelns;
- die Relation der diskursiv entworfenen Vorstellung zum Ansatzpunkt des Handelns;
- die in Anspruch genommenen mentalen Strukturen.

Ansatzpunkte des Handelns
Der ‚Ansatzpunkt' ist ein Element der Situation, genauer: die Anknüpfung des Handlungsprozesses in der Situation (vgl. Rehbein 1977: 265f.). Woran knüpfte das *verbale Entwerfen von Vorstellungen* in den untersuchten Beispielen jeweils an? Im Beispiel „Burschi" (B4) war das Bemerken und diskursive Vergegenwärtigen einer schadhaften Stelle an einem Bierglas der Ansatzpunkt des Handelns. Ganz ähnlich wie in dem von Rehbein (2012) untersuchten *homileïschen Diskurs*, bei dem der Handlungsprozess an das Hochhalten einer Cremedose anknüpfte, handelte es sich bei dem Bierglas um ein Objekt im Wahrnehmungsraum. Wie in Beispiel „im Sinne der Wiederverwertung" (B10) zu sehen war, kann der Ansatzpunkt aber auch eine im Wahrnehmungsraum präsente Szene sein (in dem Beispiel war es das Abräumen eines Schälchens mit Mandeln durch die Kellnerin). Zu betonen ist allerdings sowohl bezüglich Objekten also auch Szenen im Wahrnehmungsraum, dass allein die Wahrnehmung kein verbales Entwerfen auslöst, der jeweilige Gegenstand muss zunächst *diskursiv vergegenwärtigt* werden, die Aufmerksamkeit muss also vorab auf ihn gelenkt werden.

Ansatzpunkt für ein *verbales Entwerfen von Vorstellungen* können aber auch Szenen im Vorstellungsraum sein, wie beispielsweise in B6 „Ich war‿s nicht" oder B7 „Moment mal!". In beiden Fällen wurde eine Situation, von der zuvor eine Vorstellung durch das diskursive Handeln bei den beteiligten Aktant:innen etabliert wurde, diskursiv bearbeitet und schließlich in eine andere vorgestellte Situation überführt und damit eine mentale Repräsentation der Wirklichkeit in eine realitätsentbundene Vorstellung umgestaltet.

In Bezug auf die Ansatzpunkte lässt sich das *verbale Entwerfen von Vorstellungen* also danach differenzieren, wo diese lokalisiert sind:

- im Wahrnehmungsraum
  Zu unterscheiden ist hier weiterhin, welcher Art diese Ansatzpunkte sind:
  - ob es sich um Objekte im Wahrnehmungsraum;
  - oder um eine wahrgenommene Szene handelt.
- im Vorstellungsraum

  Zu den von mir herausgearbeiteten Arten des *verbalen Entwerfens von Vorstellungen* kann bezüglich des Ansatzpunktes des sprachlichen Handelns folgendes konstatiert werden:

  - In den untersuchten Beispielen wurden durch das **Weiterspinnen** immer bereits diskursiv etablierte Vorstellungen ausgebaut. Es wäre aber durchaus auch denkbar, dass Szenen im Wahrnehmungsraum weitergesponnen werden.[265] Ein *Weiterspinnen* an Objekten scheint mir hingegen nicht möglich.
  - Das **Schwärmen** kann sowohl an Objekten im Wahrnehmungsraum (bspw. die Cremedose in dem von Rehbein 2012 analysierten Diskurs) als auch an Szenerien in der Vorstellung (wie im Beispiel „Hallo?! Das is_n Star!", B17) vollzogen werden. Nach den Erkenntnissen aus der Analyse hat dies aber Auswirkungen auf die Realisierung: Ein Mitschwärmen, also ein gemeinsames Realisieren dieser Diskursform scheint nicht möglich zu sein, wenn das Objekt des Schwärmens lediglich diskursiv vergegenwärtigt wird und kein eigenes Erfahrungswissen damit verbunden ist.
  - **Witzige Umstrukturierungen** setzen sowohl an sinnlich wahrnehmbaren Objekten und Szenen als auch an diskursiv etablierten Vorstellungen an. Hier ist die Vielfalt möglicher Ansatzpunkte also am größten.

Relation der entworfenen Vorstellung zum Ansatzpunkt

Betrachtet man das Verhältnis der kollaborativ verbal entworfenen Vorstellungen (also das Resultat des Handlungsprozesses) zum jeweiligen Ansatzpunkt (also zur Ausgangssituation des Handlungsprozesses), so ergeben sich deutliche Distinktionsmerkmale zwischen den drei von mir identifizierten Arten des *kollaborativen verbalen Entwerfens von Vorstellungen*:

- Beim **Weiterspinnen** wird eine bereits etablierte mentale Repräsentation einer Szene, genauer: einer Handlungsfolge, um die Vorstellung von weiteren anknüpfenden Handlungen ergänzt. Dafür scheint das Mittel der direkten Rede hervorragend geeignet zu sein, besonders in den in Kap. 4 analysierten Diskurspartien haben die Redewiedergaben imponiert. Ein *Weiterspinnen* durch ein Assertieren der vorgestellten Handlungen, die die ursprüngliche Szene weiterführen, ist aber genauso möglich. Durch diese vorstellungsmäßig vollzogenen

---

[265] Hier kann ich leider nicht auf transkribierte Belege verweisen, ich erinnere mich aber an eine Situation, in der die Beobachtung eines sich küssenden Paares am Nachbartisch zu einem *Weiterspinnen* führte.

Handlungen wird die mentale Repräsentation der ursprünglichen Geschichte umstrukturiert und zwar indem sie ergänzt und insofern eine alternative (mentale) Realität geschaffen wird. D.h. die ursprüngliche Vorstellung, die ursprüngliche Geschichte bleibt bestehen, durch die Ergänzungen ändert sich aber die Gesamt-Charakteristik und insofern auch die mentale Repräsentation.
- Beim *witzigen Umstrukturieren* wird die mentale Widerspiegelung der Realität nicht um Handlungen ergänzt, sondern umgearbeitet bzw. überblendet. Die derart bearbeitete Vorstellung braucht nur irgendeinen Link zu ihrem Ausgangspunkt (beispielsweise die beschädigte Stelle am Glas und der charakteristische Schmiss von Mitgliedern schlagender Verbindungen, B4 „Burschi") und kann ansonsten recht frei ausgestaltet werden.
- Auch beim *Schwärmen* wird eine Umstrukturierung der mentalen Widerspiegelung vollzogen. Eine spezifische Differenz zu *witzigen Umstrukturierungen* liegt aber im Handlungsresultat: die durch das sprachliche Handeln gestaltete Vorstellung stellt lediglich eine Anpassung der Realität an die Bedürfnisse her. Die entworfene mentale Realität rückt damit zwar in die Nähe einer Wunschwelt, sie befreit sich aber gewissermaßen nicht von den realen Verhältnissen, strukturiert diese nicht *um*. Die durch das verbale Handeln hergestellte mentale Repräsentation der außersprachlichen Wirklichkeit P wird also in einer kommoden Weise ausgestaltet.

In Anspruch genommene mentale Strukturen

Bei der verbalen Etablierung von Vorstellungen wurden mentale Strukturen verschiedenen Typs in Anspruch genommen.

Der kollaborative Ausbau von (Kommunikations-)Situationen konnte mittels Redewiedergaben realisiert werden, weil bei den Aktant:innen entsprechendes Muster- und Diskurswissen, ein Wissen um die Struktur bestimmter Kommunikationssituationen vorhanden war. Auf Grundlage dieses sprachlichen Wissens konnten die Aktant:innen die von jemand anderem aus der Runde initiierte verbale Inszenierung einer Kommunikationssituation konsistent ausbauen. So ist auch die Realisierung der inszenierten Redewiedergaben aus der gleichen Sprecherposition heraus zu erklären. Basis für das kollaborative Entwerfen einer Kommunikationssituation ist also geteiltes Wissen zur Struktur von sprachlichen Handlungsmustern und Diskursen.

Sowohl beim *Weiterspinnen* als auch beim *witzigen Umstrukturieren* war die Rekurrierung auf zuvor im Diskurs etabliertes Wissen auffällig, dies geschah vorwiegend durch Allusionen. Durch diese Allusionen wurden aber nicht nur Wissenselemente aktualisiert, sondern vor allem ein bereits hergestelltes diskursiv etabliertes Gemeinschaftsgefühl ins Bewusstsein gehoben und so für die aktuelle Sprechsituation reaktiviert.

Beim *verbalen Entwerfen von Vorstellungen* wird in allen Fällen verbal eine andere mentale Realität entworfen, eine Gegenwelt. Es geschieht also eine Transformation der Realität, um mit Rehbein zu sprechen. Meiner Meinung nach liegt der Zweck dieses diskursiven Handelns jedoch nicht in der kommoden Umstrukturierung der außersprachlichen Wirklichkeit (P) selber. Vielmehr geht es dabei um eine <u>sprachlich-mentale Absicherung von Gemeinsamkeiten der Π-Struktur</u> in Hinblick auf diese Vorstellungsentfaltungen. Der Zweck der Umgestaltung des mentalen Bereiches durch Vorstellungsentfaltung liegt also in der Herstellung von Gemeinschaftlichkeit im Π-Bereich. Durch das kommunikative Handeln soll Gemeinschaft hergestellt werden.

Unterstützt wird diese kommunitäre Funktion der identifizierten Realisierungsformen durch das <u>gemeinsame, kollaborative</u> Handeln. Durch das kollaborative verbale Handeln wird die etablierte Vorstellung nicht einfach nur *mit*erlebt (wie beispielsweise beim Erzählen), sondern *gelebt*. Das Erlebnis der gemeinsamen Produktion dieser mentalen Realitäten hat also selbst eine kommunitäre Funktion. Die derart erlebte Macht der (zumindest vorstellungsmäßigen) Möglichkeit zur Veränderung und Umgestaltung der Realität bereitet Vergnügen, und zwar ein Vergnügen, das über eine reine Entlastung vom praktisch-zielgerichteten Handeln hinaus geht. Dadurch, dass man sich dieses Vergnügen gegenseitig ermöglicht, wird die Herstellung von Gemeinschaft unterstützt.

Die Entdeckung der Bedeutung des *gemeinsamen verbalen Entwerfens von Vorstellung* zur Realisierung des Homileïschen wirft ein neues Licht auf die Schwierigkeiten bei der Themensuche zu Beginn der Diskurse: Es wird eben gerade nach Themen gesucht, die sich für ein solches *Weiterspinnen* oder *witziges Umstrukturieren*, allgemeiner: als Ansatzpunkt für ein *gemeinsames verbales Entwerfen realitätsentbundener Vorstellungen* besonders eignen. Dies scheinen allgemein Gegenstände zu sein, in denen sich die Absurditäten des Alltags in irgendeiner Weise abbilden – seien es Geschichten oder bildhafte Szenen oder wahrnehmbare Objekte. Was heißt aber Absurditäten des Alltags? ‚Absurd' ist hier im Sinne der ursprünglichen lateinischen Bedeutung „misstönend" zu verstehen. D.h., dass im Absurden sich in irgendeiner Weise defizitäre Strukturen offenbaren. Defizitär sind diese Strukturen insbesondere in Hinblick darauf, dass sich in ihnen eingeschränkte Handlungsmöglichkeiten offenbaren und zwar sind diese eingeschränkten Handlungsspielräume durch begrenzte Kontrollfelder bedingt. Tatsächlich konnte in den untersuchten Beispielen, in denen ein *gemeinsames verbales Entwerfen* realisiert wurde, festgestellt werden, dass diese in den meisten Fällen Defizite aufgreifen und bearbeiten. Für den Einstieg in den *homileïschen Diskurs* ist aber wahrscheinlich eine direkte diskursive Thematisierung von (eigenen) Erfahrungen von Defiziten nicht zielführend. So lässt sich erklären, dass die Aktant:innen auf Zeitungsnachrichten von als absurd empfundenen Ereignissen („Ukraine-Story") oder auf die Referierung absurder Theorie (bspw. Hegels Penis-Fixiertheit) zurückgreifen, um ihren Mit-Aktant:innen Ansatzpunkte für ein *gemeinsames verbales Entwerfen* zu liefern.

6.1.3 Homileïsche Färbung

Neben der Identifizierung des *gemeinsamen verbalen Herstellens von realitätsentbundenen Vorstellungen* als hervorragende Form zu Realisierung von Homileïk konnte in der Analyse gezeigt werden, wie andere Diskursarten in spezifischer Weise gestaltet bzw. gefärbt werden. Das heißt, dass die Art und Weise, wie diese Diskurspartien realisiert werden, die kommunitäre Funktion dieser unterstützt.

6.1.3.1 Erzählen
Beispielsweise wurde das *Erzählen* von Daniel witzig gestaltet (vgl. Kap. 4.4.4.3) und so der Erzähltyp ‚Erzählung einer merkwürdigen Begebenheit' akzentuiert. Neben dieser Akzentuierung und somit Betonung der Unterhaltungsfunktion wurde durch die witzige Gestaltung auch der Abgleich und die Konsolidierung der für das Witzige in Anspruch genommenen Präsuppositionen geleistet und somit die sprachlich-mentale Absicherung von Gemeinsamkeiten der Π-Struktur gefördert. Durch die schwärmerische Gestaltung einer Siegesgeschichte (vgl. Kap. 5.2.3) hat die Aktantin Jule in der diskursiven Reproduktion die erfolgreiche Überwindung institutioneller Hürden betont, den Sieg durch das Schwärmen gewissermaßen diskursiv gefeiert. Die Mitkonstruktion wurde dergestalt zum einen erleichtert, zum anderen wurde die diskursiv produzierte und durch das Erzählen mit den Hörer:innen geteilte Vorstellung in spezifischer Weise geformt. Die kommunikativ produzierte Gegenwelt wurde in die Nähe der Bedürfnisbefriedigung gestellt. In beiden Fällen wurde also die Diskursart *Erzählen* in besonderer Weise gestaltet, um das gemeinschaftsstiftende Potenzial dieser Diskursart zu steigern und somit den Zweck des *homileïschen Diskurses*, diskursiv Gemeinschaft herzustellen, zu verwirklichen.

6.1.3.2 Diskursives Raufen
Mit dem *diskursiven Raufen* (Kap. 5.3.3) wurde eine spezielle homileïsche Ausformung des Diskurstyps *Streit* untersucht. Beim *diskursiven Raufen* oder auch *diskursvien Kräftemessen* wird ein Streit nur der Form nach realisiert, eine Bearbeitung der divergierenden Bewertungen findet nicht statt. In dieser Art der Austragung von Divergenzen wird eben nicht praktisch-zielgerichtet, lösungsorientiert agiert. Stattdessen haben die Aktant:innen beim *diskursiven Raufen* mit Genuss am interaktiven Vollzug selbst auf der eigenen Meinung beharrt, eine Pointierung der kontrafaktischen Vorstellungen entfaltet. Daher stellt diese Handlungsform auch keine Gefährdung der gemeinsamen Präsuppositionen dar, sondern betont geradezu die Gemeinsamkeiten. Dies scheint mir aber nur bei ‚harmlosen' Gegenständen möglich zu sein, sprich: bei Divergenzen, die das gemeinsame Handlungssystem nicht gefährden.

Generell konnte festgestellt werden, dass konfliktäre Situationen im *homileïschen Diskurs* eher vermieden beziehungsweise beispielsweise durch den Einsatz von Ironie entschärft werden.

6.2 Fazit

Der Zweck von *homileïschem Diskurs* ist kommunitärer Art. Die scheinbare Zweckfreiheit bezieht sich also vor allem auf die Abwesenheit praxisstiftender Zwecke. Das hatte sich bereits im theoretischen Teil dieser Arbeit herauskristallisiert. Der *homileïsche Diskurs* im engeren Sinne unterscheidet sich von anderen Formen gemeinschaftsstiftenden Handelns, wie etwa dem *Small Talk* oder der *Konversation*, zum einen darin, in welchen Konstellationen diese zur Anwendung kommen, zum anderen aber auch darin, wie die Gemeinschaft durch das sprachliche Handeln hergestellt wird und ob und inwiefern die Konstellation durch das sprachliche Handeln verändert wird. Wie ich in Kap. 2.1.4 herausarbeiten konnte, wird das sprachliche Institut *Small Talk* standardmäßig in Konstellationen eingesetzt, in denen die Interaktant:innen einerseits nicht auf eine gemeinsame Vorgeschichte zurückgreifen können, in denen aber aufgrund der Bedingungen des Handlungsraums andererseits ein sprachliches Handeln erforderlich ist. Diese Konstellationen werden durch die (temporäre) Etablierung (bzw. Re-Aktualisierung) eines gemeinsamen Handlungssystems in eine andere Konstellation überführt: Durch das Institut *Small Talk* wird temporär ein gemeinsames Handlungssystem etabliert. Die Konstellation wird durch das sprachliche Handeln also insofern verändert, als in der Nachgeschichte ggf. daran angeknüpft werden kann. Aufgrund der Konstellation geschieht dies vor allem durch Rückgriff auf Gesprächsgegenstände aus dem Wahrnehmungsraum bzw. aus dem Elementarbereich. Bei dem (historischen) Institut *Konversation* wurde gruppenspezifische Gemeinschaft v. a. durch Klassenzugehörigkeit hergestellt, d. h. über Gesprächsgegenstände, von denen man annehmen darf, dass über sie aufgrund der Klassenzugehörigkeit (und der damit einhergehenden ökonomischen Ressourcen, die eben eine entsprechende Bildung und Theaterbesuche usw. ermöglichen) ein Wissen vorhanden ist.

In den *homileïschen Diskursen*, die ich untersucht habe, geschieht die Herstellung von Gemeinschaft mit kommunikativen Mitteln in anderer Weise. Diese *homileïschen Diskurse* zeichnen sich dadurch aus, dass in ihnen kommunikativ realitätsentbundene mentale Realitäten produziert werden. Mit diesen Vorstellungen wird die als defizitär empfundene Wirklichkeit mental umgestaltet, und zwar durch das sprachliche Handeln. Die Herstellung einer solchen diskursiv etablierten Vorstellung im *homileïschen Diskurs* ist aber nicht Selbstzweck. Vielmehr wird vermittels der Etablierung und gemeinsamen Ausgestaltung dieser mentalen Realitäten diskursiv Gemeinschaft hergestellt, da mit Blick auf diese kommode Umgestaltung der außersprachlichen Wirklichkeit P eine sprachlich-mentale Absicherung von Gemeinsamkeiten in der Π-Struktur einhergeht. Die *verbale Etablierung von Vorstellungen*, ausdifferenziert als *Weiterspinnen, witziges Umstrukturieren* und *Schwärmen*, konnte als prominente Realisierungsform herausgearbeitet werden. Beobachtet werden konnte zudem, dass Diskursarten wie das Erzählen in spezifischer Weise gestaltet werden, beispielsweise durch witzige oder schwärmerische Formung, um die Herstellung von Gemeinschaftlichkeit zu stützen. Wie in der Analyse dabei auch gezeigt werden konnte, bedürfen diese Realisierungsformen vor allem eines gemeinsamen Präsuppositionsbestands, auf dem operiert werden kann. Gerade der Witz als Vehikel zur Herstellung von Gemeinschaft, aber auch das Weiterspinnen und die anderen herausgearbeiteten Realisierungsformen basieren darauf, dass bei den Interaktant:innen ein Wissen über die subjektiven Dimensionen ihrer Mit-Aktant:innen vorhanden ist: über das gemeinsam geteilte Wissen[266], aber auch darüber, wie die Einstellungen sind und entsprechend was wie bewertet wird[267].

6.3 Desiderate

Die in der Arbeit erzielten Erkenntnisse wurden aus einem recht konsistenten Material gewonnen: Die Aktant:innen der analysierten Diskurse verfügen alle über eine akademische Bildung und es handelt sich um gute, langjährige Freund:innen, ihr gemeinsames Handlungssystem ist gefestigt, sie haben sehr ähnliche Klassenpositionen, die handlungsleitenden Präsuppositionen und Bewertungsmaßstäbe sind weitgehend deckungsgleich. Hier wäre es sicher wünschenswert und interessant, die Ergebnisse durch die Analysen von Diskursen, bei denen die Konstellationen anders gelagert sind, zu ergänzen.

Zum einen stellt sich die Frage, ob bei Aktant:innengruppen mit einem anderen sozio-kulturellem Hintergrund die durch das kommunikative Handeln entworfenen Vorstellungen anders konzipiert und ausgestaltet werden: Unterscheidet sich die produzierte Gegenwelt? Es stellt sich also die Frage, wie sich Bildung, sozialer Status und politische Einstellung der Aktant:innen auf die Ausdifferenzierung der Fiktion auswirken. In diesem Zusammenhang sind auch die Realisierungsformen des *homileïschen Diskurses* interessant. Hier haben sich in den beiden von mir analysierten Diskursen Unterschiede gezeigt. In dem in Kap. 5 untersuchten Gespräch bildeten Witzeln, Frotzeln, Schwärmen, Ironie und Persiflage die Realisierungsformen für eine Umstrukturierung von Π. Dagegen wurde in dem in Kap. 4 untersuchten Diskurs die Vorstellungen vornehmlich durch die Inszenierung von Kommunikationssituationen mittels Redewiedergaben realisiert. Die Wahl der Realisierungsformen scheint mir zum

---

[266] Dazu gehört das gemeinsame Erlebniswissen, es konnte gezeigt werden, dass immer wieder auf gemeinsam (teilweise nur kurze Zeit zurückliegendes) Erlebtes rekurriert wurde; aber auch auf Wissen, das in anderer, synthetisierter Form (bspw. *Bild-*, *Imagewissen*) vorliegt, wurde in Anspruch genommen.

[267] In der Diskussion des Beispiels B10 „Im Sinne der Wiederverwertung" war zu beobachten, dass wenn die Einstellungen zu bestimmten Sachverhalten und entsprechend die Bewertungen auseinander gehen, also gegensätzliche Bewertungen offenbar wurden, der Witz, der Spaß am sprachlichen Handeln einen Dämpfer erhielt (vgl. Kap. 4.4.4.3).

einen abhängig von der Persönlichkeit der Aktant:innen zu sein, zum anderen aber möglicherweise auch klassenspezifisch. Dieser Frage nachzugehen sowie weitere Realisierungsformen zu identifizieren, wäre wünschenswert.

Eine weitere Schärfung könnte die Analyse von Diskursen von weniger homogenen Aktant:innen-Gruppen leisten. Die Analyse meines Materials hat gezeigt, dass die Gemeinschaftlichkeit, die durch das sprachliche Handeln im *homileïschen Diskurs* hergestellt wird, geteilte Bewertungen, aber auch geteiltes Wissen (bspw. über die Struktur bestimmter Kommunikationssituationen) voraussetzt. So ist beispielsweise das, was man witzig findet, stark von den jeweiligen Präsuppositionen und Bewertungsmaßstäben abhängig. Auch Ironie funktioniert nur, wenn auf geteiltem Wissen operiert wird. Zu fragen ist diesbezüglich, ob ein *homileïscher Diskurs* trotz unterschiedlicher Bildung, unterschiedlichem kulturellem Hintergrund, unterschiedlicher sozialer Herkunft möglich ist, also ob *homileïsche Diskurse* zwischen Aktant:innen mit differenten *kulturellen Apparaten* (Redder / Rehbein 1987) gelingen kann.

In der Analyse ist aufgefallen, dass bestimmte Differenzen im *homileïschen Diskurs* durchaus ausgetragen werden können, ohne diesen zu gefährden. Ein Beispiel dafür ist der „Edeka-Streit" (B21, Kap. 5.3.3), bei dem es sich gar nicht um einen wirklichen Streit handelt, sondern um ein *diskursives Raufen*. Die Bewertungs-Differenzen haben in dem Fall nicht das gemeinsame Handlungssystem gefährdet und konnten insofern spielerisch ausgetragen werden. Dies ist jedoch nicht bei allen Gegenständen gegeben, wie Jules Insistieren auf Klärung eines anderen Widerspruchs im Anschluss an dieses *diskursive Raufen* zeigt (vgl. B22, Kap. 5.3.3). Es stellt sich somit die Frage, welche Einstellungen deckungsgleich sein müssen, damit ein *homileïscher Diskurs* möglich ist. Ist homileïsches Handeln auch realisierbar, wenn die Aktant:innen Differenzen in den Präsuppositionen feststellen? Wie sieht es beispielsweise mit konträren politischen Einstellungen aus? Reicht der Elementarbereich als gemeinsame Basis aus oder muss es darüberhinausgehend weitere Übereinstimmungen, also beispielsweise eine ähnliche Bildung, gleichgelagerte andere Interessen, gleiche politische Einstellung geben? Oder kann mein Gespräch mit der Tante, die die AfD wählt, auf der Familienfeier dann eben doch nur im *Small Talk* verbleiben? Diese Fragen sind Fragen der interkulturellen Kommunikation im engeren Sinne (Redder / Rehbein 1987).

Daneben stellt sich die Fragen, ob ein *homileïscher Diskurs* in Konstellationen interkultureller Kommunikation im weiteren Sinne, also Kommunikation zwischen Aktant:innen verschiedener Gesellschaften und verschiedener Sprachen (vgl. Redder / Rehbein 1987: 18ff) möglich ist und wie dieser realisiert wird. Rehbein (2010) und Redder (2013) hatten dem *homileïschen Diskurs* ja eine hervorgehobene Rolle bei der Entwicklung der Gesellschaft hin zu einer mehrsprachigen Gesellschaft zugeschrieben. Möglicherweise stehen sprachliche Differenzen der Realisierung des Homileïschen aber gerade entgegen. Der spielerische Umgang mit sprachlichen Elementen und das kommunikative Entwerfen von Gegenwelten erfordern ein gewisses Level der Sprachbeherrschung, beispielsweise müssen sprachliche Handlungsmuster bewusst bekannt sein, um mit diesen spielerisch umzugehen. Andererseits ermöglicht die Aufhebung praktisch-zielgerichteten Handelns auch das spielerische Ausprobieren anderer Sprachen, da eben auch der Anspruch an eine korrekte Verwendung nicht in dem Maße wirksam ist wie in institutionellen Zusammenhängen. Im Beispiel „You should never date a woman who does duckfaces" (B19, Kap. 5.3.2) konnte ein derartiges spielerisches Einbauen einer Fremdsprache für die Realisierung des *homileïschen Diskurses* in funktionaler Weise beobachtet werden – freilich lag hier kein interkulturelles Setting vor. Zudem hat das sprachliche Handeln im *homileïschen Diskurs* weniger Konsequenzen als in institutionellen Zusammenhängen: Für Konstellationen, in denen praxisstiftende Zwecke verfolgt werden oder auch eine Wissensvermittlung der Zweck des Handelns ist, können eine unkorrekte Anwendung sprachlicher Mittel oder ein Nicht-Verstehen ernsthafte Konsequenzen haben – man denke bspw. an sprachliches Handeln im Krankenhaus oder in einer Behörde. Im *homileïschen Diskurs* kann bei Missverständnissen im Zweifel jedoch auch darüber gelacht und sogar ein Gemeinschaftsgefühl erzeugt werden. Die Frage, ob ein *homileïscher Diskurs* in interkultureller Kommunikation gelingen kann, ist sicher davon abhängig, ob eine gemeinschaftliche Reflexion der Widersprüche, eine Klärung der Differenzen und Explizitmachen des Selbstverständlichen zugelassen wird, oder ob die Präsuppositionsstruktur aufrechterhalten wird. Wie mit solchen Differenzen umgegangen wird und wieviel Wissen über die je andere Sprache notwendig ist, um Homileïk in interkultureller Kommunikation zu ermöglichen, muss die Analyse entsprechender Daten zeigen.

Weiterhin wünschenswert für folgende linguistische Untersuchungen des *homileïschen Diskurses* wäre ein Einbezug der nonverbalen Kommunikation in die Analysen. Das konnte in der vorliegenden Arbeit nicht geleistet werden, da lediglich Audio-Aufnahmen vorlagen. Eine Erhebung von Video-Daten wäre erstrebenswert. Eine solche Erhebung konnte aber – auch angesichts der Schwierigkeiten, überhaupt empirische Daten zu gewinnen (vgl. Kap. 3.2.1) – nicht realisiert werden. Die Präsenz einer Kamera hätte die Realisierung des *homileïschen Diskurses* möglicherweise zudem gehemmt.[268] Rehbein et al. (2001) Unter-

---

[268] Die Aufnahmen aus meinem Korpus wurden allesamt mit einem Mobiltelefon, also einem Alltagsgegenstand, der nicht weiter auffällt, erstellt (vgl. Kap. 3.2.2 und Kap. 4.1.). Eine Kamera ist dagegen stärker in der Wahrnehmung präsent. Das heißt jedoch nicht, dass es nicht möglich wäre, homileïsches Handeln mit der Kamera zu erfassen, auch hier ist vorstellbar, dass die Aufnahmesituation aus dem Fokus der Aufmerksamkeit in den Hintergrund tritt. So wurden in den von Rehbein et al. (2001) zwecks Untersuchung von Höflichkeit in interkulturellen Kontaktsituationen aufgezeichneten Gesprächen beim Essen auch homileïsche Diskurse erfasst. Allerdings müssten für Video-Aufzeichnungen wahrscheinlich andere Settings gewählt werden – es ist wohl eher nicht möglich, eine Kamera in Kneipen bei normalem Betrieb aufzustellen, mit Irritation und Ablehnung von Seiten sowohl der anderen Gäste als auch der Betreiber:innen ist zu rechnen.

suchungen interkultureller Tischgespräche zeigen die Relevanz der nonverbalen Kommunikation gerade für homileïsches Handeln. Auch für die Beantwortung einer weiteren offenen Frage könnte der Einbezug von Gestik, Mimik und weiterem aktionalem Handeln in die Analyse von Bedeutung sein, nämlich die Frage, ob die Face-to-Face-Situation, die Kopräsenz der Aktant:innen unabdingbar für den *homileïschen Diskurs* ist. Die Bedeutung insbesondere des kollaborativen Handelns für die Realisierung des *homileïschen Diskurses*, wie es durch die Analyse herausgearbeitet werden konnte, lässt vermuten, dass Homileïk nicht in einer zerdehnten Sprechsituation realisiert werden kann. *Homileïsche Diskurse* verlagern sich aber angesichts einer zunehmenden Digitalisierung und aufgrund der zunehmenden topologischen Fraktionierung von Freundschaften[269] vermehrt in den Bereich der Telekommunikation (beispielsweise via Skype oder auch mittels Messangerdiensten) und in soziale Medien wie Facebook oder Instagram. Kann in diesen Medien Homileïk tatsächlich realisiert werden? Die Klärung der Frage, ob die gemeinsame Sprechsituation für den *homileïschen Diskurs* unabdingbar ist, kann auch zur Klärung der Frage beitragen, ob Literatur homileïsch sein kann. Diese Fragen haben unter den Lockdown-Bedingungen während der Pandemie an Bedeutung gewonnen.

Ein Forschungsdesiderat für eine ganz andere Fachrichtung, nämlich der Neuropsychologie, wäre die Frage, ob bei der Realisierung von *homileïschen Diskursen* sogenannte Bindungshormone wie Oxytocin, Dopamin und Beta-Endorphin ausgeschüttet werden. Ob also das sprachliche Handeln, wie beispielsweise das *diskursive Raufen*, eine ähnliche Wirkung auf unseren Körper haben wie entsprechende aktionale Handlungen (wie beispielsweis bekannt ist, dass bei Welpen beim Raufen derartige Bindungshormone ausgeschüttet werden). Also ob dadurch Hormone ausgeschüttet werden, die nicht nur euphorische Gefühle erzeugen, sondern auch Menschen verbinden. Somit würde die sprachlich-mentale Absicherung von Gemeinschaftlichkeit sich auch körperlich niederschlagen. Denn ich vermute, es liegt nicht nur am Alkohol, dass wir uns nach einem Gespräch mit Freund:innen gut fühlen und die Kneipe glücklich verlassen.

---

[269] Ein Grund für diese topologischen Fraktionierung ist die durch die kapitalistischen Globalisierung geforderte Mobilität der Individuen.

Literatur

Aris, Silke (2009) Small-Talk im Beruf: Businesswissen in 50 x 2 Minuten. Freiburg i.Br.: Heragon.
Arnold, Antje (2016) Raum für Unterhaltung(en) Der frühneuzeitliche Salon. In: Daphins 44: 3, 340–359.
Béal, Christine (1992) Did you have a good weekend? or why there is no such thing as a simple question in cross-cultural encounters. In: Australian Review of Applied Linguistics 15.1, 23–52.
Benseler, Gustav Eduard (1875) Griechisch-Deutsches Schul-Wörterbuch: zu Homer, Herodot, Aeschylos, Sophokles, Euripides, Thukydides, Xenophon, Platon, Lysias, Isokrates, Demosthenes, Plutarch, Arrian, Lukian, Theokrit, Bion, Moschos und dem neuen Testament, soweit sie in Schulen gelesen werden. 5., verb. Aufl. Leipzig: Teubner.
Bergmann, Jörg R. (1987) Klatsch. Zur Sozialform der diskreten Indiskretion. Berlin, New York: de Gruyter.
Bierbach, Christine/Birken-Silverman, Gabriele (2002) Zum Kommunikationsstil in einer Gruppe italienischer Migrantenjugendlicher aus der Hip-Hop-Szene in Mannheim. In: Keim, Inken/Kallmeyer, Werner (Hrsg.) Soziale Welten und kommunikative Stile: Festschrift für Werner Kallmeyer zum 60. Geburtstag. Tübingen: Narr, 187–215.
Blum-Kulka, Shoshana (2014) Gossipy events at family dinners: Negotiating sociability, presence and the moral order. In: Coupland, Justine (ed.) Small talk. London: Longman, 213–241.
Bosewitz, René/Kleinschroth, Robert (2003) Small talk for big business: business conversation für bessere Kontakte. Reinbek bei Hamburg: Rowohlt.
Brown, Penelope/Levinson, Stephen C. (1978) Universals in Language Usage: Politeness Phenomena. In: Goody, Esther N. (ed.) Questions and Politeness: Strategies in Social Interaction. Cambridge: Cambridge University Press, 56–310.
Brünner, Gisela (1991) Redewiedergaben in Gesprächen. In: Deutsche Sprache 19, 1–15.
Brünner, Gisela (2000) Wirtschaftskommunikation. Linguistische Analyse ihrer mündlichen Formen. Tübingen: Niemeyer.
Bubel, Claudia (2006) „How are you?" „I'm hot": An interactive analysis of small talk sequences in British-German telephone sales. In: Bührig, Kristin/ten Thije, Jan D. (eds.) Pragmatics & Beyond New Series. Amsterdam: Benjamins, 245–259.
Bührig, Kristin (1996) Reformulierende Handlungen. Zur Analyse sprachlicher Adaptierungsprozesse in interkultureller Kommunikation. Tübingen: Narr.
Bührig, Kristin (2004) „Che devo dire?" – Möglichkeiten und Hindernisse im scherzhaften Umgang mit Schwierigkeiten der Thema-Rhema-Dynamik in der mehrsprachigen Familienkommunikation. In: House, Juliane/Koller, Werner/Schubert, Klaus (Hrsg.) Neue Perspektiven in der Übersetzungs- und Dolmetschwissenschaft. Festschrift für Heidrun Gerzymisch-Arbogast zum 60. Geburtstag. Bochum: AKS-Verl, 151–172
Coulmas, Florian/Tannen, Deborah (eds.) (1986) Introducing Constructed Dialogue in Greek and American Conversational and Literary Narratives. Berlin: Mouton, 311–322.
Coupland, Justine (2003) „Small Talk: Social Functions". In: Research on Language & Social Interaction 36.1, 1–6.
Coupland, Justine (ed.) (2014a) Small talk. London: Longman.
Coupland, Justine (2014b) Introduction: sociolinguistic perspectives on small talk. In: Coupland, Justine (ed.) Small talk. London: Longman, 32–61.
Coupland, Justine/Coupland, Nikolas/Robinson, Jeffrey D. (1992) „How Are You?": Negotiating Phatic Communion. In: Language in Society, 21(02), 207–230.
Coupland, Justine/Ylänne-McEwen, Virpi (2014) Talk about the weather: Smalltalk, leisure talk and the travel industry. In: Coupland, Justine (ed.) Small talk. London: Longman, 163–182.
Davies, Catherine Evans (2004) Developing awareness of crosscultural pragmatics: The case of American/German sociable interaction. In: Multilingua – Journal of Cross-Cultural and Interlanguage Communication 23(3), 207–231.

Drew, Paul/Chilton, Kathy (2014) Calling just to keep in touch: regular and habitualised telephone calls as an environment for small talk. In: Coupland, Justine (ed.) Small talk. London: Longman, 137–162.

Dudenredaktion (2002) Duden: das große Wörterbuch der deutschen Sprache. 3., völlig neu bearb. und erw. Aufl. Mannheim: Dudenverlag

Dudenredaktion (2011) Duden, Deutsches Universalwörterbuch. 7., überarb. und erw. Aufl. Mannheim: Dudenverlag.

Edmondson, Willis J./House, Juliane (1981) Let's talk, and talk about it: a pedagogic interactional grammar of English. München: Urban u. Schwarzenberg.

Engelfried-Rave, Ursula (2014) Kampfarena Esstisch – Konfliktsituationen in familialen Kommunikationssituationen. Hamburg: Kovač.

Ehler, Karin (1996) Konversation: höfische Gesprächskultur als Modell für den Fremdsprachenunterricht. München: iudicium.

Ehlich, Konrad (1979) Verwendungen der Deixis beim sprachlichen Handeln. 2 Bde. Frankfurt a.M.: Lang.

Ehlich, Konrad (1986) Interjektionen. Tübingen: Niemeyer.

Ehlich, Konrad (1993a) Eintrag „Homileische Kommunikation". In: Glück, Helmut (Hrsg.) Metzler Lexikon Sprache. Stuttgart: Metzler.

Ehlich, Konrad (1993b) HIAT – a Transcription System for Discourse Data. In: J.A. Edwards, Jane Anne/Lampert, Martin D. (eds) Talking data: transcription and coding in discourse research. Hillsdale: Lawrence Erlbaum, 123–148.

Ehlich, Konrad (2003) Determination. Eine funktional-pragmatische Analyse am Beispiel hebräischer Strukturen. In: Hoffmann, Ludger (Hrsg.) Funktionale Syntax: die pragmatische Perspektive. Berlin, New York: de Gruyter, 307–334.

Ehlich, Konrad (2007a) Sprache und sprachliches Handeln. 3 Bände. (= Bd. I: Pragmatik und Sprachtheorie; Bd. II Prozeduren des sprachlichen Handelns; Bd. III: Diskurs – Narration – Text – Schrift). Berlin, New York: de Gruyter.

Ehlich, Konrad ([1972] 2007b) Thesen zur Sprechakttheorie. In: Sprache und sprachliches Handeln, Bd. 1. Berlin, New York: de Gruyter, 81–85.

Ehlich, Konrad ([1977] 2007c) Formen und Funktionen von ‚HM' – eine phonologisch-pragmatische Analyse. In: Sprache und sprachliches Handeln, Bd. 2. Berlin, New York: de Gruyter, 273–286.

Ehlich, Konrad ([1981] 2007d) Schulischer Diskurs als Dialog? In: Sprache und sprachliches Handeln, Bd. 3. Berlin, New York: de Gruyter, 131–167.

Ehlich, Konrad ([1983] 2007e) Alltägliches Erzählen. In: Sprache und sprachliches Handeln, Bd. 3. Berlin: Berlin, New York: de Gruyter, 371–394.

Ehlich, Konrad ([1984] 2007f) Zum Textbegriff. In: Sprache und sprachliches Handeln Bd. 3. Berlin, New York: de Gruyter, 531–550.

Ehlich, Konrad ([1986] 2007g) so – Überlegungen zum Verhältnis sprachlicher Formen und sprachlichen Handelns, allgemein und an einem widerspenstigen Beispiel. In: Sprache und sprachliches Handeln Bd. 2. Berlin, New York: de Gruyter, 141–168.

Ehlich, Konrad ([1987] 2007h) Kooperation und sprachliches Handeln. In: Sprache und sprachliches Handeln, Bd. 1. Berlin, New York: de Gruyter, 125–138.

Ehlich, Konrad ([1990] 2007i) „Textsorten" – Überlegungen zur Praxis der Kategorienbildung in der Textlinguistik. In: Sprache und sprachliches Handeln Bd. 3. Berlin, New York: de Gruyter, 579–590.

Ehlich, Konrad ([1993] 2007j) turn, homileïsche Kommunikation, Kommentierung und Argumentation (Einträge aus dem Metzler-Lexikon Sprache). In: Sprache und sprachliches Handeln, Bd. 1. Berlin, New York: de Gruyter, 109–112.

Ehlich, Konrad ([1994] 2007k) Funktion und Struktur schriftlicher Kommunikation. In: Sprache und sprachliches Handeln Bd. 3. Berlin, New York: de Gruyter, 749–792.

Ehlich, Konrad ([1996] 2007l) „Kommunikation" – Aspekte einer Konzeptkarriere. In: Sprache und sprachliches Handeln, Bd. 1. Berlin, New York: de Gruyter, 449–474.

Ehlich, Konrad ([1998] 2007m) Medium Sprache. In: Sprache und sprachliches Handeln, Bd. 1. Berlin, New York: de Gruyter, 151–166.

Ehlich, Konrad ([1999] 2007n) Funktionale Pragmatik – Terme, Themen und Methoden. In: Sprache und sprachliches Handeln, Bd. 1. Berlin, New York: de Gruyter, 29–46

Ehlich, Konrad ([1999] 2007o) Sprachliche Felder. In: Sprache und sprachliches Handeln, Bd. 1. Berlin, New York: de Gruyter, 433–447

Ehlich, Konrad (2007p) Interjektion und Responsiv. In: Hoffmann, Ludger (Hrsg.) Handbuch der deutschen Wortarten. Berlin: de Gruyter, 423–444.

Ehlich, Konrad (2014) Argumentieren als sprachliche Ressource des diskursiven Lernens. In: Hornung, Antonie/Carobbio, Gabriella (Hrsg.) Diskursive und textuelle Strukturen in der Hochschuldidaktik. Deutsch und Italienisch im Vergleich. Münster: Waxmann, 41–54.

Ehlich, Konrad/Rehbein, Jochen (1972) Zur Konstitution pragmatischer Einheiten in einer Institution: Das Speiserestaurant. In: Wunderlich, Dieter (Hrsg.) Linguistische Pragmatik. Frankfurt a.M.: Athenäum, 209–254.

Ehlich, Konrad/Rehbein, Jochen (1976) Halbinterpretative Arbeitstranskriptionen (HIAT). In: Linguistische Berichte 45, –2141.

Ehlich, Konrad/Rehbein, Jochen (1977) Wissen, kommunikatives Handeln und die Schule. In: Goeppert, Herma C. (Hrsg.) Sprachverhalten im Unterricht. München: Fink, 36–114.

Ehlich, Konrad/Rehbein, Jochen (1979a) Erweiterte halbinterpretative Arbeitstranskriptionen (HIAT2): Intonation. In: Linguistische Berichte 59, 51–75.

Ehlich, Konrad/Rehbein, Jochen (1979b) Sprachliche Handlungsmuster. In: Soeffner, Hans-Georg (Hrsg.) Interpretative Verfahren in den Sozial- und Textwissenschaften. Stuttgart: Metzler, 243–274.

Ehlich, Konrad/Rehbein, Jochen (1979c) Zur Notierung nonverbaler Kommunikation für diskursanalytische Zwecke (HIAT2). In: Winkler, Peter (Hrsg.) Methoden der Analyse von Face-To-Face-Situationen. Stuttgart: Metzler, 302–329.

Ehlich, Konrad/Rehbein, Jochen (1980) Sprache in Institutionen. In: Althaus, Hans-Peter (Hrsg.) Lexikon der germanistischen Linguistik. 2. vollst. neu bearb. u. erw. Aufl, Tübingen: Niemeyer, 338–345.

Ehlich, Konrad/Rehbein, Jochen (1986) Muster und Institution: Untersuchungen zur schulischen Kommunikation. Tübingen: Narr.

Ehlich, Konrad/Rehbein, Jochen (1994) Institutionsanalyse. Prolegomena zur Untersuchung von Kommunikation in Institution. In: Brünner, Gisela / Graefen, Gabriele (Hrsg.) Texte und Diskurse. Methoden und Ergebnisse der Funktionalen Pragmatik. Wiesbaden: Westdeutscher Verlag, 287–327.

Eribon, Didier (2016) Rückkehr nach Reims. Aus dem Französischen von Tobias Haberkorn. Berlin: Suhrkamp. [französisches Original: Eribon, Didier (2009) Retour à Reims. Paris: Fayard]

Fienemann, Jutta (2006) Erzählen in zwei Sprachen. Diskursanalytische Untersuchungen von Erzählungen auf Deutsch und Französisch. Münster: Waxmann.

Fienemann, Jutta / von Kügelgen, Rainer (2003) Formen mündlicher Kommunikation in Lehr- und Lernprozess. In: Bredel, Ursula et al. (Hrsg.) Didaktik der deutschen Sprache: ein Handbuch. 1. Teilband. Paderborn: Schöningh, 133–139.

Flader, Dieter (2002) Der Witz als sozialer Vorgang und als Ausdruck von Subjektivität. In: Psyche 56.3, 275–302.

Flader, Dieter / Hurrelmann, Bettina (1984) Erzählen im Klassenzimmer. Eine empirische Studie zum „freien" Erzählen im Unterricht. In: Ehlich, Konrad (Hrsg.) Erzählen in der Schule. Tübingen: Narr, 223–249.

Gerwinski, Jan / Habscheid, Stephan / Linz, Erika (2018) Theater im Gespräch: sprachliche Publikumspraktiken in der theaterpause. Berlin, New York: de Gruyter.

Guckelsberger, Susanne / Reich, Hans H. (2008) Diskursive Basisqualifikation. In: Ehlich, Konrad Bredel, Ursula / Reich, Hans H. (Hrsg.) Referenzrahmen zur altersspezifischen Sprachaneignung. Bonn/Berlin: Bundesministerium für Bildung und Forschung (BMBF), 83–93.

Günthner, Susanne (1996) Zwischen Scherz und Schmerz – Frotzelaktivitäten in Alltagsinteraktionen. In: Kotthoff, Helga (Hrsg.) Scherzkommunikation: Beiträge aus der empirischen Gesprächsforschung. Opladen: Westdeutscher Verlag, 81–107.

Halmari, Helena (1993) Intercultural Business Telephone Conversations: A Case of Finns vs. Anglo-Americans. In: Applied Linguistics 14.4, 408–430.

Hartung, Martin (1996) Ironische Äußerungen in privater Scherzkommunikation. In: Kotthoff, Helga (Hrsg.) Scherzkommunikation: Beiträge aus der empirischen Gesprächsforschung. Opladen: Westdeutscher Verlag, 109–144.

Hoffmann, Ludger (1980) Zur Pragmatik von Erzählformen vor Gericht. In: Ehlich, Konrad (Hrsg.) Erzählen im Alltag. Frankfurt a.M.: Suhrkamp, 28–63.

Hoffmann, Ludger (1983) Kommunikation vor Gericht. Tübingen: Narr.

Hoffman, Ludger (1999) Eigennamen im sprachlichen Handeln. In: Bührig, Kristin / Matras, Yaron (Hrsg.) Sprachtheorie und sprachliches Handeln: Festschrift für Jochen Rehbein zum 60. Geburtstag. Tübingen: Stauffenburg, 213–234.

Hoffmann, Ludger (2003) Funktionale Syntax: Prinzipien und Prozeduren. In L. Hoffmann (Hrsg.) Funktionale Syntax. Berlin, New York: de Gruyter, 18–121.

Hoffmann, Ludger (2004): Chat und Thema. In: Beißwenger, Michael / Hoffmann, Ludger / Storrer, Angelika (Hrsg.) Internetbasierte Kommunikation. Olden burg: Redaktion OBST (Osnabrücker Beiträge zur Sprachtheorie 68), 103–122.

Hoffmann, Ludger (2016) Deutsche Grammatik: Grundlagen für Lehrerausbildung, Schule, Deutsch als Zweitsprache und Deutsch. 3. Aufl. Berlin: Erich Schmidt.

Hoffmann, Ludger (2018) Erzählen aus funktional-pragmatischer Perspektive In: Zeitschrift für Literaturwissenschaft und Linguistik, 48(2), 203–224.

Hohenstein, Christiane (2006) Sind Handlungsmuster mehrsprachig? Erklären im Wissenschaftlichen Vortrag deutsch/japanisch. In: Ehlich, Konrad / Hornung, Antonie (Hrsg.) Praxen der Mehrsprachigkeit. Münster: Waxmann, 155–194.

Holmes, Janet (2003) Small Talk at Work: Potential Problems for Workers With an Intellectual Disability. In: Research on Language & Social Interaction, 36(1), 65–84.

Holmes, Janet (2014) Doing collegiality and keeping control at work: Small talk in government departments. In: Coupland, Justine (ed.) Small talk. London: Longman, 32–61.

Jakobson, Roman ((1960) 1973) Linguistik und Poetik. In: Ihwe, Jens (Hrsg.) Literaturwissenschaft und Linguistik. Ergebnisse und Perspektiven. Frankfurt a.M.: Athenäum, 142–178.

Jaworski, Adam (2014) Silence and Small Talk. In: Coupland, Justine (ed.) Small talk. London: Longman, 110–132.

Kameyama, Shinichi / Maleck, Ilona (1994) „Konstellation und Szenario von Terminabsprachen", Universität des Saarlandes.

Keim, Inken (2007) Die „türkischen Powergirls": Lebenswelt und kommunikativer Stil einer Migrantinnengruppe in Mannheim. Tübingen: Narr.

Keim, Inken / Kallmeyer, Werner (1995) Kommunikative Stilistik einer sozialen Welt „kleiner Leute" in der Mannheimer Innenstadt. Berlin, New York: de Gruyter.

Keppler, Angela (1994) Tischgespräche: über Formen kommunikativer Vergemeinschaftung am Beispiel der Konversation in Familien. 1. Aufl. Frankfurt am Main: Suhrkamp.

Kessel, Katja (2009) Die Kunst des Smalltalks: sprachwissenschaftliche Untersuchungen zu Kommunikationsratgebern. Tübingen: Narr.

Kotthoff, Helga (1989) So nah und doch so fern. Deutsch-amerikanische pragmatische Unterschiede im universitären Milieu. In: Info DaF 4: 448–460.

Kotthoff, Helga (Hrsg.) (1996) Scherzkommunikation. Beiträge aus der empirischen Gesprächsforschung. Opladen: Westdeutscher Verlag

Kotthoff (1997) Erzählstile von mündlichen Witzen. Zur Erzielung von Komikeffekten durch Dialoginszenierungen und die Stilisierung sozialer Typen von Witz. In: Selting, Margret / Sandig, Barbara (Hrsg.) Sprech- und Gesprächsstile. Berlin, New York: de Gruyter, 123–169.

Kotthoff, Helga (1998) Spaß Verstehen. Zur Pragmatik von konversationellem Humor. Tübingen: Niemeyer.

Kotthoff, Helga (2006) Lachen über sich selbst. Selbstbewitzelung und ihre Funktion im Kontext informeller Gespräche. In: Mauser, Wolfram / Pfeiffer, Joachim (Hrsg.) Lachen. Würzburg: Königshausen & Neumann, 57–75.

Kotthoff, Helga (2017) Erzählen in Gesprächen. Eine Einführung in die konversationsanalytische Erzählforschung mit Übungsaufgaben. Freiburger Arbeitspapiere zur Germanistischen Linguistik (FRAGL) 38. Freiburg: Albert-Ludwigs-Universität Freiburg.

Kuiper, Koenraad / Flindall, Marie (2014) Social rituals, formulaic speech and small talk at the supermarket checkout. In: Coupland, Justine (ed.) Small talk. London: Longman, 183–207.

Lasko, Wolf W. (2001) Small Talk und Karriere: mit Erfolg Kontakte knüpfen. 2. Aufl. Wiesbaden: Gabler.

Laver, John (1975) Communicative Functions of Phatic Communion. In: Kendon, Adam / Harris, Richard M. / Key, Mary Ritchie (eds.) Organization of Behavior in Face-to-Face Interaction. The Hague: Mouton, 215–238.

Laver, John (1981) Linguistic Routines and Politeness in Greeting and Parting. In: Coulmas, Florian (ed.) Conversational routine: explorations in standardized communication situations and prepatterned speech. The Hague: Mouton, 289–304.

Lehmann, Gesa (2012) Linguistik dokumentarischer Literatur?– Fallstudie zur „Ermittlung" von Peter Weiss. Hamburg: Universität Hamburg, Institut für Germanistik (unveröffentlichte Magisterarbeit).

Linke, Angelika (1988) Die Kunst der ‚Guten Unterhaltung': Bürgertum und Gesprächskultur im 19. Jahrhundert. In: Zeitschrift für Germanistische Linguistik 16.2.

Linke, Angelika (1996) Sprachkultur und Bürgertum: zur Mentalitätsgeschichte des 19. Jahrhunderts. Stuttgart: Metzler.

Malinowski, Bronislaw (1922) Argonauts of the western Pacific. An account of native enterprise and adventure in the archipelagoes of Melanesian New Guinea. With a pref. by James George Frazer. With 5 maps, 65 illustr., and 2 fig. London: Routledge.

Malinowski, Bronislaw ([1923] 1946) The Problem of Meaning in Primitive Languages. In: The Meaning of Meaning: A Study of the Influence of Language upon Thought and of the Science of Symbolism. 8th ed. New York: Harcourt, Brace & World, 296–336.

Malinowski, Bronislaw (1974) Das Problem der Bedeutung in primitiven Sprachen. In: Die Bedeutung der Bedeutung: eine Untersuchung über den Einfluß der Sprache auf das Denken und über die Wissenschaft des Symbolismus = The meaning of meaning. 1. Aufl. Frankfurt a.M.: Suhrkamp, 323–384.

Meierkord, Christiane (2000) Interpreting successful lingua-franca interaction. An analysis of non-native-/non-native small talk conversation in English. In: Linguistik Online 5.1.

Mirivel, Julien C. / Tracy, Karen (2005) Premeeting Talk: An Organizationally Crucial Form of Talk. In: Research on Language & Social Interaction 38.1, 1–34.

Paul, Hermann / Henne, Helmut / Objartel, Georg (1992) Deutsches Wörterbuch. 9., vollständig neu bearbeitete Aufl. Tübingen: Niemeyer.

Philipp, Swetlana (2003) Kommunikationsstörungen in interkulturellen Erst-Kontakt-Situationen: eine kommunikationspsychologische Untersuchung zu Attributionen und Verhalten in interkultureller Kommunikation. Jena: IKS Garamond.

Plotke, Seraina (2008) Conversatio/Konversation: Eine Wort- und Begriffsgeschichte. In: Schnell, Rüdiger (Hrsg.) Konversationskultur in der Vormoderne: Geschlechter im geselligen Gespräch. Köln: Böhlau, 31–120.

Quasthoff, Uta (1980) Erzählen in Gesprächen. Linguistische Untersuchungen zu Strukturen und Funktionen am Beispiel einer Kommunikationsform des Alltags. Tübingen: Narr.

Ragan, Sandy L. (2014) Sociable talk in women's health care contexts: two forms of non- medical talk. In: Coupland, Justine (ed.) Small talk. London: Longman, 265–296.

Redder, Angelika (1984) Modalverben im Unterrichtsdiskurs. Pragmatik der Modalverben am Beispiel eines institutionellen Diskurses. Tübingen: Niemeyer.

Redder, Angelika (1990) Grammatiktheorie und sprachliches Handeln: ‚denn' und ‚da'. Tübingen: Niemeyer.

Redder, Angelika (1994a) „Bergungsunternehmen". Prozeduren des Malfeldes beim Erzählen. In: Brünner, Gisela / Graefen, Gabriele (Hrsg.) Texte und Diskurse. Methoden und Ergebnisse der Funktionalen Pragmatik. Opladen: Westdeutscher Verlag, 238–264.

Redder, Angelika (1994b) Kap. 12: Homileische Kommunikation. In: Redder, Angelika / Ehlich, Konrad (Hrsg.) Gesprochene Sprache. Transkripte und Tondokumente. Tübingen: Niemeyer, 401–434.

Redder, Angelika (1995) „Stereotyp" – eine sprachwissenschaftliche Kritik. In: Jahrbuch DaF 21, 311–330.

Redder, Angelika (1999) ‚werden' – funktional-grammatische Bestimmungen. In: Redder, Angelika / Rehbein, Jochen (Hrsg.) Grammatik und mentale Prozesse. Tübingen: Stauffenburg, 295–336.

Redder, Angelika (2003) Partizipiale Ketten und autonome Partizipialkonstruktionen: Formen partikularen sprachlichen Handelns. In: Hoffmann, Ludger (Hrsg.) Funktionale Syntax: die pragmatische Perspektive. Berlin, New York: de Gruyter, 155–188.

Redder, Angelika (2005) Wortarten oder sprachliche Felder, Wortartenwechsel oder Feldtransposition? In: Knobloch, Clemens / Schaeder, Burkhard (Hrsg.) Wortarten und Grammatikalisierung. Tübingen: Niemeyer, 43–66.

Redder, Angelika (2007a) Konjunktor. In: Hoffmann, Ludger (Hrsg.) Deutsche Wortarten. Berlin, New York: de Gruyter, 483–524.

Redder, Angelika (2007b) Wortarten als Grundlage der Grammatikvermittlung?. In: Köpcke, Klaus-Michael / Ziegler, Arne (Hrsg.) Grammatik in der Universität und für die Schule. Tübingen: Niemeyer, 129–146.

Redder, Angelika (2008) Functional Pragmatics. In: Antos, Gerd / Ventola, Eija (eds.): Interpersonal Communication. Berlin, New York: de Gruyter, 133–178.

Redder, Angelika (2009) Modal sprachlich handeln. In: Der Deutschunterricht LXI.3, 88–95.

Redder, Angelika (2010) Grammatik und sprachliches Handeln in der Funktionalen Pragmatik – Grundlagen und Vermittlungsziele. (Grammatik und sprachliches Handeln I). In: Japanische Gesellschaft für Germanistik (Hrsg.): Grammatik und sprachliches Handeln. Akten des 36. Linguisten-Seminars, Hayama 2008. München: iudicium, 9–24.

Redder, Angelika (2012) Prozedurale Re-Analyse von elementaren Wortarten und Wortbildung. In: Jahrbuch DaF 37, 125–141.

Redder, Angelika (2013) Multilingual Communication in Hamburg – A Pragmatic Approach. In: Siemund, Peter / Gogolin, Ingrid / Schulz, Monika Edith / Davydova, Julia (eds.): Multilingualism and Language Diversity in Urban Areas. Acquisition, identities, space, education. Amsterdam: Benjamins, 259–287.

Redder, Angelika (2017) Diskursanalyse – handlungstheoretisch. In: Der Deutschunterricht 69.6, 21–24.

Redder, Angelika (2019) Diskursive und textuelle Eristik – Systematik und Komparatistik. In: Steinseifer, Martin et al. (Hrsg.) Eristische Literalität. Wissenschaftlich streiten – wissenschaftlich schreiben. Heidelberg: Synchron, 35–63.

Redder, Angelika / Rehbein, Jochen (1987) Zum Begriff der Kultur. In: Redder, Angelika / Rehbein, Jochen (Hrsg.) Arbeiten zur interkulturellen Kommunikation. (OBST 38). Bremen: OBST, 7–21.

Redder, Angelika / Scarvaglieri, Claudio (2013) Verortung mehrsprachigen Handelns im Konsumbereich – ein Imbiss und ein Lebensmittelgeschäft. In: Redder, Angelika et al. (Hrsg.) Mehrsprachige Kommunikation in der Stadt – das Beispiel Hamburg. Münster: Waxmann, 103–124.

Rehbein, Jochen (1972) Entschuldigungen und Rechtfertigungen. In: Wunderlich, Dieter (Hrsg.) Linguistische Pragmatik. Wiesbaden: Athenäum, 288–317.

Rehbein, Jochen (1977) Komplexes Handeln. Elemente zur Handlungstheorie der Sprache. Stuttgart: Metzler.

Rehbein, Jochen (1980) Sequentielles Erzählen. Erzählstrukturen von Immigranten bei Sozialberatungen in England. In: Ehlich, Konrad (Hrsg.) Erzählen im Alltag. Frankfurt a.M.: Suhrkamp, 64–108.

Rehbein, Jochen (1984) Beschreiben, Berichten und Erzählen. In: Ehlich, Konrad (Hrsg.) Erzählen in der Schule. Tübingen: Narr, 67–124.

Rehbein, Jochen (1985) Medizinische Beratung türkischer Eltern. In: Rehbein, Jochen (Hrsg.) Interkulturelle Kommunikation. Tübingen: Narr, 349–419.

Rehbein, J. (1989) Biographiefragmente. Nicht-erzählende rekonstruktive Diskursformen in der Hochschulkommunikation. In: R. Kokemohr and W. Marotzki (Hrsg.) Biographien in komplexen Institutionen. Studentenbiographien. Frankfurt a.M.: Lang, 163–254.

Rehbein, Jochen (1996) Sie?. In: Gipser, Dietlinde / Šalabī, Īmān / Tichy, Ellen (Hrsg.) Das nahe Fremde und das entfremdete Eigene im Dialog zwischen den Kulturen: Festschrift für Nabil Kassem. Hamburg: Ed. Zebra, 235–256

Rehbein, Jochen (1999) Zum Modus von Äußerungen. In: Redder, Angelika / Rehbein, Jochen (Hrsg.) Grammatik und mentale Prozesse. Tübingen: Stauffenburg, 91–139.

Rehbein, Jochen (2001) Das Konzept der Diskursanalyse. In: Brinker, Klaus / Antos, Gerd / Heinemann, Wolfgang / Sager, Svend F. (Hrsg.) Text- und Gesprächslinguistik. Berlin, New York: de Gruyter, 927–945.

Rehbein, Jochen (2004) Matrixkonstruktionen in Diskurs und Text. In: Baumgarten, Nicole et al. (Hrsg.) Übersetzen. Interkulturelle Kommunikation, Spracherwerb und Sprachvermittlung – das Leben mit mehreren Sprachen. Festschrift für Juliane House zum 60. Geburtstag. Bochum: ASK-Verlag.

Rehbein, Jochen (2006) The cultural apparatus. In: Bührig, Kristin / Thije, Jan D. ten (Hrsg.) Beyond misunderstanding?: linguistic analyses of intercultural communication. Amsterdam: Benjamins, 43–96.

Rehbein, Jochen (2008) Zur Theorie des kulturellen Apparats. In: Jun, Gyung-Jae / et al. (Hrsg.) Kulturwissenschaftliche Germanistik in Asien. Dokumentation der Tagungsbeiträge der Asiatischen Germanistentagung 2006 in Seoul. Seoul: Euro Trading & Publishing, 94–109.

Rehbein, Jochen (2010) Llengües, immigració, urbanització: elements per a una lingüística dels espais urbans del plurilingüisme – Sprachen, Immigration, Urbanisierung – Elemente zu einer Linguistik städtischer Orte der Mehrsprachigkeit. In: Comellas, Pere / Lleó, Conxita (eds.) Plurilingüisme en ciutats europees: convivència i conservació de la diversitat – Mehrsprachigkeit in europäischen Städten: Zusammenleben unter Wahrung der Vielfalt. Münster: Waxmann, 44–111.

Rehbein, Jochen (2012) Homileïscher Diskurs – Zusammenkommen, um zu reden ... In: Kern, Friederike / Morek, Miriam / Ohlhus, Sören (Hrsg.) Erzählen als Form – Formen des Erzählens. Berlin, New York: de Gruyter, 237–262.

Rehbein, Jochen (2013) The Future of Multilingualism. Towards a HELIX of Societal Multilingualism under Global Auspices. In: Bührig, Kristin / Meyer, Bernd (eds.) Transferring linguistic know-how into institutional practice. Amsterdam: Benjamins, 43–80.

Rehbein, Jochen / Fienemann, Jutta (2004) Introductions: Being polite in multilingual settings. In: House, Juliane / Rehbein, Jochen (eds.) Multilingual communication. Amsterdam: Benjamins, 223–278.

Rehbein, Jochen / Fienemann, Jutta / Ohlhus, Sören / Oldörp, Christine (2001) Nonverbale Kommunikation im Videotranskript. Zu nonverbalen Aspekten höflichen Handelns in interkulturellen Konstellationen und ihrer Darstellung in computergestützten Videotranskripten. In: Möhn, Dieter / Ross, Dieter / Tjarks-Sobhani, Marita / Hennig, Jörg (Hrsg.) Mediensprache und Medienlinguistik: Festschrift für Jörg Hennig. Frankfurt a.M.: Lang, 167–198.

Rehbein, Jochen / Kameyama, Shinichi (2004) Pragmatik. In: Ammon, Ulrich / Dittmar, Norbert / Mattheier, Klaus / Trudgill, Peter (eds.) Sociolinguistics/Soziolinguistik. Berlin, New York: de Gruyter, 556–588.

Rehbein, Jochen / Schmid, Thomas / Meyer, Bernd / Watzke, Franziska / Herkenrath, Annette (2004) Handbuch für das computergestützte Transkribieren nach HIAT. Hamburg.

Rings, Lana (1994) Beyond Grammar and Vocabulary: German and American Differences in Routine Formulae and Small Talk. In: Die Unterrichtspraxis/Teaching German, 27(2), 23–28.

Schneider, Klaus P. (1988) Small Talk. Analyzing Phatic Discourse. Marburg: Hitzeroth.

Schneider, Klaus P. (2008) Small talk in England, Ireland, and the USA. In: Schneider, Klaus P. / Barron, Anne (eds.) Pragmatics & Beyond. Amsterdam: Benjamins, 99–139.

Schneider, Klaus P. (2010) Small Talk: Units, sequencing, realizations. In: Helbig, Jörg / Schallegger, René (Hrsg.) Anglistentag 2009 Klagenfurt. Proceedings. Trier, S. 79–89.

Schubarth, Bettina (2001) Ironie in Institutionen: die Reflexion gesellschaftlichen Wissens im ironischen Sprechen. München: iudicium.

Schubert, Daniel (2009) Lästern: eine kommunikative Gattung des Alltags. Frankfurt a.M.: Lang.

Schütte, Wilfried (1991) Scherzkommunikation unter Orchestermusikern. Interaktionsformen in einer Berufswelt. Tübingen: Narr.

Schwitalla, Johannes (1995) Kommunikation in der Stadt. Berlin, New York: de Gruyter.
Senft, Gunter (2009) Phatic communion. In: Senft, Gunter / Östman, Jan-Ola / Verschueren, Jef (eds.) Handbook of Pragmatics Highlights. Amsterdam: Benjamins, 226–233.
Sun, Hao. (2001) Framing interactions and defining relations: Phatic talk in Chinese telephone conversations. In: Katoaka, Ritsuko / Moore, Cassandra / Zilkha, Katherine (Eds.) Texas Linguistics Forum Vol. 44(1). Austin: University of Texas at Austin, 163–178.
Svennevig, Jan (1999) Getting acquainted in conversation: a study of initial interactions. Amsterdam: Benjamins.
Tannen, Deborah (1986) That's not what I meant! how conversational style makes or breaks your relations with others. New York: Morrow.
Thielmann, Winfried (2003) Are Germans rude or just doing things differently? Understanding and teaching language and culture. In: Lo Bianco, Joseph / Crozet, Chantal (eds.) Teaching Invisible Culture: Classroom Practice and Theory. Melbourne: Language Australia, 147–176.
Thielmann, Winfried (2016) Terminologiebildung im interlingualen Feld – Wissenschaftssprachliche Voraussetzungen und terminologische Fallstricke an Beispielen des deutsch-englischen Sprachvergleichs. In: Fachsprache 38.3–4, 143–162.
Trautmann, Caroline / Reich, Hans H. (2008) Pragmatische Basisqualifikationen I und II. In: Ehlich, Konrad / Bredel, Ursula / Reich, Hans H. (Hrsg.) Referenzrahmen zur altersspezifischen Sprachaneignung. Bonn/Berlin: Bundesministerium für Bildung und Forschung (BMBF), 41–47.
Ventola, Eija (1979) The structure of casual conversation in English. In: Journal of Pragmatics 3.3–4, 267–298.
Villemoes, Anette (1995) Culturally determined facework priorities in Danish and Spanish business negotiation. In: Ehlich, Konrad / Wagner, Johannes (eds.) The Discourse of Business Negotiation. Berlin, New York: de Gruyter, 291–312.
Voßkamp, Patrick (2010) Sprechen, um zu schreiben: mündliche Kommunikation im Lokaljournalismus. Duisburg: Universitätsverlag Rhein-Ruhr.
Wahrig-Burfeind, Renate / Wahrig, Gerhard (Hrsg.) (2006) Deutsches Wörterbuch. 8., vollst. neu bearb. und aktualisierte Aufl. Gütersloh: Wissen-Media-Verlag
Wilton, Antje (2009) Lachen ohne Grenzen: eine gesprächsanalytische Untersuchung zu Scherzkommunikation in zweisprachigen Interaktionen. München: iudicium.
Wolff, Friedrich / Wittstock, Otto (2001) Latein und Griechisch im deutschen Wortschatz: Lehn- und Fremdwörter. Lizenzausg. d. 6. bearb. Aufl. Wiesbaden: VMA-Verl.
Wolfram, Walt / Schilling-Estes, Natalie (2006) American English: dialects and variation. 2nd ed. Malden: Blackwell.

Anhang

Anhang 1 „Ukraine-Story / Kommissar Fischer" II
Anhang 2 „Tinder und Stars" XLIII
Anhang 3 „Dirty Dancing und Edeka" LXIII

Anhang 1 „Ukraine-Story / Kommissar Fischer"

Kneipengespräch unter Freund:innen

Transkriptionskonvention: HIAT

> **Transkribendin:** Gesa Lehmann
> © Gesa Lehmann
> **Aufnahmedatum:** Juni 2018
> **Dauer der Audio-Aufnahme:** 1:51h
> **Transkriptausschnitt:** 0:00:26 – 00:14:18

Sprecher:innen:

Christina (Sex: f; Alter: Mitte 30), **Christine** (Sex: f; Alter: Mitte: 38), **Daniel** (Sex: m; Alter: Mitte 40), **Lara** (Sex: f; Alter: Ende 30), **Kellnerin** (Sex: f; Alter: unbekannt)

Konstellation: Die Gruppe sitzt im Außenbereich einer Kneipe um einen Tisch herum. Drei der Aktant:innen (Daniel, Christine und Lara) sitzen vor dem Start der Aufnahme bereits seit einiger Zeit zusammen und haben sich unterhalten. Unmittelbar vor dem Start der Aufnahme hat sich die Konstellation durch das Hinzukommen von Christina verändert. Bei den Aktant:innen handelt es sich um gute, langjährige Freund:innen. Sie treffen sich in dieser bzw. ähnlichen Konstellationen regelmäßig, etwa monatlich zum Kneipengespräch. Christine und Lara arbeiten für den gleichen Bildungsträger, Daniel und Christina sind liiert.

[1]

	/1/	
Christine [v]	We/ wer soll das jetzt noch essen?	
		/2/
Daniel [v]		Ich will, dass man euch

[2]

	/3/	/4/
Christine [v]	Kann man das nicht?	Ja, genau, jetzt is das
		/5/
Daniel [v]	hören kann.	Hier ist noch anderes

[3]

		/7/ *gedehnt*
Christine [v] okay.		((1,0s)) Hab‿ich
	/6/	
Daniel [v]	Brot. • Wir haben auch noch Obatzda.	

II

[4]

	/8/		/10/	
Christine [v]	schon. ((2,0s)) Aoch!		((lacht 1,4s))	
			/11/	
Lara [v]			Ich (hör) jetzt gar nichts
		gähnend, mit hoher Stimme		
		/9/		
Daniel [v]		Lalalalaa.		

[5]

		/12/
Christine [v]	Ich sag jetzt auch gar ((unverständlich)).	Oh Mann, jetzt
Lara [v]	mehr.	

[6]

Christine [v] habe ich mich hier jetzt schon so ein geraucht.

blasierte Stimmlage
/13/
Daniel [v] Foucault ist ja

[7]

		/16/	*Lachen verebbt*
Christine [v]		((lacht 2,0s))	((lacht 2,0s))
		/14/	
Lara [v]		Soll ich sch…	
Daniel [v]	auch sehr interessant.		
		möglicherweise zu einem anderen Tisch	
		/15/	
Kellnerin [v]		Wollt ihr noch was?	

[8]

atmet hörbar ein
Christine [v] ((0,8s))
/17/
Lara [v] Erzähl doch nochmal was übern Feminismus!
/18/
Daniel [v] Ja.

[9]
Christine [v]: *lachend* /20/ Ach ja, stimmt, das war dein opening Statement.
Daniel [v]: /19/ /21/ Wollt ich auch, genau! Fiel mir auch gerade bei Foucault ein,

[10]
Christina [v]: /22/ Beides mit
Christine [v]:
Daniel [v]: weil da nämlich ganz interessant war, dass sie/ dass sie/

[11]
Christina [v]: F anfängt. /23/ Hm˙
Daniel [v]: /24/ ähm, dass sie äh Hegel zitiert. Und Hegel, der fasziniert ist

[12]
Christina [v]: *betont*
Daniel [v]: von der Perfektion des männlichen Glieds, mit dem man pin

[13]
Christina [v]:
Lara [v]: *kichernd* /25/ Hihi˙
Daniel [v]: /26/ keln und gleichzeitig andere Sachen machen kann. Das ist

[14]
Daniel [v]: für ihn so • einfach das Körperteil, • das tollste Körperteil,

[15]
Christina [v]: /27/ Weil man sonst nur eine Sache mit
Christine [v]: /28/ Ähä˙
Daniel [v]: das man sich vorstellen kann.

[16]
Christina [v]	einem Körperteil machen...
Christine [v]	
Lara [v]	/30/ Ich mein, was ist mit den
Daniel [v]	/29/ ((0,6s)) Frag Hegel.

[17]
Christine [v]	/32/ ((lacht))
Lara [v]	Händen?
Daniel [v]	/31/ Und, und, und, Margarete Stokowski, Magarete

[18]
Christine [v]	
Daniel [v]	Stokowski schreibt dazu irgendwie nach diesem Ab satz so,

[19]
Daniel [v]	den muss man jetzt nicht noch mal lesen, um ihn zu

[20]
Daniel [v]	verstehen, weil Hegel sei es auch, der sagt: "Der

[21]
Daniel [v]	Unterschied zwischen dem Mann und der Frau w/ sei der

[22]
Christine [v]	/33/ ((1,3s)) ((schnaubt))
Daniel [v]	zwischen dem Tier und der Pflanze.".

[23]
Christine [v]	/36/ /37/ /38/ Pff˙ Hä? ((lacht 0,6s))
Daniel [v]	/34/ /35/ Sagt Hegel. ((1,4s)) Ich bin auch Feminist.

v

[24]

Christine [v] /40/ Okay.

Daniel [v] /39/ ((2,0s)) Hat er offenbar irgendwie mal geschrieben.

[25]

Daniel [v] /41/ Aber vielleicht, vielleicht wäre es nicht ganz so skandalös,

[26]

Daniel [v] diese Äußerung, wenn man den Kontext auch kenn/ kennte.

[27]

Christina [v] /43/ ((0,6s)) Ich trink schneller, damit ich auch Teil

Christine [v] /42/ ((2,7s)) Hm˙

[28]

Christina [v] der Aufnahme…

Christine [v] /44/ ((1,0s)) ((kichert 1,1s)) *lachend* Weiß ja nicht so

[29]

Christine [v] genau, w/ wä das läuft/ reden wir über /45/ Hegel? Ich weiß ja

[30]

Christine [v] nicht so genau, wo das noch hinführen soll. /46/ *betont norddeutsch ausgesprochen* Vorher warn⌣s

[31]

Christine [v] noch Fremdworte. *verhaltenes Lachen* /48/ ((lacht 1,4s)) *lachend* Da war das noch nen

Lara [v] *verhaltenes Lachen* /47/ ((lacht))

Daniel [v] /49/ Ihr müsst das jetzt aber wieder

[32]

Christine [v]	bisschen flachwitziger.
Lara [v]	/50/ Was du noch nicht wusstest, • rat
Daniel [v]	vergessen.

[33]

	seufzend /51/ *hohe Stimme* /53/
Christine [v]	Hach, He... • Is er n
	ahmt Karnevalstusch nach /52/
Lara [v]	mal, woher Hegel kam. Dedeet!

[34]

	/56/
Christina [v]	Während des ((unverständlich))...
Christine [v]	Frankfurter? • • /55/ Frankfurter Schule!
Lara [v]	/54/ Hihi˙ /57/ Das

[35]

	/58/
Christine [v]	Nee, das wäre, • das wär jetzt nen
Lara [v]	wäre jetzt natürlich...

[36]

Christine [v]	großer Zufall.
Lara [v]	/60/ ((0,9s)) War
Daniel [v]	/59/ Wo war denn Hegel, weiß ich überhaupt nich.

[37]

		/62/
Christina [v]		Wahrscheinlich in
Lara [v]	jetzt einfach nur nen Scherz.	
Daniel [v]	/61/ Ich hab immer im Kopf/ Hegel war	

[38]

			verhaltener
Christina [v]	Weimar.		
Christine [v]	/64/ ((1,7s))	/65/ Prag is schön. ((1,7s))	((lacht
Daniel [v]	tatsächlich in…		
NN [v]	*wahrscheinlich Nebentisch* /63/ Prag ist schön.		

[39]

	/66/	
Christina [v]	((0,7s)) Könnt ich noch ein Bier bekommen.	
Christine [v]	*Lachen* 1,6s))	/68/ Ja, danke.
Kellnerin [v]	/67/ Seid ihr zufrieden?	/69/

[40]

	/70/	
Christina [v]	Ja, bitte.	
Daniel [v]	/71/ Ich glaub, ich kann auch gleich	
Kellnerin [v]	Normales, Großes?	

[41]

	lachend /73/	
Christine [v]	Ich bin fein, danke, ich…	
Daniel [v]	/72/ noch eins bestellen. Danke.	
Kellnerin [v]		/74/ Alles

[42]

	/75/	/76/
Christine [v]	Ich brauch noch nen kleinen (Tick).	Oh, aber ich hab
Kellnerin [v]	gut.	

[43]

		/79/
Christine [v]	hier aber so_n…	Nee, das ist
Daniel [v]	/78/ Ich aber auch.	
Kellnerin [v]	/77/ Oh das, das ist nicht gut.	

[44]

Christine [v] auch nicht kaputt, aber das ist schon so_n bisschen ange…

[45]

	lachend /81/	/84/
Christine [v]	Bisschen wild mit angestoßen schon.	He!
Lara [v]	/82/ ((kichert))	
Kellnerin [v]	/80/ Ange…	/83/ (Got it).

[46]

	/86/	/88/
Christine [v]	Aber das…	Nee, aber
Lara [v]	/87/ Das ist die Kellnerin.	
Daniel [v]	/85/ Hast du gewusst oder wie?	

[47]

		/90/
Christine [v]	das ist hier so_n bisschen angestoßen. ((0,7s))	Nen
Lara [v]	/89/ Schnips!	

[48]

	/91/	*lachend* /92/
Christine [v]	Schmiss! He (gassi). Hatte wohl schon mal ne kleine • Men

[49]

	/95/
Christina [v]	Aber is ne ungewöhnliche Stelle, ne!
	lachend /94/
Christine [v]	sur hinter sich. N Burschi!
	/93/
Lara [v]	Burschi!

[50]

	/96/
Christina [v]	Also …
	lautmalerisch, lachend /97/ *lachend* /99/
Christine [v]	"(Nn da hämm)". Voll • lachend ins Glas ge
	/98/
Lara [v]	((lacht 1,1s))

[51]

	/102/
Christina [v]	((1,5s))
	lachend /100/
Christine [v]	bissen! Höhöhö˙
	/101/
Daniel [v]	((0,8s)) Und wie war‿s bei dir?

[52]

	/103/
Christina [v]	Anstrengend, aber • • • in Ordnung. War wirklich jetzt relativ

[53]

	/104/
Christina [v]	früh zu Ende, dafür es… Ich musste den Spätdienst heute

[54]

	/105/
Christina [v]	übernehmen. Weil • • in andern Ressorts Leute krank waren

[55]

	/107/
Christina [v]	und wir deswegen keinen Spätdienst hatten. Und dafür
	/106/
Christine [v]	Hm˘˙

X

[56]

Christina [v] bin ich sehr früh rausgekommen.

/109/
Christine [v] Hm˙
/108/
Lara [v] ((1,8s)) Sehr gut.

[57]

/110/ /111/ /113/
Christina [v] Aber... ((1,7s)) Aber eigentlich... Nee, gar
/112/ /114/
Christine [v] Das/ Is was schlimmes passiert? Nee,

[58]

/115/
Christina [v] nicht. Na, nur habt ihr das gelesen, dass die/ dass das nur

Christine [v] né!

[59]

/116/
Christina [v] vorgefälscht war, wahrschlich. Der/ Die Ermordung des

[60]

Christina [v] Ukrain/ also, ziemlich wahr/ sicher, denn die haben heute ne

[61]

/117/
Christina [v] Pressekonferenz gemacht. Fü/ die Ermordung des • russ

[62]

Christina [v] ischen Journalisten in der Ukraine war nur vorgetäuscht.

[63]

/118/
Christina [v] Das war ne Aktion des ukrainischen Geheimdiensts, • um
/119/
Lara [v] What?

[64]

Christina [v] den • russischen Geheimdienst zu überführen, dass die ein

[65]

/120/ /121/
Christina [v] Mord • dieses Menschen planten. Also, der Typ lebt. Die

XI

[66]

Christina [v] haben heut Nachmittag ne Pressekonferenz gegeben.
/122/
Lara [v] Was?

[67]

/128/
Christina [v] Nein,
/124/ /125/ /127/
Christine [v] Hä? Ja. Ich hab den,
/123/ /126/
Daniel [v] In welcher ((unverständlich)) Skripal.

[68]

laut
/131/
Christina [v] nein, nein, ein, ein russischer…
/129/ /130/
Christine [v] den Mord schon nicht mitbekommen. Ich

[69]

/132/
Christina [v] Gestern, • gestern Abend oder heute morgen?

Christine [v] bin schon so…

[70]

Christina [v] Gestern Abend, glaub ich, war Meldung, • • dass in der

[71]

Christina [v] Ukraine ein • russischer • Journalist, der dort • im Exil lebt,

[72]

Christina [v] oder der • dahin gegangen ist, weil er sich zuhause – ich

[73]

Christina [v] weiß nich, ob er aus Moskau oder woher er kommt – fühlte

[74]

/133/
Christina [v] er sich bedroht. Dann ist er erst nach Prag gegangen und

[75]

Christina [v] dann in die Ukraine. Und dann war • Meldung, er sei /134/

[76]

Christina [v] erschossen worden in seinem Haus.
Christine [v] ((0,8s)) Aha? /136/
Daniel [v] Aha! /135/

[77]

Christine [v] ((1,3s)) Aber, achso, aber das is ne andere Geschichte, /137/

[78]

Christina [v] Dankeschön! Das war /138/ /139/ *Zur Kellnerin*

Christine [v] nich/ also, das war erst gestern, okay!

[79]

Christina [v] gestern, genau.
Daniel [v] (Bei dem is)... Aber das Spektakul... /140/ /141/
Kellnerin [v] (Ich hoffe, das schmeckt /142/

[80]

Christine [v] Lass ruhig stehen. /145/ *zur Kellnerin*
Daniel [v] Nee, lach/ lass ruhig /144/ /146/ *zur Kellnerin*
Kellnerin [v] eucht). ((Unverständlich)) /143/

XIII

[81]

Christina [v]   /147/ ((0,6s)) Ähm • genau und dann große Trauer.

Christine [v]

Daniel [v]   noch mal das.

[82]

Christina [v] /148/ Und seine Frau war auch zu Hause und die hat und so den

[83]

Christina [v] /150/ Schuss gehört. Und dann ähm hieß es, er sei auf dem Weg

Lara [v]   /149/ Oh Gott!

[84]

Christina [v] /151/ ins Krankenhaus gestorben. ((0,5s)) Äh Steinmeier ist auch

[85]

Christina [v] grad in der Ukraine und hat dann äh • • groß sein, sein

[86]

Christina [v] /152/ Beileid bekundet und so. Und das muss ja auf jeden Fall…

Daniel [v]   /153/ "Ich war‿s nicht.".

[87]

Christina [v] /154/ Hehe ((lacht))

Christine [v] *lachend* /156/ ((lacht 1,2s)) "Ich war zur Tatzeit im Whirlpool.". /158/ ((lacht))

Lara [v] /155/ ((lacht))   /157/ ((0,9s))

[88]

Christine [v] *lachend* /159/ Ne riiiesen Bar. Kann/ Es gibt…

Lara [v] "Und hab mein Hintern raus gestreckt.".

XIV

[89]

	/160/		/161/	
Christine [v]	"Fragen Sie Herrn Müller!".		((lacht 0,5s))	((lacht 2,5s))
				leise
			/163/	
Lara [v]				Oh mein Gott,
			/162/	
Daniel [v]			((lacht))	
[Kom]		Nachname von Daniel		

[90]

				/166/	
Christine [v]			((lacht 0,8s))		((lacht
		/164/			
Lara [v]	das wird alles mit aufgenommen. ((lacht))				
				/165/	
Daniel [v]					Ja!

[91]

Christine [v]	1,7s))		
			so ausgesprochen
	/167/		
Daniel [v]	Ich hab von einem erzählt, der gestern im Whirlepool		

[92]

Daniel [v]	hing und der da so mit den, mit den, mit den äh Unterarmen

[93]

	/168/
Christine [v]	((lacht))
Daniel [v]	gestützt hat und dann aber so mit dem Hintern, also, man

[94]

		/169/
Christine [v]		
Daniel [v]	sah halt nur den Hintern von dem Typen. Und dann guckt	

[95]

		genuschelt
	/170/	
Daniel [v]	der so Richtung Pool und ... Und • naja ich war in der	

[96]

schnaubend
/171/
Christine [v] Phh˙

Daniel [v] Sauna und hab mir gedacht, wenn der noch so dasitzt, wenn

[97]

/172/
Christine [v] Aber das waren

Daniel [v] ich rauskomme, dann würde ich die An/ Angestellten

[98]

Christine [v] schon die Düsen von unten, die ihm da…

/173/
Daniel [v] fragen… Nee, die Düsen

[99]

/174/
Christine [v] Ach so, die Düsen waren aus.

/175/
Lara [v] Auch das noch!

Daniel [v] waren aus.

[100]

/176/ *amüsiert* /179/
Christina [v] Nich, dass er ein Problem hat. Unterdruck.

verhalten
/177/ /178/
Christine [v] Oh Gott! ((lacht 0,7s))

/180/
Daniel [v] Ja, eben!

[101]

lachend *lachend*
/182/ /184/
Christine [v] Unterdruck! Unter…

/183/ /185/
Lara [v] Unterdruck! ((lacht))

/181/
Daniel [v] Ich hatte mir vorgenommen, falls der immer noch…

XVI

[102]
Christine [v]: ((lacht 4,8s))) /186/ ((0,4s)) ((holt lachend Luft)) Ach!
lachend
Lara [v]: Angesogen! /187/ ((lacht 3,9s))

[103]
Christina [v]: /190/ ((0,8s)) Nee, aber jedenfalls, ähm,
geräuschelt /191/ /192/
Christine [v]: /188/ Okay, okay. Alles klar. Ja, ja.
Nebentisch?
NN [v]: /189/ ((unverständlich))

[104]
lachend
Christina [v]: um die Geschichte • für unsere Aufnahme zu Ende zu

[105]
langgezogen *schnell*
Christina [v]: bringen: /194/ Äh, ((0,7s)) haben die dann heute
Christine [v]: /193/ Hehehe·

[106]
Christina [v]: Nachmittag ne Pressekonferenz gegeben. Das war alles nur /195/

[107]
Christina [v]: /196/ /197/ • gefaked. Er lebt. • • Und äh der Täter • • also derjenige,

[108]
lachend / amüsierter Tonfall
Christina [v]: der nicht der Täter war, aber den sie • überführen wollten,

[109]
Christina [v]: /198/ /199/ sei • gefasst worden. ((0,5s)) Und werde verhört. Aber mehr

[110]
Christina [v]: /201/ Informationen gibt es nicht. Und die Russen sagen natürlich,
Lara [v]: /200/ Und dann warum…

XVII

[111]

Christina [v] es ist von vornerein nur wieder so ne Aktion, um, • um die

Lara [v]

[112]

/202/

Christina [v] Russen schlecht zu machen. ((0,8s)) Und es war/ nee, also,

[113]

/203/ /205/

Christina [v] sei/ sein/ es war... ((0,4s)) Also, er... Die wusste‿s

/204/

Lara [v] Und die Frau wusste die das?

[114]

/206/

Christina [v] wohl nicht. Also, er hat sich wohl, er hat sich wohl unter

/207/

Lara [v] Oh, das ist ja furchtbar!

[115]

schadenfroher Tonfall
/208/ /209/

Christina [v] Tränen entschuldigt. Auf der Pressekonferenz. Für all das

Lara [v]

[116]

Christina [v] Leid, das ihm/ wegen jetzt ihm...

/210/ /212/

Lara [v] Oh, ey, da wär ich aber als Frau... Da wär ich

/211/ /213/

Daniel [v] Hä? Aber das

[117]

/214/

Christina [v] Exfrau.

/216/

Christine [v] Ich hab das jetzt/ das

Lara [v] stinksauer.

/215/

Daniel [v] versteh ich nicht. Wen wollten sie damit überführen?

[118]

	/217/
Christina [v]	Das
Christine [v] scheint mir ne etwas krude Geschichte, ehrlich gesagt!	
Daniel [v]	

[119]

Christina [v] wird irgendwie/ also ich habe nur ein Artikel dazu heute

[120]

/218/	/219/
Christina [v] gelesen. • Ähm • eben • schnell • im Büro. • Ähm • vom	

[121]

Christina [v] russischen • Geheimdienst, das ist die/ • • der Arbeitsansatz

[122]

Christina [v] des ukrainischen Geheimdienst/ ein vom russischen •

[123]

Christina [v] Geheimdienst • gesteuerter, engagierter, • ausgesandter • •

[124]

	/221/	/222/	
Christina [v] Mörder.	Den • • • wollten sie…	((1,1s)) Also, an	
Lara [v]			/223/ Ihn
Daniel [v]	/220/ Hmhm·		

[125]

		/225/	
Christina [v] seiner	Tat hindern.	((0,8s)) Und • gleichzeitig/ •	
Christine [v]	/224/ Ah, ah, okay.	/226/ Aber so tun, als hätte er	
Lara [v]	festmachen.		

XIX

[126]

Christina [v] gleich… /227/ Ja, nee, ich glaube, sie wollten

Christine [v] sie ausgeführt und dann…

[127]

Christina [v] nicht unbedingt so tun, als habe er sie ausgeführt. So /228/

[128]

Christina [v] haben sie jetzt • • • getan. Aber, • • so sagen sie, ihnen ging /229/

Christine [v] Ja. /230/

[129]

Christina [v] es darum, ihn • festzunehmen. • • Und ich weiß nicht, aber /231/

Christine [v]

[130]

Christina [v] keine Ahnung, wie das technisch…

Daniel [v] Also, jetzt soll man sich vorstellen, es gab /232/

[131]

Christina [v]

Christine [v] ((lacht /233/

Daniel [v] einen russischen Spion oder irgendwas, der sollte ein

[132]

lachend

Christine [v] 0,7s)) "Es ist folgendes.".

Daniel [v] russischen Defekteur, oder wie das heißt,

XX

[133]

		amüsierter Tonfall /234/	*lachend* /235/	
Christina [v]		Journalisten.	Ja.	
Christine [v]			/237/ ((lacht))	((lacht 1,0s))
Daniel [v]	umbringen?		/236/ Journalisten.	
NN [v]				/238/ ((unverständlich))

[134]

	verhaltener		/241/	
Christine [v]	((lacht))	((lacht 1,6s))	Ha, ha!	((atmet hörbar ein))
Daniel [v]	/239/ Und • ähm/		/240/ und jetzt hat dieser Journalist	
NN [v]				

[135]

		/242/	
Christina [v]		Der wurde...	
Daniel [v]	mit • • irgendwelchen urkainischen	/243/ Behörden zusammen	

[136]

		/244/	
Christina [v]		Ja, also, die ukrainischen	
Daniel [v]	so getan, als wär er schon tot.		

[137]

Christina [v] Behörden haben, so steht/ so stand in dem Artikel, den ich

[138]

Christina [v] gelesen habe, • • eine • ungefähr sechs Monate währende •

[139]

Christina [v] Geheimoperation durchgeführt, in die • • sie diesen ((1,5s))

[140]

Christina [v] russischen Journalisten vor einem Monat • einweihten. /246/

/245/
NN [v] *Nebentisch?* Prost

[141]

/246/
Christina [v] ((1,7s)) Und jetzt • war • dann gestern ((1,1s)) das große •

NN [v] Leude!

[142]

/247/ /249/
Christina [v] Trara. ((2,3s)) Höhepunkt ((1,4s)) derjenigen…

/248/ /250/
Daniel [v] Ja? Aber ich versteh nicht,

[143]

Christina [v]

Christine [v] /251/
Ja, das

Daniel [v] inwiefern das helfen soll, den Typen/ den Mörder zu

[144]

Christine [v] is, das is noch nen bisschen…

/252/
Daniel [v] überführen. Weil, wenn ich nen Mörder bin und plötzlich

[145]

Christine [v]

Daniel [v] heißt es, der Typ wär tot, aber ich hab ihn nicht umgebracht,

[146]

	/253/		
Christina [v]	Nee, ich hab das alles überhaupt	nicht	
			/254/
Christine [v]			((lacht
			/255/
Lara [v]			Vielleicht…
Daniel [v]	• würde ich	nicht zur Polizei gehen.	

[147]

			/259/	
Christina [v]	(verstanden).		((lacht))	
		lachend		
		/257/	/260/	
Christine [v]	1,0s))	"Moment mal!".	((lacht))	
			/258/	
Lara [v]			((lacht))	
		andere Stimmlage, lachend		
		/256/		
Daniel [v]		"Moment mal, den wollte ich doch		

[148]

	/261/	
Christina [v]	Nicht (vermögend)… Also, das Einzige, was	
Christine [v]	"Das war meiner!".	
Lara [v]		
Daniel [v]	umbringen!".	

[149]

Christina [v]	Sinn macht, ist ja, dass die nach der Tat, also, die wenigen

[150]

Christina [v]	Stunden, die jetzt nach der Tat waren, ist ja das ein
	/262/
Daniel [v]	(Aber)…

XXIII

[151]

Christina [v]	zige, was...
	/263/ /265/
Christine [v]	Ja, ja, das ist das, wo man... Wenn die Russen,
	/264/
Lara [v]	Ja, gut.

[152]

	/266/ /267/
Christina [v]	Was anders ist. ((unverständlich))
	/268/
Christine [v]	wenn die sagen: "Gut gemacht!". Wenn die ne SMS

[153]

Christina [v]	
	lachend /270/
Christine [v]	geschickt haben mit "Sehr gut! Wie verabredet!". Und
	/271/
Lara [v]	"Hier
	schmunzelnd /269/
Daniel [v]	Hm̄hm̄·

[154]

	/272/ /273/ /274/
Christine [v]	dann... ((lacht)) ((unverständlich)) Hehe! Genau! ((0,8s))
	langezogen schnell
Lara [v]	kommen die (vielen tausend) Euro.".

[155]

	/276/
Christina [v]	Also, das ist ja der einzige...
	/275/ /277/
Christine [v]	Aber... (Fall)... Das wär • ziemlich Filmreif, hoff

[156]

	/278/ *lachend*	/281/
Christina [v]	Ja!	• • Unterschied.
Christine [v] ich.	/280/ Hahahe˙ *lachend*	
Lara [v]	/279/ Man muss es echt nicht (wissen).	

[157]

	/282/	/283/ /284/
Christina [v]	Nee, hab keine Ahnung, also ich weiß ja nicht wie…	
Christine [v]		Alter! Das ist aber…

[158]

	/285/
Daniel [v]	Ganz ähnlich Sachen haben sich heute in Blankenese

[159]

	/286/
Christine [v]	((lacht))
Lara [v]	/287/ ((lacht 2,5s))
Daniel [v]	abgespielt. /288/ Bei meinem Bruder klingelte das Te

[160]

	/290/ *verstellte, tiefe Stimme, russischen Akzent nachahmend*	/291/	/294/ *annähernd singend, tiefe*
Christine [v]	((lacht)) "Chrallo.".	((lacht 2,1s))	
Lara [v]	/289/ ((kichert))	/293/ ((lacht 0,9s))	Follow me!
Daniel [v]	lefon.	/292/ Geh ich ran.	

[161]

	Stimme
Lara [v]	
Daniel [v]	/295/ Und sacht: • "Ach sehr interessant, ja, die Polizei ruft hier

[162]

	/296/
Christine [v]	((lacht 1,8s))
	/297/
Lara [v]	((lacht))
	amüsiert /298/
Daniel [v]	auch immer an." und legt wieder auf. Und ich

[163]

Daniel [v]	äh frage: "Ja, was soll das denn?". /299/ Und meint so: "Ja,

[164]

	/301/ *lachend*
Christine [v]	((lacht heiser)) Haha!
	/300/ /303/
Lara [v]	((lacht)) (Und
	/302/
Daniel [v]	Kommissar Fischer.". • • Ich so: "Ja, ((0,7s)) und warum

[165]

	/305/
Christine [v]	((lacht
	/306/
Lara [v]	wo kommt der denn)? ((lacht))
	/304/
Daniel [v]	legst denn wieder auf?". "Ja, das is • Betrüger!".

[166]

Christine [v]	0,8s)) ((kichert))
Lara [v]	((kichert))
	/307/ /308/
Daniel [v]	Ich so "Hä? Woher weißt du das_n jetzt?". • "Das sin

[167]

	amüsiert /309/
Daniel [v]	immer Betrüger!". Ich_so: "Hä? Aber wieso, es kann doch

XXVI

[168]

Christine [v]: Hä. /310/ /311/ (nach Luft hasend)

Daniel [v]: auch mal sein, dass die Polizei angerufen hat.".

[169]

Christine [v]: ((gluckst))

Daniel [v]: /312/ (lachend) "Woher weißt du denn das jetzt?". ((0,7s)) /314/

NN [v]: /313/ (Nebentisch) Können wir

[170]

Daniel [v]: Naja, in dem Moment klingelt das Telescho/

NN [v]: bitte bezahlen.

[171]

Christine [v]: /315/ ((lacht 1,0s))

Lara [v]: /316/ ((lacht)) /318/ (kichernd) Oh Gott!

Daniel [v]: fon schon zwei bis drei... /317/ Und Johann nimmt (Name des Bruders)

[172]

Daniel [v]: /319/ wieder ab. ((1,0s)) "Aha, Kommissar Fischer, sehr

[173]

Daniel [v]: interessant, hm! Ich möchte Sie gerne zurückrufen. Äh, ähm, (schneller)

[174]

Daniel [v]: w/ w/ ich möchte wissen, ob Sie n richtiger Polizist sind, wo/

XXVII

[175] **Daniel [v]** wie is denn Ihre Nummer?". So, und dann kriegt der

[176] **Daniel [v]** irgendne Nummer. • • Und dann ruft der zurück. ((3,1s))

[177] **Lara [v]** Die Nummer war eins, eins,

Daniel [v] Und dann • ist das irgendwie/ is das die…

[178] **Christine [v]** Nee, wenns vier, zwo/ vier, zwo, acht is ja meistens

Lara [v] zwei. ((lacht))

Daniel [v]

[179] **Christine [v]** Behörde und so. ((kichert))

Lara [v] ((lacht))

Daniel [v] Eins, eins, Null war die Nummer.

[180] **Christine [v]** Nee!

Lara [v]

Daniel [v] • Nee, es war irgendwas mit sieben, acht. Aber es war

[181] **Daniel [v]** tatsächlich/ er bekam/ er landetet in der Zentrale irgendeiner

[182]

	/331/ /332/
Christine [v]	• • Hehehe! ((verschluckt sich)) Upps!
	/333/
Daniel [v]	Polizei • Dings. Und dann hat er da, und dann

[183]

Christine [v]	
Daniel [v]	hat er da gesagt, Herr Komminssar Fischer hätte ihn eben

[184]

Christine [v]	
	/334/
Daniel [v]	angerufen. Da war_(der) Johann aber auch nen bisschen

[185]

	lachend /335/
Christine [v]	
Daniel [v]	verunsichert, als er tatsächlich bei der Polizei war.

[186]

Christine [v]	Hehehehe˙
	/336/
Daniel [v]	Und da hat die aber gesagt, das is_n Betrüger.

[187]

	/337/
Daniel [v]	• Kommissar Fischer, den kannten die, glaube ich, irgendwie

[188]

	umgezogen /339/ /342/
Christine [v]	Ah! Da kannten…
	/338/ /340/
Lara [v]	Aháa! Der war in echt nen Betrüger.
	/341/
Daniel [v]	schon. Und, und/ ähm •

XXIX

[189]

Christine [v]		*kurz* /343/ ((lacht))
Lara [v]		*kurz* /344/ ((lacht))
Daniel [v]	aber dann wurden die/ dann klingelte un<u>un</u>terbrochen/ im	

[190]

Lara [v]	/345/ ((lacht))	*nach Luft schnappend* ((lacht))
Daniel [v]	Dreißig<u>sek</u>undentakt klingelte das Telefon. Und	/346/

[191]

Christine [v]	/347/ Höhö!
Lara [v]	
Daniel [v]	irgendwelche hysterischen Polizisten waren dran. Und /348/

[192]

Christine [v]	/349/
Daniel [v]	wollten, dass Johann jetzt diesen Typen jetzt so ein...

[193]

Christine [v]	((0,7s)) Lullt.	*lachend* /354/ ((lacht 1,1s))
Lara [v]	/351/ Ah!	/353/ ((lacht))
Daniel [v]	/350/ Ein/ einfängt. /352/ Also, dass man mal da irgendwie...	

[194]

Christine [v]	*lachend* Hohohohoho!
Daniel [v]	/355/ Also, weil der hat irgendwie gesagt: "Wir wären ja W/

XXX

[195]

Christine [v]
Daniel [v] Anwohner am Westerweg und ob uns irgendwas aufgefallen

[196]

/357/
Christine [v] Ja.
/356/
Daniel [v] wäre, Leute, die Fotos machen.". Das war so sein/ seine

[197]

Christine [v]
/358/
Daniel [v] Masche. ((1,4s)) Ich hätte, glaub ich, ewig mit dem mich

[198]

/360/
Christine [v] ((lacht 4,6s))
/359/
Lara [v] ((lacht 1,1s))
/361/   /362/
Daniel [v] unterhalten.   Dacht ich jedenfalls. ((0,5s))

[199]

Christine [v]
erhobene Stimmlage
/364/
Lara [v] "Fotos, mein Sie mit nem Handy oder
schmunzelnder Tonfall
/363/
Daniel [v] Und ähm... ((1,3s)) Zumal da neulich n sehr verdächtiger,

[200]

Lara [v] Kamera?".
amüsiert
Daniel [v] sehr verdächtiger Typ war, der keine Fotos gemacht hat.

XXXI

[201]

	/368/
Christina [v]	"Ja, und unser eines Fenster
Christine [v] /365/ ((lacht 0,7s))	
Daniel [v]	/366/ /367/ Und... ((0,9s)) Ähm...

[202]

Christina [v] schliießt auch nicht so gut, deshalb sind wir be sonders

Daniel [v]

[203]

Christina [v] aufmerk...".

Christine [v] /369/ ((lacht))

Lara [v] /370/ ((lacht 0,9s))

Daniel [v] /371/ *betont* "Bei uns liegt auch immer ein

[204]

Christine [v] /373/ ((lacht)) "Wolln wir den

Lara [v] /372/ ((lacht 1,3s))

Daniel [v] Schlüssel unter dem Stein.".

[205]

Christine [v] mal reinholn.".

Lara [v] /374/ Wollen wir unser ganzes Bargeld vielleicht doch

Daniel [v] /375/ ((lacht))

[206]

	/376/	/378/
Christine [v]	Mein,‿dein.	((lacht))
		/377/
Lara [v]	lieber mal auf den Tisch legen.	((lacht 1,2s)) ((holt Luft))
		/379/
Daniel [v]		Genau! Das ganze

[207]

Christine [v]   ((lacht))

Lara [v]   ((lacht))

Daniel [v] Bargeld, das wir für die Gründung der Klinik schon (uns)

[208]

lachend
/380/
Christine [v]   Hahaha! ((holt Luft))
/382/
Lara [v]   Daniel und sein Bruder
/381/
Daniel [v] überlegt haben.   "Unter dem Stein? Sollen wir das

[209]

/384/
Christina [v]   ((1,4s))

Lara [v] wollen nämlich jetzt eine Klinik gründen.

Daniel [v] jetzt reinholen?".

Nebentisch?
/383/
NN [v]   (Man versteht es

XXXIII

[210]

Christina [v]	Schönheit?
	möglicherweise andere Sprecherin /385/ /386/
Christine [v]	(Jetzt will ich auch)… Nö, und
	/387/
Lara [v]	Ja was/ und
NN [v]	auch nicht)

[211]

	/388/
Christina [v]	(Ha)!
	mit Schluckauf /391/
Christine [v]	verschiedenes. Die/ Das wird
	/390/
Lara [v]	was ist er denn überhaupt. Was für_n Fach hatte der
	/389/
Daniel [v]	Was?

[212]

	/394/
Christina [v]	K, F,
Christine [v]	so_n Mischwarn.
	/393/
Lara [v]	überhaupt? (Ja, alles)!
	/392/
Daniel [v]	Hab ich dir schon ge…

[213]

	amüsiert
Christina [v]	V, Klinik für Verschiedenes.
	lachend *lachend* /395/ /396/ /398/
Christine [v]	Hehehe˙ Jahaha. ((1,1s))
	möglicherweise auch am Nebentisch /397/
Daniel [v]	((unverständlich))

[214]

Christine [v]: Das is nich schlecht. /400/ Ziemlich! /401/ Ziemlich
Daniel [v]: /399/ Das hört sich sehr gut an. /402/ Also,

[215]

Christine [v]: schmissige Titel.
Daniel [v]: daa seh ich mich jetzt auch nen bisschen drin. /403/ • Vorh/ Eben

[216]

Daniel [v]: meinte ich noch zu Lara: "Ich weiß nicht, was ich da machen

[217]

Christine [v]: /405/ Bei KFV is auch Kommissar Fischer drin.
Lara [v]: /404/ (klatscht in die Hände) Hihihi!
Daniel [v]: soll.". /406/ Nee, das (ess ich nicht

[218]

Christine [v]: /407/ ((1,5s)) Das könnte auch • Kommissar Fischer (lachend)
Daniel [v]: mehr).

[219]

Christine [v]: Verdächtiger sein.
Lara [v]: /408/ ((0,6s)) Wieso räum die immer a... /410/ Ich
Daniel [v]: /409/ Ja!

[220]

Christine [v]	/413/ Chr˙
Lara [v]	glaub die ham nicht so viel Geschirr. /412/ Ha/
Daniel [v]	/411/ *hohe Stimme, etwas jammeriger Tonfall* Da warn noch zwei, da warn noch zwei Mandeln.

[221]

Christina [v]	/415/ *amüsiert* • Nich so viele
Christine [v]	/414/ Hat…
Lara [v]	Ham die nich so viel Geschirr, oder?

[222]

Christina [v]	Mandeln. /419/ ((unverständlich))
Christine [v]	/418/ ((lacht)) *hohe Tonlage, etwas außer Atem* Alles ganz gutes. /421/ *lachend* Die sind
Lara [v]	/417/ ((lacht 5,2s))
Daniel [v]	/416/ ((lacht)) /420/ /422/ (Hilf mir)!

[223]

Christine [v]	markiert.
Daniel [v]	Wahnsinn ((unverständlich)), dass hier die Mandeln

[224]

Christine [v]	/423/ *Schluckauf, lachend* ((hickst))((lacht)) Aber das fänd͜ ich
Lara [v]	/424/ ((lacht 2,2s))
Daniel [v]	einanhalbmal verkauft wird.

XXXVI

[225]

Christine [v]	aber sehr, • sehr gut im Sinne der Wiederverwertung.
Lara [v]	/425/ Nee,

[226]

	/426/ *tonlos*
Christine [v]	((atmet aus)) Hä˙
	/427/
Lara [v]	das fänd ich sehr, sehr schlecht. ((2,2s)) Ich geh

[227]

	/428/
Christine [v]	Naja, aber…
Lara [v]	mal und (klebe) die Finger und schon alle einmal

[228]

	/431/
Christina [v]	Aber • stimmt das
	/429/ /432/
Christine [v]	((1,5s)) ((schnaubt)) ((0,7s)) Das
	/430/
Lara [v]	reingedippt. Ja, ja!
	/433/
Daniel [v]	Ja, die

[229]

Christina [v]	dann?
Christine [v]	dann, Kommissar Fischer.
	/434/
Daniel [v]	Geschichte, jaa (jetzt verläuft sich die jetzt). Das weiß ich

[230]

	/435/ *lachend*
Christine [v]	((lacht)) Vor allem Gesa (nachträglich).
	/436/
Daniel [v]	schon nicht mehr so genau. Nein,

[231]

	/437/
Daniel [v]	das hat dann einfach nicht geklappt. Johann wollte den Kerl

[232]

Daniel [v] dann zurückrufen und irgendwie versuchen zu unserem

[233]

/439/
Lara [v] Ach, der sollte/ der hat sich da echt

/438/
Daniel [v] Haus… •• Mir war das ehrlich gesagt ein bisschen

[234]

/440/
Christine [v] Ach so, dann plötzlich

Lara [v] drauf eingelassen, dass er sozusagen so ne • Falle baut.

Daniel [v] unheimlich.

[235]

lachend
/441/
Christine [v] (schon). Und dann so: "Ich hab mein Bruder erschossen.

Lara [v]

[236]

lachend
/444/
Christine [v] Herr Kommissar Fischer •• komm"… ((lacht))

lachend
/443/
Lara [v] ((lacht)) "Aber Sie haben das

/442/
Daniel [v] ((lacht))

[237]

lachend
Christine [v] "Komm Sie mal vorbei.".

/445/
Lara [v] doch gesagt, ich soll das machen!". ((lacht 2,0s))

/446/
Daniel [v] ((1,2s))

[238]

/447/
Daniel [v] Nee, aber der war nicht, der war nicht zurückzurufen.

[239] **Daniel [v]** /448/ ((0,6s)) Der äh •Manfred Fischer. ((0,6s)) Aber wenn

[240] **Lara [v]** /449/ Solche

Daniel [v] Manfred Fischer dann euch anruft, dann • okay.

[241] **Christina [v]** /450/ ((unverständlich))

Christine [v] /451/ Echt?

Lara [v] Leute rufen andauernd bei meinen Eltern an. /452/ Ja, an

[242] **Lara [v]** dauernd.

Daniel [v] /453/ Das Lustige war/ is, dass Johann, sobald es

[243] **Daniel [v]** irgendwie um, um diesen Typen ging, hat Johann einfach

[244] **Daniel [v]** /454/ viel zu laut gesprochen. Hat (danach noch, während er auf

[245] **Daniel [v]** /455/ eine)... Hab ich dir glaube ich schon erzählt, wir haben mit/

[246] **Daniel [v]** /456/ sorrz/ auch ne Putzfrau geerbt. Und die müssen wir

[247] **Christine [v]** /457/ Ja, weil dann...

Daniel [v] weiterbeschäftigen, bis sie keine Lust mehr hat zu arbeiten.

[248] **Daniel [v]** /458/ ((0,9s)) Und die ähm/ • /459/ die war heute da. Und da hat Johann

XXXIX

[249]
Daniel [v]   ihr • davon erzählt. Und dann hat Johann so: ((hol hörbar   /460/

[250]
Christine [v]   ((lacht))   /463/ *lachend*
Lara [v]   ((lacht 0,7s))   /462/
Daniel [v]   Luft)) "Es hat ein Trickbetrüger"… Also…   Ich   /461/ /464/

[251]
Christine [v] Hohohoho!   ((lacht 3,0s))   /467/
Lara [v]   ((lacht))   /466/
Daniel [v]   will ihn nicht nachmachen. Aber unglaublich laut sie darauf   /465/

[252]
Christine [v]   ((atmet hörbar ein)) Na wat?
Lara [v]
Daniel [v]   angesprochen.   Um ihr zu   /468/

[253]
Christine [v]   Hö!   /469/
Daniel [v]   erklären, wie sie sich verhaltn soll. Ich mein, • das war schon   /470/

[254]
Christine [v]
Daniel [v]   gut, ihr das • ganz genau zu erklären, weil die ist jetzt auch

XL

[255]

Christine [v]	
Daniel [v]	nich so, dass die sofort • von alleine an Trickbetrüger denkt.

[256]

Christine [v]	/472/ Hch·	/474/ ((lacht))
Lara [v]		/473/ ((lacht 1,1s))
Daniel [v]	/471/ Aber • ähm/ aber die Lautstärke – hat ich das Gefühl –	

[257]

Christine [v]	((lacht)) *lachend*	((lacht 3,3s)) ((holt
Daniel [v]	spielt dabei nicht so ne goße Rolle.	/475/ ((lacht))

[258]

Christine [v]	hörbar Luft)) ((hustet))	/479/ Oh wie unheimlich!
Lara [v]	/476/ Ooh, Gosh!	
Daniel [v]		/477/ /478/ Jaja! ((0,5s)) Das ist schon auch

[259]

Christine [v]	/480/ ((1,2s)) Und du woh/ aber
Daniel [v]	ereignisreich, da in der Vorstadt.

[260]

Christine [v]	wie oft bist du jetzt da?	/482/ ((0,9s)) Okay.
Daniel [v]	/481/ Zweimal die Woche.	/483/

[261]

Christine [v]	/484/ ((0,9s)) Ach das ist dein andres Büro meinst du,
Daniel [v]	Mindestens.

XLI

[262]
- **Christine [v]**: /487/ oder? Ah, okay.
- **Lara [v]**: /486/ Okay.
- **Daniel [v]**: /485/ Ja. /488/ ((2,1s)) Wir machen halt viel Kram selbst,

[263]
- **Daniel [v]**: /489/ das ist ganz gut. Das hab ich schon zu Lara gesagt, allein,

[264]
- **Christine [v]**: /490/ ((1,2s)) ((lacht leise)) Okay.
- **Lara [v]**: /492/ Wie
- **Daniel [v]**: /491/ damit man das mal kapiert. Und

[265]
- **Lara [v]**: viel Kliniken man da aufmachen kann.
- **Daniel [v]**: so wie… /493/ Und außerdem

[266]
- **Daniel [v]**: /494/ kümmern wir uns um unsere Omma, ne! Ich hab ja heute

[267]
- **Daniel [v]**: /495/ wieder meiner Omma vorgelesen. Heute habe ich ihr

[268]
- **Daniel [v]**: vorgelesen eine Liste, ((0,7s)) die hat/ da hatte die gesagt,

[269]
- **Daniel [v]**: da ginge es darum, wo sie die Geburtstage gefeiert hat.

[270]
- **Daniel [v]**: /496/ Die wird jetzt hundert.

Anhang 2 „Tinder und Stars"

Kneipengespräch unter Freund:innen

Transkriptionskonvention: HIAT

Transkribendin: Gesa Lehmann
© Gesa Lehmann
Aufnahmedatum: Oktober 2014
Dauer der Audio-Aufnahme: 1:39h
Transkriptausschnitt: 0:00:05 – 00:08:04

Sprecher:innen:

Jule (Sex: f; Alter: 30), **Sina** (Sex: f; Alter: Mitte: 35), **Daniel** (Sex: m Alter: 35)

Konstellation: Bei der aufgenommenen Gruppe handelt es sich um gute, langjährige Freund:innen, die sich etwa wöchentlich in dieser Kneipe treffen. Die Gruppe sitzt in einer Reihe am Tresen.

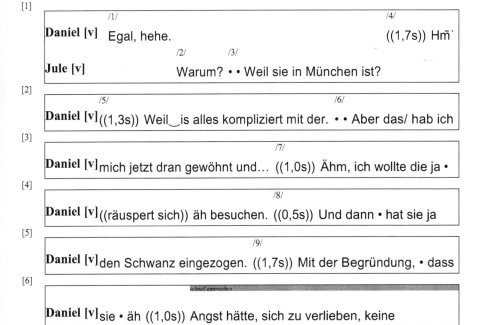

[1]
Daniel [v] Egal, hehe.   /4/ ((1,7s)) Hm˙
           /1/
Jule [v]   Warum? • • Weil sie in München ist?
                  /2/   /3/

[2]
Daniel [v] ((1,3s)) Weil‿is alles kompliziert mit der. • • Aber das/ hab ich
              /5/   /6/

[3]
Daniel [v] mich jetzt dran gewöhnt und… ((1,0s)) Ähm, ich wollte die ja •
                                    /7/

[4]
Daniel [v] ((räuspert sich)) äh besuchen. ((0,5s)) Und dann • hat sie ja
                                    /8/

[5]
Daniel [v] den Schwanz eingezogen. ((1,7s)) Mit der Begründung, • dass
                              /9/

[6]
Daniel [v] sie • äh ((1,0s)) Angst hätte, sich zu verlieben, keine
           ((schnell gesprochen))

[7] Daniel [v] Fernbeziehung will. ((1,8s)) Woraufhin eigentlich die

[8] Daniel [v] Kommunikation so etwas abgebrochen war. ((1,2s)) Aber jetzt

[9] Daniel [v] hat sie mir neulich nen sch/ Foto mit ihrer Mutter geschickt.

[10]
Daniel [v]   Jahà! • • Oh, das war ich. ((lacht))
Jule [v] ((1,7s)) Mit ihrer Mutter?
Sina [v]   ((lacht))

[11] Daniel [v] ((2,4s)) Und • krieg irgendwie • schon noch so/ • • da so

[12] Daniel [v] ((0,8s)) täglich Fotos. • • Deswegen bin ich so‿n bisschen…

[13] Daniel [v] Weiß ich nicht, was ich damit anfangen soll. ((1,2s)) Aber

[14] Daniel [v] ((1,0s)) dann… ((0,7s)) Genau, weil • Stefanie ist jetzt gerade,

[15]
Daniel [v] • wenn denn der • • Fokus. ((0,4s))   ((4,9s))
Jule [v]   Wer ist Stefanie?

[16]

		/25/		
Daniel [v]	Äh…	Die andere, von unserer Party, die Tolle.		
				Schnell /27/
Jule [v]				Wie?
	/24/	/26/		
Sina [v]	Die andere.	((lacht))		

[17]

		frecher Tonfall /30/
Daniel [v]		Ja, macht nichts!
	gesprochen /28/	/29/
Jule [v]	Von der weiß ich noch gar nichts.	Erzähl!

[18]

	/32/
Daniel [v]	((1,9s)) ((räuspert sich))
	/31/
Jule [v]	((0,6s)) K/ • ach komm, Daniel, erzähl!

[19]

	/33/
Jule [v]	((1,3s)) Auf eurer Party war/ auf unserer Party/ auf der letzten

[20]

	/34/	/35/	/36/ /37/
Daniel [v]	Ja.	Ja, stimmt.	Ja. ((0,4s)) Nee,
Jule [v]	Party, auf der ich nicht war, war ne tolle Frau?		

[21]

Daniel [v]	ich kenn die von/ • die hat mich schon mal interviewt • für
Daniel [k]	Zeitung

[22]

	/38/
Daniel [v]	(Zeitungsname). Äh, • weil sie • für ihre • Abschlussarbeit an
Daniel [k]	*für die Daniel arbeitet*

[23]

	/39/
Daniel [v]	der (Name einer Hochschule)… ((0,5s)) Nee, nicht für ihre

XLV

[24]

/40/
Daniel [v] Abschlussarbeit, für ne Hausarbeit zwischendurch. ((0,6s))

[25]

/41/
Daniel [v] Genau. ((1,7s)) Ivan meint, die wei/ sei ein bisschen sehr •

[26]

lachend
/42/ /44/
Daniel [v] Christina ähnlich. ((lacht))   Das stimmt nen bisschen.
/43/
Jule [v]   Wieso, hast du Fotos?

[27]

/45/   *zögernd* /46/
Daniel [v] ((1,3s)) Ja. ((1,3s)) Ja, hab ich.
/47/ /48/
Jule [v]   Zeich ma! ((0,6s)) Aber mit der

[28]

/49/ /50/
Daniel [v]   ((3,6s)) Ähm˙ • • Nee,

Jule [v] haste dich noch nie getroffen oder was?

[29]

Daniel [v] ja doch, mit der treff ich mich/ gestern erst getroffen.
/51/
Jule [v]   Okay,

[30]

/52/ /53/ /54/
Daniel [v]   Voll nett. ⌣ Die ist super. ((0,8s))

Jule [v] und wie war‿s?
Jule [k]   *klimpert mir ihren Eiswürfeln im*

[31]

/55/
Daniel [v]   War echt nett. Aber ich weiß nicht, vielleicht ist das auch
Jule [k] *Glas; klimpert weiter mit Eiswürfeln*

[32]

Daniel [v] /56/ mehr so... ((0,6s)) Wir finden uns beide sehr nett. /57/ Also.

Jule [v] /58/ ((0,5s))

Jule [k]

[33]

Daniel [v] /59/ • Was?

Jule [v] Aber habt ihr auf der Party Nummern ausgetauscht?

[34]

Jule [v] /60/ Habt ihr auf der Party Nummern ausgetauscht? /61/ ((1,5s)) Was?

Jule [k] klimpert mit Eiswürfeln

[35]

/62/ lachend /63/ /64/ lachend

Daniel [v] Nein. ((0,5s)) Ich hatt die ja. Hat mich ja, wie gesagt, schon mal

[36]

Daniel [v] interviewt. /66/ Ich musste bis Montag warten,

Jule [v] /65/ •• Ach ja, natürlich.

[37]

lachend

Daniel [v] bis‿ich wieder auf der Arbeit war, um meine

[38]

Daniel [v] Arbeitsemailadressen zu checken und sie dann bei Facebook

[39]

Daniel [v] ausfindig zu machen, anzufreunden und zu gucken, wie sie

Jule [v] /67/ Hm̌·

XLVII

[40]

/68/
Daniel [v] reagiert und ähm… ((1,0s)) Ja.

/69/
Jule [v] ((0,4s)) Aber ihr habt auf der
Jule [k] *klimpert wieder mit Eiswürfeln*

[41]

/70/
Daniel [v] Hm?

/71/
Jule [v] Party geschnackt oder wat? Ihr hattet auf der Party
Jule [k]

[42]

/72/
Daniel [v] ((1,1s)) Auf der Party war̮s so, dass wir

Jule [v] geschnackt?
Jule [k] *klimpert mit Eiswürfeln*

[43]

Daniel [v] nur nen bisschen miteinander getanzt haben und • • sie dann in

[44]

Daniel [v] den anderen Floor zum tanzen gegangen ist, aber noch mal

[45]

betont, langezogen
/73/
Daniel [v] am Schluss rüber kam, sich zu verabschieden. ((0,8s)) Ich aber

[46]

/74/
langezogen
Daniel [v] leider noch aufräum musste. ((0,3s)) Das war eigentlich das

[47]

/76/
Daniel [v] • Problem. Kam halt alles…
/75/
Jule [v] ((0,8s)) Ham dir die andern des/ quasi

[48]

	/77/
Daniel [v]	Sie kam/ sie kam halt noch mal
Jule [v]	die Tour versaut, weil du aufräumen musstest.
Jule [k]	schlägt mit der Hand auf den Tresen

[49]

	/78/
Daniel [v]	alleine rüber. Und ich ma/ w/ hm̃ • • hab verzweifelt in die
Daniel [k]	unverständlich
Jule [v]	
Jule [k]	

[50]

Daniel [v]	Runde geguckt und ähm…
	hämisch /79/
Jule [v]	• Und niemand hat reagiert.
Jule [k]	*klimpert mit den Eiswürfeln*

[51]

	/80/ /83/
Daniel [v]	Niemand hat reagiert. Dann hab ich halt aufgeräumt.
	lachend /81/
Jule [v]	Hahaha˙
	/82/
Sina [v]	((lacht)) ((lacht leise))

[52]

	/84/
Jule [v]	((lacht)) ((0,5s)) ((hustet)) ((0,5s)) Lachen macht Husten
	/85/
Sina [v]	((kichert))

[53]

	leise /86/
Daniel [v]	((0,5s)) "Ob du wirklich richtig stehst, siehst du,
Jule [v]	momentan.
Sina [v]	

[54]

Daniel [v] wenn das Licht angeht.".   Ja, das war halt dann... ((0,6s))
/88/   /89/

Jule [v]   Was?
/87/

[55]

Daniel [v] Sonst... • Naja! ((1,3s)) Ich will jetzt auch gar‿nich
/90/   /91/

Jule [k]   *klimpert mit den Eiswürfeln im Glas*

[56]

Daniel [v] irgendwem die Schuld zu schieben. ((lacht))
lachend   /93/

Jule [v]   Nee‿nö! ((0,3s)) Ich hab
schnieft
/94/   /95/

Jule [k]

Sina [v]   ((lacht))
/92/

[57]

Daniel [v]   ((10,0s)) Hm̄, ja...
/98/

Jule [v] schon verstanden. ((0,9s)) Aoh˙ ((schnieft))
schnieft   stöhnend   schnieft
/96/   /97/

Jule [k]

Sina [v]

[58]

Jule [k] *klimpert mit Eiswürfeln*
/99/   /100/

Sina [v] ((14,0s))   Ähm˙ ((2,1s)) Ich hab jetzt • • äh äh, Maren und

[59]

Sina [v] Kutlu • • und Stefan hab ich jetzt nicht angefragt. ((0,7s)) Weil
/101/

[60]

Daniel [v]   Trotz... Kannst du gern noch machen, das ist jetzt
/102/   /103/

Sina [v] ich dachte, du...

[61]

Daniel [v]	keine...
Jule [v]	/105/ Für die Party am Fünften?
Sina [v]	/104/ Okay. /106/ /107/ Ja. ((4,7s)) Aber das

[62]

Sina [v]	is/ • äh soll unten die ganze Zeit female Hiphop laufen, oder?

[63]

Daniel [v]	/109/ /110/ Ja! • Der große Saal
Sina [v]	/108/ ((0,6s)) Wie ist das überhaupt gedacht?

[64]

Daniel [v]	/111/ wird ne female Hiphop-Party. Richtig geile female Hiphop-Party

[65]

Daniel [v]	machen wir noch mal.
Sina [v]	/112/ ((0,8s)) Äh in München war das ja auch

[66]

Daniel [v]	/113/ Ja, äh voll fett.
Jule [v]	/114/ Hast du auch female Hiphop gespielt?
Sina [v]	richtig... /115/ Ja.

[67]

Jule [v]	/117/ Seit wann hast du nen Undercut?
Sina [v]	/116/ ((0,9s)) Das war... /118/ ((0,9s))

[68]

Jule [v]	/119/ • • Hattest du letztes Mal schon, als wir
Sina [v]	Das hab ich • ähm... /120/ Ja.

[69]
| Jule [v] | uns gesehen haben, stimmt. |
| Sina [v] | /121/ Hab ich sogar schon mal |

[70]
| Jule [v] | /122/ Ich wollte auch letztes Mal dich schon drauf |
| Sina [v] | nachrasiert. |

[71]
| Jule [v] | ansprechen, hab ich wohl vergessen.   /124/ Aber sieht gut |
| Sina [v] | /123/ ((lacht)) |

[72]
| Jule [v] | aus. |
| Sina [v] | /125/ Hab ich/ aber ich muss die auch mal/ die sind zu lang • |

[73]
| Jule [v] | /126/ ((2,3s)) Was hab ich sonst verpasst, |
| Sina [v] | geworden • so insgesamt. |

[74]
| Jule [v] | durch mein ungefähr • zwölfwöchiges Kranksein inzwischen? |

[75]
Daniel [v]	/129/ Wie das so in (Stadt)
Daniel [k]	*(Stadt, in der die Aktant:innen*
Jule [v]	/128/ ((0,3s)) Nix, na gut.
Sina [v]	/127/ ((1,4s)) ((atmet hörbar aus)) Nix.

[76]

Daniel [v]	ist.	
Daniel [k]	*leben)*	*mit Emphase*
	/130/	
Jule [v]	((1,2s)) ((hustet)) ((2,1s)) Ich war gestern mit (Vorname	
Jule [k]		*(bekannter US-*

[77]

	/131/
Jule [v]	Name) essen. Na, eigentlich (kennt man) den nicht so
Jule [k]	*amerik. Schauspieler)*

[78]

	/132/	/134/
Jule [v]	toll, aber es war so toll. So ein netter Hollywoodstar! Es war so	
Jule [k]	*klopft mit der flachen Hand auf den Tresen*	
	/133/	
Sina [v]	Warst du jetzt …	

[79]

		/136/ *ungezogen*
Jule [v]	toll, wir war‿n alle ganz…	Jaaa.
	/135/	
Sina [v]	Durftest mit essen gehen?	

[80]

	/137/	/138/
Jule [v]	Und meine Chefin kam.‿ Wir war‿n in der Lesung: es war‿n	

[81]

	/139/	
Daniel [v]	Wo war das nochmal?	
		/140/
Jule [v]	tausend Leute in der Lesung die war aus verkauft. Im (Kino-	
Jule [k]		*großes Multiplex*

[82]

	/141/	/143/
Daniel [v]	((1,1s)) (Kino-Name), welches dann?	
		/142/
Jule [v]	Name).	Im
Jule [k]	*Kino, Teil einer Kette*	

LIII

[83]

	/144/
Daniel [v]	(Ortsangabe). • Krass!
	/145/ /146/
Jule [v]	(Ortsangabe). Es war echt krass. Tausend Leute,

[84]

	/147/
Jule [v]	ausverkauft! Und vorher in Berlin, zur Signierstunde schon

[85]

	/148/
Daniel [v]	Oh˙
	/149/
Jule [v]	achthundert. Und wir hatten vorher ja so für gekämpft,

[86]

	/150/
Jule [v]	klarzumachen, dass das nen Star ist. Weil alle über vierzig

[87]

Mit etwas tieferer Stimme
/151/

Jule [v]	sagten: "Wer ist das?". Und alle unter vierzig sagten: "Hallo?!

[88]

	/153/
Daniel [v]	Hm̄˙
	/152/ /154/
Jule [v]	Das is_n Star!". Uns wollte halt keiner glauben. Und •

[89]

Jule [v]	ähm •, meine Chefin kam schon, die war mit ihm in Berlin, kam

[90]

Mit etwas verstellter, gesenkter Stimme

Jule [v]	schon ((unverständlich)) zu mir an, sagte mir: "Also, wenn Sie

[91]

recht schnell gesprochen *weiter mit etwas*

Jule [v]	den vorher toll fanden, anschließend sind Sie verliebt! Ich bin

[92]

verstellter Stimme

Jule [v]	total verliebt, ich möcht den mit nach Hause nehmen.".
	/155/
Sina [v]	((lacht))

LIV

[93]

		/156/		/157/	

Jule [v]: *weiter mit etwas verstellter Stimme* "Leider ist seine Freundin echt nett.". Und es war halt/ • die

Sina [v]:

[94]

Jule [v]: war_n so süß zusammen, die war_n so_n nettes Paar. Und *langgezogen* /158/

Jule [k]: *klopft*

[95]

Jule [v]: es war so, dass man dachte: "Oh, man sollten jetzt Bier trinken

Jule [k]: *mit der Hand auf den Tresen*

[96]

/159/	/160/

Jule [v]: gehen.". Und es war überhaupt nich... Nach dem ganzen Vor •

[97]

Jule [v]: lauf, wo_s drum ging Friseur aus Paris und so. Der hat den ze/ *tiefere Stimme* /162/ *lachend* /163/

Sina [v]: Ja. /161/

[98]

Jule [v]: der hat den zehn Minuten. Meinte er: /165/

Sina [v]: Bodyguard aus London. ((lacht)) /164/

[99]

Jule [v]: *mit etwas tieferer Stimme* "Ich brauch höchstens zehn Minuten pro Tag – wenn – für die

[100]

Jule [v]: Friseurin.". Die hat einmal drüber und dann wollte/ der wollte /166/

[101]

Jule [v]: das gar nicht wieder sehen. Und der war halt wirklich, • • wie /167/

[102]

Jule [v]: man der vorher hofft, dass er eigentlich ganz nett ist und nur *gegen Ende die Stimme senkend, leiser werdend*

LV

[103]

Jule [v]: die Agentur so Kacke. Und so war_s halt. Wir fanden den alle

[104]

Jule [v]: so gut. Der war so nett. Der hat sechshundert Autogramme,

[105]

Daniel [v]: *leiser werdend* Was kostet so ne Lesung?

Jule [v]: glaub_ich, geschrieben. ((1,0s))

[106]

Daniel [v]: Was kostet so ne Lesung? Na,

Jule [v]: Wie? Wie? Wem kostet was?

[107]

Daniel [v]: was kostet so ne Lesung?

Jule [v]: *ungeduldig* Ja, äh, wen, wa/ wen, was/ äh

Jule [k]: klopft dazu rhytmisch mit der Hand auf den Tresen

[108]

Daniel [v]: ((0,6s)) Nee, was kriegt der • an

Jule [v]: welche Kosten meinst du?

Jule [k]:

[109]

Daniel [v]: Kohle? ((0,7s)) Weil?

Jule [v]: Der kriegt dafür nichts. • Ja das

Jule [k]: klopft noch einmal mit der Hand auf den Tresen

LVI

[110]
	/183/
Daniel [v]	((0,5s)) Achso,
Jule [v] is sein Buch, der promoted sein eigenes Buch.	

[111]
	/184/	/185/
Daniel [v] und weil der • über euch… • Äh nee, wie läuft das? Ich hab		

[112]
/186/	
Daniel [v] keine Ahnung. Die Frage.	
	/187/
Jule [v]	Nee, der kriegt da kein Gehalt für.

[113]
/188/
Jule [v] Ich mein, das wär für den auch/ jemand, der vierzig Millionen

[114]
	/189/
Jule [v] hat, denk ich mal, was will man dem bezahlen?	Aber, ähm

[115]
Jule [v] • die/ die Orga/ Organisationskosten sind un/ immens, wenn du

[116]
	/190/
Daniel [v]	Okay, okay, dann
Jule [v] nen Hollywoodstar aus LA einfliegen lässt.	

[117]
/193/	
Daniel [v] kriegt der… Also der macht das wirklich/ gar kein Honorar?	
/192/	
Jule [v] Was klar is.	
/191/	/194/
Sina [v] Was klar is.	Bodyguards.

[118]
	/196/
Daniel [v]	Wieso kriegt der denn kein
/195/	
Jule [v] Du hast klar Bodyguards, Hono/ äh äh Friseure.	

[119]

Daniel [v] Honorar? Is ja verrückt. /197/ /199/ Wieso, wie sind
Jule [v] /198/ ((1,4s)) Naja, also…

[120]

Daniel [v] da die Verträge, dass der kein extra Geld kriegt?
Jule [v] /200/ ((0,8s)) Naja,

[121]

Jule [v] also ähm ist es grund/ prinzipiell, dass Autoren für Promotion d/

[122]

Jule [v] zur Verfügung stehen, das steht drinne. /201/ Und in dem Fall ham/

[123]

Jule [v] hätten wir den nie angefragt, sondern der hat von sich aus

[124]

Daniel [v] /202/ Okay, hm̌.
Jule [v] gesagt, er würde gerne kommen. /203/ Und wir sind auch

[125]

Jule [v] das erste Land, in dem das erschienen ist. /204/ Was wahrscheinlich

[126]

Jule [v] das Glück ist. • Ähm, /205/ das erscheint ja jetzt irgendwie in zig

[127]

Daniel [v] /206/ Hm̌˙
Jule [v] anderen Ländern. /207/ Aber die haben halt • später gekauft. /208/

[128]

Daniel [v] /209/ Okay, ja krass.
Jule [v] Deswegen ist das das erste ausländische Buch gewesen. /210/

[129]

		/212/
Daniel [v]		Was geht‿n...
	/211/	
Jule [v]	((0,4s)) Und ähm • • ähm... Ja, und sonst • zahlen die Ver	an

[130]

	/213/
Jule [v]	stalter Honorar häufig. Ähm, wenn jetzt irgendwie ne

[131]

schnell

	/214/	/216/
Daniel [v]	Jaja, nee, nee, nein, nein.	Also, in dem
	/215/	/217/
Jule [v]	Buchhandlung einlädt... Und ja, genau.	Aber in dem

[132]

		/218/
Daniel [v]	Sinne wie meine Mutter, hm̃.	Und ihr habt sie auch
Jule [v]	Fall haben wir ja ne Lesung gebucht.	

[133]

		/220/
Daniel [v]	veranstaltet, wirklich komplett.	Ja nee, das ist
	/219/	
Jule [v]	Wir haben sie auch veranstaltet.	

[134]

		/221/
Daniel [v]	natürlich was anderes, ja.	
Jule [v]		Und ähm, • wir • ham/ war so halt kaum
Jule [k]		*klimpert mit den Eisürfeln im Glas*

[135]

	/222/
Daniel [v]	Und ihr/ ihr/ ihr/ ihr mietet auch das (Kino-Name)
Jule [v]	zu stemmen für uns.
Jule [k]	

[136]

/223/
Daniel [v] dann an, oder? Was?

/224/
Jule [v] Wir mieten dann das (Kino-Name) an.

[137]

/225/
Daniel [v] Ah, okay, das ist natürlich komplett was anderes als die…

/226/
Sina [v] Und wo hat er jetzt

[138]

Daniel [v] /228/ Aber es ist

/227/
Jule [v] ••• Im (Ho)/ äh im (Hotelname).
Jule [k] *(bekanntes Luxushotel)*

Sina [v] übernachtet?

[139]

Daniel [v] natürlich was anderes, wenn meine Mutter ne Lesung

[140]

/229/
Daniel [v] veranstaltet. Dann hat sie sozusagen ja die Räume umsonst

[141]

Daniel [v] und die Promotion eigentlich umsonst, sondern es geht um die

/230/
Jule [v] Genau, genau.

[142]

	/233/	
Daniel [v] Kosten der Lesung.		Bei uns genau anders
	/231/ /232/	
Jule [v]	Genau. Und das ist aber ja…	

[143]

/234/
Daniel [v] rum. Bei euch kosten Lesungen nichts, sondern dafür alles
Jule [v]

[144]

/235/		
Daniel [v] andere. Und das ist natürlich viel, ja.		
	/236/	/237/ /238/
Jule [v]	Genau.	Ja, ja. Und das war halt/

[145]

	/239/
Daniel [v]	Hm̆˙
	/240/
Jule [v] also wi/ man ahnt nicht, was First Class Flüge kosten.	

[146]

	/242/	
Daniel [v]	Wat?	
	/241/	/243/
Jule [v] Wahnsinn. Das ist Wahnsinn.		Kurzfristig First Class

[147]

/244/	
Daniel [v] Hm̆˙	
	/245/
Jule [v] Flüge buchen, is irre. Das ist ja nich/ nich Business Class,	

[148]

/246/	/247/
Jule [v] sondern das ist First Class. Und d‿is der Hammer. Aber das	

[149]

Jule [v] war halt so, • der hat ne total nette, normale/ so ne Künst/ die

[150]

	/248/
Jule [v] ist Künstlerin irgendwie aus New York die Freundin. Und • wirkt	

[151]

[152]

Jule [v]	halt so, • jemanden, so jemand, den man mit auf ne Female
Daniel [v]	/249/ (Und wie is das)…
Jule [v]	Hiphop-Party nehmen würde. *lachend* /250/ Wahrscheinlich so.
Sina [v]	/251/ ((lacht))

Anhang 3 „Dirty Dancing und Edeka"

Kneipengespräch unter Freund:innen

Transkriptionskonvention: HIAT

Transkribendin: Gesa Lehmann
© Gesa Lehmann
Aufnahmedatum: Oktober 2014
Dauer der Audio-Aufnahme: 1:39h
Transkriptausschnitt: 0:94:45 – 1:06:12

Sprecher:innen:

Jule (Sex: f; Alter: 30), **Sina** (Sex: f; Alter: Mitte: 35), **Daniel** (Sex: m Alter: 35)

Konstellation: Bei der aufgenommenen Gruppe handelt es sich um gute, langjährige Freund:innen, die sich etwa wöchentlich in dieser Kneipe treffen. Die Gruppe sitzt in einer Reihe am Tresen

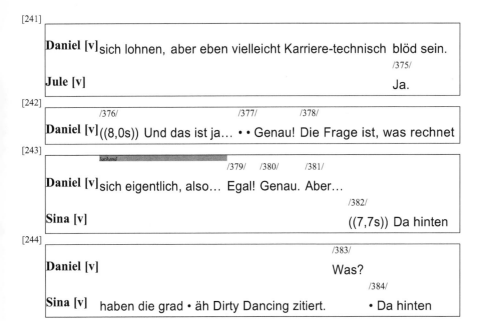

[241]

| Daniel [v] | sich lohnen, aber eben vielleicht Karriere-technisch blöd sein. |
| Jule [v] | /375/ Ja. |

[242]

| | /376/ | /377/ | /378/ |
| Daniel [v] | ((8,0s)) Und das ist ja… • • Genau! Die Frage ist, was rechnet |

[243]

	lachend /379/ /380/ /381/
Daniel [v]	sich eigentlich, also… Egal! Genau. Aber…
Sina [v]	/382/ ((7,7s)) Da hinten

[244]

	/383/
Daniel [v]	Was?
Sina [v]	haben die grad • äh Dirty Dancing zitiert. • Da hinten /384/

LXIII

[245]

Daniel [v] /385/ Okay?

Sina [v] haben die grad Dirty Dancing • • • zitiert: /386/ "Mein Baby

[246]

Daniel [v] /387/ Oh ja!

Jule [v] /388/ ((1,9s)) Aber "Nobody puts Baby in a

Sina [v] gehört zu mir.".

[247]

Jule [v] corner" ist eigentlich besser, ja. /390/ Und auch ((0,6s)) cooler!

Sina [v] /389/ Is eigentlich der bessere Satz.

[248]

Daniel [v] /391/ ((Unverständlich)) /393/ • • • N/

Jule [v] /392/ ((4,0s)) Hast du Dirty Dancing geguckt?

[249]

Daniel [v] absurder Weise hab ich den nie geguckt.

Jule [v] /394/ Ich wollt grad sagen,

[250]

Jule [v] weil es gibt erschreckend viel Leute, zu/ unter anderem Olli,

[251]

Daniel [v] /395/ Ich muss den unbedingt...

Jule [v] der den nie geguckt hat. /396/ Und dann zitiert man Dirty

[252]

Daniel [v]	
Jule [v]	Dancing und Leute gucken einen mit so_m leeren Blick an.

[253]

	/399/
Daniel [v]	Nein, das Lustige ist,
	/397/ *Laut mit viel Nachdruck gesprochen* /400/
Jule [v]	Und man denkt so: "Hä! Dirty Dancing!".((lacht))
	/398/
Sina [v]	((lacht)) ((lacht))

[254]

	/401/
Daniel [v]	ich muss den unbedingt mal gucken. Ich habe ein ganz
Jule [v]	
Sina [v]	

[255]

	/402/ /404/
Daniel [v]	komisches Verhältnis zu diesem Film. ((0,7s)) Äh, • äh. Ich
	lachend /403/
Jule [v]	Ohne
Sina [v]	

[256]

	/406/
Daniel [v]	kann das ja/ • • • ich kann das jetzt… mal in
	/405/
Jule [v]	ihn gesehen zu haben? Aber das find_ich faszinierend!

[257]

	/407/ /408/
Daniel [v]	dieser Runde erzählen. Und zwar ähm… ((0,8s)) Von wann ist

[258]

	/409/			/413/
Daniel [v]	der? ((0,5s)) Acht_und…			Ja, ja!
Jule [v]		/411/ Aus_n Achtzigern!	/412/ Ende der	
Sina [v]	/410/ Ähm…			

[259]

Daniel [v]			
Jule [v]	Achtziger, glaube ich.	/415/ Anfang der Acht…	
Sina [v]		/414/ • • • Nee, Anfang/ Mitte…	

[260]

	/416/	/417/	
Daniel [v]	Mitte der Achtziger…	Ja.	
Jule [v]		/418/ Also, meine…	
Sina [v]		/419/ Also, zweitausendzwölf war fünfund •	

[261]

	/420/	/421/
Daniel [v]	Siebenundachtzig also, ja!	Ja,
Jule [v]		/422/ Genau,
Sina [v]	zwanzigjähriges Jubiläum.	

[262]

Daniel [v]	kommt hin.
Jule [v]	also wollt grad sagen, meine Kolleginnen, die an die vierzehn

[263]

	/423/	/424/
Daniel [v]	Kommt voll hin.	Kommt voll
Jule [v]	waren/ äh vierzig, haben den als Kinder geguckt. Äh, als	/425/

[264]

	/426/
Daniel [v] hin.	• Nee, aber das kommt voll
Jule [v] Teenies geguckt, kommt das hin?	

[265]

/427/
Daniel [v] hin, sieben/ siebenundachtzig kommt ja voll hin. Ich war • • • in/

[266]

/428/
Daniel [v] in Schweden, äh, äh/ Quatsch! In Finnland damals ja immer

[267]

/429/
Daniel [v] noch, so mit zehn. Also, dat kommt hin, so neunnnn/ äh

[268]

/430/
Daniel [v] neunundachtzig kommt hin. ((2,1s)) Da • • hat/ • die, die da

[269]

Daniel [v] immer gewohnt haben, hatten da so Spiegel und Stern

[270]

/431/
Daniel [v] irgendwas da gestapelt. Und damals gab es eine Story • über/ •

[271]

/432/
Daniel [v] über Dirty Dancing. Über/ über diese/ über den/ wie/ wie

[272]

	/433/
Daniel [v] sexualisiert das ist. ((0,6s)) Und das waren meine erstn…	/434/
Sina [v]	

[273]

Daniel [v] _____
Sina [v] Interessanter Weise ist halt • da • mal • der Mann das

[274]

	/435/ /436/
Daniel [v]	Egal! Das war in dem/ in dem Bericht nicht so/ das
Sina [v] Sexobjekt.	

LXVII

[275] **Daniel [v]** war auf jeden Fall für mich auch/ das ist auch scheißegal, kann

[276] **Daniel [v]** ja auch, ((unverständlich)). Auch die Frau sah sexy aus. • • Äh, /437/ /438/

[277] **Daniel [v]** • das waren meine ersten • äh • wahrgenommenen, •

[278] **Daniel [v]** erotischen, • also nicht allerersten, also, schon so die ersten so

[279] **Daniel [v]** erotischeren Darstellungen, die mich • damals total verstört

[280] **Daniel [v]** haben. Also, das ist mein Bild, das ich von Dirty Dancing /439/

[281] **Daniel [v]** habe, immer noch… ((1,4s)) Die F/ /441/
Jule [v] Erotischen Darstellungen, welche? /440/

[282] **Daniel [v]** • • • Tanzszenen. Da waren Fotos von Tanzszenen. Und es /442/ /443/

[283] **Daniel [v]** ging/ es ging • auch inhaltlich darum, um/ um die/ de/ de/ also

[284] **Daniel [v]** in den Artikel. Es hat sich über das Leseverhalten mit den /444/

[285] **Daniel [v]** Bildern vermischt, das war… Äh • ich weiß das wirklich noch, /445/

[286] **Daniel [v]** wie/ das war n so erst/ die ersten Momente, wo ich dachte so:

[287] **Daniel [v]** "Oh!". • • Also, so wie • ähm Tutti Frutti • und • • äh • Dirty /446/

[288]
Daniel [v]: Dancing, dieser Artikel, • ähm… ((0,7s)) Und deswegen hab ich

[289]
Daniel [v]: immer so_n Verhältnis, fast so als wär das so_n totales/ *lachend*

[290]
Daniel [v]: so_n totaler Pornofilm. ((lacht)) Also mit zehn
Jule [v]: Ah, Okay.
Sina [v]: Hab ihn neulich noch mal auf

[291]
Daniel [v]: Jahr für… Was?
Sina [v]: Englisch geguckt. Hab ihn neulich noch mal auf Englisch

[292]
Sina [v]: geguckt. Ähm. ((0,9s)) Und ich muss wieder sagen: toller Film!

[293]
Daniel [v]: Ja. Ich glaube es gerne. Also.
Jule [v]: Ja! ((1,6s)) "Mein *mit Pathos*
Sina [v]: ((lacht))

[294]
Jule [v]: Tanzbereich, dein Tanzbereich.". ((unverständlich)) Gedong *klopft dabei mit der Hand auf*
Sina [v]: ((lacht)) ((lacht))

[295]

					/467/	
Daniel [v]						Ja, ich guck ihn
	die Brust, Filzszene imitierend lachend	/464/		/466/		
Jule [v]	_____	! Gedong!		((lacht))	((kichert))	
		/465/				
Sina [v]		((lacht))	((lacht 2,1s))	((kichert))		

[296]

Daniel [v]	noch mal.		
	/468/	/469/	
Jule [v]	Mach mal!	((0,9s))	Könnt ihr mal bei (Zeitungsname)
		/470/	
Sina [v]		((kichert))	

[297]

	/471/	/472/
Jule [v]	nen Dirty Dancing Filmabend machen. Wär doch schön!	
Sina [v]		

[298]

	/473/
Jule [v]	((0,8s)) Wie war das? Ein jüdischer, ein feministischer • Film?

[299]

	/474/	/475/	*klatscht in die Hände*
Jule [v]	Ach, ich mein, komm!	Kann man doch alles • • politisch	

[300]

Jule [v]	rechtfertigen!

[...]

[303]

	/486/
Sina [v]	((25,2s))

[304]

Sina [v]	Ihr müsst wirklich mal was an eurem Kommunikationsverhalten

LXX

[305]

		stark räuspernd /487/	*lachend* /488/			
Daniel [v]		Hähäm˙	Tschuldigung!			
Jule [v]				/490/ Okay, ich schreeeeeeb/	*über 1,6 sek langezozen* Olli schreibt	
Sina [v]		/489/ machen. ((lacht 1,6s))		/491/ ((lacht))		

[306]

Jule [v]	gerade, er würde auch gerne in die Kneipe kommen, aber er

[307]

	/492/
Jule [v]	hat Schiss, dass er dann rauchen muss. Weil er hat/ ist doch

[308]

	/493/	
Jule [v]	so erkältet. Und jetzt sacht ich gerade eben…	
Sina [v]		/494/ "Auf jeden/ rauchen

[309]

	/495/
Jule [v]	Er möchte dann rauchen, wenn er in der Kneipe ist.
Sina [v]	muss.".

[310]

	/496/	
Jule [v]	Und er will noch nicht rauchen, weil er noch krank ist.	
Sina [v]		*leise* /497/ Ach so.

[311]

	/499/	*mit etwas tieferer, beinahe weinerlicher Stimme*
Daniel [v]	((10,7s))	Ich mach das aber sonst
Jule [v]	/498/ Ähm˙	
[nn]	Wieder gucken Jule und Daniel auf ihre Telefone.	

LXXI

[312]

Daniel [v] nicht so doll. Is ne komische… Ich mach das eigentlich

Jule [v] Was?

[313]

Daniel [v] sonst nicht so doll. Ich hab plötzlich heute mit dieser

Jule [v] Was?

Jule [k] *klatscht in die Hände*

Sina [v] ((kichert))

[314]

Daniel [v] Frau mir angeflir/ zu flirten nach zwei Tagen. Deswegen.

Jule [v] Noch mal bitte,

[315]

Daniel [v]

Jule [v] wie bitte?

Sina [v] ((0,8s)) Daniel macht das eigentlich sonst nicht so

[316]

Sina [v] doll. Er hat jetzt bloß äh seit zwei Tagen angefangen, mit

[317]

Daniel [v] Nee, nach zwei Tagen wieder mal, • nach länger nix

Sina [v] dieser Frau… "Nach zwei Tagen wieder mal

[318]

		/514/
Daniel [v]	mehr…	Aber
		/512/
Jule [v]		Ah, Okay!
		/513/
Sina [v]	mit dieser, • nachdem länger nix mehr war…".	((lacht))

[319]

		langgezogen	/516/
Daniel [v]	so was hat sie mir heute geschiiickt.		
Daniel [k]			*zeigt*
		/515/	
Jule [v]		Aber dann musst du den zeigen!	

[320]

Daniel [v]	Jaaa, das ist sie • • auf dem Hof ihrer Eldern scheinbar.
Daniel [k]	*Fotos auf dem Handy*
	/517/
Jule [v]	Auf dem Hof?

[321]

/518/ /519/	/520/
Daniel [v] Jaha. Die wohnen so weit draußen. Das, das war die	

[322]

	/522/
Daniel [v] Kommunikation heute Abend.	Das ist sie mit ihrer
	leise /521/
Sina [v]	Okay.

[323]

Daniel [v]	Mudder.	
	/523/	
Jule [v]	Das is die Frau und das (is wohl nich) Stefanie?	
		/524/
Sina [v]		Nee, das hier

[324]

Daniel [v] /525/ Das is die Münchneriiiin.

Jule [v] /526/ Ja, aber ich dachte, die andere.

Sina [v] ist die Münchnerin, oder?

[325]

Daniel [v] /527/ • Das ist meine Cousine, ähm.   /530/ Ja.

Daniel [k] *zeigt noch mehr Fotos auf dem Handy*

Jule [v] /528/ So…   /529/ ((0,7s)) Das ist deine Cousine?

[326]

Daniel [v] /532/ Meine Nichte mein ich, jaa.   /534/ • Ja, siehst du.

Jule [v] /531/ Deine Nichte meinst du.   /533/ Wie süß!

[327]

Daniel [v] /535/ Guck mal, hier! • • /536/ Die Frau guckt immer ganz hübsch.

Jule [v] /537/ ((1,0s))

[328]

steigende Intonation und leicht lachend.

Jule [v] Auf der Schaukel mit Onkel Daniel!   /538/ ((0,8s)) Warste da?

[329]

Daniel [v] /539/ ((1,0s)) Was?   /541/ Ja. /542/ Ja, das ist (von Martin).

Daniel [k]   *(Daniels Bruder)*

Jule [v] /540/ Warst du neulich da?

[330]

Daniel [v] /545/ Vor

Jule [v] /543/ /544/ Voll groß! Wann hat der denn nen Kind gekriegt, schon zwei

[331]

Daniel [v] zwei Jahren • Genau!   ((1,3s)) Aber sie will • (/547/ *genuschelt, fast lallend*

Jule [v] Jahre her?   /546/ ((0,7s)) Krass!

[332]

Daniel [v] /548/ schütteln). ((3,6s))   /550/ Welche andere?

Jule [v]   /549/ Ich find die andere netter.   /551/ Immer

[333]

Daniel [v]

Jule [v] /552/ der... Die • mit den kurzen Haaren, die aussieht wie Christina,

Jule [k] *(Name der Ex-*

[334]

Daniel [v] /553/ Ja.

Jule [v] deiner Meinung nach.   /554/ ((1,2s)) Also, ich finde halt, glaube

Jule [k] *Freundin von Daniel)*

[335]

Jule [v] ich einfach, • Leute, die freiwillig so viele Fotos von sich selbst,

[336]

Daniel [v] /555/ Ja, das stimmt auch

Jule [v] so Selfies verschicken, etwas befremdlich.

[337]
	/556/		/558/
Daniel [v]	total. ((1,8s))		Ja, • ich
Daniel [k]	*zeigt weiteres Fotos*		
		/557/	
Sina [v]		Das hast du mir schon mal gezeigt.	

[338]
	/559/		
Daniel [v]	weiß • das gibt solche. Jaaha!		
		/560/	/561/
Jule [v]		Und das ist nen Duckface!	Sie macht
			/562/
Sina [v]			((kichert))

[339]
	/563/	
Jule [v]	Duckfaces! ((0,7s))	"You should never date a woman who •
Sina [v]	((kichert)) ((kichert))	

[340]
	leicht lachend /564/	
Daniel [v]	Ja, ist ja gut.	
		/565/
Jule [v]	does duckfaces!".	((0,7s)) Die andere
Sina [v]	((kichert))	

[341]
	/566/	/567/	/568/
Daniel [v]		Nein!	• Never! Nee, das ist
Jule [v]	würde keins machen, ich bin mir sicher.		

[342]
	/569/
Daniel [v]	voll, al/ die andere ist auch viel toller, • super, die... ((0,8s))

[343]
		/571/
Daniel [v]	Hast du total recht.	((1,1s)) Die andere is nur n
	/570/	
Jule [v]	((1,9s)) Tja!	

[344]

leiser werdend
/572/
Daniel [v] bisschen zu perfekt. ((1,8s)) Findet mich bestimmt nicht so toll.

[345]

ironischer Unterton
/574/
Daniel [v] Ja, fast
/573/
Jule [v] ((1,3s)) Ach Daniel, du bist doch auch nahezu perfekt.

[346]

/576/ /577/
Daniel [v] nahezu, aber... Hm˙ ((1,2s))
/575/
Jule [v] ((0,7s)) Is doch der Reiz, weißt du!

[347]

zieht die Nase hoch
/578/
Daniel [v] Ja. ((2,0s)) Und die hat ein ganz tolles, äh, äh, Tachometer

[348]

Daniel [v] an ihrem Fahrrad.
ringt nach Atem
/580/
Jule [v] ((lacht 9,4s)) ((lacht)) Tsch/ ((lacht)) tsch...
/579/
Sina [v] ((lacht))

[349]

mit sehr hoher Stimme, lachend
/581/
Jule [v] ((lacht)) Ich wart immer noch, dass sich auflöst, dass das nen

[350]

/582/
Jule [v] Synonym für irgendwas is. ((1,3s)) Ne Metaph/ keine

[351]

/584/
Daniel [v] Nee, die hat echt so‿n Tolles/ von ihrn
/583/
Jule [v] Methaper? Die hat...
/585/
Sina [v] ((lacht))

LXXVII

[352]
Daniel [v] Vati angebaut. Die hat so_n •• die hat so_n echtes altes

Sina [v]

[353]
Daniel [v] aus_n Achtzigern, wo so die • Zahlen so drehn sich.

Jule [v] •• "Sie

[354]
Daniel [v] ((kichert))

Jule [v] hat so_n tolles Tachometer an ihrem Fahrrad!".

[355]
Jule [v] Klingt wie ne geile Metapher für irgendwas. Mir fällt gerade

Sina [v] ((kichert))

[356]
Daniel [v] Nein, das ist wirklich so • ziemlich cool.

Jule [v] nicht ein, wofür, aber...

Sina [v]

[357]
Daniel [v] ((2,0s))

Jule [v] ((1,0s)) Na, cool. ((3,2s)) Ich glaub dir das, also!

[358]
Daniel [v] ((hustet)) ((2,0s)) Die macht Stadtführungen.

Jule [v] ((0,9s)) Was

LXXVIII

[359]

Daniel [v]: /597/ Die arbeitet mit Fiete und Janski zusammen. Die /598/

Jule [v]: macht sie? /599/ Ach,

[360]

Daniel [v]: macht Stadtführungen

Jule [v]: ich wollt grad sagen, Janski macht jetzt auch Nachtführungen.

[361]

Jule [v]: /600/ Äh Nachtführungen sagt ich schon! /601/ Äh... /602/ Äh...

Sina [v]: /603/ Janski hat das doch

[362]

Jule [v]:

Sina [v]: schon vor Fiete schon gemacht, oder? /604/ ((0,6s)) Aber Janski hat

[363]

Daniel [v]: /605/ Ja, aber ich

Sina [v]: vorher schon mal • Stadtführungen gemacht.

[364]

Daniel [v]: glaub...

Jule [v]: /606/ Also, weil ich hatte Fiete/ seh ich/ die stehn ja immer

[365]

Daniel [v]: /608/ Ja.

Jule [v]: vor unserem Haus. /607/ ((0,7s)) /609/ Ähm˙ /610/ • Also da an der

[366]

Jule [v]: (Straßenname), an der/ wegen Chinesenviertel. /611/ • Aber ich hab

LXXIX

[367] Jule [v]: halt Fiete schon öfter gesehn. Und Fiete kann man sich auch /612/

[368] Jule [v]: so richtig gut dabei vorstellen. Man sieht ja auch wie er /613/

[369] Jule [v]: gestikuliert und so. Und dann: "Moin!". Und er checkt auf der/ /614/ /615/

[370] Jule [v]: auf_m Weg hundert Leute. Tschuldigung! Und macht ähm /616/ /617/

[371]
Daniel [v]: Ja. /618/
Jule [v]: hundertmal Mal: "Moin!". • Aber bei J/ äh Janski kann ich_s /619/

[372]
Daniel [v]: Nee, kann ich auch nicht. /620/ /622/
Jule [v]: mir nicht so richtig vorstellen. Aber den hab ich • neulich /621/

[373]
Daniel [v]: Deswegen auch voll gut, wenn Janski das jetzt macht. Also, /623/
Jule [v]: halt ein mal gesehn.
Jule [k]: *klatsch in die Hände*

[374] Daniel [v]: ich glaub, das ist voll gut. Also, er lernt das darüber auch so! /624/

[375]
Daniel [v]: ((0,4s)) Vor Leuten zu reden. Das ist halt so! /625/ /626/
Jule [v]: Ja, ach kann er d/ /627/

[376]

Daniel [v] /628/ Nein, er kann das

Jule [v] also is/ is mein Eindruck nicht falsch, dass das n bisschen...

[377]

Daniel [v] /629/ n/ nein! • • Aber er lernt das halt da.

Jule [v] /630/ Aber er redet doch auf Demos

Sina [v] /631/ Aber ich glaub, er hat

[378]

Daniel [v] /632/ Was? /636/ /637/ Nee. Äh, er

Jule [v] auf viel oder? /634/ Er hat auf Demos auch viel...

Sina [v] /633/ schon... Ich glaub... /635/ Es ist schon wesent... /638/ Also, •

[379]

Daniel [v] ist deutlich besser geworden.

Sina [v] ich mein, wenn du/ wenn du dir überlegst, wie Janski am

[380]

Sina [v] Anfang war, als er in AStA gekommen ist. • • /639/ Der ist so viel ele/

[381]

Daniel [v] /640/ Ja, keine Frage. /642/ Nein,

Sina [v] eloquenter geworden. /641/ Also, es ist immer

[382]

Daniel [v] nein. /643/ ((0,3s)) Nein,

Sina [v] noch, ähm/ ((1,4s)) is Janski halt Janski, • aber...

[383]

Daniel [v] nein, • ich sach auch nich... /644/ Nein, ich mein nur, • das ist voll

LXXXI

[384]

Daniel [v]	gut für ihn, also...
	sehr schnell /645/
Jule [v]	Also, ich hab ihn erst einmal gesehn, da war

[385]

Jule [v]	er/ das war irgendwie so, dass man dachte: "Ah, Okay.".

[386]

	/647/
Daniel [v]	So, Fiete ist ne andere
	/646/
Jule [v]	Aber warum, hab (mich) kurz gefragt...

[387]

	/648/
Daniel [v]	Liga. ((lacht))
	/649/
Jule [v]	Aber die arbeiten doch alle für dieses Ding, was

[388]

	/650/ /652/
Daniel [v]	Ja. Ja.
	sehr energisch /651/
Jule [v]	hier vorne an der Ecke is. • Doch der Laden, der den letzten
Jule [k]	*Klopft dabei mit der Hand auf den Tresen.*

[389]

	/653/ /654/
Daniel [v]	Ja, ja. Ja • • ja.
	/655/
Jule [v]	Gemüseladen, Obstladen auf (Stadtteil) verdrängt hat. Ähm,
Jule [k]	

[390]

	/656/ /659/
Daniel [v]	Ja. Aber du weißt, wo
	/657/ /658/
Jule [v]	mein • • Melonenkaufladen. Ja. Quasi das Dirty-Dancing-
Jule [k]	

[391]

	/660/		/662/	
Daniel [v]	du Gemüse kaufst, ne? Jetzt.		Weil, du fährst einfach	
		/661/		
Jule [v]	Geschäft.	Nö, wo denn?		

[392]

Daniel [v] nen paar Meter mit dem Fahrrad. • Und zwar Ende • (Straßen /663/

[393]

Daniel [v] name).

	schnaubt /664/	/665/	/666/	/667/
Jule [v]	Pfff˙	• Den kenn ich.	Is mir viel zu weit.	Kann ich nicht laufen.

[394]

	/668/		/670/	
Daniel [v]	• Was?		Ja,	da kannst du auch
		/669/		
Jule [v]		Ich laufe nur zum einkaufen.		
				/671/
Sina [v]				Ich war

[395]

		/672/	/673/	/674/
Daniel [v]	hingehen.	Das ist sooo geil.	Was?	Ja!
Sina [v]	neulich das erste mal da in der Rinderschlachthalle.			

[396]

	/676/	/677/	
Daniel [v]	Das‿is Scheiße!	Ja, obwohl, es geht sich da ja aus.	
			/678/
Jule [v]		Der Edeka ist super,	
	/675/		
Sina [v]	((0,7s)) Das ist krass!		

[397]

	/679/	/681/
Daniel [v]	Der Edeka ist scheiße!	Edeka ist immer
Jule [v]	ehrlich gesagt.	
	/680/	
Sina [v]	Also, i/ ich f/ fand‿es/ ich fand‿s ganz •	

[398]

		/683/
Daniel [v] scheiße!		Bei uns ist
		/682/
Jule [v]		Ich find‿s großartig!
Sina [v]	furchtbar, weil dieser Edeka…	

[399]

		/685/
Daniel [v] der Edeka voll klein.		In (Stadt)…
Daniel [k]		*(Stadt, in der Daniel*
	/684/	
Jule [v]	Ich find‿s großartig.	
		/686/
Sina [v]		Der ist voll

[400]

	/687/	
Daniel [v]	Nein, in (Stadt) gibt‿s nen viel größeren,	
Daniel [k]	*aufgewachsen ist)*	
	/688/	
Sina [v]	groß!	

[401]

Daniel [v] da war ich erst mit mein Eltern.		
		/689/
Sina [v] Ja, aber ich…		Nein, kenn den Edeka

[402]

	/690/
Sina [v] (Straßenname). Der ist schon • relativ groß und so, aber…	

[403]

/691/	
Sina [v] • • Ähm • und da kauf ich auch • ab und zu ein und weil die da	

[404]

	/692/
Sina [v] Mate haben und so. Aber • dieser war irgendwie so/ ich fühlte	

[405]

	/693/	/696/	
Daniel [v]	Ja!	Voll für‿n Arsch, der is voll für‿n Arsch!	
	/694/		/697/
Jule [v]	Nee, ich fand‿s toll!		
		/695/	
Sina [v]	mich voll verloren! Da is alles total…		

[406]

	/698/	
Daniel [v]	Is voll für‿n Arsch!	
		/699/
Jule [v]	Suuper!	((1,2s)) Also, ob ich jetzt in den Edeka kauf/

[407]

	/700/		
Daniel [v]	Die ham voll keine Käseauswahl.		
		/701/	/702/
Jule [v]	einkauf, oder dem, is vollkommen…	Total.	Ich fand‿s

[408]

	/703/	/704/
Daniel [v]	Hallo!	Geh mal hier in der (Stadtteil) zum Käseladen.
Daniel [k]		*(benachbarter Stadtteil)*
		/705/
Jule [v]	super.	Ich bin…

[409]

	/706/	/707/
Daniel [v]	Da kriegst du mehr verschiendene Käse. ((0,8s))	
		/708/
Jule [v]		Mach ja sonst

[410]

	/709/
Jule [v]	nich, ich geh ja sonst in den Edeka. Ähm • oder halt zu Penny.

[411]

		/711/
Daniel [v]		Ihr habt den
	/710/	
Jule [v]	Aber Penny nur, wenn ich nicht noch/ nicht schon Überdruss	

[412]
Daniel [v] Kapitalismus noch nicht verstanden.

Jule [v] (Straßenname) hatte. Ja, okay. ((1,0s)) Ähm

[413]
Jule [v] ((2,0s)) Äh, ich wollte kurz was zu wissen. ((1,5s)) Warum

[414]
Jule [v] machen jetzt plötzlich Leute • Stadtführungen, die sich sonst

[415]
Daniel [v] Weil die da •

Jule [v] über die Gentrisierung (Stadtteil) aufregen?

[416]
Daniel [v] kritische Stadtführung machen dürfen. Das ist echt ganz/ die

[417]
Daniel [v] machen ganz/ die machen echt geile Stadtführungen. Fiete

Jule [v] Okay.

[418]
Daniel [v] macht voll die kritischen, Stefanie auch und Janski auch. Und

[419]
Daniel [v] die dürfen das, das ist klare Anweisung sogar. Die dürfen auch

[420]
Daniel [v] böse über (Stadtteil) reden.